# Heinrich W. Ahlemeyer · Roswita Königswieser

Frank Boos · Alexander Exner · Barbara Heitger ·
Christian Lutz · Jürgen M. Pelikan

# Komplexität managen

HEINRICH W. AHLEMEYER
ROSWITA KÖNIGSWIESER
(Hrsg.)

# KOMPLEXITÄT MANAGEN

## STRATEGIEN, KONZEPTE UND FALLBEISPIELE

Die Deutsche Bibliothek – CIP – Einheitsaufnahme

**Komplexität managen:** Strategien, Konzepte und Fallbeispiele /
Heinrich W. Ahlemeyer ; Roswita Königswieser. –
Frankfurt am Main : Frankfurter Allgemeine, Zeitung für
Deutschland ; Wiesbaden : Gabler, 1997

© Springer Fachmedien Wiesbaden 1998
Ursprünglich erschienen bei Betriebswirtschaftlicher Verlag Dr. Th. Gabler GmbH 1998.
Softcover reprint of the hardcover 1st edition 1998

Abbildungen und Tabellen: Publishing Service H. Schulz, Dreieich

Buchbinderei: Osswald & Co., Neustadt/Weinstraße

ISBN 978-3-663-05875-5    ISBN 978-3-663-05874-8 (eBook)
DOI 10.1007/978-3-663-05874-8

# Vorwort

Wie kaum ein anderer bietet sich der Begriff der Komplexität an, um in Beruf und Alltag unsere Erfahrungen mit Unübersehbarkeit, Unberechenbarkeit und Unkontrollierbarkeit auf den Punkt zu bringen. Trotz einer eigentümlichen Unschärfe verbindet der Komplexitätsbegriff hohe Plausibilität mit einem mindestens scheinbaren Bezug auf gemeinsame Erfahrungen. Als Ausdruck eines weit verbreiteten Lebensgefühls unterstellt der Begriff vorgängig einen unausgesprochenen Konsens in der Kommunikation.

Die häufige Verwendung des Begriffs und seine vielseitige Anschlußfähigkeit haben uns, die Herausgeber, angeregt, es nicht bei dieser pauschalen Begrifflichkeit und der von ihr ausgehenden Unterstellung gemeinsamer Erfahrung zu belassen, sondern genauer zu fragen, was es mit der Komplexität denn auf sich habe. Was macht Komplexität aus? Welche Relevanz hat sie für uns als Berater, welche Bedeutung für unsere Kunden als Entscheider in der Wirtschaft? Wie stellt sie sich auf unterschiedlichen Ebenen dar? Welche Formen des Umgangs mit ihr bewähren sich besonders?

Von diesen Fragen bewegt haben wir – Jürgen Pelikan, Roswita Königswieser, Barbara Heitger, Alexander Exner, Frank Boos und Heinrich Ahlemeyer – im Jahre 1994 erstmals zu einem Themencenter Komplexität in Wien zusammengefunden. Katalysator war die Forschergruppe Neuwaldegg. Im nachhinein stellt sich unser Einstieg ins Thema als sehr geglückt dar, weil wir nicht mit abstrakten Begriffen und wissenschaftlichen Konzepten begonnen haben, sondern mit unserem ganz persönlichen Erleben. Wie erlebt ein jeder von uns Komplexität? Welche individuellen Muster zeigen sich im Umgang mit Problemen, die der einzelne als komplex erfährt? Durch diesen Einstieg war von Beginn an ein unmittelbarer Bezug des Themas zur eigenen Lebens- und Berufspraxis gegeben. Die Bereicherung dieses Einstiegs lag nicht allein in einer Bewußtwerdung der eigenen Komplexitätsbeobachtung und der eigenen Techniken im Umgang mit Komplexität, sondern vor allem auch darin, die Beobachtungsweisen und Muster der anderen als anregende Differenz kennenzulernen. Erst darauf folgte unsere explizite Auseinandersetzung mit vorliegenden wissenschaftlichen Konzepten und Lösungsvorschlägen.

Die Anregung, die Komplexitätsfrage mehr als beiläufig aufzugreifen, fand einen wirksamen Verstärker in einem gemeinsamen systemorientierten Grundverständnis. In unserer Arbeit als Unternehmensberater und als Wissenschaftler erfahren wir die Konzepte, Begriffe und Forschungsergebnisse der Systemtheorie und ihrer Anwendungen als überaus hilfreich und sehr wirksam. Für die Systemtheorie sind Begriff und Phänomen der Komplexität nichts Neues. In dem Maße wie Systeme als selektive Verknüpfung vieler einzelner Systemelemente beschreibbar wurden, die jeweils auch anders kombinierbar gewesen wären, stießen Systemforscher auf das Komplexitätsphänomen.

Solche Komplexität kann man nun im Kern als Zwang zur Auswahl charakterisieren; man kann bestimmbare gegen unbestimmte Komplexität abgrenzen; man kann die Unterscheidung von Erhöhung und Reduzierung von Komplexität einführen, um dann darauf zu stoßen, daß diese Unterscheidung selbst Komplexität ebenso reduziert wie erhöht. Die Theorie komplexer Systeme, in den Naturwissenschaften entstanden, stellt vier Besonderheiten ihres Bereichs heraus: Erstens geht sie, anders als traditionelle Erklärungsmuster, nicht mehr von Ursache-Wirkungs-Relationen aus. Im Gegenteil können in komplexen Systemen die Einflüsse aus unterschiedlichen Subsystemen zusammen einen Effekt hervorbringen, der unverhältnismäßig stark sein kann. Zweitens ist der Zeitpunkt des Eintreffens der Wirkung ungewiß und nicht vorhersehbar. So können zum Beispiel viele Kiesel einen Berghang talabwärts rollen, und unter bestimmten Umständen kann aus der Bewegung vieler Einzelkiesel ein Bergrutsch werden. Man kann wohl beobachten, daß die Wahrscheinlichkeit eines Bergrutsches zunimmt, aber nicht bestimmen, wann er auftritt und welcher Kiesel ihn auslösen wird. Komplexe Systeme sind drittens außerordentlich empfindlich gegenüber kleinen Unterschieden in den Anfangsbestimmungen, die zu großen Unterschieden in der Gesamtentwicklung führen können. Hier wird immer wieder das bekannte Beispiel von dem Flügelschlag eines Schmetterlings angeführt, der in anderen Teilen der Welt einen Sandsturm hervorbringen kann. Und nicht zuletzt sind komplexe Systeme außerordentlich sensibel gegenüber Rückwirkungen aus der Umwelt, die von eigenen Interventionen in die Umwelt ausgehen. Dabei können sie sich nicht nur sehr flexibel an die Bedingungen ihrer relevanten Umwelten anpassen, sondern sich auch förderliche Umwelten schaffen.

1995 haben wir in einer zweiten Phase der Vertiefung Konzepte für einen Trainingsbaustein Komplexitätsmanagement entwickelt, die in offenen Seminaren wie in unternehmensinternen Workshops einer praktischen Bewährung ausgesetzt wurden. In diesem Schritt ging es um das Ausprobieren, Umsetzen, Weitergeben, Erweitern und Anwenden.

War das Thema auch zunächst für viele der Eingeladenen noch sehr neu und ungewohnt, so kamen doch eine Reihe von Weiterbildungsveranstaltungen mit Praktikern aus Wirtschaft, Wissenschaft und Verwaltung sowie mit Beraterkollegen zustande, die Trainern wie Teilnehmern in guter Erinnerung bleiben. Auch in den Unternehmen wies sich Komplexitätsmanagement als leistungsfähiger thematischer Fokus, um aktuelle Organisationsprobleme wie Führung, strategische Neuorientierung, Projektmanagement, Organisationslernen etc. in einer neuen und weiterführenden Perspektive anzugehen. Komplexitätsmanagement als Thema hatte uns inzwischen so weit in seinen Bann gezogen, daß wir noch nicht von ihm lassen mochten.

Warum sollten wir unsere Arbeitsergebnisse nicht über den Kreis der bisher Angesprochenen hinaus einem größeren Interessentenkreis zugänglich machen und sie zugleich inhaltlich vertiefen? So entstand die Idee zu einem Reader, der in seiner Struktur, in seinen Themen, Autoren und Einzelbeiträgen nach und nach die Gestalt annahm, in der er hier vorliegt. Mit Christian Lutz, dem Direktor des Gottlieb-Duttweiler-Instituts in Rüschlikon/Zürich, erweiterte sich der Herausgeberkreis um eine Persönlichkeit, die ein ausgeprägtes Gespür für neue Ideen und Entwicklungstrends ebenso wie ausgezeichnete Verbindungen zu Autoren und Abnehmern einbrachte.

Komplexität wird in der Gesellschaft des ausgehenden zweiten Jahrtausends zunehmend zu einem dominierenden Lebensgefühl. In fast allen Bereichen erleben wir eine Komplexitätsspirale, die paradoxerweise durch unseren Umgang mit Komplexität in Gang gehalten wird, und zwar sowohl durch ausweglose Strategien vom Typ „mehr desselben" als auch durch die Suche nach neuen, komplexitätsadäquaten Strategien. Das gilt für alle Dimensionen der Komplexität:

- Die *Beschleunigungsspirale*: Die Zahl der Informationen, die wir je Zeiteinheit aus unserer Umwelt auf uns niederprasseln sehen, nimmt ständig zu. Wir erfahren dies als Beschleunigung von Veränderung, auf die wir mit einer Beschleunigung der Veränderung von Verhaltensweisen und Strukturen antworten. Dadurch erleben wir eine anhaltende und zunehmende Zeitverknappung, die uns anspornt, immer mehr in die knappere Zeit zu packen, wodurch diese noch knapper wird.

- Die *Vernetzungsspirale*: Real und virtuell leben wir in einer sich immer enger vernetzenden Welt. Immer mehr hängt mit immer mehr zusammen. Das veranlaßt uns, immer vernetzter zu denken und zu handeln und immer vernetztere Strukturen zu schaffen.

- Die *Ausdifferenzierungsspirale*: Die entwickelte Moderne hat dem einzelnen heute im Informations- und Multimedia-Zeitalter das Geschenk nie gekannter Freiheitsgrade in allen Lebensbereichen, aber auch die Erfahrung zum Teil hoffnungsloser Überforderung durch eine anschwellende Medien- und Optionenflut beschert. Sie produziert unausweichlich einen Zwang zur Entscheidung, einen Zwang zur Selektion. Zuvorderst steht dabei die Individualisierung, die im Zeitalter des „multimind" zunehmend auch die Fiktion des Individuums auflöst. Die Wirtschaft reagiert darauf mit einer weiteren Aufdifferenzierung des Angebots. Das umfaßt immer rascher wechselnde Szenen und Moden ebenso wie eine angebotsorientierte Unterstützung individueller Selbstfindungen und Selbstinszenierungen. Die Konzentration auf

„Kernkompetenzen" und „unique selling propositions" ist Ausdruck dieser Spirale, aber auch eine neue Besinnung auf regionale Identitäten – als Gegenbewegung zur Globalisierung. Die Fundamentalismen aller Richtungen schaffen als Gegenstrategien zur Individualisierung eine entgegengesetzte Komplexitätsvariante: die vollständige Infragestellung kommunikativer Lösungen durch die Ausbildung von Lagern, die sich dem Dialog und dem Lernen verweigern.

• Die *Offenheitsspirale*: Traditonelle, zentralgesteuerte Methoden, die mechanistisch mit der Komplexitätsspirale Schritt zu halten oder ihr zu entrinnen suchen, erweisen sich als wenig Überlebensfähig. An ihre Stelle treten zunehmend Selbststeuerungsprozesse, in denen sich relativ kleine, autonome Einheiten locker vernetzen. Ihrer Natur nach sind sie nicht voraussehbar und beherrschbar; sie entziehen sich etablierten Grenzziehungen zwischen oben und unten, innen und außen. Das gilt für die Organisation des menschlichen Geistes ebenso wie für jene von Unternehmungen, und immer deutlicher auch für den Bereich von Staat und Politik.

Das Lebensgefühl der „neuen Unübersichtlichkeit" enthält Problemdiagnose und Therapie zugleich. Die Komplexitätsspirale ist gerade deshalb unausweichlich, weil sie zunehmende Gestaltungschancen spiegelt und zugleich durch ihre Beobachtung in Gang gehalten wird. Das macht die Auseinandersetzung mit ihr so wichtig.

Komplexität ist fraglos ein schillernder Begriff, der vielen vieles bedeutet. Es war zu erwarten, daß sich die Vieldeutigkeit des Begriffs und sein breites Feld unterschiedlicher Bedeutungen auch in dem Spektrum der eingeladenen Autoren aus den verschiedensten Praxisfeldern und Wissenschaftsdisziplinen spiegeln werden. Es schien uns weder möglich noch wünschbar zu sein, eine scharf abgegrenzte Definition des Begriffs zu entwickeln, die allen Autoren gemeinsam wäre. Freilich war uns als Herausgebern daran gelegen, daß das zugrunde liegende Verständnis von Komplexität nicht in vollständige Beliebigkeit ausfranst. Deshalb haben wir zu Beginn dieses Buchprojekts versucht, die Konturen dessen zu umreißen, was wir

als Herausgeber unter Komplexität verstehen. Dieser Begriffsvor-
schlag hat von Anfang an weder Richtigkeit noch Verbindlichkeit
beansprucht. Er sollte aber eine Folie sein, die dem einzelnen Autor
angeboten wurde, um sein Komplexitätsverständnis zu entwickeln,
indem er sich zu dieser Vorgabe in Bezug setzt, sie ergänzt, differenziert, aus ihr auswählt, sie pointiert, kontrastiert oder vollkommen verwirft. Als gemeinsamer Bezugspunkt, der nicht Einheit erzwingt, sondern Differenz ermöglicht, sollte eine solche Darlegung
unseres Komplexitätsverständnisses dazu beitragen, dem Reader
über die einzelnen Kapitel und individuellen Beiträge hinweg
Kohärenz und Bezugspunkt zu geben.

*Komplexität ist ein differenzloser Begriff.* Er bezeichnet nicht einfach das Gegenteil von etwas, etwa Überschaubarkeit oder Einfachheit. Alles kann als komplex erkannt werden. Ohne Differenzbegriff
bietet sich als Notlösung ein tautologischer Zugriff an: komplex ist,
was für einen Beobachter komplex ist. Das verweist zugleich darauf,
daß Komplexität nicht ohne einen Beobachter zustande kommt.
Nach Maßgabe eigener Beobachtung werden vor allem solche Situationen als komplex wahrgenommen, die eine sehr große Zahl von
Elementen und Variablen umfassen. Diese Elemente sind untereinander vernetzt, über Rückkopplungen miteinander verbunden, und
sie beeinflussen sich infolge ihrer Eigendynamik wechselseitig.
Komplexe Situationen sind typischerweise neu, intransparent und
nicht vollständig durchschaubar. Sie müssen oft mehreren, zum Teil
widersprüchlichen Zielstellungen genügen (zum Beispiel: Wirtschaftlichkeit, Sozialverträglichkeit, Umweltverträglichkeit, biogra-
phische Sinnhaftigkeit).

*Komplexität fordert Entscheidung.* Faßt man, der Systemtheorie fol-
gend, Komplexität als Differenz von kompletter und selektiver Ver-
knüpfbarkeit der Elemente, dann ist allen selektiven Relationierungen
eines gemeinsam: sie wären jeweils auch anders möglich. Um ein
Beispiel aus dem Organisationsbereich zu nehmen: die Gründungs-
entscheidung, die konkrete Rechtsform eines Unternehmens, die Ausrichtung auf bestimmte Märkte, das Angebot einer spezifischen Produktpalette, die Einrichtung einzelner Stellen, die Einstellung bestimmter Personen – immer muß aus einer Fülle von Möglichkeiten

qua Entscheidung ausgewählt werden. Komplexität erzwingt eine selektive Verknüpfung: immer muß man sich für eine bestimmte Auswahl entscheiden, die jeweils auch hätte anders sein können.
*Komplexität heißt Offenheit.* Die Entscheidung könnte jeweils auch
anders ausfallen: welche der zur Wahl stehenden Entscheidungsoptionen sich im Rückblick als erfolgsträchtig herausstellen wird, ist
ebenso offen wie die Konsequenzen einer bestimmten Selektion insgesamt. Man entscheidet sich aus Kostengründen für einen neuen
Produktionsstandort im Ausland, und es ist ungewiß, wie sich die
künftige Steuergesetzgebung und die Arbeitsbeziehungen dort auf
die Wirtschaftlichkeit der Investition auswirken. Die Offenheit verweist aber nicht nur auf Unsicherheit, sondern auch auf Gestaltungschancen. Es steht nicht vorgängig schon fest, welche Konsequenzen
eine bestimmte Entscheidung hat. Alte Muster der Festlegung verlieren schnell an Kraft und Bindungswirkung. Vieles wird möglich,
was gestern noch undenkbar war. Noch nie hatten wir so große Ge-
staltungsmöglichkeiten im persönlichen Bereich, in den Organisationen und in der Gesellschaft.

Man kann Komplexität erhöhen, durch die Einführung neuer Technologien etwa, und man kann Komplexität reduzieren: man schafft
ganze Hierarchie-Ebenen ab. Die Erhöhung und Reduktion von
Komplexität stehen freilich nicht in einem einfachen Ausschlie-
ßungsverhältnis. So kann ein und dieselbe Entscheidung paradoxerweise Komplexität reduzieren und erhöhen. Die Abschaffung von
Hierarchie-Stufen im Unternehmen kann eine Form von Systemkomplexität und damit Entscheidungsnotwendigkeiten reduzieren –
Einbeziehung dieser Ebene in die angestrebten Veränderungen: ja
oder nein? In welcher Funktion? In welcher Form? – und öffnet dadurch ganz neue Optionen, zwischen denen wiederum entschieden
werden muß. Beide Strategien im Umgang mit diesem Phänomen,
sowohl die Erhöhung wie auch die Reduktion, können im Einzelfall
gefordert und angemessen sein. Beide Formen haben ihre Leistungen, die jeweils mit Kosten und Einschränkungen einhergehen. Es
kann nicht darum gehen, normativ eine der beiden Strategie als gut
und die andere als schlecht zu propagieren. Vielmehr gilt es, Komplexität als Figur in die Selbstbeobachtung zu installieren, um Mu-

ster und Folgen des eigenen Umgangs mit Komplexität sehen zu lernen. Der vorliegende Reader versucht, die Komplexität seines Gegenstands – dem Management von Komplexität – dadurch in den Griff zu bekommen, daß er ihm auf unterschiedlichen Ebenen nachgeht: auf den Ebenen von Person, Team, Organisation, Netzwerk und Gesellschaft. Mit der Unterscheidung dieser Ebenen, die sich in der Kapitelstruktur wiederfindet, versuchen wir, die Komplexität des Gegenstandes so weit zu reduzieren, daß sie faßbar und bearbeitbar wird – um den unvermeidlichen Preis freilich, daß damit „Schubladen" geschaffen sind, die die weitere Informationsaufnahme und -verarbeitung steuern. Das begriffliche Kapitel am Beginn und das Ausblickkapitel am Ende des Readers setzen dabei bewußt komplexitätserhöhende Kontrapunkte. Jedem Kapitel geht eine kurze Einleitung voraus, die einen Überblick über Inhalt und Zusammenhang der Einzelbeiträge vermittelt.

Wenn komplexe Situationen in besonderer Weise Entscheidungen verlangen, dann macht es Sinn, eine Analyse von Komplexität speziell für den Kreis von Adressaten vorzunehmen, die im Wirtschaftssystem Träger von Entscheidungen sind, also für Manager. Die hier vorgestellten Analysen knüpfen zwar an den aktuellen Forschungsstand im Wissenschaftssystem an. Sie wenden sich aber nicht etwa als wissenschaftliche Veröffentlichung an andere Forscherkollegen, sondern wollen Manager und Unternehmer ansprechen. Das fordert von den Autoren in Sprache und Darstellung ihrer Beiträge möglichst komplexitätsadäquate Lösungen sowie Darstellungsformen, die die Zeitknappheit und das praxisnahe Orientierungsbedürfnis der Adressaten berücksichtigen. Wenn das auch noch nicht in jedem einzelnen Beitrag vollkommen gelungen ist, so kann dieser Reader insgesamt vielleicht doch dazu beitragen, die noch immer zu große Kluft zu überbrücken, die zwischen der Praxis der Wissenschaft und den Problemen der Praxis besteht.

Als zweite wichtige Zielgruppe faßt das vorliegende Werk Beraterkollegen ins Auge, an die Führungskräfte und Entscheider in den Unternehmen unter schwieriger gewordenen Bedingungen die Erwartung nach Expertise und Orientierung richten. Ohne daß jeder einzelne Artikel darauf dogmatisch verpflichtet worden wäre, steht der Band insgesamt in der Tradition eines systemischen Management- und Beratungsansatzes, dem sich die Herausgeber allesamt verbunden fühlen. Für diesen Ansatz sind Unterscheidungen wie System und Umwelt, Beobachtung und Selbstbeobachtung, Prozeß und Selbsttransformation kennzeichend. Mit der Wahl seines Gegenstands – Komplexitätsmanagement – strebt dieser Reader nicht nur einen Transfer aus der Komplexitätsforschung in die Praxis an, sondern er will zugleich auch diesen Forschungsgegenstand um anwendungsrelevante Felder und Fragestellungen aus der Managementpraxis erweitern. Die folgenden Beiträge sollen den Zugang zu einem sinnvollen, und komplexitätsadäquaten Umgang mit dem Phänomen Komplexität erleichtern. Die kompetente und stets sehr freundliche Unterstützung durch die Lektorin des Gabler-Verlages, Frau Barbara Scheu, hat maßgeblich dazu beigetragen, daß dieser Reader im Laufe seines Entstehens verständlicher geworden ist, dabei anschaulicher und genauer auf die Zielgruppe abgestellt. Für ihre ungewöhnlich engagierte Lektoratsunterstützung danken wir Frau Scheu sehr herzlich. Wenn es dem Leser geht, wie uns als Herausgebern bei der Sichtung der eingehenden Arbeiten, wenn er in (einzelnen von) ihnen die Orientierung und Unterhaltung, Anregung und Unterstützung findet, die er zu der Thematik sucht, hat das Werk seine Aufgabe vollends erfüllt.

*Münster/Westf., Rüschlikon/Zürich, Wien, im September 1997*

*Die Herausgeber*

*Dieser Reader ist ein Kooperationsprojekt*
*der Beratergruppe Neuwaldegg GmbH in Wien,*
*des Gottlieb-Duttweiler-Instituts in Rüschlikon/Zürich,*
*des Instituts für Soziologie der Universität Wien,*
*und der sistema consulting GmbH in Münster/Westf.*

# Inhalt

**6. Kapitel**

# 1. Kapitel

## Begriff und Theoriegrundlagen

*Komplexität ist unser postmodernes Schicksal. Und gerade deshalb haben die Verheißungen von Einfachheit, Echtheit und Glaubwürdigkeit heute Hochkonjunktur. Was für Folgen hat eine intransparente Umwelt für das Unternehmen? Wie beeinflußt sie die Gestaltung systeminterner Handlungen und Vorgehensweisen? Weder eine Anhäufung von Spezialwissen, noch die simple Reduktion von Komplikationen sind optimale wirtschaftliche Lösungen. Komplexitätsmanagement bedeutet vielmehr die gezielte Steuerung von Komplexität im Unternehmen.*

# Einfache Komplexität

## Richtige Reduktionen

Wenn man über „Komplexitätsmanagement" spricht, hat man grundsätzlich zwei Möglichkeiten, sich diesem Thema zu nähern. Man kann versuchen, Komplexität als das Problem zu beschreiben, dessen Lösung in bestimmten Formen des Managements zu suchen ist. Und man kann versuchen, Komplexität als Lösung zu beschreiben, dessen Problem erst noch zu finden ist. Der erste Weg entspricht traditionellem betriebswirtschaftlichem Selbstverständnis. Komplexität muß beherrscht werden. Komplexität nimmt leicht überhand. Komplexität macht die Dinge unübersichtlich. Man muß nach Vereinfachungen suchen, mit denen man die Dinge wieder überschaubar machen kann. Es geht nichts über eine Technik der Reduktion von Komplexität.

Der zweite Weg ist eher ungewöhnlich. Er begreift die Entstehung von Komplexität nicht als ungewollten Nebeneffekt einer ansonsten geordneten oder in Ordnung zu bringenden Welt, sondern als Form der Welt selbst. Komplexität liegt in der Natur der Dinge. Komplexität ist die Art und Weise, wie die Welt mit sich selbst umgeht. „Einfach kompliziert" (Bernhard) muß daher auch sein, wer die Komplexität dieser Welt erfassen und auf eine eigene Lebensform reduzieren will: Der alte Schauspieler schüttet die Milch, die er nicht mag, weg, die ihm das junge Mädchen jeden Tag bringt, aber auf den täglichen Besuch kann und will er nicht verzichten. Komplexität erlaubt Ambivalenz. Und Ambivalenz ist der Stoff, aus dem das Leben ist. Nichts ist dann schlimmer als eine Reduktion von Komplexität, die nicht gleichzeitig neue Komplexität sichtbar macht.

Der zweite Weg liegt auf der Linie kybernetischer und soziologischer Einwände gegen allzu rasche Versuche, Komplexität beherrschbar zu machen. W. Ross Ashby formulierte in seinem Grundgesetz der „requisite variety", daß nur Varietät Varietät „zerstören" kann: Wenn man ein System konstruieren will, daß ein hohes Maß an Umweltvarietät (Komplexität) verarbeiten können soll, muß man für ein hohes Maß an Systemvarietät (Komplexität) Sorge tragen. Und Niklas Luhmann (1970) deklarierte Systeme, die ein hohes Maß an Umweltkomplexität erfassen und reduzieren könnne, indem sie eine entsprechende eigene Komplexität aufbauen, sogar zu jenem Medium der Aufklärung, das an die Stelle einer zu zwangloser Kommunikation befreiten und restlos überforderten Vernunft der Öffentlichkeit treten könne.

Dieser Beitrag folgt dem zweiten Weg. Er versucht nicht, den Techniken des Komplexitätsmanagements durch Reduktion von Komplexität eine weitere hinzuzufügen. Sondern er versucht, bestimmte Formen der Organisation als Formen des Managements von Komplexität in dem Sinne zu beschreiben, daß sie die interne Komplexität eines Systems zur Erfassung und Reduktion der internen und externen Komplexität desselben Systems zu steigern in der Lage sind. Der Beitrag sucht nach Möglichkeiten der Steigerung der internen Komplexität einer Organisation und er behauptet, daß in der Steigerung der Komplexität eine Form des Managements der Organisation liegt. Hier geht es also nicht um ein Management der Komplexität, sondern um ein Management durch Komplexität.

„Management by complexity" kann natürlich nicht heißen, daß Komplexität um jeden Preis und in jeder Dimension gesteigert wird. Es geht um die „richtigen" Reduktionen, obwohl man angesichts der Komplexität von System und Umwelt wissen kann, daß es die nicht gibt. Es geht um die richtigen Reduktionen in dem Sinne, daß für das Verhältnis von Umweltkomplexität und Systemkomplexität eine Form gefunden wird, die die Organisation „viable" (Beer) macht. Insofern gibt es Überschneidungen des zweiten Wegs der Kybernetik und Soziologie mit dem ersten Weg der Betriebswirtschaftslehre. Der Unterschied liegt nur darin, daß dem Interesse an der Lösung des Problems, das die Betriebswirtschaftslehre pflegt, die Auffassung vorgeschaltet wird, daß das Problem seinerseits die Lösung eines andersartigen Problems ist, das es zunächst einmal kennenzulernen gilt, will man nicht Gefahr laufen, daß mit der Lösung der Lösung dieses andersartigen Problems das Problem wieder unlösbar wird (Baecker 1994).

Komplexitätsmanagement kann demnach nicht heißen, das Problem der Komplexität ein für alle mal zu lösen. Sondern es muß heißen, das Problem der Komplexität so aufzubauen, das heißt so zu strukturieren, daß es sich selbst laufend löst und wiederaufbaut zugleich. Es geht um den Einbau von strukturellen Spannungen in die Organisation, die es der Organisation gegenüber der eigenen und der Umweltkomplexität ermöglichen, immer wieder andere Reduktionen zu wählen und insofern komplex zu reagieren.

# Luhmanns Vermutung

In der Evolutionstheorie gibt es eine treffenderweise unter dem Namen „Cope's Rule" bekannt gewordene Regel, die die Hypothese aufstellt, daß Organismen unterhalb ihrer möglichen Größe in die Evolution eintreten, in evolutionären Anpassungsprozessen ihr Evolutionspotential ausschöpfen und genau dadurch schließlich evolutionsunfähig werden, weil jede weitere Änderung einen nicht mehr zu bewältigenden Koordinationsaufwand darstellt. Niklas Luhmann (1975) zitiert diese Regel und schließt die Vermutung an, daß damit auch eine Aussage über Möglichkeiten der Steigerung und Bewältigung von Komplexität getroffen ist.

Luhmann vermutet, daß ein System seine Komplexität steigern kann, bis ein Punkt erreicht wird, an dem jede weitere Steigerung die Fähigkeit des Systems, seine eigene Komplexität zu bewältigen, überfordert wird.

Damit ist eine Aussage getroffen, die deutlich machen kann, was unter Komplexität zu verstehen ist. Komplexität hat etwas mit der Verknüpfungsfähigkeit der Elemente eines Systems mit den Elementen des Systems zu tun. Komplexität läßt sich demnach dadurch bestimmen, daß man von Elementen, Verknüpfungen oder Beziehungen und einem System spricht, um dessen Elemente und Beziehungen zwischen den Elementen es sich handelt.

Komplexität ist ein systemrelativer Begriff. Man kann über Komplexität nur reden, wenn man angibt, mit Bezug auf welches System man über Komplexität redet. Es gibt zwar auch Umweltkomplexität, aber dies nur insofern, als eine Umwelt dank der von einem System gesehenen Elemente der Umwelt und Beziehungen zwischen den Elementen für das System mehr oder weniger komplex ist. Es gibt keine Umweltkomplexität an sich, und erst recht keine Weltkomplexität an sich. Die Welt an sich ist weder komplex noch nicht komplex. Sie ist, was sie ist. Aber sie kann für ein System, für einen Beobachter komplex sein, der dies durch entsprechende (also bereits komplexitätsverarbeitende) Gefühle der Überforderung, Ungewißheit, Verwirrung und Reduktionsbereitschaft zu erkennen gibt. Nicht an der Welt, sondern an ihrem Beobachter, an uns, die wir selbst ein Teil dieser Welt sind, gibt sich die Komplexität zu erkennen (Morin).

Komplexität wird von einem Beobachter (der das System selbst sein kann) bestimmt, indem die Anzahl der Elemente und möglichen Beziehungen zwischen den Elementen gezählt wird, die diese Elemente miteinander verknüpfen. Ein System (oder die Umwelt eines Systems für das System) ist um so komplexer, je mehr Elemente es aufweist, je größer die Zahl der Beziehungen zwischen diesen Elementen ist, je verschiedenartiger die Beziehungen sind und je ungewisser es ist, wie sich die Zahl der Elemente, die Zahl der Beziehungen und die Verschiedenartigkeit der Beziehungen im Zeitablauf verändert (Luhmann 1980). Man kann Komplexität demnach messen, wenn man die Elemente und ihre Beziehungen zählen kann, wenn man einen in die Zahl möglicher Beziehungen umsetzbaren Begriff von der Verschiedenartigkeit der Beziehungen hat und wenn man abschätzen kann, wie sich diese Zahlen im Zeitablauf verändern.

Die moderne Systemtheorie ist unter anderem aus der Einsicht in die Nichtmeßbarkeit der Komplexität entstanden. Die Kombinatorik der Möglichkeiten wächst geometrisch. Sobald man kleine Systeme mit zwei oder drei Elementen und drei oder vier Beziehungen überschreitet, hat man es mit einer unüberschaubaren Menge an Möglichkeiten zu tun. Und daraus entsteht das Problem des Messens. Denn erwartbar ist angesichts einer unüberschaubaren Menge von

Möglichkeiten nur noch, daß bestimmte dieser Möglichkeiten ausgewählt und wahrgenommen und andere ausgelassen werden. Ein komplexes System aktualisiert immer nur bestimmte seiner Elemente und bestimmte seiner Beziehungen und läßt andere unaktualisiert, die gleichwohl im nächsten Moment aktualisiert werden können, aber nicht müssen. Könnte man die Zahl der Elemente und Beziehungen rein mathematisch noch angeben, so gilt dies für die Selektivität der Aktualisierung nicht mehr, ganz zu schweigen von der Möglichkeit, daß durch eine selektive Aktualisierung laufend neue Möglichkeiten hervorgebracht werden können.

Das Problem der Komplexitätsmessung liegt nicht in der unüberschaubaren Anzahl der Möglichkeiten, sondern in der selektiven Wahrnehmung dieser Möglichkeiten. In diesem Problem liegt jedoch zugleich die Lösung des Problems. Denn wenn man von einem System behaupten kann, daß es seine Möglichkeiten selektiv wahrnimmt, dann bedeutet dies offensichtlich, daß es seine eigene Komplexität auf irgend eine Weise bewältigt, ohne daß sie für das System selbst oder für einen externen Beobachter meßbar wäre. Problem und Lösung liegen in der Organisiertheit der Komplexität. Man weiß, daß dieses Phänomen der organisierten Komplexität die moderne Wissenschaft auf Spuren setzt, die weder mit den alten Faktortheorien (wenige Ursachen erklären den Lauf der Welt) noch mit statistischen Wahrscheinlichkeitskalkülen gedeutet werden können (Weaver).

Das System ist die Lösung des Problems der Komplexität. Denn die Differenz zwischen dem System und seiner Umwelt, das heißt die selektive Wahrnehmung eigener Möglichkeiten im Hinblick auf eine spezifische Umwelt, versorgt das System zugleich mit Ansatzpunkten zur Bewältigung der Komplexität. Aber es gilt auch umgekehrt, daß die Komplexität die Lösung des Problems des Systems ist. Denn ohne eigene Komplexität, das heißt ohne die Möglichkeit der Wahrnehmung verschiedener Verknüpfungen zwischen den eigenen Elementen, hätte das System keine Möglichkeit der Selektivität. Das System kann nur auswählen, wenn es mehr Möglichkeiten hat, als es je aktuell wahrnehmen kann. Es muß mehr sein, als es ist. Sonst könnte es nicht sein, was es ist.

Der entscheidende Punkt bei der Bestimmung von Komplexität ist
demnach nicht die absolute Anzahl der Elemente und Beziehungen
und auch nicht die Veränderbarkeit dieser Anzahl im Laufe der Zeit,
sondern die Selektivität der Verknüpfung. Komplexität bestimmt
sich nicht dadurch, daß etwas komplex ist, während etwas anderes
einfach ist. Sondern Komplexität bestimmt sich durch die Fähigkeit
zur Selektivität. Sie bestimmt sich dadurch, daß man zwei Fälle unterscheiden kann (Luhmann 1990): In dem einen Fall werden alle
Elemente des Systems durch Wahrnehmung aller Beziehungen zwischen diesen Elementen komplett verknüpft. In dem anderen Fall
werden einige Elemente durch einige Beziehungen selektiv ver-
knüpft.Der erste Fall ist nur ein Grenzfall, der in der Natur nur in der
Form des Kristalls und des Gases vorkommt, also in der Form des
hochkompakten und unbeweglichen Systems und in der Form des
komplett amorphen und nur von außen zu ordnenden Systems. Alle
interessanten Fälle komplexer organischer, bewußter und sozialer
Systeme liegen zwischen diesen beiden Extremfällen (Atlan).

Komplexität heißt dann nicht nur Selektivität, sondern Selektivitätszwang. Selektivitätszwang heißt Kontingenz, denn man muß
zwar selegieren, um überhaupt Bestimmbarkeit zu gewinnen, könnte jedoch jeweils auch anders selegieren. Und Kontingenz heißt Risiko, denn man kann angesichts einer unbekannten Zukunft nicht
wissen, welche Selektion die richtige oder falsche ist. Diese Konsequenz von Selektivitätszwang, Kontingenz und Risiko aus dem Faktum der Komplexität ist der Dreischritt, der für Luhmann (1984) den
Zugang zu einer Analyse sozialer Systeme strukturiert. Selektivität
bedeutet, daß jede einzelne Selektion auch anders ausfallen könnte,
in dieser Kontingenz jedoch bereits in hohem Maße durch die bereits
stattgefundenen Selektionen eingeschränkt wird. Selektivität heißt
also gerade nicht Beliebigkeit, sondern im Gegenteil Fähigkeit zur
selbst gewählten Abhängigkeit von den eigenen Strukturen. Diese
Fähigkeit, immer auch anders selegieren zu können, impliziert das
Risiko, so zu wählen, daß man es anschließend bereuen muß. Und
es impliziert das Risiko, sich selbst festzulegen, während andere ihre
Wahl noch aufschieben beziehungsweise Möglichkeiten wahrnehmen, die erst dank der Festlegung (die ein weiteres Element und eine

Fülle weiterer möglicher Beziehungen in das System einführt!) dessen, der dies riskiert, entstanden sind.

Wenn Komplexität über Selektivität bestimmt wird, dann bedeutet dies schließlich auch, daß die Komplexität eines Systems steigerbar ist, indem seine Selektivität gesteigert wird. Und das bringt uns zurück zu Luhmanns Vermutung. Ein System steigert seine Selektivität, indem es seine Elemente und die möglichen Beziehungen zwischen diesen Elementen immer weiter spezifiziert. Ein Theoretiker konstruiert eine komplexe Begriffsarchitektur, die durch Feinabstimmung zwischen den Begriffen zunehmend in der Lage ist, jeden denkbaren Sachverhalt zu erfassen. Eine Organisation, zum Beispiel eine Universität, treibt die Differenzierung der beforschten und gelehrten Fächer immer weiter voran, bis sich kein Sachverhalt mehr findet, für den nicht eine Disziplin bereit steht.

Mit der Selektivität, die eine immer größere Umweltkomplexität zu erfassen erlaubt, steigt jedoch die Komplexität des Systems selbst. Denn jedes neu bestimmte Element, jede neu bestimmte Beziehung macht andere mögliche Elemente und andere mögliche Beziehungen sichtbar. Auf diese Möglichkeiten könnte man sogar Zugriff haben, weil genügend hinreichend spezifische Elemente und Beziehungen bereit stehen, um sie zu erkennen und zu ergreifen. Wenn das System unter diesen Umständen keine Möglichkeit findet, seinen eigenen Möglichkeitssinn drastisch zu beschneiden und damit die Erfassung von Umweltkomplexität entsprechend drastisch zu reduzieren, erstickt es an seiner eigenen Komplexität. Es könnte jedes neue Element mit jedem bisherigen Element verknüpfen, weil es genügend eigene Bestimmungsleistungen aufbringt, aber es kann dies zugleich auch nicht, weil jede neue Verknüpfung an allen anderen Verknüpfungen Änderungen vorzunehmen zwingt. Das System ist frei, aber es verliert seinen Spielraum.

## Ein Ausweg

Es scheint nur einen Ausweg aus dieser Zwangslage zu geben. Das System muß die bestimmte Komplexität (Luhmann 1975) seiner Selektivität (Luhmann 1990) in eine einfache Komplexität des Umgangs mit der eigenen Komplexität übersetzen. Wir setzen also voraus, daß es kein Zurück zum Einfachen gibt. Kein System wird sich freiwillig von der Möglichkeit trennen, bei Bedarf neben allen jeweils wahrgenommenen Elementen und Beziehungen zugleich auch auf die nicht wahrgenommenen Elemente und Beziehungen zugreifen zu können. „Organizational slack" (Cyert/March) kann nur von außen beschnitten werden, und niemand kann wissen, was dabei geopfert wird. Wer ein System durch annealing, also durch heating up und cooling down (Leifer/White), in eine neue Verknüpfungsstruktur seiner Elemente bringt und diesen im Glauben daran, er sei optimal, zu fixieren versucht, riskiert ebenso den Verlust des Bewegungsspielraums, wie derjenige, der die Komplexität eines Systems im Hinblick auf noch unbekannte Umweltlagen laufend weiter zu steigern versucht.

Wir sprechen von einfacher Komplexität, um anzudeuten, daß die Kontingenz der jeweiligen Selektionen in Klammern gesetzt wird und das System anstelle der Kontingenz ein Gefühl für und einen Begriff von Notwendigkeit und Unmöglichkeit bekommt, die die Komplexität einschränken.

Die beiden Negationen, die Kontingenz definieren (Luhmann 1984), also die Negation der Unmöglichkeit und die Negation der Notwendigkeit, werden ihrerseits negiert und dadurch wird die Notwendigkeit und die Unmöglichkeit wiedergewonnen, die dem System eine Struktur geben, die die eigene Komplexität mit Hilfe der eigenen Komplexität bewältigbar macht. Einfache Komplexität ist insofern Reduktion und Steigerung von Komplexität zugleich, als die Negation der doppelten Negation von Unmöglichkeit und Notwendigkeit eine weitere Selektion ist, die im System als Selektion beobachtet wird uns insofern die Anzahl der Elemente der möglichen Beziehungen zwischen diesen Elementen ansteigen läßt.

Einfache Komplexität ist diejenige Vereinfachung im Hinblick auf vorübergehend akzeptierte Konstellationen von Notwendigkeit und Unmöglichkeit, auf die man sich einläßt, weil man damit rechnet, im Prinzip jederzeit und das heißt in Abhängigkeit von den Strukturen des Systems die Kontingenz wieder mobilisieren zu können und somit zur komplexen Komplexität zurückkehren zu können.

Der Begriff der Komplexität hatte die Differenz von komplex und einfach hinter sich gelassen (Luhmann 1990). Wir führen diese Differenz mit Bezug auf die Bestimmung von Komplexität wieder ein, um einen bestimmten Typ des Umgangs mit Komplexität zu kennzeichnen. Dieser Typ des Umgangs mit Komplexität zielt, das dürfte deutlich geworden sein, auf Organisation und auf Management. Denn „wer" sonst könnte Notwendigkeit und Unmöglichkeit mit Hilfe beobachtbarer Selektionen wiedereinführen, ohne daß die Beobachtung die Wiedereinführung ruiniert? Denn wer etwas als unmöglich oder als notwendig kennzeichnet, weckt genau dadurch den Widerstand. Man probiert aus, was als unmöglich gilt, und entdeckt, es geht. Und man verweigert, was als notwendig gilt, und entdeckt, das geht auch.

Die These, die mit dem Vorschlag eines Begriffs der „einfachen Komplexität" verbunden ist, lautet, daß es auf genau diese Beobachtung in der Organisation und im Management ankommt. Organisation und Management sind der Inbegriff disponibler Reduktionen. Das gesamte betriebswirtschaftliche Wissen ist in diesem Sinne ein Angebot „einfacher Komplexität". Denn im Rahmen dieses Wissen gilt es als ebenso „rational", sich auf bestimmte Produktionsabläufe, Entscheidungsverfahren und Netzwerkpartner festzulegen, wie auch genau dieselben Festlegungen laufend im Horizont „bessere" Alternativen mitzubeobachten.

Man macht die Reduktionen mit, weil man weiß, man legt sich fest, kann alle Festlegungen aber in Abhängigkeit von den gewählten und erreichten Zuständen (eine starke Einschränkung!) auch wieder auflösen. Organisation und Management bieten Vereinfachungen an, die jederzeit auf andere Möglichkeiten hin beobachtet werden können. Unter diesen Bedingungen akzeptiert man einfache Komplexität, weil man weiß, daß das eine Paket aus Komplexität und Vereinfachung, auf das man sich jetzt einläßt, nicht ausschließt, daß man demnächst ein anderes Paket ausprobiert. Der vielgescholtene Opportunismus wird in der Betriebwirtschaft zum System.

Der Begriff der einfachen Komplexität beschreibt einen bestimmten Experimentierspielraum der Organisation, der darin liegt, daß die Wahl der Reduktionen beobachtbar ist und somit ihrerseits zur Variation, das heißt zur Rückgewinnung einer durch die Wahl und die Beobachtung allerdings bereits modifizierten Komplexität auffordert. Die Komplexität, allerdings eine modifizierte Komplexität, bleibt durch die Reduktion erhalten.

Es muß allerdings hinzugefügt werden, daß dieser Begriff der einfachen Komplexität soziologisch noch unterbestimmt ist. Er überschätzt die Möglichkeit der Kontingenzbeobachtung und fordert daher dazu auf, sich konkrete Konstellationen von Organisation und Management anzuschauen, in denen diese Möglichkeit tatsächlich gegeben oder aus beschreibbaren Gründen nicht gegeben ist. Die Soziologie kompliziert den Begriff der einfachen Komplexität im Hinblick auf eine Kontextbeobachtung gewählter Komplexitätsreduktionen. Nicht in jedem Falle fallen die Reduktionen auf. In vielen Fällen werden Notwendigkeit und Unmöglichkeit für bare Münze genommen. Erst allmählich übt sich ein Blick für Komplexität, der die Möglichkeit der „Öffnung" (Kappler) systematisch setzt und jede Reduktion im Kontext der Möglichkeit anderer Reduktionen beobachtet.

# Komplexität als Maßnahme

Die Reduktion der Komplexität eines Systems auf einfache Komplexität kann in Organisationen dadurch vorgenommen werden, daß Notwendigkeit und Unmöglichkeit in das System eingeführt werden. Darin, diese Wiedereinführung als bezweckte Maßnahme vorsehen und vornehmen zu können, unterscheidet sich eine Organisation von allen anderen Typen sozialer Systeme, also von Interaktionen (Kommunikation unter Anwesenden), von Funktionssystemen (Erziehung, Wissenschaft, Recht, Politik, Wirtschaft, Religion…) und von der Gesellschaft insgesamt. Allerdings können die Kontingenznegationen Notwendigkeit und Unmöglichkeit nicht als solche, sondern nur über organisationstypische Formen in die Organisation eingeführt werden. Die Kontingenz muß organisationstypisch negiert werden.

Der einfachste Anhaltspunkt für organisationstypische Kontingenznegationen ist die Ordnung der Kommunikation unter den Mitgliedern der Organisation. Organisationen sind als soziale Systeme dadurch bestimmt, daß sie nur Kommunikationen von Mitgliedern zur Reproduktion der eigenen Strukturen akzeptieren und diese Kommunikation in die Form von Entscheidungen bringen (Luhmann 1988). Wenn also eine strukturell so weitreichende Maßnahme wie die Wiedereinführung von Unmöglichkeit und Notwendigkeit gelingen soll, muß sie die strukturellen Vorgaben des Systems akzeptieren und sich in die Form der Einschränkung der Kommunikation der Mitglieder beziehungsweise der Entscheidungsabläufe einer Organisation bringen.

Das versteht sich eigentlich von selbst, muß hier jedoch noch einmal eigens betont werden, weil wir hier nicht von der Selbstverständlichkeit der immer schon formal eingeschränkten Organisation her argumentieren, sondern von der Annahme einer komplexen und kontingenten Organisation. Wie jedes andere soziale System auch, kann auch die Organisation keine eigene natürliche Notwendigkeit und keine eigene natürliche Unmöglichkeit behaupten. Sie ist so kontingent, immer auch anders möglich, wie jedes andere soziale System auch. Daß das in alltäglichen Beobachtungen nicht mehr auffällt, sondern nur das Gegenteil auffällt, daß man in Organisation fast nichts bewegen kann, ist kein Kennzeichen der Organisation als solcher, sondern ein Kennzeichen der bereits erfolgreichen Reduktion auf einfache Komplexität.

Wir drehen die Blickrichtung um und fragen, wie diese Reduktion auf einfache Komplexität möglich ist. Nebenbei bemerkt hat man bei dieser Formulierung des Problems ergänzend zu den Formulierungen, die wir oben unter dem Gesichtspunkt einer Suche nach einem Ausweg aus der sich selbst blockierenden Komplexitätssteigerung gewählt haben, den Eindruck, daß sich die einfache Komplexität zur Komplexität verhält wie die einfache Kontingenz zur doppelten Kontingenz. Doppelte Kontingenz ist als das Konstitu-

tionsproblem sozialer Systeme (Luhmann 1984) dadurch gekennzeichnet, daß Kommunikationspartner, die miteinander ins Ge-
spräch kommen wollen, dies nicht können, solange sich nicht einer
der beiden festlegt. Solange jeder darauf wartet, daß der andere den
ersten Schritt macht, geschieht nichts und blockiert sich die Situation selbst. Einer muß anfangen, mit einem Gruß, einem Lächeln,
einer Geste.

Einfache Kontingenz bedeutet, daß bereits jemand angefangen hat
und es nun nicht mehr offen ist, ob überhaupt etwas geschieht, sondern nur noch, was geschieht und wie es weitergeht. Einfache Komplexität scheint eine ähnliche Struktur zu haben. Auch hier hat bereits etwas angefangen. Die Organisation ist bereits konstituiert. Erste Entscheidungen sind bereits gefallen. Komplexität ist bereits entstanden. Und es ist nur noch die Frage, welche Steigerungsdynamik
der Komplexität zugestanden wird und wie die Komplexität ausge-
halten und verarbeitet wird.

Aber zurück zu unseren Kontingenznegationen. Wir hatten gesagt,
daß Notwendigkeit und Unmöglichkeit organistionstypisch, das
heißt über Einschränkungen der Kommunikationsspielräume unter
den Mitgliedern der Organisation eingeführt werden müssen, wenn
sie wahrgenommen werden und Erfolg haben sollen. Einschränkungen der Kommunikationsspielräume sind bereits in den von der Organisation verwendeten Technologien, in bestimmten Restriktionen
der physischen, mentalen und kulturellen Umwelt und nicht zuletzt
in der bereits durchlaufenen Geschichte der Organisation enthalten.
Aber nicht von diesen Einschränkungen soll hier die Rede sein, sondern von jenen, die eigens kommuniziert werden können und kommuniziert werden müssen, um die kommunikative Komplexität der
Organisation in eine einfache zu überführen.

Dabei soll nicht ausgeschlossen werden, daß kommunizierte Restriktionen sich ihrerseits auf die Natur der Sache, die Typik der verwendeten Technologien, die Verhaltensgewohnheiten in bestimmten Kulturen und die Motivationskapazitäten der beteiligten Individuen berufen. Doch dies sind Absicherungsargumente, die den Blick
von der Wählbarkeit der gewählten Einschränkungen ablenken und

für die intern konstruierte Notwendigkeit und Unmöglichkeit externe Schützenhilfe in Anspruch nehmen.

## Die Suggestionen der Hierarchie

Es gibt wohl kein gesellschaftliches, technologisches oder motivationales Argument, das noch nicht zur Begründung der Hierarchie ins Feld geführt worden ist. Und dennoch ist die Hierarchie zunächst einmal nichts anderes als eine Kommunikationstechnik zur Reduktion der Komplexität einer Organisation auf einfache Komplexität.

Von „Technik" ist hier die Rede, weil die Hierarchie im Normalfall geräuschlos, indifferent gegenüber Umwelten welcher Art auch immer und im quasi reflexionsfreien Wechsel zwischen den von ihr eröffneten Kommunikationsperspektiven funktioniert.

Wer Teil einer Hierarchie ist, kann sich blitzschnell von einer Kommunikation mit einem Untergebenen auf eine Kommunikation mit einem Vorgesetzten umstellen, ohne auch nur zu merken, daß er sich umstellt. So selbstverständlich ist die Beobachtung aller denkbaren Positionen unter dem Gesichtspunkt von Oben und Unten, von Vorgeordnet und Nachgeordnet, daß bald niemand mehr auf die Idee kommt, es mit einer plazierten Einschränkung, mit einer gewählten Sozialtechnik und somit mit der Lösung eines Problems zu tun zu haben, das man unter Umständen auch anders lösen kann.

Eine Hierarchie restringiert die Kommunikation unter den Mitgliedern einer Organisation unter dem Gesichtspunkt, daß Kommunikation mit Gleichgestellten freigestellt wird, aber folgenlos bleibt, und Kommunikation mit Vorgesetzten und Nachgeordneten unter scharfe Einschränkungen gesetzt wird, die sicherstellt, daß sie im Vergleich eher selten vorkommt, dafür aber hoch folgenreich ist. Kommunikation unter Nichtgleichgestellten wird zur Entscheidung stilisiert und insofern in die Bedingungen der Hierarchie eingepaßt, als sie generell von oben nach unten erfolgt. Es bedurfte großer Überwindungen, zuzugestehen, daß es auch Kommunikation von unten nach oben gibt. Man gab ihr den schönen Titel der „Information", um deutlich zu machen, daß mit der Information selbst natürlich noch nichts entschieden ist.

Noch heute fällt es hierarchiegebundenem Organisationsdenken schwer, sich vorzustellen, daß man mit Hilfe von Informationen von unten nach oben Führungsentscheidungen lenken kann (Luhmann 1962). Und nahezu unmöglich ist es, sich vorzustellen, daß auch ganz unten, bei der Sachbearbeitung, Entscheidungen getroffen werden. Denn an wen könnten sich diese Entscheidungen auf der untersten Organisationsebene richten? Es ist dann kein Wunder, daß man in Organisationen einen seltsam blassen Arbeitsbegriff pflegt. Arbeit, so hat man den Eindruck, findet nur als Gegenstand von Entscheidungen, niemals selbst als Entscheidung statt. Man könnte die Arbeit in der Sprache der Organisation nur aufwerten, wenn man sie zu einem Entscheidungsverhalten machen würde. Doch genau dies würde die Hierarchie blockieren. Stellt man die Hierarchie zur Disposition, rückt auch die Arbeitswirklichkeit wieder in den Blick. Ohne die Hierarchie kann man sich vorstellen, daß Kollegen bei ihrer Arbeit Entscheidungen treffen (also auch anders entscheiden könnten) und mit diesen Entscheidungen regulieren, wie weitere Arbeitsschritte angeschlossen werden können. Erst die Kritik der Hierarchie hat diese Möglichkeit wieder berücksichtigt (Burns/Stalker).

Die Hierarchie führt die Notwendigkeit ein, sich mit der Kommunikation von Entscheidungen an die vorgegebenen Instanzenwege zu halten. Alles andere ist unmöglich. Dies sichert schon deswegen eine Reduktion auf einfache Komplexität, weil diese Instanzenwege knapp gehalten, unter Regeln der Schriftlichkeit gesetzt und an die Übertragung bestimmter Daten unter Ausschluß möglicher anderer Daten gebunden werden können (Yates). Noch wichtiger ist jedoch die Trennung zwischen ungebundener Kommunikation im Zuge des horizontalen Arbeitsflusses unter Gleichgestellten einerseits und gebundener und konditionierender Kommunikation zwischen Vorgesetzten und Nachgeordneten andererseits.

Die Hierarchie ist insofern eine ingeniöse Sozialtechnik, als sie es erlaubt, innerhalb eines Unternehmens verschiedene Ebenen voneinander zu unterscheiden, die einerseits in fast allen Hinsichten

autonom gesetzt und andererseits über Entscheidung und Information wechselseitig konditioniert werden können (Parsons). Auf jeder Ebene kann sich diejenige komplexe Komplexität entwickeln,
die man zur Abstimmung von Arbeit mit Arbeit, von Koordination mit Koordination und von Führung mit Führung braucht. Und
zwischen den Ebenen hat man es immer mit einfacher Komplexität
zu tun, weil extrem viele Kommunikationen abgelehnt werden
können, wenn sie nicht den formalen Vorgaben entsprechen, und
trotzdem beobachtet werden kann, was auf den jeweils anderen
Ebenen geschieht.

Diese Lösung war so erfolgreich, daß man sich in der Organisationsforschung lange Zeit fast ausschließlich an der Hierarchie orientiert hat, um herauszufinden, wie Organisationen funktionieren
(nach dem Motto: die Einschränkung definiert, was möglich ist),
und dabei fast vollständig übersehen hat, was die Hierarchie an
nichthierarchischer Kommunikation unter Kollegen ermöglicht.
„Informale Organisation" und „labour process" sind die noch etwas
unglücklichen labels für die Bedeutung nichthierarchischer Kommunikation in Organisationen. Aber im Zuge der Entdeckung von
Teams auf allen Ebenen und von Netzwerken ändern sich auch die
Etiketten und Vokabeln der Organisationsforschung.

Hierarchie reduziert die Komplexität der Organisation auf einfache
Komplexität, indem vertikale Kommunikation hochgradig reguliert
wird, laterale Kommunikation dem Zufall überlassen bleibt und horizontale Kommunikation freigestellt und als für die Struktur der Organisation folgenlos behandelt wird. Es handelt sich insofern um
eine Reduktion auf einfache Komplexität, als die Komplexität sichtbar bleibt. Auch wenn sich der Eindruck durchsetzt, daß die Reduktion auf der Grundlage der Hierarchie notwendig und quasi natürlich
ist, bleibt die Beobachtbarkeit der Komplexität erhalten. Das heißt,
alle Organisationsmitglieder wissen um die Bedeutung der lateralen
Kommunikation und der horizontalen Kommunikation. Und sie wissen um die mögliche Irrelevanz der vertikalen Kommunikation.

Die Organisation entwickelt ein Spiegelbild ihrer selbst, in dem alle
Unterstellungen umgedreht werden, die Organisation vom Kopf auf

die Füße gestellt wird und jeder sehen kann, wie die Dinge wirklich laufen. Nur reden kann man darüber nicht beziehungsweise nur unter der Prämisse horizontaler, zuweilen auch vertikaler Folgenlosigkeit. Die Komplexität wird in die „einfache" Fassung einer Differenz von kommunizierbarer und beobachtbarer Komplexität gebracht. Die kommunizierbare Komplexität ist verhältnismäßig niedrig, die beobachtbare Komplexität verhältnismäßig hoch. Mit Hilfe dieser Differenz bewältigt die Organisation ihre Komplexität. Weder die formale Kommunikation noch die informale Kommunikation alleine könnten dies bewerkstelligen. Es ist die Möglichkeit des Umschaltens und die Möglichkeit, die formale Kommunikation durch Abstimmung informal vorzubereiten und die informale durch Problemdruck formal zu stimulieren, die der Organisation ihren Zugriff auf Komplexität sichert.

Im Grunde genommen kommuniziert die hierarchische Organisation laufend über nichts anderes als über Komplexität. Denn sie kommuniziert über nichts lieber als über die in Extremwerte gesteigerte Selektivität der formalen und die für alles wirklich Wichtige ebenso extrem offene informale Kommunikation. Aber diese Kommunikation beruht auf einer zweifachen optischen Täuschung. Die Steigerung der Selektivität der formalen Kommunikation ist nur möglich, weil es die Offenheit der informalen gibt, und umgekehrt. Das Wichtige und wirklich Entscheidende der horizontalen Kommunikation gäbe es nicht, wäre die vertikale Kommunikation nicht so offenkundig unterkomplex.

# Der Streß der Teams

Das Team gilt als Widerpart der Hierarchie. Das kann nicht überraschen, stellt es doch explizit auf horizontale Kommunikation ab. Man übersieht dabei jedoch zuweilen, in welchem Ausmaß das Team seinerseits von der Hierarchie abhängig ist. Am deutlichsten wird das, wenn Teams als Projektteams verstanden werden. Denn dann werden sie unter Bedingungen gesetzt, die den Widerspruch des Projekts gegen die Hierarchie (Heintel/Krainz) einerseits ausnutzen und andererseits auf ein eng begrenztes Terrain beschränken. Projektteams erhalten ihre Weisungen und ihre Ressourcen von der Hierarchie. Und es wird sichergestellt, daß sie sich nicht an die Stelle der Hierarchie setzen, indem sie prinzipiell befristet arbeiten.

Diese Freisetzung und Einschränkung des Widerspruchs des Projektteams gegen die Hierarchie, also der horizontalen Entscheidungsstruktur gegen die vertikale Entscheidungsstruktur, gilt mittlerweile als eine so selbstverständliche Angelegenheit, daß man zuweilen die Auffassung findet, Projektteams seien notwendigerweise zeitlich begrenzte Einrichtungen und anders mache es keinen Sinn, von Projekten zu reden. Unbegrenzte Projekte hält man für unmöglich, obwohl es dafür genügend Beispiele gibt: vom Projekt des Lebens über das Projekt der Gesellschaft bis zum Projekt der Moderne.

Wir können diese Frage, ob man sich unter Teams und unter Projekten auch etwas anderes vorstellen kann als das, was die Hierachie zu akzeptieren bereit ist, hier auf sich beruhen lassen. Wichtiger ist hier die Frage, welche Kontingenznegationen das Team im Verhältnis zur Hierarchie in die Organisation einführt. Was macht das Team notwendig und was macht es unmöglich?

Die Antwort auf diese Frage mag etwas trivial erscheinen, aber die Konsequenzen dieser Antwort sind es nicht: Das Team macht die horizontale Kommunikation notwendig und es macht es unmöglich, dieser Kommunikation auszuweichen. Mit anderen Worten, während die Hierarchie auf die Unvermeidbarkeit der Beobachtung von Selektivität zielt, zielt das Team auf die Unvermeidbarkeit der Kommunikation. Man hat des häufigeren beobachtet, daß das Team eine außerordentlich gestreßte und aus eigenen Paradoxien gespeiste Form der Kommunikation ist, die einen Dauerkonflikt zündet, der nur durch die fertiggestellten Produkte beruhigt und abgefunden werden kann (Hackman, Smith/Berg, Baecker 1993).

Kommunikation ist der entscheidende Punkt. Das Team ist eine Reduktion auf einfache Komplexität, indem es innerhalb einer Organisation alles kontingent zu setzen erlaubt, Führungsstrukturen, Ressourcenlage, Technologiezugriff und so weiter. Nur eines nicht: Die Kommunikation innerhalb des Teams. Wer die Kommunikation im

Team nicht gelernt hat, so die immer wieder erhobene Forderung der Wirtschaftsorganisationen an die schulische und universitäre Ausbildung, braucht sich um eine Mitgliedschaft in Organisationen bald nicht mehr zu bewerben. Wer es nicht gelernt hat, mit den Paradoxien der Gruppendynamik umzugehen, wird keinen Zugang zu den wichtigsten Entscheidungsabläufen innerhalb einer Organisation finden. Mitglied einer Organisation zu sein, ist eines, Mitglied eines Teams zu sein, etwas ganz anderes. Und bald wird ersteres nicht mehr möglich sein, wenn nicht letzteres gekonnt wird.

Und natürlich gilt dies für alle Ebenen der Organisation. Zurecht spricht Rudolf Wimmer davon, daß auch die Führung versagt, wenn sie nicht als Team funktioniert. Aber inwiefern kann man hier noch von einfacher Komplexität sprechen? Ist es nicht der Gipfel der Kompexität, wenn man Entscheidung und Abstimmung gleichermaßen unter die Bedingung ein und derselben Kommunikation setzt?

Auf den ersten Blick scheint dies der Fall zu sein. Auf den zweiten Blick jedoch sieht man, daß auch das Team eine scharfe Begrenzung der Kommunikation in die Organisation einführt. Kommunikation innerhalb der Teams ist etwas ganz anderes als Kommunikation zwischen Teams, soweit letztere überhaupt stattfindet. Ziel der Teambildung ist es ja, alle Organisationsmitglieder zu Mitgliedern des Teams zu machen, von dessen Entscheidungen sie betroffen sein werden. Kommunikation mit Nichtteammitgliedern ist demnach tendentiell unnötig beziehungsweise nur dort erforderlich, wo es sich um den Auftrag durch die Hierarchie und die Wiedereinbindung der Produkte der Teamarbeit in die Hierarchie handelt.

Und genau das scheint die Reduktionsleistung des Teams auf einfache Komplexität zu sein. Um den Preis der streßbelasteten Kommunikation unter Teammitgliedern wird eine neuartige Beobachtung der Hierarchie durch das Team, und zwar durch alle Teams, instituiert. Wenn Teams die Hierarchie beobachten, geht es zwar einerseits immer noch um die Ironisierung der Suggestionen hierarchischer Rangverhältnisse. Und man beruft sich auch immer noch auf die Relevanz der horizontalen Abstimmung unter den Arbeitskollegen.

Aber unter der Hand steht mittlerweile eine ganz andere Beobachtung auf dem Spiel. Die Teams konkurrieren um die Ressourcen an Zeit, Personal und Kapital, die die Hierarchie zu vergeben hat. Die Teams versuchen sich in einem unübersichtlichen Feld der Einschätzung durch die Hierarchie zu plazieren, indem es laufend um die Kriterien geht, nach denen die Hierarchie zu entscheiden gezwungen ist, welchen Teams mit welchen Produkten und welcher Ressourcenausstattung welche Zukunftsaussichten beizumessen sind (Eccles/White).

Diese Differenz zwischen heißlaufender Kommunikation im Team und kühler, fast kommunikationsfreier Beobachtung der Einschätzung, also Beobachtung des Teams durch die Hierarchie ist der Mechanismus der Reduktion auf einfache Komplexität, den die Einrichtung von Teams und Projekten und ähnlicher Formen temporär entscheidungsbefugter Horizontalkommunikation der Organisation zur Verfügung stellt. Denn hier geht es genausowenig wie im Fall der klassischen Hierachie darum, Komplexität beherrschbar zu machen, sondern vielmehr darum, sie beobachtbar zu machen. Und man macht Komplexität beobachtbar, indem man Strukturen einrichtet, die zur Bewältigung ihrer eigenen Komplexität gezwungen sind, laufend ihre relevante Umwelt auf Hilfestellungen, Störungen, Allianzen, Sprachregelungen und so weiter hin zu beobachten.

Nicht darauf kommt es an, daß im Team oder im Projekt alles einfacher und menschlicher, vertrauensvoller und informierter zu bewerkstelligen ist. Sondern es kommt darauf an, daß das Team nur im Schatten der Hierarchie operieren kann und daher darauf angewiesen ist, die Hierarchie zu beobachten und alle eigenen Entscheidungen im Kontext der Hierarchie zu situieren, zu evaluieren und zu reevaluieren.

Es hat sich also einerseits nicht viel geändert seit den Zeiten der klassischen Hierarchie. Nach wie vor ist es die Hierarchie, die beobachtet wird. Aber der Unterschied zur klassischen Hierarchie könnte andererseits größer nicht sein. Denn jetzt fallen die Entscheidungen im Team. Und sie fallen unter der Prämisse horizontaler Kommunikation. Man macht sich über die Hierarchie nicht mehr als Restriktion

möglicher Entscheidungen lustig, die dann doch nicht getroffen werden. Sondern man nimmt die Restriktionen durch die Hierarchie
ernst, sehr ernst, weil anders keine Entscheidungen mehr getroffen
werden könnten.

## Die Intelligenz der Netzwerke

Auch die Netzwerke, die in jüngerer Zeit intensiv diskutiert werden,
kann man als Reduktionen auf einfache Komplexität beschreiben.
Auch sie sind Formen des Managements durch Komplexität und weniger des Managements von Komplexität. Und ähnlich wie die
Teams und die Projekte setzen auch sie die Hierarchie einerseits voraus und sehen andererseits durch Intensivierung der Kommunikation von ihr ab.

Man könnte sogar so weit gehen zu vermuten, daß die Netzwerke im
Außenverhältnis der Organisation leisten, was die Teams im Innen-
verhältnis leisten. Sie machen Kommunikation zwischen Organisationen notwendig und sie machen es unmöglich, von Kommunikation abzusehen.

Die Frage ist nur, auf welche Kontingenz die zwischen den Organisationen intensivierte Kommunikation aufmerksam macht. Die Antwort auf diese Frage ist einfach. Es handelt sich um die Kontingenz
des Netzwerks selbst. Netzwerke zwingen zur systematischen Beobachtung der Möglichkeit, daß jeder Kontakt zwischen zwei Organisation im Prinzip jederzeit durch einen Kontakt mit einer anderen
Organisation oder zwischen zwei anderen Organisationen substitu-
iert werden kann.

Selbstverständlich galt dies für Geschäftsbeziehungen zwischen
Lieferanten und Kunden, Banken und Unternehmen, Lizenzgebern
und Lizenznehmern schon immer. Das Verhältnis zwischen den Unternehmen der freien Marktwirtschaft gehorcht dem Gesetz der organisierten Anarchie. Neu ist jedoch, daß unter dem Gesichtspunkt
der Kontingenz die Kommunikation zwischen den Organisationen
intensiviert wird. Man wartet die Substitution nicht ab. Sondern man

versucht, ihr zuvorzukommen. Man stimmt Gründe, die zum Wechsel Anlaß geben könnten, schon im Vorfeld ab und versucht sie auszuräumen.

Es ist nicht zu bestreiten, daß die Konstitution von Netzwerken intensiv durch neuartige Technologien der Kommunikation, der Produktion und der Entwicklung stimuliert wird, die die Abstimmung sowohl kommunikativ als auch materiell sowohl erleichtern als auch erzwingen. Man sieht sich gezwungen, auf Komplementarität hin zu beobachten, weil anders die eigene Produktion nicht mehr gesteuert werden kann (Milgrom/Roberts).

Aber zugleich geht es auch um eine bestimmte Form sozialer Komplexität, die von Kommunikations- und Produktionstechnologien zwar gestützt, aber noch nicht begründet wird. Diese Form sozialer Komplexität ergibt sich daraus, daß im Hinblick auf die Steuerung der eigenen Produktion nicht nur aktuelle, sondern auch aktualisierbare Kontakte gepflegt werden (Mill/ Weißbach). Diese aktualisierbaren Kontakte bringen einen neuen Unsicherheitsfaktor ins Spiel. Denn einerseits sichern sie zwar die gegenwärtigen Möglichkeiten von Produktion, Investition und Konsum durch die Pflege auch anderer Möglichkeiten ab. Andererseits jedoch ändern sich die durch aktualisierbare Kontakte miteinander verknüpften Organisationen laufend, weil sie technologisch innovieren, ihre Unternehmenskultur revolutionieren oder ihre Produktpalette verändern, so daß man prinzipiell nicht wissen kann, worauf man sich verläßt, wenn man sich auf aktualisierbare Kontakte verläßt.

Netzwerke bauen einen Überraschungsfaktor in die Art und Weise ein, wie Organisationen ihre Komplexität bewältigen. Sie spitzen die Gesetze der Populationsökologie, nach denen sich Organisationen wie andere Arten auch nur innerhalb von Kohorten verändern können (Hannan/ Freeman), auf eine Kommunikation zu, die die über die Trägheit der Verhältnisse laufenden Stabilisierungsmechanismen schwächt. Netzwerke sind daher einerseits einer der wichtigsten Faktoren, die die Umwelten der Unternehmen zunehmend in jene „turbulent fields" verwandeln, von denen Emery und Trist bereits 1965 gesprochen haben. Andererseits sind sie es auch, die dafür

Sorge tragen, daß die Turbulenzen dieser Umwelt in die Unternehmen hineingetragen werden.

Zuweilen wird der Eindruck formuliert, daß durch die Netzwerke die Grenzen der Organisation verschwimmen (Singer). Das Gegenteil scheint der Fall zu sein (Wimmer 1995). Die Vielzahl der aktuellen und aktualisierbaren Kontakte treibt den Druck auf die Organisation, ihre Grenzen als steigerbare Leistungen zu behandeln und Identitätskriterien der eigenen Entscheidungen auszuflaggen, die zweifelsfrei erkennbar machen, wo die eine Organisation aufhört und die andere anfängt, in eine Höhe, die für die vielfach komplexitätsüberforderte Organisationsforschung (Pondy/Mitroff) allerdings bislang nicht nachvollziehbar ist.

Es gibt eine Intelligenz der Netzwerke, die darin liegt, daß Komplexität über ein Wissen des Nichtwissens repräsentiert wird und Ausarbeitungen des eigenen Wissens davon abhängig gemacht werden, daß immer wieder auch das Nichtwissen thematisiert wird (Baecker 1995). Netzwerke machen es notwendig, über Kontakte zu kommunizieren. Und sie machen es unmöglich, dies nicht zu tun. Aber ihre Pointe liegt darin, daß jeder Kontakt unkalkulierbare andere Kontakte, sei es eigene, sei es die des Geschäftspartners, mitzurepräsentieren erlaubt, über die man nichts weiß.

Netzwerke instituieren eine eigene Form der einfachen Komplexität, weil es dafür auf nichts anderes ankommt, als auf Reduktionen der Komplexität im Spiegel dessen, was diese Reduktionen nicht erfassen. Dieses Nichterfaßte im Zustand unbestimmter Komplexität zu belassen, wäre ein Fall komplexer Komplexität. Es über das Netzwerk auf bestimmte Möglichkeiten einzugrenzen, die über die aktuellen Möglichkeiten auf die aktualisierbaren verweisen und über die aktualisierbaren auf die nicht aktualisierbaren, aber unter Umständen sinvollen Möglichkeiten, ist ein Fall einfacher Komplexität.

Festzuhalten bleibt dabei, daß auch die Netzwerke darauf angewiesen sind, daß die Organisationen, die sie verknüpfen, wie mininal auch immer hierarchisch strukturiert sind. Denn die Hierarchie ist für die Netzwerke wie für die Teams der einzige Anhaltspunkt für die Zurechnung von Entscheidungen. Netzwerke und Teams kommunizieren; Hierarchien handeln. Auf dieses Handeln können die Netzwerke und die Teams ebenso wenig verzichten, wie die Kommunikation generell darauf verzichten kann, sich durch Zurechnungen auf Handlungen so weit zu vereinfachen, daß das entstehende Kommunikationssystem sich selbst beschreiben und damit auch steuern kann (Luhmann 1984). Alle sachrelevanten Entscheidungen werden in den Teams, Projekten und Netzwerken getroffen. Aber irgendjemand muß sie auch durchsetzen, das heißt gegenüber anderen Teams, gegenüber anderen Projekten oder innerhalb der Kontaktpflege der Netzwerke durchsetzen. Und das tun die Hierarchien.

## Management als „Symbol"

Diese Überlegungen zum Konzept und zu Techniken der einfachen Komplexität haben Konsequenzen für unser Managementverständnis. Denn als wichtige Verschiebung der Problemlage hat sich herausgestellt, daß die formale Organisation der Hierarchie, die in der klassischen Organisation als Kommunikationsgenerator zu gelten hatte, zunehmend zu einem Gegenstand der Beobachtung für Kommunikationsprozesse geworden ist, die es bislang in dieser Form nicht gab. Die heiße Kommunikation der Teams und die ebenso hoch spezifizierbare wie diffuse Kommunikation der Netzwerke orientieren sich an den Kommunikationsrestriktionen der Hierarchie.

Das heißt, die Hierarchie wirkt nicht mehr dadurch, daß sie sicherstellt, daß die wenige relevante Kommunikation tatsächlich stattfindet. Sondern sie wirkt dadurch, daß im Hinblick auf diese Kommunikation, die immer noch als Entscheidungskommunikation gehandelt wird, andere Kommunikation hinreichend gereizt wird, um ihre Möglichkeiten zu suchen, zu steigern und auszuschöpfen.

Das Management bekommt dadurch eine neue Funktion. Es nistet nicht mehr an jenen Bruchstellen der Ebenenhierarchie, wo die Paradoxie der Konditionierung der Autonomie nach beiden Seiten hin, nach der Seite der Autonomiesicherung und nach der Seite der Konditionierungsdurchsetzung, auf eine Art und Weise auszubeuten ist, die von Chandler nur als „managerial revolution" beschrieben werden konnte (Baecker 1993). Sondern es wird jetzt dort plaziert, wo die Übergänge zwischen der Hierarchie, den Teams und den Netzwerken stattfinden.

Aber wo finden diese Übergänge statt? Und was gilt es an diesen Übergängen zu managen? Zunächst einmal ist festzuhalten, daß Management unter den neuen Verhältnissen intensivierter Kommunikation und zugespitzter Hierarchiebeobachtung nicht mehr auf Koordinationsaufgaben zu beschränken ist (Gulick ).

Für die Koordination sorgt bereits die Kommunikation. Statt dessen wird das Management zwiegespalten. Es nimmt einerseits im Rahmen eines „general management" (Wimmer 1993) die Aufgaben der Hierarchie gegenüber den Beobachtungen durch die Teams und das Netzwerk wahr.

Das heißt, es inszeniert den Markt der Möglichkeiten, auf dem die Teams sich zu bewähren und die Netzwerke ihre Kontakte zu suchen haben. Und es wird andererseits im Rahmen einer kleingearbeiteten „leadership" Teil der Kommunikationsabläufe auf der Ebene der Teams. Dort besteht seine Aufgabe darin, die Selbstbeobachtung der Teams im Hinblick auf die Beobachtung durch die Hierarchie und die Beobachtung der Hierarchie zu stimulieren und zu unterstützen (Manz/Sims).

Die Einheit der Differenz von general management und leadership ist die Beobachtung der einfachen Komplexität der Organisation. Auf beiden Seiten der Differenz verkörpert der Manager die Selbstbeobachtung der Organisation. Alle anderen Mitglieder der Organisation können sich auf die Beobachtung des Verhaltens und der Verhaltensänderungen der Manager beschränken und gewinnen dadurch alle erforderlichen Informationen über die Zustände und Zustandsänderungen ihrer Organisation. Vor allem kann man an den Managern die zuweilen als „Unternehmenskultur" bezeichneten Schlagseiten der Organisation kennenlernen und memorieren, also die Frage klären, ob sich die Organisation gegenüber ihrer internen und externen Umwelt eher individualistisch-kompetitiv, kollektivistisch-manipulativ, sektenhaft-exklusiv oder gar fatalistisch-risikoindifferent verhält (Thompson/Wildavsky).

Management ist nicht mehr Paradoxieausbeutung der Hierarchie, sondern Institution und Initiation der Selbstbeobachtung der Organisation. Es findet nicht mehr an den Übergängen zwischen den Ebenen statt, sondern entweder auf der einen Seite oder der anderen Seite der Differenz von Team und Hierarchie. Es ergreift Partei, aber es ergreift Partei mit Blick auf die andere Seite der Differenz. Wenn sich die Einheit der Organisation noch irgendwo ereignet, dann im Management. Jeder kann sehen, daß diese Einheit auf der Basis einer Differenz, das heißt eines Dauerkonflikts, zustandekommt. Aber jeder kann auch sehen, daß diese Einheit für eine im hohen Maße komplexitätstaugliche Organisation einsteht.

Die jeweilige Form des Managements einer Organisation symbolisiert die Kontingenznegationen, die die komplexe Komplexität einer Organisation auf eine einfache Komplexität reduzieren. Es „symbolisiert" diese Kontingenznegationen, das heißt es bleibt einerseits inkommensurabel (Lévi-Strauss) gegenüber dem, was es symbolisiert, bietet andererseits aber die einzigen und geradezu rituellen Anhaltspunkte für das, was es zu symbolisieren gilt. Das Management symbolisiert die Notwendigkeiten und die Unmöglichkeiten, die eine Organisation zur Bewältigung der eigenen Komplexität für erforderlich hält.

Damit ist die Funktion des Managements jedoch als sehr ambivalent bestimmt. Denn einerseits muß es für die Notwendigkeiten und Unmöglichkeiten der Organisation eintreten, andererseits muß es diese disponibel halten. Das heißt, es muß die Erinnerung daran wach halten, daß Kontingenznegationen der Organisation dienen und somit ihrerseits Gegenstand von Entscheidungen sein können, also kontingenter Natur sind. Wie initiiert und instituiert man die Notwendigkeit und die Unmöglichkeit im Horizont ihrer eigenen Kontingenz?

Man muß vermuten, daß das Management damit laufend überfordert ist. Die Organisation weiß über sich mehr, als das Management je wissen kann. Denn das Management muß sich den Blick sowohl auf die Kontingenz der Notwendigkeit als auch die Notwendigkeit der Kontingenz verstellen, um entscheidungsfähig zu sein.

Komplexitätsmanagement findet demnach nicht im Management, sondern in der Organisation statt. Das Management kann den Formen der Reduktion auf einfache Komplexität nur angepaßt werden, indem es als ebenso auswechselbar behandelt wird wie diese Formen auch. Weitergehend noch wird man sogar vermuten müssen, daß genau darin die Funktion des Managements besteht: über die eigene Auswechselbarkeit die Auswechselbarkeit der jeweils gewählten Form der einfachen Komplexität zu symbolisieren.

Die Kontingenznegation mit Blick auf Notwendigkeit und Unmöglichkeit ist in jeder Organisation nicht mehr als eine Maßnahme, die sich gegenüber anderen Maßnahmen profilieren muß, mit anderen Maßnahmen verglichen werden kann und durch andere Maßnahmen ersetzt werden kann (jeweils die Eigendynamik des Organisationssystems in Rechnung stellend). Das Management ist dazu berufen, die Maßnahmen zu verstehen. Dieses Verstehen schließt die Kommunikation der Maßnahme im Betrieb ab. Will man die Maßnahme dann wieder gegen eine andere Maßnahme austauschen, muß man das Verstehen des Managements wieder auflösen und die Organisation sich selbst überlassen.

## Komplexität als Information

Wir können die vorstehenden Überlegungen dahingehend zusammenfassen, daß wir die disponible und als disponibel beobachtete Reduktion der Komplexität einer Organisation auf einfache Komplexität als Information der Organisation verstehen. Einfache Komplexität informiert die Organisation in Hinblick darauf und aus einer Beschränkung dessen, was für sie notwendig und was für sie unmöglich ist. Einfache Komplexität ist der „bias" (Douglas), der eine Organisation arbeitsfähig macht, indem sie den Möglichkeitenraum strukturiert, auf zuzugreifen sie für sinnvoll hält.

Einfache Komplexität informiert eine Organisation insofern, als sie ihr eine Selektivität der eigenen Kommunikation garantiert, die sie zugleich als selektiv beobachtet. Sie informiert die Organisation, indem sie ihr eine Referenz auf sie selbst im Unterschied zu ihrer Umwelt und eine hinreichende interne Verzögerung zur Wahrnehmung dieser Referenz garantiert (MacKay). Die Organisation weiß sich als selektiv. Sie traut ihrer eigenen Behauptung von Notwendigkeit und Unmöglichkeit immer nur so und so weit. Sie kann Selbstreferenz und Fremdreferenz unterscheiden und zwischen diesen beiden Referenzen hin und her wechseln. Sie führt ein Kontingenzbewußtsein mit sich, das als Weltbewußtsein fungiert, das heißt als Bewußtsein dessen, daß in dieser Welt (fast) nichts notwendig und (fast) nichts unmöglich ist.

Erst diese Kombination von einfacher Komplexität und Kontingenzbewußtsein informiert die Organisation in dem Sinne, daß sie vorgibt, worüber wie zu kommunizieren ist. Über das Notwendige ist im Modus des Notwendigen, über das Unmögliche im Modus des Unmöglichen und über das Kontingente im Modus der Kontingenz zu kommunizieren.

Wer hier Verwechslungen vornimmt, verwirrt die Organisation und riskiert die Kommunikation. Die Regelung der Modalität ist die wichtigste Maßnahme des Komplexitätsmanagements. Diese Maßnahme verdient ihren Namen des Komplexitätsmanagements jedoch nur deswegen, weil die Kommunikation in diesen Modalitäten der Kommunikation zugleich eine Metakommunikation über die Möglichkeit des Wechsels zwischen den Modi der Notwendigkeit, Unmöglichkeit und Kontingenz ist.

Denn die einfache Komplexität informiert über zwei Typen von Möglichkeiten: die bereits wahrgenommenen und für notwendig gehaltenen und die nicht wahrgenommenen und bislang für unmöglich gehaltenen. Die Organisation konditioniert sich im Hinblick auf diese beiden Typen von Möglichkeiten zum möglichen Wechsel zwischen ihnen. Und sie steuert ihre eigenen Kommunikationen durch die Maßgabe, den Wechsel für unmöglich und möglich zugleich zu halten. Das heißt, der Wechsel kann nur dann vorgenommen werden, wenn man entweder in der Sprache der Organisation hinreichend Gründe für den Wechsel findet oder ihn mit Verweis auf die Sprache einer „enacted" (Weick) Umwelt (darunter der Wirtschaft) den Wechsel erzwingen kann.

Beide Sprachen informieren die Organisation. Und beide Sprachen verweisen auf einfache Komplexität, das heißt auf die Kontingenz von Notwendigkeit und Unmöglichkeit.

*Literatur*

Ashby, W. R. (1956): An Introduction to Cybernetics. London: Wiley.

Atlan, H. (1979): Entre le cristal et la fumée: Essai sur l'organisation du vivant. Paris: Seuil.

Baecker, D. (1993): Die Form des Unternehmens. Frankfurt a. M.: Suhrkamp.

Baecker, D. (1994): Postheroisches Management: Ein Vademecum. Berlin: Merve.

Baecker, D. (1995): Über Funktion und Verteilung der Intelligenz im System. In: W. Rammert (Hrsg.), Soziologie und künstliche Intelligenz: Produkte und Probleme einer Hochtechnologie. Frankfurt a. M.: Campus, S. 161–186.

Beer, S. (1984): The Viable System Model: Its Provenance, Development, Methodology and Pathology. In: Journal of the Operational Research Society 35, S. 7–26 (zitiert nach dem Wiederabdruck in: R. Espejo und R. J. Harnden (Hrsg.): The Viable System Model: Interpretations and Applications of Stafford Beer's VSM. Chichester: Wiley, 1989, S. 11–37.

Bernhard, T. (1986): Einfach kompliziert. Frankfurt a. M.: Suhrkamp.

Burns, T., G. M. Stalker (1961): The Management of Innovation. London: Tavistock.

Chandler, A. D., jr. (1977): The Visible Hand: The Managerial Revolution in American Business. Cambridge, Mass.: Harvard UP.

Cyert, R. M., J. G. March (1963): A Behavioral Theory of the Firm. Second Edition, Cambridge, Mass.: Blackwell, 1992.

Douglas, M. (1982): In The Active Voice. London.

Eccles, R. G., H. C. White (1986): Firm and Market Interfaces of Profit Center Control. In: S. Lindenberg, J. S. Coleman, S. Nowak (Hrsg.), Approaches to Social Theory. New York: Russell Sage, S. 203–220.

Emery, F. E., E. L. Trist (1965): The Causal Texture of Organizational Environments. In: Human Relations 18, S. 21–32.

Gulick, L. (1937): Notes on the Theory of Organization. In: ders. u. a. (Hrsg.), Papers on the Science of Administration. New York: Institute of Public Administration, S. 1–45.

Hackman, J. R. (Hrsg.) (1990): Groups That Work (and Those That Don't): Creating Conditions for Effective Teamwork. San Francisco: Jossey-Bass.

Hannan, M. T., J. Freeman (1977): The Population Ecology of Organizations. In: American Journal of Sociology 82, S. 929–964.

Heintel, P., E. E. Krainz (1988): Projektmanagement: Eine Antwort auf die Hierarchiekrise? Wiesbaden: Gabler.

Kappler, E. (1989): Komplexität verlangt Öffnung: Strategische Personal- und Organisationsentwicklung als Weg und Ziel der Entfaltung betriebwirtschaftlicher Professionalität im Studium. In: W. Kirsch und A. Picot (Hrsg.), Die Betriebswirtschaftslehre im Spannungsfeld zwischen Generalisierung und Spezialisierung. Edmund Heinen zum 70. Geburtstag. Wiesbaden: Gabler, S. 59–78.

Leifer, E. M., H. C. White (1986): Wheeling and Annealing: Federal and Multidivisional Control. In: James F. Short, jr. (Hrsg.), The Social Fabric: Issues and Dimensions. Beverly Hills: Sage, S. 223–242.

Lévi-Strauss, C. (1950): Einleitung in das Werk von Marcel Mauss. In: M. Mauss, Soziologie und Anthropologie, Band I. Frankfurt a. M.: Ullstein (1978), S. 7–41.

Luhmann, N. (1962): Der neue Chef. In: Verwaltungsarchiv 53, S. 11–24.

Luhmann, N. (1970): Soziologische Aufklärung. In: ders., Soziologische Aufklärung 1: Aufsätze zur Theorie sozialer Systeme. Opladen: Westdeutscher Verlag, S. 66–91.

Luhmann, N. (1975): Komplexität. In: ders., Soziologische Aufklärung 2: Aufsätze zur Theorie der Gesellschaft. Opladen: Westdeutscher Verlag, S. 204–220.

Luhmann, N. (1980): Komplexität. In: Erwin Grochla (Hrsg.), Handwörterbuch der Organisation, 2., völlig neu gest. Auflage. Stuttgart: Poeschel, S. 1064–1070.

Luhmann, N. (1984): Soziale Systeme: Grundriß einer allgemeinen Theorie. Frankfurt a. M.: Suhrkamp.

Luhmann, N. (1988): Organisation. In: W. Küpper und G. Ortmann (Hrsg.), Mikropolitik: Rationalität, Macht und Spiele in Organisationen. Opladen: Westdeutscher Verlag, S. 165–185.

Luhmann, N. (1990): Haltlose Komplexität. In: ders., Soziologische Aufklärung 5: Konstruktivistische Perspektiven. Opladen: Westdeutscher Verlag, S. 59–76.

MacKay, D. M. (1964): Communication and Meaning – A Functional Approach. In: F. C. S. Northrop und H. H. Livingston (Hrsg.), Cross Cultural Understanding: Epistemology in Anthropology. New York, S. 162–179.

Manz, C. C., H. P. Sims, jr. (1987): Leading Workers to Lead Themselves: The External Leadership of Self-Managing Work-Teams. In: Administrative Science Quarterly 32, S. 106–128.

Milgrom, P., J. Roberts (1990): The Economics of Modern Manufacturing: Technology, Strategy, and Organization. In: American Economic Review 80, S. 511–528.

Mill, U., H.-J. Weißbach (1992): Vernetzungswirtschaft: Ursachen, Funktionsprinzipien, Funktionsprobleme. In: T. Malsch und U. Mill (Hrsg.), ArBYTE: Modernisierung der Industriesoziologie? Berlin: edition sigma, S. 315–342.

Morin, E. (1974): Complexity. In: International Social Science Journal 26, S. 555–582.

Parsons, T. (1960): Some Ingredients of a General Theory of Formal Organization. In: ders., Structure and Process in Modern Societies. New York: Free Pr., S. 59–96.

Pondy, L. R., I. I. Mitroff (1979): Beyond Open System Models of Organization. In: Research in Organizational Behavior 1, S. 3–39.

Singer, B. D. (1986): Organizational Communication and Social Dissambly: An Essay on Electronic Anomy. In: L. Thayer (Hrsg.), Organization – Communication: Emerging Perspectives, vol. 1. Norwood, N.J.: Ablex, S. 221–230.

Smith, K. K., D. N. Berg (1987): A Paradoxical Conception of Group Dynamics. In: Human Relations 40, S. 633–658.

Thompson, M., A. Wildavsky (1986): A Cultural Theory of Information Bias in Organizations. In: Journal of Management Studies 23, S. 273–284.

Weaver, W. (1948): Science and Complexity. In: American Scientist 36, S. 536–544.

Weick, K. E. (1988): Enacted Sensemaking in Crisis Situations. In: Journal of Management Studies 25, S. 305–317.

Wimmer, R. (1993): Wozu brauchen wir ein General Management? In: Herrnsteiner 3, S. 4–12.

Wimmer, R. (1995): Die permanente Revolution: Aktuelle Trends in der Gestaltung von Organisationen. In: R. Grossmann, E. Krainz, M. Oswald (Hrsg.), Veränderung in Organisationen. Wiesbaden: Gabler, S. 21–41.

Yates, J. (1989): Control through Communication: The Rise of System in American Management. Baltimore: Johns Hopkins UP.

# Die Kontrolle von Intransparenz

*von Niklas Luhmann*

## Die Entdeckung der Intransparenz

In klassischen Theorien der Erkenntnis hatte ein Beobachter selbst für Erkenntnis zu sorgen. Er mochte sich einer hochkomplexen, teilweise intransparenten Welt gegenübersehen. Für ihn konnte es religiöse Gründe geben, die seiner Neugier Grenzen zogen. So dachte man noch im 17. Jahrhundert. Gleichzeitig kamen Techniken der mathematischen Idealisierung auf, die sich selbst die Lösbarkeit ihrer Aufgaben garantierten und allenfalls das Problem übrig ließen, daß die wirkliche Welt abwich von dem, was die Mathematik oder die idealtypischen Konstruktionen vorsahen. So handeln wirkliche Menschen nicht nach den Grundsätzen, die Theorien des rational choice ihnen unterstellen, und die tatsächliche Entwicklung der Wirtschaft folgt nicht unbedingt den Gleichungssystemen der neoklassischen Lehre.

Diese Provokation, diese Selbstirritation der Beobachter durch abweichendes Verhalten der Wirklichkeit konnte aber in die Theorie zurückgebracht werden und als Anregung zu einer ständigen Verbesserung der Theorien und Instrumente aufgefaßt werden. Die Erfindung der elektronischen Kalkulationsmaschinen hat diese Erkenntnistechnik nochmals enorm verbessert. Sie hat es vor allem ermöglicht, Zeitabläufe zu simulieren; und sie hat in der daraus entstandenen Theorie dynamischer Systeme dazu geführt, daß der Forscher sich schon durch seine eigenen Modelle selbst überraschen kann. Schon in der Simulation verhalten die Systeme sich auf eine Weise, die der Konstrukteur dieser Modelle nicht voraussehen kann.

Die Unprognostizierbarkeit wird sozusagen eingerechnet. Dann kann es natürlich nicht mehr überraschen, daß auch die realen Systeme sich unvorhersehbar verhalten. Modellrechnung und Realität konvergieren nun, so scheint es, in der Prognose der Unprognostizierbarkeit. Man kann vermuten, daß diese Symphonie der Intransparenz am Ende des 20. Jahrhunderts einer verbreiteten Stimmungslage entgegenkommt.

Man denke an die Schwierigkeiten einer Entwicklungspolitik in Richtung „Modernisierung", wie sie nach dem zweiten Weltkrieg konzipiert war. Man denke an die Einflüsse der weltweiten, auf Prognose von Prognosen gegründeten Finanzspekulation, auf alle wichtigen Parameter der Wirtschaft und damit auch auf die Politik. Man denke an den Rückzug der therapeutischen Profession auf konstruktivistische Konzepte und Weisungen, die wie Sonden in ein unbekanntes Terrain eingeführt werden mit der Erwartung, daß man nachher besser sieht, weshalb es nicht funktioniert hat. Man denke an die wenig ermutigenden Erfahrungen mit Reformpolitik, zum Beispiel im Bereich der Erziehung. Die Beispiele ließen sich leicht vermehren. Die Frage ist, in welcher Weise wir unsere kognitiven Instrumente und besonders die Erkenntnistheorien darauf einstellen können.

Wir sehen, wie die öffentliche Meinung darauf reagiert: mit Ethik und mit Skandalen. Das ist sicher ein gut äquilibriertes Dual, das den Bedürfnissen der Massenmedien entgegenkommt, im übrigen aber wenig Hilfe verspricht. Religiöse Fundamentalisten mögen ihre eigenen Unterscheidungen setzen. Was einst das zu verehrende, Grenzen setzende Geheimnis Gottes war, wird dabei mehr und mehr durch Polemik abgelöst: Man weiß, wogegen man ist und das genügt. Verglichen damit hat das wissenschaftsspezifische Schema von Idealisierung und Abweichung viel für sich. Es fällt aber auf, daß auch dies eine Unterscheidung ist wie die von Ethik und Skandal oder die von lokal und global oder von Rechtsgläubigen und Gegnern. Mit etwas mehr Distanz kann man deshalb fragen: Weshalb wird die eine und nicht die andere Unterscheidung bevorzugt? Wenn es denn ohne Unterscheidungen nicht geht, weil ohne Unterscheidungen überhaupt nichts beobachtet werden kann: Was spricht für die Wahl einer bestimmten Unterscheidung? Eine heute bereits klassische moderne Theorie, bekannt unter Namen wie Francis Bacon oder Giambattista Vico, hatte mit der Unterscheidung von Erkennen und Handeln gearbeitet und behauptet, daß der Mensch nur

erkennen könne, was er selbst herstellen könne [1]. Die Welt selbst
mochte dann instransparent sein und bleiben, aber in seiner Sphäre
gebe es für den Menschen Hoffnung, seine Verhältnisse zu verbessern und, als Bedingungen dafür, gleichsam im Nebeneffekt, auch
Weltkenntnisse zu erwerben. Da die Welt selbst durch Gott geschaffen ist, ist in der Schöpfung dem Geschöpf Mensch die Möglichkeit gegeben, in seinen Grenzen die Schöpfung nachzuvollziehen, Regelmäßigkeiten zu erkennen und zu nutzen und eigene Gär-
ten anzulegen; und dies nicht nur im Bereich der Artefakte, sondern
seit Vico auch im Bereich der Symbole. Die Herstellung von immer
mehr Herstellungswissen ist nicht mehr unerlaubte Neugier (curio-
sitas), sondern zugleich Bewunderung der Schöpfung und Vereh-
rung Gottes. Doch dieser Verweis auf den Superagenten Gott ist nur
eine Begründung. Sie mochte Theologen zufriedenstellen und von
Interventionen abhalten; aber sie verrät nichts über die Struktur dieser Theorie, nichts über den Sinn ihres „nur so", nichts über den Vorteil dieses Umwegs über das Herstellen zum Erkennen.

Es könnte weiterführen, wenn man die Kausalbegriffe Ursache/Wir-
kung durch den abstrakteren Begriff der Konditionierung ersetzt.
Dabei bleibt die erkenntnisbringende Differenz in anderer Form erhalten. Das Bedingende und das Bedingte sind zu unterscheiden. Die
Beziehung ist asymmetrisch zu denken, erfordert also, wie man heute sagen würde, einen Symmetriebruch. Das schließt nicht aus, wenn
man Zeit voraussetzen darf, daß das Bedingte seinerseits als Bedingung weiterer Konditionierungen dient. Solche Sequenzen können
jedoch, wenn man von der Nichtidentität des Bedingenden und des
Bedingten auszugehen hat, nicht als Wiederholung verstanden werden. Eher vermittelt die Evolutionstheorie ein zutreffendes Bild eines daraus resultierenden Aufbaus von Ordnung.

Am schärfsten hatte Kant dieser inneren Differenz der Kontingen-
tierung Ausdruck gegeben. Die Bedingungen der Möglichkeit empirischer Erkenntnis könne, so Kant, nicht dieser Erkenntnis selbst
entnommen werden. Sie sind nicht empirischer, sondern transzen-
daler Natur. Man habe das Reich der Kausalität und das Reich der
durch Vernunft kontrollierten Freiheit zu unterscheiden [2]. Es geht
um den Sieg der Freiheit über die Schwerkraft oder, wie man heute

vielleicht sagen würde (das Problem aus dem Raum in die Zeit ver-
schiebend), über die Entropie.

Eine so scharfe Trennung, die die transzendale Theorie zugrundelegt
und die die Rede von „Bedingungen der Möglichkeit" trägt, macht es
unmöglich, sich ein Kreuzen der Grenze zwischen transzendal und
empirisch vorzustellen. Dieses Problem entsteht jedoch nur, wenn
man den Konditionierungen die Funktion der Begründung zumutet,
denn nur dann muß man zirkuläre Strukturen vermeiden. So wird das
Problem der Einheit von empirisch und transzendal in das „Subjekt"
und die Tatsache seines Bewußtseins verschoben und rumort dort in
gespenstischer Weise, ohne den Weg hinaus zu finden.

Das weitere Schicksal der transzendalen Theorie muß uns hier nicht
interessieren. Mit der Kybernetik beginnt eine neue Phase des Nach-
denkens über Konditionierungen. Die erste Neuerung war die Wie-
derentdeckung des Zirkels als einer zugleich natürlichen und technischen Form. Die Rückkopplungsschleife war zunächst als Struktur gedacht, aber zeitlich auf eine Sequenz von Operationen und auf
Wiederholung eingestellt sowie, was Umwelt betrifft, auf unvorhersehbare Veränderungen. So konnte man erklären, daß und wie ein
System sich ohne „requisite variety" in einer übermäßig komplexen
und für das System intransparenten Umwelt halten kann. Aber: halten an was, nachdem die Welt ihre alte haltgebenden Funktion (im
Sinne des griechischen periechon) verloren hatte? Können wir jetzt
sagen: Haltfinden an der Differenz?

Für diese kybernetische Theorie wurde auch der Begriff der Konditionierung wiederentdeckt [3]. Durch die Art seiner Konditionierungen (und man muß hinzufügen: durch Konditionierungen von
Konditionierungen, durch Inhibierung und Desinhibierungen) unterscheidet sich ein System von seiner Umwelt. Das setzt nicht mehr
voraus, daß es irgendwo in der Welt oder außerhalb der Welt etwas
Unbedingtes geben müsse – einen Gott oder ein Ich. Man sieht auch
schon, wie auf diese Weise Zeit genutzt wird und gleichsam das ersetzt, was vor dem als Unbedingtes, als Ursprung, als Letztbegrün-
dung fungieren mußte. Konditionierungen wirken nicht immer, sondern nur, wenn und solange weitere Konditionierungen eingreifen,

die sie einschalten oder abschalten. So kann ein System auf geordnete, selbstorganisierte Weise auf Unvorhersehbares reagieren. Es produziert „oder from noise" [4]. Bei all diesen Überlegungen bleibt jedoch Intransparenz eine Eigenschaft der Umwelt, der sich das System widersetzen kann, indem es der Umwelt Informationen abgewinnt und lernt, damit umzugehen. Die These, ein System erhalte sich durch eine Differenz (und nicht nur trotz einer Differenz) zur Umwelt gewinnt an Plausibilität, wenn man von Bertalanffys Vorschläge für eine allgemeine Systemtheorie einbezieht. Danach erhält und reproduziert ein System sich durch (jeweils hochselektive) Austauschbeziehungen in seiner Umwelt. Diese Einsicht kann vom Ausgangsmodell des lebenden Organismus abgelöst und mit den Begriffen „Input" und „Output" abstrakter formuliert werden. So entstand eine allgemeine, auch auf Menschen und auf soziale Systeme anwendbare Theorie. Unter vielen anderen ließ auch Talcott Parsons sich dadurch anregen. Bei genauerem Zusehen erkennt man, daß jetzt zwei verschiedene Unterscheidungen im Spiel sind: die von System und Umwelt und die von Input und Output. Das bringt uns an den Punkt, an dem die weitere Entwicklung zu einem radikalen Bruch mit allen bisherigen Annahmen geführt hat – und dies nicht nur innerhalb der Kybernetik, sondern auch in der am Herstellen orientierten Erkenntnistheorie. Denn man kann jetzt die Frage stellen: Was geschieht, wenn ein System seinen eigenen Output als Input wiedereinführt? Oder noch radikaler: gibt es Systeme, die ihr eigner Output, ihr eigenes Produkt sind?

## Konditionierung von Intransparenz

In einem ersten Anlauf kann man vom Begriff der Konditionierung ausgehen und ihn reflektiv einsetzen. Dann beschreibt man Systeme, die ihre Konditionierungen konditionieren. Ob Bedingungen Folgen auslösen, hängt dann von weiteren Bedingungen ab. Möglichkeiten werden blockiert oder freigegeben je nachdem, ob andere Möglichkeiten blockiert oder freigegeben sind. Das System verfügt dann über ein latentes Potential, das nicht immer, sondern nur gelegentlich benutzt wird. Schon das sprengt die einfachen, kausaltechnischen Systemmodelle, die linear konzipiert sind und die Möglichkeit hierarchischer Steuerung unterstellen. Bei reflexiver Konditionierung verändert sich die Rolle von Zeit. Die Operationen sind nicht mehr nur als Sukzessionen geordnet, sondern hängen von Situationen ab, in denen Mehrfachkonditionierungen zusammentreffen. Entscheidungen müssen dann mit Blick auf den jeweiligen Zustand des Systems getroffen werden und dabei in Rechnung stellen, daß weitere Entscheidungen erforderlich werden, die vom gegenwärtigen Zeitpunkt aus nicht vorausgesehen werden können. Bemerkenswert ist daran vor allem, daß gerade komplexe technische Systeme in diese Richtung tendieren. Obwohl Technik eine feste Kopplung von Kausalfaktoren vorsieht, wird das System für sich selbst intransparent, da nicht vorausgesehen werden kann, in welchem Zeitpunkt welche Faktoren blockiert beziehungsweise freigegeben sind. Höchste Präzision im Detail verhindert nicht, sondern begünstigt gerade Unprognostizierbarkeiten.

Dieses unerwartete Umschlagen von determinierten Abläufen in Entscheidungslagen unter Bedingungen der Intransparenz hat die neuere empirische Forschung zunehmend beschäftigt, vor allem unter dem Gesichtspunkt des Auftretens und der Verteilung von Risiken [5]. Es mag sich dabei um seltene Störungen, um unwahrscheinliche Koinzidenzen mit möglicherweise katastrophalen Folgen handeln [6], aber auch, zum Beispiel bei militärischen Operationen oder bei schwierigen medizinischen Eingriffen, um mehr oder weniger alltägliche Sachlagen handeln.

Die Übergänge sind fließend, aber immer liegt das Problem im Umschlag von Determinierungen in Indeterminiertheit und durch feste technische Kopplungen bedingte Zeitnot, weil die Technik verlangt, daß sofort entschieden werden muß. Soziologisch ist daran interessant, daß in solchen Systemen Ressourcen gefragt sind, die in der klassischen Organisationstheorie nicht, oder allenfalls marginal, berücksichtigt worden waren; zum Beispiel: Wahrnehmung von „kritischen" Objekten oder Verhaltensweisen, problemorientierte Konstruktion von Alternativen, langjährige Erfahrung und vor allem rasches, nicht von Kommunikation abhängiges Verständnis dafür, was andere im Moment im Sinn haben. Vorherige

Planung fällt ebenso aus wie Rückgriff auf hierarchische Weisungen. Howard Becker spricht für einen ähnlichen Sachverhalt von spontan verfügbarer „Kultur" [7].

Bei diesen Forschungen bleibt zunächst offen, ob die Störungen, die Sofortreaktionen erfordern, aus der Umwelt kommen oder im System selbst zu verorten sind. Das dürfte jedoch ein Scheinproblem sein. Denn Umweltereignisse können sich als Störungen oder eventuell als Katastrophen nur auswirken, weil das System auf technische Kopplungen hin angelegt ist und diese Kopplungen komplex konditioniert. Auch hier geht es mithin schon um das Problem, das uns beschäftigt: die Kontrolle von selbsterzeugter Intransparenz. Bei stärker theoretisch, wenn nicht mathematisch orientierten Überlegungen kommt dieser Gesichtspunkt jedoch deutlicher heraus.

In den siebziger und achtziger Jahren hatte man die hier anschließenden Überlegungen auf verschiedenen Wegen weitergetrieben. Bei Heinz von Foerster findet man Analysen von Maschinen, die ihre eigenen Berechnungen berechnen, mit der Umwelt über „doppelte Schließung" verbunden sind und damit eine so hohe, praktisch unbegrenzte Zahl von Möglichkeiten weiteren Operierens produzieren, daß sie (für sich selbst und für andere) unberechenbar werden [8]. Von Foersters Unterscheidung zwischen trivialen (zuverlässigen) und nicht trivialen (unzuverlässigen) Maschinen [9] wird inzwischen häufig zitiert. Alle höheren Formen des Lebens, das Bewußtsein und soziale Kommunikationssysteme sind nichttriviale Maschinen. Das führt zu einer Kybernetik zweiter Ordnung, die auf das Beobachten von Beobachtungen gegründet ist und in die erkenntnistheoretische Diskussion als „Radikaler Konstruktivismus" eingetreten ist. Auch ethische Konsequenzen finden sich zumindest angedeutet, nämlich Erziehung zur Unzuverlässigkeit und Entscheidung als Entscheidung des prinzipiell Unentscheidbaren im Hinblick auf eine Vermehrung von Möglichkeiten des Entscheidens.

Dazu paßt der Begriff der Autopoiesis, von Humberto Maturana zur Definition des Begriffs Leben eingeführt [10]. In autopietischen Systemen sind die Bedingungen der Reproduktion des Systems Produkte desselben Systems. Das gilt natürlich nicht für alle innerhalb

der Raumgrenzen einer Zelle vorfindlichen Elemente wie zum Beispiel Mineralien. Und selbstverständlich muß man den Begriff der
Produktion im klassischen Sinne, also eng fassen und ihn nicht auf
alle Ursachen ausdehnen, die auch in der Umwelt vorhanden sein
müssen, damit die Autopoiesis fortgesetzt werden kann. Deshalb ist
es auch hier nützlich, auf den Begriff der Konditionierung auszuweichen, denn kausal gesehen ist die Umwelt immer mitbeteiligt. Es
geht eben nicht um Schöpfung, sondern nur um Produktion durch
Verfügung über die notwendigen Konditionierungen.

Der Begriff der Reproduktion erläutert im biologischen Zusammenhang den Begriff der zirkulären Struktur der Zellchemie und gibt
ihm einen zeitlichen Sinn. In anderer, von Francisco Varela einge-
führter Terminologie spricht man auch von „operativer Schließung"
[11]. Beide Autoren, Maturana und Varela, beziehen als Neurobio-
logen kognitive Prozesse ein: denn schließlich muß auch Kognition
im Gehirn produziert und reproduziert (aus eigenen Produkten produziert) werden – oder sie findet nicht statt. Auch auf diesem Wege
kommt man deshalb zu einer konstruktivistischen Erkenntnistheorie, die Erkenntnis nicht mehr als Repräsention von Umweltgege-
benheiten (unter welchen symbolischen Formen auch immer) begreift, sondern als „Eigenbehavior" eines selbstreferentiellen Systems. Unter Realität ist dann nicht mehr das Ergebnis eines Widerstandes der Umwelt gegen Erkenntnisversuche des Systems zu verstehen [12], sondern das Ergebnis erfolgreicher Auflösung systeminterner Inkonsistenzen, also das Ergebnis eines Widerstandes von
Operationen des Systems gegen Operationen desselben Systems.

Ein dritter, diesmal nicht systemtheoretisch konzipierter Versuch
(Systemtheorie wäre hier nur ein Anwendungsfall einer viel allge-
meinerern mathematischen Theorie) liegt im Formenkalkül von George Spencer Brown vor [13]. Hier geht es um das Prozessieren von
Unterscheidungen, die zur Bezeichnung (indication) von irgendet-
was (was auch immer) benutzt werden und dieses Etwas deshalb gegen einen „unmarked" space absetzen müssen, weil anders nichts
bezeichnet, also auch nichts beobachtet werden kann. Das läuft glatt,
solange es um die normalen Rechenoperationen der Arithmetik und
der (Booleschen) Algebra geht, die ihrerseits den von Spencer Brown

entwickelten Apparat auch gar nicht benötigen würden. Damit kann man jedoch nichts erklären, wie man überhaupt zu stabilen Einheiten kommt, mit denen man rechnen kann; sie müssen doch irgendwie vorher dafür präpariert, vorher dafür ausgegrenzt werden. Um diese am Anfang zu setzenden Bedingungen einzuholen, überschreitet Spencer Brown am Ende die Grenzen des arithmetisch algebraischen Kalküls durch Einführung von Selbstreferenz, und zwar in der Form des re-entry einer Entscheidung in das durch sie selbst Unterschiedene, oder in kürzerer Fassung: durch das re-entry der Form in die Form.

Die Folge ist jene auch von Heinz von Foerster beobachtete Explosion von Möglichkeiten. Spencer Brown spricht von „unresolvable interterminacy" [14] und betont ausdrücklich, daß dies nicht dadurch bedingt sei, daß die Rechnung von fremdbestimmten Variablen abhänge. In systemtheoretische Terminologie übersetzt, folgt aus einem solchen Wiedereintritt der Unterscheidung von System und Umwelt in das System, daß derartige Systeme im Modus der selbsterzeugten Unbestimmtheit operieren und diesen Modus mit allem, was sie tun, mitproduzieren – gleichsam als Medium, das sie voraussetzen und reproduzieren müssen, um überhaupt die Möglichkeit zu haben, etwas Bestimmtes bezeichnen zu können. Das mag im Moment extravgant klingen, ist aber für Bewußtseinssysteme ebenso wie für soziale Systeme unausweichliche Normalität, ja die selbstproduzierte Bedingung der Möglichkeit sinnhaften Operierens.

Selbsterzeugte Unbestimmtheit soll nur heißen, daß das System rekursiv operiert und dabei auf vergangene Zustände zurückgreifen muß, die es nicht voll erinnern kann, und auf künftige Zustände vorgreifen muß, über die erst in künftigen Gegenwarten entschieden werden kann. Es kann, anders gesagt, seinen eigenen Willen nicht binden [15] und muß doch mit ihm rechnen. Intransparenz ist dann das kognitive Resultat dieser durch Selbstreferenz erzeugten Sachlage. Man kann diese Unbestimmtheit daher nicht mit verbesserten Kognitionen entgegen, sondern kann sich durch eigene Operationen nur Ausgangspunkte für unsichere Prognosen schaffen. Damit sind wir beim Thema der Kontrolle von Intransparenz. Bevor wir den nächsten Schritt tun, sei jedoch eine Zwischenbemerkung eingefügt, die die Distanz zur neuzeitlichen philosophischen Tradition markieren soll. Bereits Leibnitz hatte den vorgefundenen Dualismus von logischer und kausaler Form, den Dualismus also der Unterscheidung wahrer und falscher Sätze auf der einen und von Ursachen und Wirkungen auf der anderern Seite überwunden, und zwar in der Form einer Möglichkeitstheorie. Er hatte Möglichkeiten in kompossible und inkompossible gespalten und die Kontrolle der Disjunktion Gott überlassen. Die Gewährleistung der Kompossibilität der geschaffenen als der besten aller möglichen Welten und die Ausgrenzung aller Inkompossibilitäten – das war Gottes verbleibende Funktion in einer im übrigen selbstläufigen, newtonschen Welt [16]. Dies Problem hatte sich jedoch bald darauf erübrigt, als Kant und dann Hegel Inkompossibilitäten in die Welt hineinzogen, sie temporalisierten und dem ihre Behandlung übernehmenden Prozeß den alten Namen Dialektik gaben. Mit der neuen mathematischen Kybernetik verzichtet man auch noch auf diese Form. Ein Grund dafür könnte sein, daß die Dialektik der Zeit eine zu strenge, am Prozeßbegriff orientierte Form gegeben hatte. Es könnte ja sein, daß man für Probleme im Umgang mit selbsterzeugter Unbestimmtheit, wie sie heute aktuell werden, ein ganz anderes Verständnis von Zeit benötigt.

## Verzeitlichung von Intransparenz

Dieser Vermutung wollen wir im folgenden nachgehen. Die Lösung des Problems der selbsterzeugten Unbestimmtheit und Intransparenz scheint eine Verzeitlichung der Weltlage des Systems zu erfordern, ebenso wie umgekehrt Intransparenz erzeugt wird, um die Möglichkeit zu gewinnen, mit Zeit umzugehen, ohne bei Inkonsistenzen ertappt zu werden.

Damit ist nicht gemeint, daß der Umgang mit Intransparenz in der Zeit, also an datierbaren Zeitpunkten erfolgen muß. Das versteht sich von selbst. Vielmehr geht unsere Vermutung dahin, daß die Lösung in der Art und Weise liegt, wie Zeitdifferenzen benutzt werden [17]. Verzeitlichung soll hier heißen: Erzeugung der Differenz von Vergangenheit und Zukunft. Gäbe es für das System nur Vergangenheit, oder: wäre die Gegenwart des aktuellen Operierens nur Wiederholung von Vergangenheit, würde das System sich reproduzieren, wie es ist. Gäbe es umgekehrt nur Zukunft, müßte das System sich als laufende Abweichung von seinem eigenen Zustand, zum Beispiel als Zweck, verstehen, und es würde in ein Abweichen vom Abweichen vom Abweichen geraten. Eine bestands- und lernfähige Selbstorganisation gewinnt das System nur, wenn es sich an einer Differenz von Vergangenheit und Zukunft orientiert und in genau diesem Sinne Zeit erzeugt.

Zeit ist dann nicht gewonnen über ein Copieren externer Bewegungen oder ihrer Messungen im System, etwa in der Form von Uhren. Daß dies auch möglich ist, soll gar nicht bestritten werden, aber ein Bedarf dafür setzt Zeit schon voraus. Auch ist Zeit nicht, wie in der abendländischen Tradition [18], abzulesen an einer Differenz von Bewegtem und Unbewegtem, denn damit käme man nicht zu einem weltuniversalen Zeitbegriff. Sondern Zeit entsteht durch eine rein temporale Ausstattung der Gegenwart mit zwei Endloshorizonten, die sich in der Gegenwart treffen und aneinander binden: dem der Vergangenheit und dem der Zukunft. Und von Endloshorizonten ist deshalb die Rede, weil man nun weder einen Ursprung denken kann, vor dem nichts war, noch einen Endzweck, auf dem nichts folgen wird [19]. Grenzen, auch Zeitgrenzen, verweisen immer auf eine andere Seite.

Auch hier können wir zunächst wieder auf Spencer Browns Formenkalkül zurückgreifen, auf dessen innovative Einführung von Zeit in die Mathematik Heinz von Foerster schon früh hingewiesen hat [20]. Zeit ist hier nicht nur als Schema der Sequenz von Operationen oder als Zeit zum allmählichen Aufbau von Komplexität von Bedeutung: Nach der Einführung des re-entry der Unterscheidung in sich selbst muß der Kalkül, um weitermachen zu können, über eine memory function und eine oscillar function verfügen können. Für rein mathematische Operationen im imaginären Raum der Funktionen zweiter Ordnung genügt eine begrenzte Sinngebung. Der Kalkül muß den Zustand feststellen, in den er sich selbst versetzt hat, um von da ausgehen zu können; und er muß, weil er Unbestimmtheit einkalkulieren muß, seine Indikationen zwischen marked und unmarked space oszillieren lassen. Man ahnt aber schon, daß hier auf neuartige Weise Zeit ins Spiel kommt. Will man diesen Ausweg, aus selbsterzeugter Unbestimmtheit in eine empirische Systemtheorie übernehmen, muß man diese beiden Funktionen, memory und oscillation, komplexer interpretieren und ihren Zeitbezug deutlicher herausarbeiten. Damit wird zugleich klargestellt, daß es auf ihre Trennung, auf ihre Differenz ankommt. Das Gedächtnis steht für die Gegenwart der Vergangenheit des Systems und Oszillieren für die Gegenwart der Zukunft des Systems. Was Vergegenwärtigung von Vergangenheit betrifft, hat das Gedächtnis eine Doppelfunktion, mit der es alle (!) jeweils aktuellen Operationen begleitet, also immer in Betrieb ist, nämlich Vergessen und Erinnern [21].

Die Hauptfunktion liegt im Vergessen, im Wiederfreimachen der Kapazitäten des Systems (so als ob es um eine Parallele ging zur laufenden Evakuierung des Raumes durch die Expansion des Universums). Aber dieses Inhibieren von Festlegungen muß in gewissem Umfange desinhibiert werden, damit das System Identitäten konstruieren, Redundanzen aufbauen, Eigenwerte fixieren kann. In diesem Sinne diskriminiert das Gedächtnis laufend Vergessen und Erinnern und ist dadurch in der Lage, sich selbst, nämlich sein Erinnern, zu konditionieren. Dabei kann der Eindruck von Bekanntheit oder von Können erzeugt werden (wie fährt man Fahrrad, wie schwimmt man, wie spricht man eine Sprache?), aber außerdem können mit dem selben Mechanismus auch Inkonsistenzen aufgelöst werden, indem das Gedächtnis Ereignisse, die nicht gleichzeitig vorkommen könnten, an verschiedenen Zeitstellen lokalisiert.

Die Katastrophe von Tschernobyl liegt Jahre zurück, und jetzt braucht man sich deshalb nicht mehr vor Strahlungen zu fürchten. Im übrigen funktioniert das Gedächtnis keineswegs notwendig (im typischen Falle sogar überhaupt nicht) in der Form der Generalisierung von Regeln für mehr als nur eine Situation. Die Wiederverwendung von Bekanntem in neuen Situationen kann ganz konkret erfolgen, vermittelt durch vertraute Einzelheiten, Analogien oder Eindrücke von Gleichheit und Verschiedenheit. Um Regeln zu lernen, braucht man fast schon eine Schule oder ein antrainiertes künstliches Gedächtnis.

Der Zeithorizont „vergangen" indiziert Unabänderlichkeit, das ist seine selbstverständliche Eigenart und seine Entlastungsfunktion. Und trotzdem leistet das Gedächtnis eine laufende Modifikation von Vergangenem, um es mit einer gegenwärtig möglichen Zukunft zu verbinden. Modifikation trotz Unabänderlichkeit? – eben das ist möglich, weil das Gedächtnis Vergessen und Erinnern diskriminiert und in diesem Spielraum des Diskriminierens umdisponieren kann. Vorher Vergessenes kann plötzlich deutlich erinnert oder als „vergessen-gewesen" neu erzeugt werden, und Erinnertes kann, weil unwichtig geworden und nicht wieder aufgerufen, allmählich vergessen werden.

Nur wenn man dieses laufende Diskriminieren von Vergessen und Erinnern beachtet und wenn man berücksichtigt, wie das Gedächtnis Inkonsistenzen durch zeitliche und räumliche Verteilung auflöst, kann man erkennen, wie das Gedächtnis Realität errechnet. Realität ergibt sich aus der erfolgreichen Bearbeitung eines Widerstandes von Operationen des Systems gegen Operationen desselben Systems. Dazu muß das System erst einmal interne Unbestimmtheit, interne Konfusion erzeugen, um dem eigenen Gedächtnis eine Aufgabe zuweisen zu können. Ohne selbsterzeugte Intransparenz wäre Gedächtnis weder nötig noch möglich.

Das Gedächtnis mag bei der Unsicherheit, die intern auf externe Ursachen zurückgeführt wird, mit bekannten Formen weiterarbeiten und diesen damit in neuen Situationen einen neuen Sinn geben. Nach einem Erdbeben in Süditalien sorgen die Einheimischen zunächst einmal für eine Espresso-Bar im Freien und richten damit einen Treffpunkt ein, an dem man Erfahrungen sammeln und austauschen kann. (Die Regierung schickt, weniger erfolgreich, Militär mit Gewehren und Munition) [22].

Das mag für eine Theorie soziokultureller Evolution genügen, läßt aber den Zeithorizont der Zukunft außer Acht. Von selbsterzeugter Unbestimmtheit kann dagegen nur die Rede sein, wenn auch die Zukunft einbezogen und der Vergangenheit entgegengesetzt wird, und zwar explizit und in anderer Form. Diese Differenz von Vergangenheit und Zukunft wollen wir, in lockerem Anschluß an

Spencer Brown, mit der Unterscheidung von memory function und oscillator function nun ausführlicher beschreiben.

Spencer Brown benötigt den Begriff des Oszillierens nur, um die Unterscheidung von marked und unmarked space in seinen Kalkül einzubauen. Im systemtheoretischen Kontext empfiehlt es sich, den Begriff des Oszillierens auf jede Unterscheidung zu beziehen, die das System zur Beobachtung benutzt. Voraussetzung der Benutzung ist nur, daß jeweils nur die eine und nicht die andere Seite bezeichnet und als Ausgangspunkt für anschließende Operationen verwendet wird. Eben deshalb ermöglicht jede zum Beobachten benutzte Unterscheidung ein Kreuzen ihrer inneren Grenze und in diesem Sinne ein Oszillieren des Systems. Es kann sich um Unterscheidungen wie reden und essen, Selbstreferenz und Fremdreferenz, Sein und Nichtsein, wahr und unwahr, gut und böse, mehr und weniger, krank und gesund, normal und pathologisch, kurz um jede Unterscheidung handeln. Voraussetzung ist nur, daß im Moment des Gebrauchs der Unterscheidung die Bezeichnung selbst einseitig bleibt und die Unterscheidung selbst wie die Perspektive, durch die man sieht, unsichtbar bleibt. Das schließt es natürlich nicht aus, auch Unterscheidungen zu unterscheiden und zwischen ihnen zu oszillieren; und es schließt auch nicht aus, Kreuztabellen zu bilden, etwa gut/böse und normal/pathologisch zu kreuztabellieren, um auch Böses als normal und Gutes als pathologisch bezeichnen zu können. Aber auch dann gilt, daß die Unterscheidung der Unterscheidungen unbeobachtet bleibt und daß die Theorie hinter der Auswahl von Unterscheidungen für Kreuztabellierung unkenntlich bleibt [23].

Wenn wir sagen: jede Unterscheidung ist in Hinsicht auf Zukunft oszillationsbereit, so gilt das auch für die Unterscheidung von Vergangenheit und Zukunft beziehungsweise für die Unterscheidung Gedächtnis und Oszillation. Das System ist, wenn überhaupt temporal beobachtet, unvermeidlich bistabil. Die Universalität des gleichwohl sehr speziellen Zeitschemas ist also durch ein re-entry der Zeitunterscheidung in sich selbst garantiert [24]. So verstanden, läßt Zeit sich nicht mehr als Bewegung, ja überhaupt nicht mehr in ontologischen Begriffen fassen, also auch Zukunft nicht mehr als etwas, was auf uns zukommt. Jede Projektion künftiger Zustände ist

Projektion einer oszillationsbereiten Unterscheidung und nicht etwa nur die noch unsichere Erwartung künftiger Fakten, deren Vorstellung ja ihrerseits zwischen Eintreffen und Nichteintreffen oszillieren würde. Daher kann es keine oszillationsfreie Zukunft geben. So wie Vergangenheit durch Unabänderlichkeit so ist Zukunft durch Oszillation markiert. Das ändert sich nicht, wenn man an künftige Gegenwarten denkt, die so sein werden, wie sie sein werden und in denen so gehandelt werden wird, wie gehandelt werden wird; denn das sind nur Formulierungen, die verdecken, daß dieses „wie", von uns heute aus gesehen, so oder auch anders ausfallen kann.

Man kann das in Aussicht genommene Oszillieren natürlich manipulieren durch Wahl der Unterscheidung, die der Oszillation zugrundegelegt wird. Es mag sich um die ethische Unterscheidung, „gut/böse" oder um die technische Unterscheidung „es funktioniert/es funktioniert nicht" handeln, und man kann mit der Wahl einer Unterscheidung von einer anderen ablenken. Zu den interessantesten Formen des Eingriffs in künftige Oszillation gehören Versuche, Ratschläge oder Vorschriften für künftiges Verhalten zu kommunizieren. Das konzentriert den Oszillationsrahmen auf die Unterscheidung Befolgen/Nichtbefolgen und verdeckt die dem zugrundeliegenden Intransparenzen. Das Paradigma dieser Ablenkung ist für uns das biblische Verbot, vom Baum der Erkenntnis zu essen. Aber es gibt inzwischen zahllose andere Fälle, die der Überwachung durch die Theologen entglitten sind. Soll man zum Beispiel einer ärztlichen Empfehlung folgen, wenn dies unbequem ist oder zur Änderung von Alltagsgewohnheiten zwänge? [25]

Die Zukunft kann, um es nochmals zu sagen, nicht ohne Eröffnung von Oszillationsmöglichkeiten konstituiert werden, so wenig wie die Vergangenheit ohne Unabänderlichkeit. Aber gleichsam zum Ausgleich dieses Formzwanges gibt es hinreichend viele Formen dafür, so daß die Gegenwart der Zukunft sehr verschiedenen Bedürfnissen und, historisch gesehen, sehr verschiedenen institutionellen Vorgaben angepaßt werden kann [26]. Als bistabiles Bestimmen der Zukunft wirkt das Oszillieren auch auf das Gedächtnis des Systems zurück, und dies in unterschiedlicher Weise je nachdem, welche Unterscheidungen verwendet werden. So kommt es zu einer ständigen

Neubeschreibung der Vergangenheit [27]. Im Gesamteffekt wird das,
was vordem notwendig und natürlich war, jetzt kontingent, künstlich
eingeführt und legitimationsbedürftig. Im sentimentalistschen Zeitalter erscheint, um es mit Schiller zu formulieren, frühe Dichtung als
naiv, was sie für sich selbst nicht gewesen war.

So wie die Intransparenz des Systems in Richtung Vergangenheit
durch das Gedächtnis kontrolliert wird, so die Intransparenz in Richtung Zukunft durch die jeweils als „frame" des Beobachtens be-
nutzten Unterscheidungen. Die Zukunft wird dadurch binarisiert, sie
wird einem flip/flop überlassen; aber man muß Unterscheidungen
wählen, um diesen Effekt zu erreichen, und zahllose andere Unterscheidungen sind und bleiben ebenfalls möglich. Dem so verstande-
nen Oszillieren liegen also, wenn man es logisch rekonstruieren will,
„transjunktionale Operationen" im Sinne von Gotthard Günther zugrunde, das heißt Operationen, die zwischen Akzeptieren und Reji-
zieren von Unterscheidungen oszillieren [28]. Die transjunktionale
Binarisierung von Binarität scheint mithin die Form zu sein, in der
das Noch-nicht-Bestimmtsein der Zukunft Form gewinnt und ihr
Unbekanntsein ausgebeutet werden kann [29].

Das führt schließlich zu der Frage, welches System auf Grund der
Vorgaben seines Gedächtnisses welche Unterscheidungen wählt,
um seiner Zukunft Form zu geben. Erst in diesem Rahmen können
die kleinen, scharfen Geister des „rational choice" ihre Arbeit beginnen. Die Intransparenz verschwindet nicht, sie bleibt erhalten wie
das „occultum" des Augustin, aus dem die Zeit hervorgeht und in
das sie wieder verschwindet [30]. Aber wir können jetzt genauer formulieren: Es bleibt dabei, daß das Vergessen selbst und damit auch
das Diskriminieren von Vergessen und Erinnern vergessen wird und
daß jede Unterscheidung im Moment ihres Gebrauchs ihre eigene
Einheit nicht mitbeobachten, sondern als blinden Fleck des Beobachtens voraussetzen muß.

Der Integration von Vergangenheit und Zukunft zur Einheit der Zeit
liegt notwendigerweise eine Selektion zugrunde, die nur in der Gegenwart vollzogen werden kann – in einer Gegewart, die ihrerseits
nur dadurch Gegenwart ist, daß sie die Differenz von Vergangenheit

und Zukunft markiert. Auch das ist nicht möglich, ohne daß eine andere Seite, nämlich das durch die Selektion Ausgeschlossene, nicht gesehen wird. Das Zusammenrechnen von Vergangenheit und Zukunft schließt, Jean Paul zufolge, die Heiterkeit der Seele aus, weil man bei diesem Geschäft darauf verzichten muß, die Vergangenheit und die Zukunft sich selbst zu überlassen [31].

## Steuerung und Kontrolle

Kann man angesichts einer derart komplexen (damit aber hoffentlich realitätsnahen [32]) Theorie noch von Kontrolle oder von Steuerung oder zumindest von Selbststeuerung sprechen? Leistet Kontrolle mehr als ein Sicheinlassen auf, ein Sichabfinden mit selbsterzeugter Intransparenz? Ist etwas anderes gemeint als „exploitation of unknowledge" (Shackle) oder „capacita negativa" (Lanzara)?

Im Kontext der hier entfalteten Theorie selbstreferentieller, autopoietischer Systeme verlieren die Begriffe Kontrolle (englisch control) und Steuerung ihre gewohnten Konturen und werden definitionsbedürftig. Offenbar kann nicht gemeint sein, daß der künftige Gesamtzustand eines Systems in der Gegenwart schon festgelegt wird; ja nicht einmal, wenn man Konzessionen machen will, daß Details zunächst offen bleiben und man mit unvorhergesehenen Nebenfolgen rechnen muß. Das Problem läßt sich nicht mehr nach dem Muster von Entscheidung und Ausführung lösen. Wenn das System seine eigene Geschichte erzeugt, und das mit immer neuen selektiven Operationen, ist es schon deshalb für sich selbst unbestimmbar. Für Steuerung und Kontrolle fehlen dann sogar die Zustandsbeschreibungen, nach denen man sich richten könnte. Das System selbst ist, müßte man jetzt sagen, die unvorhergesehene Nebenfolge seiner eigenen Operationen. Diese ermöglichen nur jeweils aktuell zu bestimmende Anschlußoperationen, und als Folge davon entsteht jene Differenz zur Umwelt, die das System ausnutzt, um sich selbst (mit welchen Strukturen auch immer) zu stabilisieren. Steuerung kann also nicht als Orientierung an einem Modell des Systems im System begriffen werden [33].

Als Alternative könnte man daran denken, Steuerung als Trivialisierung zu definieren. Das hieße dann: nichttriviale Maschinen als triviale Maschinen, also „technisch" zu behandeln. Auch das kann aber nicht befriedigen, denn es liefe darauf hinaus, Steuerung als einen Irrtum, ja als einen Kategorienfehler zu definieren. Solch ein Irrtum mag als praktisches Motiv durchaus wirksam sein und zum Beispiel für die politische Rhetorik des „Gestaltenkönnens" unentbehrlich sein. Eine wissenschaftlich überzeugende Theorie ließe sich darauf jedoch nicht gründen, man würde nur zurückfallen in die Pauschalablehnung von „Systemtheorie" als technisch-instrumentell, wie sie um 1970 üblich war.

Diese Reserve gegenüber (vor allem in der Politikwissenschaft) verbreiteten Vorstellungen muß jedoch nicht dazu führen, auf den Begriff der Steuerung ganz zu verzichten; man muß ihn nur genauer und theroiekonsistent bestimmen. Mit dieser Zielsetzung im Sinn ließe sich der Begriff der Steuerung als Absicht auf Veränderung bestimmter Differenzen definieren [34]. Dabei kann es sich je nachdem, wie über positive und negative Wertungen disponiert wird, um eine Vergrößerung oder um eine Verkleinerung der ins Auge gefaßten Differenzen handeln.

Vor diesem Theoriehintergrund kann zunächst der Begriff des Zweckes als eine doppelte, zeitliche und sachliche Unterscheidung neu gefaßt werden [35]. Zwecke ergeben sich, wenn ein System eine Vergangenheit erinnert, die auf eine Zukunft vorausweist, die das System nicht akzeptieren will. Mit der Spezifikation von Zwecke abstrahiert das System gewissermaßen sich selbst. So gesehen, ist Selbsterhaltung kein möglicher Zweck, und zwar schon deshalb nicht, weil sie keine Information darüber enthält, ob die Differenz von System und Umwelt nun vergrößert oder verkleinert werden soll. Das System ist in dieser Begriffsdisposition dann die andere, unmarkierte Seite seiner Zwecke; oder in anderen Worten: wenn man Zwecke verfolgt, muß man sie von dem System, das sie verfolgt, unterscheiden können. Damit verschiebt sich auch der Gegenbegriff zu Zweckrationalität in einer Art „antonym substitution": Es geht nicht mehr um Vernunft, für die nur gesellschaftsabhängige Kriterien gefunden werden könnten [36], sondern um Systemrationalität.

Daß Steuerung in diesem zweckrationalen Sinne möglich ist, kann gar nicht bestritten werden. Durch Impfungen verringert sich die Wahrscheinlichkeit bestimmter Krankheiten. Durch staatliche Subventionierung von Industrien, für die keine ausreichenden Märkte vorhanden sind, kann unter Umständen die Arbeitslosigkeit verringert werden. Steuerung in diesem Sinne operiert zukunftsorientiert, sie betätigt die Oszillatoren des Systems. Sie legt das System nicht auf einen künftigen Gesamtzustand fest, sondern verändert nur einige seiner Konditionierungen. Das macht es wahrscheinlich, daß das System auf Steuerung (von außen oder von innen) mit transjunktionalen Operationen [37] reagiert und von einer Unterscheidung zur anderen überspringt. Impfungen werfen Rechtsfragen auf (Impfpflicht, Haftung für Impfschäden) und eine Bekämpfung von Arbeitslosigkeit mag inflationären Tendenzen Auftrieb geben und die Aufmerksamkeit dorthin verlagern. Steuerung wirkt also immer auch als Konditionierung dessen, was im System sonst noch geschieht.

Die Zukunft wird also nicht als Endzustand (télos) in das System eingeführt und auch nicht als Entscheidungsbaum, dessen Struktur man überblicken könnte, wenn man an den Knotenpunkten Entscheidungen trifft. Nur Differenzen (und es können mehrere zugleich sein) werden projektiert, und das heißt: als Bedingungen möglicher Oszillation fixiert. Die als Zwecke fungierenden Differenzen können von Situation zu Situation neu vermessen werden, es kann zu Schwerpunktverschiebungen vom Zweck auf die Mittel kommen, aber auch Zwecke können ihren Wert verlieren oder sich als unerreichbar erweisen. Der Zweck selbst, könnte man auch sagen, rechtfertigt nicht das Festhalten am Zweck. Die wichtigste Planungsressource, die die Zukunft zur Verfügung stellt, ist ihr Unbekanntsein [38].

Nur deshalb kann man sich überhaupt mehrere mögliche Verläufe vorstellen und für einen von ihnen optieren. Das Gesamtverhalten, das einem Steuerungsimpuls zu folgen versucht, mag dann, wenn man es mit Adlerblick von oben beobachten könnte, einen ziemlich erratischen, jedenfalls keinen zweckrationalen Eindruck machen. Vor allem aber erneuert jede neue Situation mit den dann neu destillierten Informationen auch die Differenz von Vergangenheit und Zukunft; und das zumindest kann man im voraus wissen.

Deshalb ist es sinnvoll, zwischen Steuerung und Kontrolle zu unterscheiden. In dem Maße, als Steuerungsversuche zur Vergangenheit werden und, wie immer begrenzt, erinnert werden, setzt Kontrolle ein. Jede neue Gegenwart setzt die Steuerung unter Konsistenzdruck. Die Möglichkeit, zu kontinuieren oder zu diskontinuieren, erzwingt Entscheidungen. Bei „Kontrolle" ist daher nicht nur an eine Aufdeckung von Fehlern zu denken, was nur bei Trivialmaschinen sinnvoll wäre, sondern Kontrolle ist die Selbstbeobachtung eines Systems mach Steuerungsversuchen. Kontrolle ist auch nicht nur Erfolgskontrolle. Sie kann auch darin bestehen, daß das System externe oder von oben kommende Steuerungsversuche abzuwenden oder unschädlich zu machen versucht. Statt Sitzgurte anzulegen, malt man einen dunklen Streifen aufs T-Shirt. Kontrolle kann aber auch heißen, daß die Blickbeschränkung auf spezifische Differenzen wieder aufgelöst oder doch gelockert wird und man dazu übergeht, den Steuerungsimpuls komplexer zu bescheiben. Kontrolle ist also fast immer mit einer „redescription" der Steuerung verbunden, die das System einer laufenden Selbstkorrektur aussetzt. Wie Steuerung in den Kontext von Oszillation, so gehört Kontrolle in den Kontext von Gedächtnis.

Das Verhältnis von Steuerung und Kontrolle kann deshalb, wenn man es unter dem Gesichtspunkt einer möglichen Systemrationalität beschreiben will, als ein Sonderfall des Zusammenrechnens von Vergangenheit und Zukunft, also eine zeitliche Selbstintegration des Systems angesehen werden. Es geht dabei jedenfalls weder um Zweckrationalität noch um Wertrationalität.

# Erkenntnistheoretische und ethische Konsequenzen

Zum Schluß noch einige kurze Bemerkungen zu den erkenntnistheoretischen und den ethischen Konsequenzen. In der Erkenntnistheorie muß die These, man könne nur erkennen, was man herstellen kann, aufgegeben werden; zumindest dann, wenn man Selbsterkenntnis einbezieht; und ohne Wissen, daß es sich um Erkenntnis handelt, ist Erkenntnis kaum vorstellbar. Selbstreproduktion (Autopoiesis) ist gerade dasjenige Verfahren, das ein System überdeterminiert und damit jener „unresolvable indeterminacy" aussetzt. Überhaupt wird man auf repräsentationale Erkenntnistheorie verzichten müssen, wenn man einsieht, daß Systeme nicht außerhalb ihrer Grenzen in ihrer Umwelt operieren, deren Zustände also auch gar nicht ermitteln können [39].

Operativ geschlossene Systeme können nur auf der Innenseite ihrer Grenzen operieren; auch wenn der Sinn von Grenze ihnen suggeriert, daß es eine andere Seite geben müsse. Sie können mit ihren eigenen Operationen ihre Grenze nicht durchstoßen und sind daher außerstande, interne und externe Zustände zu vergleichen. Aber auch operativ geschlossene Systeme erfahren an ihrer Grenze, daß es eine Außenwelt gibt. Das zwingt sie, Selbstreferenz und Fremdreferenz zu unterscheiden und diese Unterscheidung allen internen Operationen aufzuzwingen [40]. Kognition wird deshalb durch ein Oszillieren in diese interne Unterscheidung erzeugt und ist unvermeidlich sowohl zeitlich als auch reflexiv konstituiert. Es gibt keine Kognition, die nicht von Fremdreferenz zu Selbstreferenz und umgekehrt übergehen könnte, mit dieser Zukunftsungewißheit des möglichen Übergangs arbeitet und deshalb sich selbst als Kognition reflektiert.

Auch Ethik entsteht durch Oszillieren und, ebenso wie Erkenntnis, durch Sedimentierung der damit verbundenen Erinnerungen. Und wie in der Erkenntnistheorie die zweiwertige Logik, die wahre und unwahre Aussagen unterscheiden und diesen Unterschied als gegeben voraussetzen mußte, nur noch begrenzte Bedeutung hat, so kann auch die Ethik nicht mehr unbefangen ihre Aufgabe darin sehen, gutes und schlechtes (beziehungsweise böses) Verhalten zu unterscheiden. In ihren klassischen zweiwertigen Formen waren Erkenntnistheorie und Ethik genötigt, ihre jeweiligen Codes mit Hilfe eben dieser Codes auf sich selber anzuwenden, also die Unterscheidung wahr/unwahr selber für wahr zu halten und die Unterscheidung von gut und schlecht selber für gut [41]. Das sind jedoch kaum verhüllte Paradoxien, die denselben Wert einmal mit und einmal ohne Gegenwart verwenden. Jedenfalls kann die Ethik heute angesichts so vieler unheilvoller moralischer Streitigkeiten nicht mehr unbefangen davon ausgehen, daß es gut sei, zwischen gut und schlecht beziehungsweise gut und böse zu unterscheiden und daß dabei nur Probleme der rationalen Begründung zu lösen seien. Das biblische Verbot, nicht von diesem Baum der Erkenntnis zu essen, hatte seinen guten Sinn gehabt. Nach dem Sündenfall bleibt allerdings nur eine Politik der Schadensbegrenzung – etwa unter Titeln wie Takt, Humor, Ironie.

Um Erkenntnis und ethische Formvorgaben zu reflektieren, muß nicht auf ein letztes Ding (sei es Gott, sei es ein Ich) zurückgegangen werden. Wenn man den vorstehend skizzierten Überlegungen folgt, erscheint als letzte Referenz der Reflexion nur die selbsterzeugte Unbestimmtheit, die nicht vermieden werden kann, wenn Reflexionsschleifen und damit Zeitdifferenzen in ein System eingebaut werden. Es geht also um eine Reflexion der Reflexion in nicht mehr überbietbarer Form ohne Versuch einer Begründung und deshalb auch ohne das Problem des infiniten Regresses.

In der Erkenntnistheorie führt das zu einem radikalen Konstruktivismus und zur Erzeugung von nicht konsenspflichtigen Realitäten. Darin mag einer der Gründe liegen, weshalb das Verlangen nach Ethik gegenwärtig um sich greift. Nur findet man sich hier vor dem strukturgleichen Problem einer zu einfach gebauten Theorie. In beiden Bereichen, im Erkennen und Handeln, stößt man auf das Problem der selbsterzeugten Unbestimmtheit, das nur kontingent weiterbehandelt und in brauchbare Formen umgewandelt werden kann. Wenn man in dieser Lage überhaupt im Bestande der abendländischen Tradition nach Modellen für eine Lösung suchen will, dann könnte man vielleicht an das Konzept der Stoa denken, das sich mehr als einmal in unruhigen Zeiten bewährt hat, nämlich an die Weisung, in Ruhe und Würde auszuhalten, was immer sich an eigenem und fremdem Handeln abspielt.

*Anmerkungen*

[1] Genau umgekehrt heute G.L.S. Shackle, Imagination and the Nature of Choice, Edinburgh 1979, S. 134: „If history is made by men, it cannot be foreknown."

[2] Hier sieht man im übrigen besonders deutlich, daß die Frage nach Konditionierungen Kausalbegriffe hinter sich läßt.

[3] Vergleiche W. Ross Ashby, Principles of the Self-Organizing System, in: Heinz von Foerster / George W. Zopf (Hrsg.), Principles of Self-Organization, New York 1962, S. 255–278; neu gedruckt in Walter Buckley (Hrsg.), Modern Systems Research for the Behavioral Scientist: A Sourcebook, Chicago 1968, S. 108–118.

[4] So Heinz von Foerster: On Self-Organizing Systems and Their Environments, in: Marshall C.Yovits / Scott Cameron (Hrsg.), Self-Organizing Systems: Proceedings of an Interdisciplinary Conference, 5. and 6. May 1959, London 1960, S. 31–50.

[5] Vergleiche zum Beispiel Gene I.Rochlin, Informal Networking as a Crisis-Avoidance Strategy: US Naval Flight Operations as a Case Study, Industrial Crisis Quarterly 3 (1989), S.159–176; Karl E.Weick / Karlene H. Roberts, Collective Mind in Organizations: Heedful Interrelations on Flight Desks. Administrative Science Quarterly 38 (1993), S. 357–381.

[6] Siehe zum Beispiel Karl E. Weick, The Vulnerable System: An Analysis of the Tenerife Air Disaster, Journal of Management 16 (1990), S. 571–593.

[7] Siehe Howard S. Becker, Culture: A Sociological View, Yale Review 71 (1982), S. 513–527. Das Beispiel hier ist eine Gruppe von Musikern, die, ohne sich vorher zu kennen oder gemeinsan zu üben, eine Tanzkapelle bilden. Das Äquivalent für feste (technische) Kopplung ist hier die in den Musikstücken festgelegte Reihenfolge der Töne.

[8] Siehe Heinz von Foerster, Observing Systems, Seaside Cal. 1981.

[9] Siehe Heinz von Foerster, Principles of Self-Organization – in a Socio-Managerial Context, in: Hans Ulrich / Gilbert J.B. Probst (Hrsg.), Self-Organization and Management of Social Systems: Insights, Promises, Doubts and Questions, Berlin 1984, S. 2–24.

[10] Siehe zuerst Humberto R. Maturana / Francisco Varela G., Autopoietic Systems: A Characterization of the Living Organisation, Urbana 1975. Für einen aktuellen Überblick siehe John Mingers, Self-Producing Systems: Implications and Applications of Autopoiesis. New York, 1995.

[11] Francisco J.Varela, Principles of Biological Autonomy, New York 1979; Niklas Luhmann, Probleme mit operativer Schließung, in: ders., Soziologische Aufklärung Bd. 6, Opladen 1995, S. 12–24.

[12] Siehe aber auch N. Katherina Hayles, Constrained Costructivism: Locating Scientific Inquiry in the Theater of Representation, in: George Levine (Hrsg.), Realism and Representation: Essays on the Problem of Realism in Relation to Science, Literature and Culture, Madison 1993, S 27–43.

[13] Siehe George Spencer Brown, Laws of Form (1969), Neudruck der 2. Aufl. New York 1979.

[14] A.a.O. S. 57

[15] So formuliert zum Beispiel Jean Paul, Traum eines bösen Geistes vor seinem Abfalle, zitiert nach Jean Pauls Werke, Auswahl in zwei Bänden, Stuttgart 1924, Bd. 2, S. 269–273 (269): „... kein Endlicher kann seinen Willen prophezeien und sagen, er werde und wolle in der nächsten Woche so und so wollen. Denn erfüllt er auch seine Prophezeiung, so tut er's doch nicht mit dem vorigen Willen, sondern mit dem augenblicklichen," und die Konsequenzen, die man ja auch in sozialen Systemen bestätigt finden kann, heißt dann: „Noch immer können Engel fallen und die Teufel sich vermehren."

[16] Dazu Gilles Deleuze, Logique du sens, Paris 1969, insbesondere S. 200 ff. und zu Kant S. 342 ff.

[17] Diese wichtige Unterscheidung findet sich bei Giovan Francesco Lanzara, Capacità negativa: Competenza progetuale e modelli di intervento nelle organizzazioni, Bologna 1993, S. 293: „mediante il tempi, non solo nel tempo."

[18] Die im übrigen, im Kulturvergleich gesehen, eine sehr spezifische Festlegung gewesen war. Vergleiche Jan Assmann, Das Doppelgesicht der Zeit im altägpytischen Denken, in: Anton Peisl / Armin Mohler (Hrsg.), Die Zeit, München 1983, S. 189–223.

[19] Siehe die „Erledigung" dieses Problems als Verstoß gegen den Sinn der ewigen Präsenz Gottes (seternitas) im 11. Buch der Confessions von Augustinus.

[20] In einer Rezension der „Laws of Form" im Whole Earth Catalogue 1969, S. 14, dt. Übers. in: Dirk Baecker (Hrsg.) Kalkül der Form, Frankfurt 1993, S. 9–11.

[21] Siehe Heinz Foerster. Das Gedächtnis: Eine quantenmechanische Untersuchung, Wien 1948.

[22] Diese Beispiele bei Lanzara a.a.O. S. 9 ff., 143 ff. Im Anschluß an Keats nennt Lanzare diese gedächtnisgestützte Fähigkeit des Umgangs mit unbekannten Sachlagen negative capability.

[23] Parsons hatte bekanntlich versucht, diesen Mangel durch eine Analyse des Begriffs der Handlung zu beheben. Dabei konnten aber die Ausschließungseffekte dieser Vorgehensweise und damit auch ihre innere Einheit nicht kontrolliert werden.

[24] Historiker haben einen ähnlichen Sachverhalt mindestens seit dem 18. Jahrhundert Rechnung getragen und berücksichtigt, daß mit dem Fortschreiten von Gegenwart das gesamte Zeitschema Vergangenheit/Gegenwart/Zukunft mitwandert. Das zwingt dann dazu, vergangene Gegenwarten

von der Gegenwart der Vergangenheit und künftige Gegenwarten von der Gegenwart der Zukunft zu unterscheiden.

[25] In der neueren Medizinforschung spricht man hier von „compliance"-Problemen.

[26] Hier mag man denn auch einen Grund dafür vermuten, daß die Vielfalt der Formen vermeintlicher Zunkunftsbestimmung und die daraus folgende Unsicherheit mehr Aufmerksamkeit gefunden hat als das Oszillieren selbst.

[27] „Redescription" in einem Sinne, der zum Beispiel von der britischen Art and Language Group gebraucht wird, um die ständige Neubewertung vergangener Kunst im Vollzug einer Stilentwicklung zu bezeichnen: nach dem Übergang zu atonaler Musik nicht tonale Musik, aber nicht mehr die selbstverständliche und natürliche Form des Komponierens, sondern nur noch eine durch Limitierungen bestimmte historische Form, in der man heute nicht mehr ernsthaft komponieren kann. Siehe Michael Baldwin / Charles Harrison / Mel Ramsden, On Conceptual Art and Painting and Speaking and Seeing: Three Corrected Transcripts, Art-Language N.S. 1 (1994), S. 30–69.

[28] Siehe Gotthard Günther, Cybernetic Ontology and Transjunctional Operations, in: ders., Beiträge zur Grundlegung einer operationsfähigen Dialektik Bd. 1, Hamburg 1976, S. 249–328. Ob daraus auf die Notwendigkeit einer „mehrwertigen" Logik geschlossen werden kann, wollen wir offen lassen.

[29] Von „exploitation of unknowledge" spricht auch G.L.S. Shackle, Imagination and the Nature of Choice, Edinburgh 1979, S. 74, 140.

[30] „ex aliquo precedit occulto, cum ex futuro fit praeses, et in aliquod recdit occultum, cum ex pracsenti fit praeteritum", heißt es in Confessiones II.17.

[31] Vergleiche Bruchstücke aus der Kunst, stets heiter zu sein, zit. nach Jean Pauls Werke a.a.O. Bd. 2 S. 153–161. Siehe auch Rousseaus Cinquième Promenade auf der Isle de St. Pierre, in: Jean-Jacques Rousseau, Les Reveries du Promeneur Solitaire, zit. nach Oeuvres complètes (éd. de lad Pléiade) Bd. 1, Paris 1959, S. 993–1099 (1040 ff.).

[32] „realitätsnah" kann hier natürlich nur heißen: Bestehen von selbstveranstalteten Konsistenzprüfungen.

[33] So Roger S. Conant / W. Ross Ashby, Every Good Regulator of a System Must be a Model of That System, International Journal of Systems Science I (1970), S. 89–97.

[34] In Anpassung an Methodenvorstellungen empirischer Wissenschaften könnte man auch von „Variablen" sprechen. Ich bevorzuge jedoch „Differenzen" und, wenn auf einen Beobachter Bezug genommen wird, „Unterscheidungen", weil die Variablenterminologie sich auf spezifische Voraussetzungen, vor allem auf eine ceteris paribus Klausel, einlassen muß, die wir vermeiden können, wenn wir Spencer Browns Begriff einer weltoffenen, den

„unmarked space" ausschließenden und dadurch einbeziehenden Unterscheidung übernehmen. Die Variablenterminologie muß sich auf eine unwahre Voraussetzung einlassen. Die Terminologie Beobachter/Unterscheidung/Form versucht dagegen, auch die Unterscheidung wahr/unwahr als Unterscheidung zu erfassen, und zwar als eine unter anderen, gleichfalls möglichen. Das dürfte auch der Grund sein, weshalb Spencer Brown seinen Formenkalkül nicht als Logik verstanden wissen will, sondern als Mathmatik.

[35] Die Sozialdimension kommt hinzu, wenn man Zwecke für legitimationsbedürftig hält und den Begriff des Zweckes von Motiven, Interessen und Werten unterscheidet.

[36] Apel und Habermas würden sagen: diskursabhängige Kriterien; aber das führt nur zu der Frage: welche Gesellschaft schätzt, und in welchen Kommunikationszusammenhängen schätzt sie „herrschaftsfreie Diskurse".

[37] Im Sinne von Gotthard Günther a.a.O.

[38] So auch Shackle a.a.O., der sich deshalb mit Recht darüber wundert, wie der Markt des Wirtschaftssystems es fertig bringt, für jeden Zeitpunkt einigermaßen uniforme Preise zu garantieren (S. 65).

[39] Hierzu ausführlich Niklas Luhmann, Die Wissenschaft der Gesellschaft, Frankfurt 1990.

[40] Aus genau diesem Grunde hatte Husserl eine Bewußtseinstheorie als Phänomenologie vorgestellt – unter Ausklammerung (Epoché) der Frage, ob den Phänomenen eine optische Qualität zugeschrieben werden könne. Bei Gotthard Günther findet man die Einsicht, daß kognitive Systeme, gerade weil sie ihre Kognition nur passiv hinnehmen und nur durch die Unterscheidung wahr/unwahr kontrollieren können, sich einen Willen zuschreiben müssen (nicht nur zuschreiben können), der in ihrer Umwelt einen Unterschied macht. Siehe Cognition and Volition, in: Gotthard Günther, Beiträge zur Grundlegung einer operationsfähigen Dialektik Bd. 2, Hamburg 1979, S. 203–240. Es gibt dieselbe Erkenntnis eines Zusammenhangs von operativer Schließung und intern unvermeidlicher Unterscheidung von Selbsreferenz und Fremdreferenz also in sehr verschiedenen Theorietraditionen.

[41] Die Umkehrung, es für schlecht zu halten, zwischen gut und schlecht zu unterscheiden, endet mit umgekehrten Vorzeichen in derselben Paradoxie. Eher leuchtet es dann schon ein, mit Gilles Deleuze den Gebrauch moralischer Begriffe für die höchste Form von Unmoral zu halten, weil sie zwangsläufig (ein Argument vom Typ Gödel) dazu führt, nach den Motiven für den Gebrauch moralischer Begriffe zu fragen und damit die Grenzen des moralischen Diskurses zu sprengen. Siehe (ohne diese Begründung) Gilles Deleuze, Logique du sens, Paris 1969, S. 175: „Ces qui est vraiment immoral, c'est toute utilisation des notions morales, juste, injuste, mérite, faute."

# 2. Kapitel

## Komplexitätsmanagement und der Mensch

*Komplexe Situationen zeichnen sich durch Besonderheiten aus, die von Alltagserfahrungen abweichen und daher Schwierigkeiten für das Denken und Handeln der Menschen mit sich bringen. Trotz zunehmender Komplexitätserfahrungen im Beruf haben viele Mitarbeiter Probleme im Umgang mit zeitverzögerten, eigendynamischen und vernetzten Systemen. Denken und Fühlen einer Person erweist sich als eine Herausforderung des individuellen Komplexitätsmanagements, der Führungskräfte heute noch nicht gewachsen sind.*

# Denken und Handeln in komplexen Systemen

*von Dietrich Dörner und Cornelius Buerschaper*

## Denken und Umwelt

Was haben Wattenmeere, Finanzmärkte und chemische Produktionsanlagen gemeinsam? Sie stellen Handlungsbereiche dar, auf die der Mensch mit unterschiedlichen Absichten einwirkt, und sie haben bestimmte Eigenschaften, von denen häufig der Erfolg von Aktionen in diesen Handlungsbereichen abhängt. Sie sind zum Beispiel komplex, eigendynamisch und reagieren manchmal „chaotisch". Komplexe Realitätsbereiche stellen aufgrund dieser strukturellen Eigenarten Anforderungen an die menschliche Denk- und Handlungsfähigkeit, mit denen unser Verstand offenbar große Schwierigkeiten hat.

Das ist vielleicht auch nicht anders zu erwarten, denn die Realität funktioniert im Alltagsdenken nach einfachen, „linearen" Gesetzmäßigkeiten und unser Denken ist eher im Umgang mit Situationen erfolgreich, die überschaubar, verzögerungsfrei und nebenwirkungsarm sind. Umweltkatastrophen, Prognosefehler oder Planungspannen sind in erster Linie Beispiele für allzu einfache Konstrukte des Denkens, die den situativen Besonderheiten komplexer Konstellationen nicht gerecht wurden. Was komplexe Systeme komplex und meist sehr schwierig zu handhaben macht, wird im Kopf des Betrachters entschieden. Für den Betrachter stellen Systeme dynamische, intransparente, unüberschaubare, informationsreiche und daher schwer kontrollierbare Realitätsbereiche dar. Man muß dynamische Prozesse steuern, mit zeitlichen Verzögerungen zurecht kommen und häufig auch mehrere Handlungsziele zugleich verfolgen. Solche komplexen Konstellationen stellen außergewöhnliche Anforderungen an die menschliche Problemlösefähigkeit.

# Anforderungen an die Denk- und Handlungsorganisation

Welche Anforderungen ergeben sich nun für das Denken und Handeln von Personen, deren Handlungsbereiche Merkmale komplexer Systeme aufweisen?

Sie müssen sich mit ganz unterschiedlichen Informationen befassen, das heißt Zustände von Variablen betrachten, Daten sammeln und sich dabei einen Überblick verschaffen, wie die Variablen des Systems interagieren. Sie müssen Wissen darüber aufbauen, wie der Realitätsbereich 'funktioniert'. Die Vermehrung von Wissen über Strukturen und Wechselwirkungen verringert die Intransparenz und verschafft Planungs- und Prognosesicherheit.

Darüber hinaus benötigen wir auch Wissen, das uns die Auswahl angemessener Maßnahmen und Handlungsschritte ermöglicht. Angefangen von der Zielauswahl über Planungs- und Entscheidungsverfahren bis hin zur Kontrolle von Effekten brauchen wir sehr umfangreiches Handlungwissen, um das Vorgehen angemessen zu gestalten. Dieses Handlungswissen können wir meist aus dem Gedächtnis abrufen. Die besonderen Anforderungen entstehen dann, wenn ein bekanntes Verfahren an die konkreten situativen und strukturellen Merkmale einer Situation angepaßt werden muß, oder wenn das gespeicherte Wissen keine brauchbare Hilfestellung bietet. Dann muß man Handlungswissen erfinden, das heißt ein neues Lösungsverfahren für eine Problemstellung konstruieren.

Der dritte Anforderungsschwerpunkt, mit dem sich eine handelnde Person auseinandersetzen muß, betrifft die Dynamik systemischer Prozesse. Hier spielen vor allem die Zeitverzögerung und die Irreversibilität von Entwicklungen eine Rolle. So ist es beispielsweise für die Modellbildung bedeutsam, wie stark ein System „gepuffert" ist. Das bekommt man zu spüren, wenn man etwas über den Zusammenhang zwischen den eigenen Aktionen und deren Auswirkungen lernen will. Dieser Lernprozeß wird stark beeinträchtigt, wenn nicht regelrecht verhindert, wenn ein System Effekte über lange Zeit „zurückhält" und keine andere Möglichkeit besteht, Struk-

---

*Handlungsanforderungen in komplexen Systemen:*

Erwerb von Struktur- und Handlungswissen

Konstruktion von neuen Lösungsverfahren

Umgang mit Zeitverzögerung und Totzeiten

„Richtige" Dosierung für Maßnahmen

Planungsparadox

---

*Abbildung 1:* Denk- und Handlungsanforderungen in komplexen Systemen

turwissen zu erwerben. In der Folge stellt sich dann das Problem, mit welcher „Dosierung" man weitere Aktionen starten darf, ohne irreversiblen Schaden anzurichten (Abbildung 1).

Komplexen Realitätsbereichen werden Eigenschaften zugeschrieben, die besondere Anforderungen an die Organisation von Denk- und Handlungsprozessen stellen. Warum sind komplexe Probleme trotz zunehmender Verbreitung vernetzter und eigendynamischer Strukturen im (Berufs-) Alltag immer wieder Quelle von Denkschwierigkeiten? Wir vermuten, daß uns der Alltag ganz andere Modelle von Systemen suggeriert.

## Alltagserfahrung Komplexität

Eine zunehmende Zahl von Personen teilt die „neue Alltagserfahrung Komplexität", was soviel bedeutet, daß bestimmte Beschreibungskategorien (Komplexität, Eigendynamik, Intransparenz) verwendet werden, um Handlungsanforderungen bestimmter Realitätsbereiche näher zu charakterisieren. Auf den ersten Blick scheint es ein Widerspruch, Komplexitätserfahrungen im Zusammenhang mit Alltagshandlungen zu erwarten.

Der Berufsalltag besteht zu großen Teilen aus routinehaften Tätigkeiten oder zumindest solchen, die bestens mit den bekannten Mitteln bewältigt werden können. Treten neuartige Anforderungen auf den Plan, sind sie häufig von allerlei Restriktionen, Vorgaben und letztlich auch

Traditionen „vorbelastet". Einzig der permanente Zeitdruck ist eine Randbedingung im Alltag, die manches „Miniproblem" in die Nähe komplexer Anforderungen rückt. Wenn man beispielsweise in kurzer Zeit viele Informationen sondieren und in ein Modell integrieren muß, das für wichtige Prognosen tauglich sein soll, dann ist das wohl eine Situation von „Komplexitäts"-Erfahrung.

Das Alltagsphänomen „Komplexität" ist nicht zu leugnen; in Bezug auf individuelles Denken und Handeln gibt es zwei zentrale Aspekte:

1. Zum einen nehmen unsere Handlungsoptionen in verschiedenen Lebensbereichen zu. Wir können mehr tun als je zuvor – und wir wissen mehr als je zuvor. Daher gibt es auch die wechselseitigen Beeinflussungen und langfristigen Konsequenzen bei aktuellen Entscheidungen zu bedenken, was wiederum den Umgang mit den wahrgenommenen Handlungsmöglichkeiten einzuschränken scheint.

2. Auf der anderen Seite erzeugt Komplexität ein Gefühl der Unbestimmtheit. Wenn in einer Situation Zeitdruck herrscht, häufig eingesetzte Handlungsoperatoren unerklärlicherweise unwirksam sind und überraschend das Gegenteil eines geplanten Effekts eintritt, entsteht für die handelnde Person eine Konstellation von emotionaler, kognitiver und motivationaler Belastung. Das Denken im beruflichen Alltag ist häufig durch Unbestimmtheitserleben gekennzeichnet. Das mag an schwer planbaren Prozessen und am Zeitdruck liegen. Entscheidungsträger empfinden die Unbestimmtheit ihrer Situation mitunter als Last der Verantwortung.

# Das Weltbild des Alltags

Die meisten Menschen entwickeln im Laufe ihres Lebens ein Wirklichkeitsverständnis, das wohl auf dem Glauben beruht, alle Dinge funktionieren so (einfach) wie im Alltag. Alltagskonstrukte basieren auf einfachen Prinzipien, die einfache Denk- und Handlungsweisen nahelegen. Linearität, „starke" Kausalität und verzögerungsfreie Rückkoppelung sind Bausteine eines Realitätsbildes, das unseren

Umgang mit vielen Personen und Situationen erfolgreich regelt. Im Alltagsdenken dominiert eine isolierte Sichtweise auf die Teile eines Ganzen. Das heißt wir glauben, die Teile verhalten sich akkumulativ zueinander, so daß wir nach Belieben Dinge entfernen oder hinzutun können, ohne Auswirkungen befürchten zu müssen. Das Auto ist ein beispielhaftes System, um unsere Erfahrungen mit einfachen Konstruktionsprinzipien zu verdeutlichen.

Aus zahlreichen Lernsituationen haben wir also ein „Weltwissen" extrahiert, das einfache Prinzipien für die Lösung der meisten Probleme favorisiert. Die Schwierigkeiten entstehen erst dann, wenn die „starken" Annahmen des Alltagsdenkens auf Situationen mit Merkmalen komplexer Systeme übertragen werden. Dann führen Denkweisen wie „viel hilft viel", „mehr desselben" oder die Idee von der Nebenwirkungslosigkeit einer Maßnahme zwangsläufig zu Fehlschlägen (Dörner/Kreuzig/Reither/Ständel).

# Strategien im Umgang mit komplexen Systemen

Worauf müssen sich Menschen einstellen, die unter komplexen Konstellationen Probleme lösen wollen? Wir untersuchen konkrete Strategien der Regulation von Problemlöseprozessen entlang nützlicher Schritte der Handlungsorganisation (Abbildung 2).

1. Zielelaborationen: Ziele und Zielbildungsprozesse legen Sollzustände fest, an denen sich das zukünftige Handeln ausrichtet. Ziele funktionieren wie Leuchtfeuer, die je nach Position innerhalb eines komplexen Realitätsbereichs Teilschritte abstecken und den benötigten Zeitbedarf schätzungsweise angeben. Die recht banal klingende Aufforderung, sich die Ziele klar zu machen, heißt konkret für Problemlöser, globale Zielaussagen in Teilziele zu zerlegen und Widerspruchsfreiheit zwischen Zielen herzustellen.

Tut man das nicht, läuft man Gefahr, Kontradiktionen zwischen Teilzielen zu übersehen und lange Zeit mitzuschleppen. Manchmal haben globale Zielaussagen gerade die Funktion, Widersprüchliches

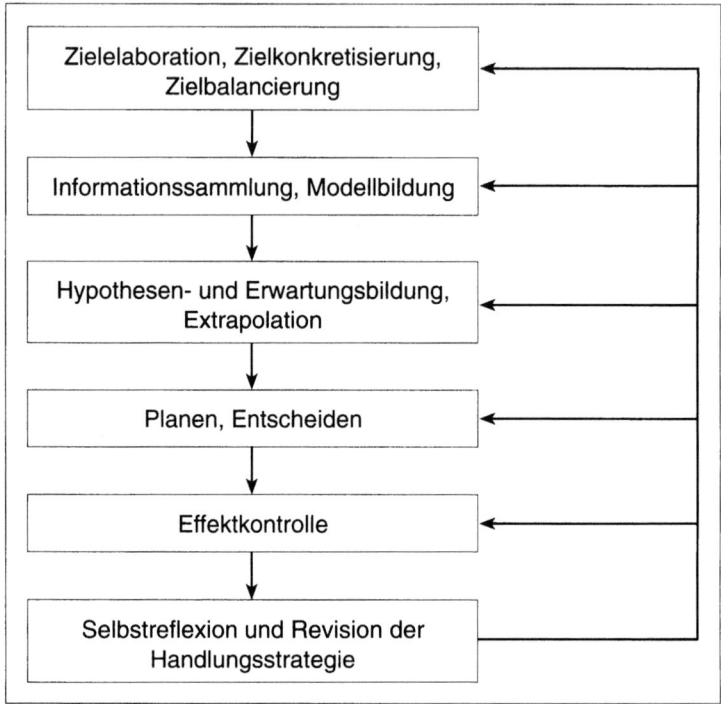

*Abbildung 2:* Stationen der Handlungsorganisation

zu vereinen (zum Beispiel in Firmenleitsätzen), andererseits beobachten wir häufigen Mangel an Zielbalancierung, wenn mit widersprüchlichen Teilzielen operiert wird.

Reduziert man hingegen die Anzahl von Zielen und macht sie einfach und konkret, beschränken sich die Handlungsalternativen meist
auf augenfällige Aspekte eines komplexen Problems. Man befaßt
sich also eher mit dem Dringenden statt mit dem Wichtigen. Außerdem tragen solche Ziele der zeitlichen Vorausschau wenig Rechnung; jede plötzliche Änderung innerhalb des Handlungsbereichs
fordert eine erneute Zielbestimmung, was letztlich viel Kraft kostet
und ein unmerkliches Driften in eine unerwünschte Richtung nach
sich ziehen kann. Uns ist das Beispiel eines Unternehmens vor Au-

gen, bei dem die Dynamik des Marktes für die Erfolglosigkeit der praktizierten strategischen Zielbildung verantwortlich gemacht wurde. Die Entmutigung der Führungskräfte war ein erstes Symptom. „Die Dynamik unseres Umfeldes ist viel zu hoch, was sollen wir da noch Ziele festschreiben!". Der Rettungsversuch durch Abkehr von jeglicher Zielsetzung und Planung entlastete die Führungsmannschaft, erhöhte aber den „Verschleiß" bei denjenigen, die nun voll und ganz mit „reaktiver Anpassungsplanung" zu tun hatten.

2. Informationssammlung und Modellbildung: Die menschliche Informationsverarbeitung ist grundsätzlich selektiv, wobei wir typische Muster kennen: Vereinfachung, Auslassung, Ignorieren von Information, Übergeneralisierung und ungeprüfte Übertragung von Wissenstatbeständen auf neue Realitätsbereiche, also eine Art Ersetzung fehlender Information durch verfügbare Gedächtnisinhalte. Systematische Verzerrungen und „automatische" Ergänzungen in der Informationssammlung können allzu einfache Verknüpfung zwischen Variablen nahelegen. Die Auswirkungen solcher Strategien im Umgang mit Information haben Konsequenzen für die Modellbildung und die Wirksamkeit von Entscheidungen.

Monokausale Modelle bieten zwar ein klar strukturiertes Bild über Realitätsbereiche an, verführen aber zu ad-hocistischem Loslegen, da man ja auf den ersten Blick sieht, welche Mißstände sofort korrigiert werden können.

Die Informationssammlung und Modellbildung über komplexe Handlungsbereiche sollte sicherstellen, daß die strukturellen Besonderheiten (Vernetzung, Kausalbeziehungen) erfaßt werden, um Fern- und Nebenwirkungen späterer Maßnahmen unter Kontrolle zu haben. Dieser Anforderung genügen unsere sequentiellen Verarbeitungsprozesse oftmals nicht, so daß peu à peu eine Zerlegung von zusammenhängenden Systemen in kleine, überschaubare „Probleminseln" letztlich entsprechende „Insellösungen" hervorbringt, statt der „Ganzheitlichkeit" von Systemen Rechnung zu tragen.

Nicht nur die bislang besprochenen Reduktionsstrategien bereiten Schwierigkeiten für späteres, vernünftiges Handeln, auch das Gegenteil war an Versuchsteilnehmern in Laborsituationen und in einer Feldstudie in einem deutschen Unternehmen zu beobachten. Der nachteilige Effekt nicht-reduktiver Exploration und „allzu vernetzter Modellbildung" besteht im Extremfall in einer Entscheidungsverweigerung. Wir haben diese Informationsstrategie als Amplifikation bezeichnet. Es wird mehr und mehr Wissen erzeugt, bis der in Frage stehende Gegenstand mikroskopisch genau repräsentiert ist. Die Bereitschaft für Entscheidungen und Veränderungen am System sinkt jedoch während dieser Wissensanreicherung gegen Null.

3. Extrapolation und Planen: Zur Handlungsvorbereitung nutzen wir die Fähigkeit, Erwartungen und langfristige Prognosen über die Zukunft zu bilden. Extrapolationen sind oftmals durch erstaunliche Abweichungen von tatsächlichen Verläufen gekennzeichnet. Bei exponentiellen Verläufen ist die lineare Fortschreibung eine bekanntermaßen problematische Vereinfachung. Extrapolationen haben etwas mit unseren aktuellen Bedürfnissen zu tun; manchmal findet man, daß in Zeiten konjunktureller Flaute ein hohes Wirtschaftswachstum prognostiziert wird – das ist das Wunschdenken in Krisenzeiten. Zum anderen steht der Problemlöser vor der Schwierigkeit, Zukunftserwartungen vom Wissen über Bestehendes loszulösen. Einige Innovationen tragen deutliche Spuren bestehender Strukturen. Man denke an kutschenähnliche Automobile oder Entwürfe zur landwirtschaftlichen Nutzung der Meeresflora, die mehr an Agrarproduktionsbetriebe in Niedersachsen erinnern, eben nur 30 Meter unter der Wasseroberfläche.

An Planungsprozessen fällt auf, daß sie ihrem Gegenstandsbereich mit übertriebener Detailtreue oder fahrlässiger Grobplanung begegnen, was man als Über- oder Unterplanung bezeichnen kann. Ein Projektablaufplan, der uns einmal zur Demonstration gezeigt wurde, enthielt detaillierte Anweisungen über Arbeitsabläufe der kommenden Jahre. Allein die Größe des Planes, die Fülle der Verzweigungen und die vier Millimeter hohen Buchstaben veranlaßten zu der Frage, wer mit solchen Plänen umgehen kann. Die Antwort des Planers war dann auch: „Niemand. Sie sind viel zu genau. In der Praxis funktioniert das doch anders".

Der planende Mensch übersieht häufig eine für ihn unangenehme Besonderheit vernetzter Systeme: Sie bringen manchmal durch einen unerwarteten 'Sprung' alle Pläne durcheinander. Gutes Planen hieße demnach, eine paradoxe Konstruktion herzustellen, mit der die 'Sprünge' und Friktionen aufgefangen werden. Planungsspannen gehen aber meist auf dekonditionalisierte Pläne zurück, in denen sprunghafte Veränderungen überhaupt nicht vorkommen können!

4. Effektkontrolle und Revision der Handlungsstrategie: Um eine wirkungsvolle Effektkontrolle betreiben zu können, braucht man geeignete Indikatoren, die „sensibel" und aussagekräftig sind. Die Wahl solcher Elemente hängt natürlich eng mit dem Wissen um strukturelle Eigenschaften von Systemen zusammen. Wenn man Vorstellungen über die Vernetzungen von Variablen hat, fällt die Wahl mit großer Wahrscheinlichkeit auf „sensible" Indikatoren.

Die Effektkontrolle in komplexen Realitätsbereichen ist keine losgelöste Aktivität, die das Individuum „unparteiisch" übernimmt. Schon bei der Ausschau nach Kontrollgrößen spielen die eigenen Erwartungen an den Ausgang von Maßnahmen eine Rolle. Hier kann es gut sein, daß man absichtlich von den minimalen Veränderungen absehen möchte und zum Beispiel einen groben, additiven Parameter als Indikator für viele Teilprozesse wählt. Das ist im Sinne der informationellen Vereinfachung gewiß richtig, kann aber bei Verzicht auf zusätzliche „Tiefenkontrolle" dazu führen, schleichen-

---

Mangelnde Zielzerlegung, Zielbalancierung, Zielkonkretisierung

Einfache Modelle, Übergeneralisierung, Amplifikation

Reduktive Hypothesen

Strukturextrapolation, lineare Extrapolation

Über- oder Unterplanung, Nichtbeachten von Friktionen,

Dekonditionalisierung

Vernachlässigen von Neben- und Fernwirkungen

Isolierte Entscheidungen

---

*Abbildung 3:* Bewältigungsstrategien in komplexen Realitätsbereichen

de Veränderungen zu übersehen. Bei Projekten, die unter Zeitdruck geraten, ist die mangelnde Effektkontrolle wohl eine der „Sollbruchstellen" in der Handlungsorganisation, die zu Fehlannahmen führt: Auftretende Veränderungen bleiben unbemerkt, neue Probleme werden übersehen und alte hält man für gelöst.

In der Abbildung 3 sind die Bewältigungsstrategien in komplexen Realitätsbereichen noch einmal im Überblick zusammengestellt.

## Kompetenz, Kontrolle und Handlungsregulation

Welche handlungsregulatorischen Determinanten können die Schwierigkeiten der Handlungsorganisation erklären? Aus der Perspektive des erzeugenden Systems, das solche Bewältigungsstrategien einsetzt, muß es ja plausible Gründe geben, die mit einem primären Interesse an der Aufrechterhaltung von Handlungsfähigkeit vereinbar sind.

In der Psychologie gibt es vier Erklärungen:

1. Die Gedächtnisprozesse sind in ihrer Kapazität beschränkt, weshalb der Informationsverarbeitung pro Zeiteinheit Grenzen gesetzt sind.

2. In einem aktiven Gedächtnis unterliegen Informationen dem Vergessen.

3. Denken und Handeln ist motiviertes Verhalten; das aktuell stärkste Motiv bestimmt, womit man sich beschäftigt. Wird nun eine Absicht durch eine hohe Motivationsstärke unterstützt, wird sie handlungsleitend. Eine Ursache vornehmlich für Entscheidungsschwierigkeiten liegt nun darin, daß aktuell dringliche Absichten nicht zugleich auch die (langfristig) wichtigsten sind, so daß man manchmal ein Ziel verfolgt, daß bei ganzheitlicher Betrachtung des Realitätsbereichs ganz nebensächlich erscheint.

4. Der vierten Erklärung widmen wir uns an dieser Stelle intensiver. Wir nehmen an, daß es neben anderen zentralen Motiven ein Kontrollmotiv gibt, von dem die menschliche Verhaltenssteuerung in starkem Maße beeinflußt wird. In unübersichtlichen Situationen sind wir bestrebt, Wissen über Beschaffenheit und Handlungsmöglichkeiten eines Realitätsbereichs zu erwerben. Wir versuchen also, Kontrolle zu erlangen und Unbestimmtheit zu reduzieren. Auf der Ebene des individuellen Erlebens ist uns das Kontrollmotiv als das Empfinden der eigenen Handlungskompetenz zugänglich.

Die Aufrechterhaltung von Handlungskompetenz ist eines der Ziele, das wir immer bei der Bearbeitung von Sachzielen mitverfolgen. Je undurchschaubarer und komplexer Realitätsbereiche sind, um so eher wird schließlich die Absicherung des Kompetenzgefühls ein wichtiges Handlungsziel (Strohschneider). Was genau tut man dafür? Man zieht sich zum Beispiel auf ein überschaubares Wissensgebiet zurück, kapselt sich dort ein, wo die vorhandene Information gut zu bestehenden Gedächtnisstrukturen paßt.

Das Umdeuten von Mißerfolgen in Erfolge oder die Unrevidierbarkeit von Annahmen sind ebenso kompetenzschützende Verfahren wie ein „methodistischer" Einsatz bewährter Operatoren oder die Neigung zur „Ritualisierung" von Verhaltensweisen. Kompetenzerhaltende Schutzmaßnahmen helfen oftmals in gewissem Umfang über die Hürden unwägbarer Konstellationen hinweg. Weniger dysfunktional sind proaktive Maßnahmen wie zusätzlicher Wissenserwerb, Informationsammlung und Anstrengungssteigerung. Die Veränderung der Genauigkeit der Situationswahrnehmung (Auflösungsgrad) gehört auch zu den individuell beeinflußbaren Strategien, mit denen die Handlungsfähigkeit (wieder-)hergestellt werden kann. Ein grober Auflösungsgrad verschafft einen holzschnittartigen Überblick über eine Situation; Einkapselung hingegen geht meist mit einem sehr hohen Auflösungsgrad einher. Eigene Maßnahmen zur Kompetenzsicherung kann man identifizieren und natürlich auch produktiv als „Münchhausens Zöpfe" einsetzen.

# Lernschritte erfolgreicher Handlungsregulation

Komplexe Systeme stellen Anforderungen an die Denk- und Handlungsorganisation, die wir von Alltagssituationen so nicht kennen. Diese „Unerfahrenheit" ist ein Faktor, den man durch Lernen wett machen kann. Daher favorisieren wir ein angeleitetes Erfahrungslernen als individuellen Lernweg, um heuristische Kompetenz, strategische Expertise und Selbstmanagementfähigkeiten zu erwerben. Das kann zum Beispiel so aussehen, daß sich Personen mit verschiedenen computersimulierten Realitätsbereichen auseinandersetzen (Dörner 1996). Auf ungefährliche Art sammelt man Erfahrungen mit erfolgreichen und dysfunktionalen Handlungsstrategien.

Was in der einen Situation erfolgreiche und nützliche Strategie ist, mag in einer anderen völlig unerwartete Ergebnisse bringen. Daher soll im individuellen Lernprozeß zuerst einmal ein begriffliches Raster für besondere Eigenschaften komplexer Realitätsbereiche vermittelt werden. Man etabliert also eine Art „Frühwarnsystem" zur groben, strategischen Ausrichtung des Handelns. Außerdem sollte Wissen über alternative Strategien und Lösungsverfahren vermittelt werden. Wissen allein ist aber nur ein Teil der Handlungskompetenz im Umgang mit komplexen Denkanforderungen. Daher sollte die Befähigung zur Selbstreflexion im Rahmen relevanter Lernumgebungen trainiert werden. Das kann in Workshops oder am Arbeitsplatz geschehen. Das Zusammenwirken von Denkprozessen mit Emotionen und Motiven während des Problemlösens, ob nun in simulierten oder „wirklichen" Arbeitsanforderungen, sollte zum Gegenstand von Selbstreflexion gemacht werden. Eine wichtige Voraussetzungen dafür scheint uns in der kritischen Würdigung der eingeübten und „bewährten" Kompetenzschutzmechanismen zu liegen. Wenn wir bespielsweise bei der Bearbeitung eines computersimulierten Szenarios unentschlossenes und zögerliches Vorgehen beobachten, ist diese Form von „Fluchtverhalten" zunächst eine individuelle Strategie zur „Rettung" aus einer unbestimmten, furchteinflößenden Situation. Flucht dient hier in gewissem Umfang der Aufrechterhaltung des Kompetenzgefühls und geht häufig einher mit sehr exzessiven Problemlöseschritten („ungeordnete" Faktenanhäufung, Anreicherung von Entscheidungsoptionen, nicht endende Spekulation über Konsequenzen von Maßnahmen...). Über diesen Problembearbeitungs- und Selbstregulationsprozeß klären wir Problemlöser auf; das geschieht meist im Anschluß an eine Simulation und zeigt der betreffenden Person, durch welche Überlegungen und Verhaltensweisen an bestimmten, belastenden Momenten des Problemlöseprozesses ein „Abgleiten" in dysfunktionale Handlungsmuster eintritt. Bei einer Wiederholung mit anderen simulierten Settings lernen Personen, ihre Problemlöseressourcen genauer auf das präsentierte Problem abzustellen. Außerdem machen sie vielleicht eine ganz neue Erfahrung mit der Anwendung verschiedenartiger Problemlösestrategien: Entscheidungen werden getroffen und die eigene Handlungskompetenz bleibt unangetastet! Schließlich gehört zum individuellen Lernprozeß der ständige Transfer zwischen kritischen Berufssituationen und Erfahrungen in simulierten Realitätsbereichen. Lernerfahrungen mit Selbstmanagement- und Problemlösestrategien aus den Simulationen können probehalber in den Berufskontext übertragen und dort auf Tauglichkeit geprüft werden.

*Literatur*

Dörner,D., H.W. Kreuzig, F. Reither, T. Stäudel (Hrsg.) (1983): Lohhausen. Vom Umgang mit Unbestimmtheit und Komplexität. Bern: Huber.

Dörner, D. (1989): Die Logik des Mißlingens. Reinbek bei Hamburg: Rowohlt.

Dörner, D. (1996): Der Umgang mit Unbestimmtheit und Komplexität und der Gebrauch von Computersimulationen. In: A. Diekmann, C.C. Jaeger (Hrsg.), Umweltsoziologie, Sonderheft 36 der Kölner Zeitschrift für Soziologie und Sozialpsychologie, S. 489–515.

Strohschneider, S. (1993): Die Aufrechterhaltung der Handlungsfähigkeit. In: S. Strohschneider, R. von der Weth (Hrsg.): Ja, mach nur einen Plan. Pannen und Fehlschläge – Ursachen, Beispiele, Lösungen. Bern: Huber.

# Teams als Hyperexperten im Komplexitätsmanagement

*von Roswita Königswieser und Peter Heintel*

## Zentrale Strategien des Komplexitätsmanagements

Wir haben uns eine Welt geschaffen, die uns in ihrer Eigendynamik zu entgleiten droht, die uns aufgrund der Vielfalt der Optionen völlig neue Chancen bietet, gleichzeitig aber auch einen Dauerstreß im Entscheiden produziert und uns häufig überfordert (Gross).

Es gibt einige zentrale Strategien, um Komplexität zu bewältigen.

1. Die erste Strategie bedeutet, Komplexität nicht als solche wahrzunehmen – Vernetzungen, Zusammenhänge, Optionen etc. nicht zu sehen. Die eingeschränkte Wahrnehmung ermöglicht Simplifizierungen, Vorurteile, Schwarzweißmalereien, Aktionismus und Eindimensionalität (vergleiche Königswieser). Der Ruf nach einem starken Mann, einem Visionär, einem Charismatiker, gehört ebenfalls in diese Kategorie – bedeutet aber immer auch eine klare Reduktion von Komplexität.

2. Eine zweite Strategie zur Komplexitätsbewältigung sind alle Formen von Reduktion von Komplexität, die mit Orientierung und Entlastung mit Hilfe von Normierungen, Strukturen, Regeln, Routine zu tun haben. Eine bekannte Form davon ist die Hierarchie. Dieses Organisationsmodell verarbeitet Informationen an ihren Knotenpunkten. Sie geht vom Prinzip der Einzelentscheidung aus und operiert stillschweigend unter der Annahme, daß an den Knotenpunkten, wo die Entscheidungsträger sitzen, auch die Fülle der Kompetenz sitzt. Lyotard formuliert das so: „Jeder arbeitet für das System, so gut es ihm möglich ist und nimmt an der allgemeinen Verkomplizierung teil". Komplexeren, diffuseren,

vielschichtigeren Themenstellungen wird diese Struktur nicht gerecht. Das ist einer der Gründe dafür, daß alle Modelle von Expertensystemen in der Krise stecken.

3. Eine weitere Form der Komplexitätsbewältigung liegt im Selbststeuerungsprinzip von Gruppen. Da sich aber Organisationen per se kaum selbst steuern können, weil dazu kollektive Selbstbeobachtung, Selbstreflexion beziehungsweise Metakommunikation gehören, sind nur jene Sozialkörper, in denen direkte Kommunikation stattfinden kann und wo somit Selbststeuerung funktioniert, vor allem sogenannte aufgeklärte, reflexive Gruppen dazu imstande.

Wir wollen damit über die Analyse der Vor- und Nachteile von Gruppenarbeit hinausgehen. Wir wollen nicht ausführen, daß Gruppen die Fähigkeit haben, die Begrenztheit der individuellen Informationsverarbeitungs- und Gedächtniskapazität zu erweitern, daß sie imstande sind, Überbewertungen aktueller Situationen – zu Lasten künftiger Probleme – zu relativieren und so weiter, sondern wir wollen im folgenden die Grundthese, die gleichzeitige Wichtigkeit von Variablen, die Diffusität und Widersprüchlichkeit ausführen, daß diese Art von „reifen Gruppen" – unserer Erfahrung nach – in organisatorischen Kontexten eine der adäquatesten Strategien der Komplexitätssteuerung sind.

# Die verschiedenen Ebenen der Komplexitätssteuerung

Komplexitätssteuerung kann sich nicht nur mit der rein sachlichen Ebene befassen, sondern muß auch strukturelle und vor allem sinnlich-emotionale Ebenen ansprechen, um wirksam zu sein. Im Alltag verbindet sich der Begriff Komplexität eher mit Überforderungsgefühlen, Unsicherheit und Abstraktheit.

Gruppen sind aus vielfältigen Gründen Sozialkörper mit besonders hoher Bedeutung für konstruktive Bewältigungsprozesse.

Obwohl Gruppen in Organisationen immer aufgabenorientiert sind und uns als Arbeitsgruppen, Ausschüsse, Projektteams, Steuerungsgruppen begegnen, die die Effizienz erhöhen und den Erfolg des Systems unterstützen sollen, findet sich in diesen Gruppen – wie in Gruppen überhaupt – mehr Emotionalität und Sinnlichkeit als in Organisationen.

## Gründe, warum Gruppen positiv besetzt sind

Wir wissen, daß Gruppen trotz aller Schattenseiten eher positiv, Organisationen eher negativ besetzt sind. Mit dem Begriff Gruppe wird Wärme, Buntheit, Kreativität, Emotionalität, Heimat assoziiert, mit dem Begriff Organisation Ordnung, Starre, Unpersönlichkeit, Macht, Politik, Sachlichkeit, Starrheit. Dafür gibt es mehrere Erklärungsmöglichkeiten:

- Menschen sind sinnliche Wesen und für direkte Kommunikation, für Konkretes „gebaut". Das Gruppenleben ist zwar geprägt von Intrigen und Konflikten, aber auch von Zuwendung, Geselligkeit, Kooperation, wechselseitiger Unterstützung und gemeinsamer Bewältigung schwieriger Situationen. Gruppen aktivieren menschliche Potentiale besonders gut – sind Organe der Ganzheitlichkeit, der Sinnlichkeit, der emotionalen Intelligenz (Coleman).

- Eine andere Ebene ist die historische: Menschen haben menschheitsgeschichtlich länger in Horden, in Gruppierungen aller Art gelebt, um so ihr Überleben zu garantieren. Sie sind daher eher imstande, als Gruppen Anpassungsleistungen zu vollbringen als in Organisationen. Die Frage der Existenz hing von Kooperation und Teamfähigkeit ab: Nur der Zusammenhalt und die innere Ordnung in den Clans und Stämmen garantierte das Überleben des einzelnen.

Das Leben in sozialen Verbänden erzwang ständige Wenn-Dann-Absprachen, also Kompromisse. Soziale Kompetenz und ebensolche Intelligenz sind in bezug auf unser Thema unser wichtigstes Erbe (Ernst). Die evolutionäre Psychologie und Soziologie zeigen auf, wie Menschen gelernt haben, Hypothesen zu bilden – darüber, was andere denken und fühlen könnten, darüber, was passieren könnte. Die soziale Intelligenz befähigt uns, die ungeheure Komplexität des sozialen Zusammenlebens zu bewältigen.

• Auch die lebensgeschichtliche Hypothese könnte erklären, daß bei Menschen, die in Familien oder familienähnlichen sozialen Formationen aufwachsen, und dort ihre Prägungen erfahren, ihre tiefen Urgefühle erleben – Liebe, Ablehnung, Schmerz, Freude, Sehnsucht, Erfüllung –, diese Empfindungen in Gruppen reaktiviert werden. Nicht zuletzt deshalb sind Gruppen Orte dichtester Emotionalität.

• Ein weiterer Grund könnte darin liegen, daß Menschen durch die zweckrationale, notwendigerweise abstrakten Organisationen narzißtisch gekränkt sind. („Ich bin nur ein Rädchen." „Man muß funktionieren." „Wenn er nicht paßt, wird er ausgetauscht.") Obwohl sich diese Kränkungen in anderer Weise Raum verschaffen, wird zum Beispiel die Arbeit in Projektteams, die über längere Zeit gemeinsam arbeiten, als befriedigend erlebt – nicht zuletzt deshalb, weil in sich selbst steuernden Gruppen emotionale Energie, Bestätigung und Akzeptanz erlebt wird.

• Was in Organisationen erlebt wird, müssen aber nicht Kränkungen sein, es können auch Gefühle der Überforderung sein. Es gibt kritische Grenzwerte für unser „soziales Gehirn". Wir können höchstens zu 100 bis 150 Menschen komplexe soziale Beziehungen aufrechterhalten und direkt mit ihnen kommunizieren. Auch die sozialen Balance- und Kontrollmechanismen funktionieren in der Anonymität organisationaler Ordnungen nicht mehr. Das Verantwortungsgefühl erfährt eine Erosion. In Teams baut sich leichter soziale Verantwortung fürs Ganze auf.

# Die Gruppe zwischen Mensch und Organisation

Arbeitsgruppen, Projektteams, Lernwerkstätten und so weiter sind deshalb so „anschlußfähig" an Menschen und Organisationen, weil

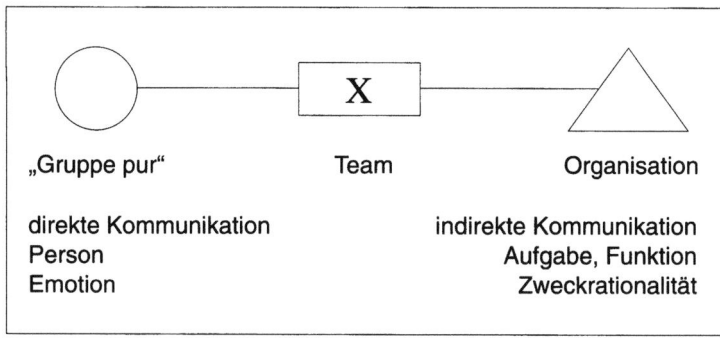

*Abbilung 4:* Die Ansiedelung von Teams

sie, wie der Soziologe Neidhard sagt, „Hybriden" sind. Sie haben sowohl das Steuerungsprinzip der Emotionalität als auch das Steuerungsprinzip der Zweckrationalität in sich. Sie sind daher in sich ausreichend komplex, weil sie Vielfalt und prinzipielle Widersprüchlichkeit in sich selbst tragen (Abbildung 4).

Je nach Kontext sind Teams in Organisationen entlang des Kontinuums zwischen „Gruppe-pur" (zum Beispiel Freundesgruppe) und Organisation angesiedelt.

Die VAS (Voest Alpine Stahl) in Linz, Oberösterreich, ist ein großes Unternehmen, das komplexeste Aufgaben zu bewältigen hat (dynamische Märkte, Internationalisierung, Strategische Allianzen, Prozeßorientierung, Produktentwicklung gemeinsam mit dem Kunden, kulturelle Umdenkprozesse). Das Unternehmen hat einen Prozeß gestartet, der neben dem Linienmanagement einen umfangreichen Lernprozeß des Ganzen forcieren soll. Der Motor des Projekts „Erfolgsfaktor Zusammenarbeit" ist ein Steuerungsteam. Es initiiert Aktivitäten beziehungsweise Projekte, übernimmt die Verantwortung über Erweiterung und Reduktion von Komplexität des Gesamtgeschehens und veranstaltet Großveranstaltungen mit sinnlich-emotionalen Kommunikationselementen. Die Personen aller Teams sind im Unternehmen persönlich bekannt, nicht austauschbar und stehen als Teammitglieder im Zentrum der Aufmerksamkeit.

Das zentrale Element des Gesamtobjekts sind Teams, die Aufgaben übernehmen: entweder als zeitlich begrenzte Projekte oder als Teams in Prozeßabläufen oder als Begleiter für Sonderaktivitäten (zum Beispiel Konfliktlösungen). Als weiteres Modell wird überlegt, für die Gesamtsteuerung des Unternehmens „Kreise" einzurichten, die ohne formelle Funktion Verantwortung vom Vorstand übertragen bekommen. Obwohl das Produktionsunternehmen Teamarbeit gewohnt war, ist die neue Art der Gruppenarbeit spürbar: „Wir nehmen uns mehr Zeit für Teambildung", „Wir haben klarer definierte Gesamtverantwortungen", „Wir reflektieren und lernen aus unseren Erfahrungen und vor allem den Fehlern und unseren eigenen mentalen Hürden", „Wir lernen, prozeß- und unternehmensübergreifend zu denken".

Organisationen spüren die Defizite, die mit ihrem Steuerungsprinzip Zweckrationalität verbunden sind, und versuchen wohl auch deshalb, emotionale Bindung ihrer Mitglieder durch eine gemeinsame Corporate Identity, durch Feste mit Reden, in denen Gruppenmetaphern verwendet werden, herzustellen. („Wir sind eine Familie." „Wir sitzen in einem Boot.") Trotz dieser Versuche sind es in erster Linie die konkreten Beziehungen in den Subeinheiten, die die persönlichen Bindungen zum Unternehmen ausmachen.

# Emotionale Intelligenz in Gruppen

Gruppen bilden durch ihre positive Grundbesetzung emotionale Entlastung. Dieses Vertrauen ist aber gerade in komplexen Situationen, die immer mit massiver Unsicherheit verbunden sind, komplexitätsreduzierend, gleichzeitig aber auch komplexitätserhöhend, weil Gruppen Unruhe in Hierarchien bringen. Arbeitsgruppen sind ja parallel zur Primärorganisation eingerichtet und „funktionieren" nach einer anderen Logik und anderen Steuerungsprinzipien. Gruppen müssen von grundsätzlicher Gleichberechtigung ausgehen, brauchen offene Kommunikation und können nicht nur die zweckrationale Ebene berücksichtigen. Gruppen sind Rückführungen des Menschen auf das menschliche Maß. Dort finden wir wieder, was uns mehr und mehr entschwindet. Gruppen sind der Ort von Kreativität und Vielfalt. Es sind in erster Linie diese mentalen Mechanismen, die uns helfen, in diffusen Situationen handlungsfähig zu sein.

„Das Leben unserer Urahnen muß eine einzige lange Encounter-Gruppe gewesen sein", formuliert der Sprachforscher Paul Bloom. In gruppendynamischen Settings bei Teamentwicklungsprozessen versuchen wir, diese Fähigkeiten wieder zu entwickeln.

Die emotionale Intelligenz ist immer mit Gefühlen gekoppelt. Schuld, Ärger, Traurigkeit, Freude, Stolz sind Teile eines wichtigen Signalsystems, das uns Informationen über unsere Beziehungen und über soziale Zusammenhänge gibt. Das beinhaltet auch soziale Intelligenz beziehungsweise Intuition und enthebt uns so vieler komplexer Denkprozesse und ermöglicht uns rasche Orientierung auf eine sehr direkte Art.

# Rahmenbedingungen und Voraussetzungen für „reife" Teams

Wenn wir davon ausgehen, daß in Gruppen Komplexitätssteuerung am besten bewältigt werden kann, sollten wir im folgenden die Rahmenbedingungen und Voraussetzungen hiefür näher beleuchten.

Von entscheidender Bedeutung ist die Zusammensetzung von Arbeits- und Steuerungsgruppen. Die potentiellen Möglichkeiten von Gruppen kommen dann zum Tragen, wenn folgende Kriterien für die Rekrutierung berücksichtigt werden:

- Vielfalt,

- Betroffenheit,

- Know-how (inhaltlich, prozeßorientiert) (Boos).

Wenn Teams interdisziplinär, bereichsübergreifend, quer über die Hierarchie zusammengesetzt sind, wenn auf eine Mischung von Mächtigen, Betroffenen und Know-how-Trägern, von Veränderern, Bewahrern und so weiter geachtet wird, können sie die Komplexität von Systemen und deren Umwelten widerspiegeln. Diese Selbstkomplexität ist eine optimale Voraussetzung für Komplexitätsmanagement. Wenn verschiedene Prinzipien und Strömungen eingefangen sind, sind Problemlösungen zwar nicht einfach, aber funktional für differenzierte Ergebnisse und dafür, daß diese später auch akzeptiert werden (Katzenbach). Durch diese Zusammensetzungskriterien sind strukturelle Voraussetzungen dafür geschaffen, daß Teams weniger linear, sondern mehr in vernetzten Zusammenhängen denken. Dann kann man auch durchaus davon sprechen, daß Teams „Hyperexperten" der Komplexitätssteuerung sind.

Projektgruppen und bereichsübergreifende Teams sind dann meist gut imstande, an den durch die Arbeitsteilung auftretenden Schnittstellen Ballast abzuwerfen und die eng verflochtenen Arbeitsprozesse – wie Auftragsabwicklung, Materialfluß oder Produktentwicklung – als Einheit zu sehen und zu behandeln. Die Probleme der vertikalen und horizontalen Arbeitsteilung können durch Projekte oder Steuerungsgruppen ausbalanciert werden (Reiss und Gottschall).

Wir nehmen an, daß nun die Teams „gut" zusammengesetzt sind und auch einen klaren Auftrag haben. Wir nehmen auch an, daß die Rahmenbedingungen klar sind. Dennoch bleibt die Frage offen: Was muß in Teams geschehen, damit diese in „reifer Weise" sich selbst steuern können? Und was heißt Selbststeuerungsprinzip? Dieses Prinzip besagt, daß man sich selbst beobachtet, thematisiert, Feedback aufnimmt und reflektiert. Im Laufe der menschlichen Evolution entstand die Fähigkeit, sich selbst zu beobachten. Diese Fähigkeit ermöglicht es, Zukunftsszenarien zu entwerfen, sich selbst als Teil eines Systems zu sehen, sich selbst zu steuern. Diese Art, über sich selbst, über das Wie zu sprechen, nennen wir Metakommunikation. Durch den Reflexionsprozeß und aufgrund des Wissens darüber, daß jede reflexive Beobachtung und Beschreibung immer auch Eigenbeobachtung und Eigenbeschreibung ist, werden auch kollektiv unbewußte, latente Dimensionen nicht mehr nur agiert, sondern auch ins Bewußtsein gerückt und damit auch veränderbarer werden. So finden Lernen, Komplexitätsverarbeitung und Selbststeuerung statt. In der Beratung sprechen wir in diesem Zusammenhang von der „Reflexionsschleife" (Königswieser/Exner/Pelikan) (Abbildung 5).

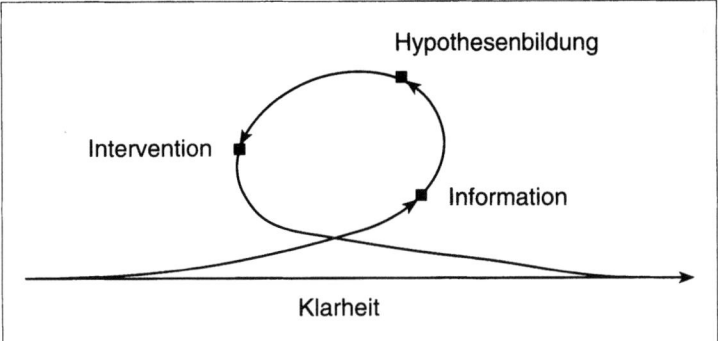

*Abbildung 5:* Die Reflexionsschleife

Nach der Informationssammlung werden Hypothesen gebildet, danach erst überlegt man die Konsequenzen, die auch Interventionen genannt werden können. Allerdings ist diese Reflexionsarbeit, das gemeinsame Nachdenken, eine zeitaufwendige, ungewohnte und harte Arbeit. Nur dann aber, wenn Gruppen gelernt haben, sich zu sich selbst in Beziehung zu setzen, an ihren Ängsten und Wünschen zu arbeiten, agieren sie nicht naturwüchsig, sondern steuern sich selbst.

Das ist allerdings eine hohe Anforderung, weil wir diese Art von Reflexivität nicht lernen und weil Gruppen die Tendenz haben, sozialen Druck zu erzeugen, rigide die Standards zu kontrollieren, zu moralisieren, „Fremdes" auszugrenzen, zu regredieren, überhöhte Ansprüche aneinander zu stellen und emotionale Blockaden aufzubauen.

Wir wollen damit ausdrücken, daß es nicht genügt, einfach Leute mit einem Auftrag in eine Arbeitsgruppe zu stecken und zu meinen, sie seien dann arbeits- und selbststeuerungsfähig. Hier ist dem Unterschied zwischen unreflektierten und reflektierten Gruppen eine große Bedeutung beizumessen. Um die diesbezüglich notwendige Reife zu ermöglichen, bedarf es einiger Voraussetzungen:

1. Der Unterschied zwischen unaufgeklärten und aufgeklärten „reifen" Gruppen muß den Schlüsselpersonen in Organisationen bewußt sein.

2. Es müssen die organisatorischen Rahmenbedingungen geschaffen werden beziehungsweise institutionalisiert sein, um eingesetzten Teams Zeit und Raum zu geben, sich zu konstituieren. Professionelle Moderation kann dabei helfen, rascher Teamfähigkeit zu erreichen und Selbstreflexion zu lernen.

3. Die soziale Kompetenz der ausgewählten Teilnehmer ist ein weiterer notwendiger Faktor für die Fähigkeit von Gruppen, nicht nur sachlich zu arbeiten, sondern auch die sozialen Gruppenfunktionen zu erfüllen und somit die Arbeitsfähigkeit zu gewährleisten. Es muß möglich sein, die Ängste und Mythen zu thematisieren, Intuition zuzulassen und alle erdenklichen Ressourcen zu nutzen. In reifen Gruppen gibt es wechselseitige Akzeptanz; es wird verlangt, unbefangen seine Meinung zu äußern, Konflikte auszutragen, Probleme beim Namen zu nennen und mit Unterschieden umzugehen.

4. Auch scheinbar so banale Dinge wie Projektmanagement sind wichtig (Boos). Die Klarheit der Auftragsspezifikation, der Projektarchitektur und -organisation, das Setzen sogenannter Meilensteine, die Größe der Gruppen und so weiter sind Rahmenbedingungen und Erfolgsfaktoren.

Gerade in Projektgruppen spiegeln sich die Bereichsegoismen und die unterschiedlichen Interessen wider. Es zeigt sich die Unfähigkeit, mit Konflikten umzugehen, kollektiv Unbewußtes zu heben oder einfach Feedback zu geben. Trotz alledem meinen wir, daß komplexere Probleme und Prozesse – wie etwa Veränderungsprozesse, Planungsprozesse und Innovationsprozesse – ohne Arbeitsgruppen, Teams und Steuerungsgruppen nicht möglich sind (Königswieser/Exner/Pelikan). Gleichzeitig stehen wir erst am Anfang unseres Vorhabens, Prozeßarchitekturen zu entwerfen, in denen es gelingt, Gruppenergebnisse zu koordinieren; Großveranstaltungsdesigns zu entwerfen, die die notwendige direkte sinnliche Kommunikation mit der notwendigen Reflexivität zu verknüpfen vermögen. Viele Experten arbeiten an Modellen und Architekturen, in denen die über das Unternehmen verteilten mitdenkenden, mitgestaltungsfähigen Schlüsselpersonen in Gruppen zusammengefaßt werden und gemeinsam mit den Entscheidungsträgern die Steuerung des Unternehmens übernehmen sollen. Nur so kann die sachliche und emotionale Intelligenz von Systemen zur Komplexitätssteuerung genutzt werden. Diese Abläufe zu erforschen und damit zu experimentieren ist eine der Faszinationen in unserem Beruf als Berater und Begleiter in Situationen hoher Komplexität.

*Literatur*

Boos, F. (1991): Systemisches Projektmanagement. In: L. Königswieser. (Hrsg.). Das systemisch-evolutionäre Management. Wien: Orac.

Coleman, D. (1995): Emotionale Intelligenz. München: Hauser.

Gross, P. (1994): Die Multioptionsgesellschaft. Frankfurt a. M.: Suhrkamp.

Gottschall, D. (1996): Alle Macht den Teams – Reportagen über neue Muster der Arbeit. In: H. Balck (Hrsg.): Networking und Projektorientierung. Berlin: Springer.

Ernst, H. (1996): Wie wir werden, was wir sind. In: Psychologie heute, Dez.

Heintel/Krainz (1994): Projektmanagement. Eine Antwort auf die Hierarchiekrise. Wiesbaden: Gabler.

Katzenbach, D. (1993): Teams. Schlüssel zur Hochleistungsorganisation. Wien: Ueberreuter.

Königswieser, R. (1987): Wahrnehmungsfilter. In: gdi-impuls, 3/87, S. 37–44.

Königswieser, R., Exner, A., Pelikan, J. (1995): Systemische Intervention. In: Organisationsentwicklung 2/95. S. 52–65.

Neidhard, F. Gruppe (Unveröffentliches Manuskript).

Reiss, M. (1992): Mit Blut, Schweiß und Tränen zur schlanken Organisation. In: Der Harvard Manager 2/1192, S. 57–62.

# Das Team als besonderer Leistungsträger in komplexen Organisationen

*von Rudolf Wimmer*

## Zur Renaissance des Teamgedankens

Daß Teams unter ganz bestimmten Rahmenbedingungen in der Lage sind, eine außergewähnliche Leistungsfähigkeit zu entwickeln, ist wahrhaft keine neue Idee. Seit der Mitte unseres Jahrhunderts arbeitet die gruppendynamische Forschung in ihren praktischen Anwendungsfeldern an der konkreten Ausarbeitung dieses Konzepts (Schwarz/Heintel/Weyrer/Stattler). In der Zwischenzeit gibt es vielfältige Beschreibungsangebote, unter welchen Bedingungen Teams zu Hochleistungen fähig sind, und wann das eben nicht der Fall ist (Hackman). Maßnahmen zur Teamentwicklung zählen zum Standardrepertoire von Trainings- und Beratungsangeboten. Hier haben langjährige Erfahrungen und die systematische Auswertung der dabei gemachten Beobachtungen zu durch auselaborierten Konzepten geführt, die auch in der Praxis ihren Niederschlag gefunden haben (Voigt, Heintel). Ein besonderes Interesse galt von jeher der Steuerbarkeit des Gruppengeschehens und der diesem Geschehen zugrundeliegenden Dynamik (Krainz). Professionell sind in diesem Zusammenhang vor allem jene gefordert, deren Aufgabe es ist, in irgendeiner Form Führungsverantwortung in Gruppen wahrzunehmen. Auch auf diesem Gebiet kann inzwischen zweifelsohne auf einen gewissen Fundus an professionellem Wissen zurückgegriffen werden.

Ungeachtet der Zunahme unseres Wissens um die Leistungsfähigkeit von Teams ist jedoch deren praktische Relevanz in Organisationen ausgesprochen zwiespältig geblieben. Einerseits schafft der gesellschaftliche Prozeß der Individualisierung und Vereinzelung auf der Personenebene ungünstige Voraussetzungen für erfolgreiche Teamarbeit. Der Zwang zur persönlichen Profilierung macht es attraktiv, dafür zu sorgen, daß Erfolge dem einzelnen zugeschrieben werden. Bei Mißerfolgen ist es hingegen günstig, hinter die Verantwortung eines Teams zurücktreten zu können. Andererseits bildeten Gruppen für die Eigenlogik hierarchisch-bürokratischer Strukturen immer einen störungsanfälligen Fremdkörper. Wie hinlänglich bekannt, vertragen sich Gruppe und Hierarchie nicht wirklich miteinander. Beide Kontextbedingungen (Person und Organisation) haben in der Vergangenheit dafür gesorgt, daß in die Praktikabilität teamförmiger Strukturen in komplexen Organisationen wenig Zutrauen wachsen konnte, und dies ungeachtet der Tatsache, daß in den Sonntagsreden immer wieder auf die Wichtigkeit der Kooperation in Teams hingewiesen wurde.

Wie ist es nun angesichts dieser langen, von großer Ambivalenz geprägten Tradition zu erklären, daß gerade in jüngster Zeit das Thema „Team" insbesondere in den in Umgestaltung befindlichen Unternehmen so an Aktualität gewonnen hat? Warum werden vielfach wiederum so große Hoffnungen an eine Teamorganisation geknüpft, an die Einrichtung von Gruppenarbeit, an die Umstellung auf Projektteams, wenn doch in der Vergangenheit bereits in ausreichendem Maße durchaus ernüchternde Erfahrungen mit solchen Organisationsformen gemacht werden konnten?

Ein nüchterner Blick in die Praxis des Organisationsalltages zeigt nämlich, daß wirklich gut funktionierende Teams nach wie vor eine Seltenheit sind. Dies zeigt die Evalution der vielfältigen Gruppenarbeitsexperimente, aber auch die daß tiefgreifende Kooperationsschwierigkeiten, hohe Reibungsverluste im täglichen Gegeneinander, das Scheitern von Projekten, all diese Phänomene zählen häufig zur Normalität des Arbeitsgeschehens. Ist die aktuelle Renaissance des Teamgedankens mehr ein Ausdruck für die Anfälligkeit des Managements gegenüber gewissen Modeströmungen, denen zufolge es schlicht erforderlich ist, den Produktivitätsvorsprung der Japaner durch die Imitation ihrer Arbeitsorganisation auszugleichen? (Womack/Jones/Roos). Oder kann hinter dieser Neuentdeckung teamförmiger Organisationsstrukturen auch ein grundlegender Strukturwandel in den Aufbauprinzipien komplexer Organisationen vermutet werden, ein Strukturwandel, der offensichtlich durch die gravierenden Veränderungen bezogen auf die Überlebensbedigungen von Organisationen in unserem Wirtschaftssystem am Beginn der neunziger Jahre angestoßen und in der Zwischenzeit beschleunigt worden ist? Aus unserer Sicht gibt es ausreichend Anhaltspunkte, dieser zweiten Vermutung zu folgen. Wir gehen davon aus, daß zur Zeit versucht wird (mit welchem praktischen Erfolg sei zunächst noch dahingestellt), unter anderem mit dem Teamgedanken die stark gestiegene Eigenkomplexität von Organisationen, die man sich durch deren radikale Umgestaltung eingehandelt hat, bearbeitbar zu machen. Der vorliegende Beitrag versucht diese These auf ihre Plausibilität hin zu überprüfen.

# Neue Formen der Binnendifferenzierung von Organisationen setzen sich durch

Welche Beobachtungen liegen der Annahme zugrunde, die Koevolution des Wirtschaftssystems als Ganzes und der in diesem operierenden Unternehmen habe bei den letzteren zu einer deutlichen Veränderung ihrer Eigenkomplexität geführt? Es ist evident, daß sich in den letzten Jahren eine Reihe wichtiger Parameter für das Überleben von Unternehmen grundlegend geändert haben. Der Hinweis auf die Globalisierung ist in aller Munde. Er dient in der Zwischenzeit wohl als populärstes Erklärungsprinzip, das für die Rechtfertigung ganz unterschiedlicher Veränderungsmaßnahmen herhalten muß. Das Phänomen weltweiter Überkapazitäten, eines gnadenlosen Verdrängungswettbewerbes, einer sich selbst beschleunigenden Innovationsdynamik, die weitreichenden Folgen neuer Informations- und Kommunikationstechnologien, all dies ist vielfach beschrieben worden (Wimmer/Domayer/Oswald/Vater). Die dauerhaften Auswirkungen auf den Arbeitsmarkt, die hohen Insolvenzraten, die Verschärfung der Konflikte zwischen den Tarifpartnern, die zunehmende Standortrivalität zwischen den einzelnen Ländern und Weltregionen, all das sind Anzeichen dafür, daß sich die Strukturen unserer Wirtschaft und in ihrem Gefolge auch anderer gesellschaftlicher Bereiche in einem tiefen Umbruch befinden. Die staatliche Wirtschafts- und Sozialpolitik reagiert verunsichert, weil die überkommenen politischen Steuerungsinstrumente sichtlich ihre Plausibilität eingebüßthaben. In dem Schwanken zwischen neoliberaler Abstinenz und folgenschwerer Selbstüberforderung hat das politische System noch keine adäquate Antwort auf die gesellschaftlichen Folgen der Globalisierung gefunden. Das Zusammenwachsen der Weltwirtschaft entwickelt eine Eigendynamik, die die bisherigen Grundfesten des Wohlfahrtsstaates in den westlichen Industriegesellschaften tief erschüttert (Martin, Schumann, Beck).

Neben ihrer gesellschaftspolitischen Brisanz hinterläßt diese Entwicklung auch tiefe und nachhaltige Spuren in den Unternehmen selbst. Alle Anzeichen deuten hier auf einen revolutionären Strukturwandel hin. Freilich sind in diesen Veränderungsstrudel die einzelnen Branchen und Wirtschaftszweige nicht gleichzeitig involviert worden. Zunächst waren davon in der ersten Hälfte der neunziger Jahre die verschiedenen Bereiche der industriellen Produktion deutlich stärker betroffen. In der Zwischenzeit wird auch der Dienstleistungssektor von dieser Entwicklung voll erfaßt. Ein Blick in die gegenwärtige Bankenlandschaft liefert dafür eine Fülle anschaulicher Beispiele. Mehr und mehr können sich aber auch die Organisationen der öffentlichen Verwaltung, des Gesundheitswesens und andere Organisationen aus dem Non-Profit-Bereich dem Veränderungsdruck nicht mehr verschließen. Schrumpfende Finanzmittel bei gleichzeitig ansteigenden Anforderungen zwingen dazu, nicht nur über Anpassungsformen im bisherigen Sinn sondern über einen radikalen Wandel nachzudenken. Das traditionelle Reformgehabe hat seine Glaubwürdigkeit weitestgehend eingebüßt. Jahrzehntelang als unerschütterlich eingeschätzte Organisations- und Steuerungsprinzipien sind in Auflösung begriffen (Wimmer). Eine neue Architektur in Bezugauf die Binnendifferenzierung von Organisationen ist im Entstehen. Dazu in aller Kürze einige Hinweise:

- Es ist durchgängig beobachtbar, wie die deutlich verschärfte Wettbewerbssituation Unternehmen mehr und mehr dazu veranlaßt, Maßnahmen zu setzen, die ihre eigene Irritierbarkeit und

Sensibilität gegenüber Veränderungen in ihren Umwelten erhöhen. Geht es doch darum, gerade angesichts der Unkalkulier-
barkeit künftiger Chancen und Bedrohungen die eigene Antwort-
fähigkeit im Verhältnis zu den verschiedenen Märkten, auf denen
man operiert aufrechtzuerhalten. Die Beschleunigung des Verän-
derungstempos im Umfeld von Organisationen hat in der Zwischenzeit ein Ausmaß angenommen, das diese dazu zwingt, ihr
bisheriges Selbstveränderungspotential deutlich zu steigern, um
Entwicklungen vorausschauend mitzugestalten beziehungsweise
um zu verhindern, aus Gründen des „Sich ausruhens" auf alten
Erfolgen immer wieder in existenzbedrohende Krisen zu schlit-
tern. Diesem Kernanliegen einer Steigerung der eigenen Irritierbarkeit dient eine Reihe von aufeinander abgestimmter Eingriffe
in bislang geltende Bauprinzipien von Organisationen. Was läßt
sich diesbezüglich beobachten?

- Die Vorherrschaft der traditionellen Binnendifferenzierung nach
arbeitsteilig abgegrenzten Funktionsbereichen, jeder spezialisiert
auf bestimmte Fachaspekte (Verkauf, Forschung und Entwicklung, Produktion, Finanz- und Rechnungswesen etc.), wird aufgegeben. Damit ist es aber auch erforderlich geworden, sich von
der Idee einer hierarchisch gesetzten Form der Koordination dieser Art von funktionsorientierter Arbeitsteilung zu verabschieden. Demgegenüber versucht man jetzt, kleinere überschaubare
Einheiten zu schaffen, die jeweils für ein bestimmtes Marktseg-
ment unternehmerisch voll verantwortlich sind. Auf diese Weise
soll eine größere Nähe zu den strategisch interessanten Märkten
gewährleistet und damit auch eine höhere Flexibilität in der Reaktion auf aktuelle oder erwartbare Veränderungen in diesen prä-
ziser definierten Umwelten ermöglicht werden. Gleichzeitig erhofft man sich durch eine solche Dezentralisierung der unternehmerischen Verantwortung neben einer größeren Flexibilität gegenüber den Kunden auch eine effizientere Ressourcennutzung
im Prozeß der Leistungserbringung selbst. Es geht bei all diesen
Veränderungen daher immer auch um Produktivitätssteigerung.
Denn angesichts einer wesentlich größeren Kostentransparenz,
die mit der Zergliederung in kosten- und ertragsverantwortliche

Einheiten unweigerlich verbunden ist, muß sich jetzt jede Ressourcenverwendung vor Ort ständig unter dem Gesichtspunkt ihres Beitrages zur Wertschöpfung des Gesamtsystems rechtfertigen kännen.

Die Gliederung in weitgehend autonome, ertragsverantwortliche Geschäftsfelder schafft somit Unternehmen im Unternehmen. Diese werden zur treibenden Kraft in der Organisation. Es entstehen multizentrische Strukturen, die ihre Dynamisierung aus jenen marktnahen Einheiten erfahren, die erfolgreich ihr spezifisches Geschäft zu gestalten wissen. Das Prinzip des „Unternehmerischen" (Baecker) wird damit zum Leitgedanken für die Überlebenssicherung aller Einheiten im System, das heißt auch für jene, die auf organisationsinterne Dienstleistungen spezialisiert sind. Organisationstheoretisch gesehen entspricht diese spezifische Form der Subsystembildung dem fraktalen Prinzip der Selbstähnlichkeit (das heißt die kleinere Einheit folgt denselben Bauprinzipien wie das Gesamtsystem), ein Umstand, der gegenüber der funktionalen Differenzierung natürlich radikal andere Führungsstrukturen zur Folge hat (Wimmer 1996).

• Das Prinzip der unternehmerischen Dezentralisierung ist auf der strukturellen Ebene ein wesentlicher Schritt, um die Welt der Kunden in den unternehmensinternen Entscheidungsprozessen stärker zur Geltung zu bringen. Für dieses Ziel ist es in der Regel aber auch erforderlich, die Geschäftsprozesse selbst, also die Abfolge der einzelnen Arbeitsschritte, die letztlich die gewünschte Leistung gegenüber dem Kunden zum Ergebnis haben, einer neuen Logik zu unterwerfen. Es birgt ja die primär an Fachfunktionen orientierte Gliederung die unausweichliche Tendenz in sich, daß das Arbeitsgeschehen jeweils aus der Sicht der beteiligten, inhaltlichen Expertenperspektiven optimiert wird. Eine seriell angeordnete Prozeßkette, in der sich die Beteiligten in erster Linie für ihren jeweiligen Teilaspekt verantwortlich fühlen, verführt dazu, den Gesamtprozeß aus den Augen zu verlieren und dem Optimierungsbedürfnis der beteiligten Funktionseinheiten den Vorrang einzuräumen. Diese Tendenz hat zur Folge, daß organisationsintern Kapazitäten aufgebaut werden, daß eine Reihe von

Prozeßschritten für notwendig erachtet werden, die mit der schlußendlich erbrachten Leistung jedenfalls aus der Sicht des Kunden in keinem Verhältnis stehen. Dies kann sich eine Organisation nur leisten, wenn ihre Abnehmer bereit oder gezwungen sind, diese Art der Mittelverwendung zu honorieren. Es ist allerdings unübersehbar, daß diese Bereitschaft in allen gesellschaftlichen Bereichen deutlich im Schwinden ist. Denn es hat die Prolongierung einmal eingespielter Routinen, die mit dem Primat einer funktionsorientierten Optimierung regelmäßig verbunden ist, häufig auch zur Folge, daß die nach Außen gehende Leistung immer seltener etwas mit den aktuellen Bedürfnissen der Leistungsempfänger zu tun hat. Es ist klar, daß diese Form des Abgehobenseins dann sofort zum Problem wird, wenn die Kunden über ausreichend attraktive Alternativen verfügen. In diesem Moment gewinnt die Fähigkeit, Leistungen so zu erbringen, daß sie das Problem des Kunden treffen, vielleicht sogar seine Erwartungen übertreffen, an existientieller Bedeutung.

Daß sich eine Organisation in ihrer Entwicklung primär an sich selbst orientiert, ist prinzipiell unvermeidlich. Die Frage ist nur, in welchem Ausmaß es gelingt, unter Aufrechterhaltung und Nutzung der Grenze zwischen Innen und Außen, die Perspektive der Kunden in den organisationsinternen Prozessen der Leistungserbringung ausreichend zur Geltung zu bringen. Diesem Ziel dient heute eine primär prozeßorientierte Denkweise, die die organisationsinternen Geschäftsprozesse ganz konsequent um den angestrebten Kundennutzen herum baut. Für Personen, die bislang gewohnt waren, primär auf die funktionsspezifische Absicherung ihres Reviers zu achten, bedeutet diese gesamthafte Orientierung an Leistungsprozessen eine ziemliche Umstellung (Osterloh). Dieser Primat der Prozeßorientierung wird zweifelsohne durch die schon angesprochenen Schritte zu einer Dezentralisierung unternehmerischer Verantwortung unterstützt. Dies allerdimgs nur, wenn die Grenzziehung der dezentralen Einheit mit der Prozeßlogik harmoniert. Dieser Ritual benötigt aber darüber hinaus auch neue Formen der Arbeitsorganisation, die möglichst viele Gesichtspunkte möglichst zeitgleich bearbeitbar machen. In der

Bewältigung dieser neuen Anforderungen an die Synchronisation organisierter Prozesse der Leistungserbringung liegt zur Zeit eine der zentralen Herausforderungen für all jene, die sich um adäquate Formen der Komplexitätsbewältigung in Organisationen bemühen.

• Wenn es zur Überlebenssicherung von Organisationen einerseits um deren Irritierbarkeit geht (im Sinne einer ausreichenden Sensibilität für relevante Veränderungen im eigenen Umfeld) und andererseits um Produktivitätssteigerung, das heißt um eine konsequente Orientierung an Fragen der Wertschöpfung, dann bedeutet dies, daß man sich heute, ob man will oder nicht, permanente Quellen der Beunruhigung in die eigenen Organisation hereinholt. Wie kann nun mit diesem neuartigen Unruhepotential, das mit der Prozeßorientierung und dem Prinzip der Dezentralisierung unternehmerischer Verantwortung ins Unternehmen geholt wird, organisationsintern produktiv umgegangen werden? Diese Steigerung des Faktors Unsicherheit ist letztlich nur bewältigbar, wenn eine Organisation über adäquate Mechanismen zur Absorption dieser selbsterzeugten inneren Unruhe verfügt. Eine der Möglichkeiten, sich wenn auch nur vorübergehend Sicherheit zu verschaffen, ist in diesem Sinne eine gezielte Auseinandersetzung mit der eigenen Zukunft. Dies klingt einfacher als es ist. Sich gemeinschaftlich und in periodischen Abständen eine „Auszeit" zu gönnen, um die das eigene Geschäft betreffenden Grundannahmen vorbehaltlos zu überprüfen, um gegebenenfalls neue strategische Festlegungen zugewinnen, ist beileibe keine Selbstverständlichkeit. Dafür gilt es, Organisationsverhältnisse zu schaffen, die angesichts turbulenter Umwelten einerseits die eigene operative Handlungsfähigkeit aufrechterhalten, die aber andererseits auch ausreichende Möglichkeiten des Zeitgewinns zur Verfügung stellen, um nicht bloß in der operativen Hektik des Alltags unterzugehen, sondern um Freiräume zu besitzen, die den steigenden Beobachtungs- und Reflexionsbedarf abdecken helfen. Hat man dieses Ziel vor Augen, dann erweist es sich als sinnvoll, sich immer wieder mal über die in der bisherigen Geschichte aufgebauten einzigartigen Leistungspotentiale des Systems zu vergewissern. Welche tieferliegenden, „systemischen" Fähigkeiten haben es uns bislang ermöglicht, unsere Identität als Organisation in einem unkalkulierbaren Umfeld zu bewahren? Das Herausarbeiten der eigenen Kernkompetenzen und deren sorgfältige Weiterentwicklung schafft jenen sicheren Boden, von dem aus alternative Optionen der künftigen Identität des Systems entscheidbar werden (Hamel, Prahalad 1995).

Eine der zentralen Konsequenzen dieses strategischen Oszillierens zwischen dem Herausfinden und Überprüfen der eigenen Kernkompetenzen und der Definition künftiger Chancen und Bedrohungen ist die Begrenzung des eigenen „Geschäftes" auf jene Bereiche, in denen man sich im Vergleich zu anderen Leistungsanbietern eine angemessene Wertschöpfung erhoffen kann. Betrachtet man die unterschiedlichen Glieder einer gesamten Wertschöpfungskette, dann ist es naheliegend, dort seine begrenzten Ressourcen hinzulegen, wo man seine Stärken am besten entfalten beziehungsweise zukunftsorientiert weiterentwickeln kann. Diese natürlich auch nicht risikofrei zu habende Selbstbegrenzung schafft in der Regel ein angemessenes Suchraster, mit dessen Hilfe das Aufgreifen oder Nichtaufgreifen zufällig sich bietender Chancen entscheidbar wird. Darüber hinaus schafft sie aber auch Impulse, die gestiegene existentielle Unsicherheit durch besondere Kooperationsbeziehungen mit anderen Gliedern der Wertschöpfungskette bewältigbar zu machen. Unterstützt wird dieser Trend zu festeren Formen einer unternehmensübergreifenden Zusammenarbeit durch das wachsende Ausmaß, in dem Unternehmen nicht zuletzt aufgrund technologischer Entwicklungen voneinander abhängig werden. Auf diese Weise entstehen organisationsförmige Netzwerke zwischen Unternehmungen, die ihrerseits mit ähnlichen Konfigurationen im Wettbewerb stehen. Das Gelingen solcher Formen des Zusammenwirkens mit an sich gleichberechtigten Partnern erfordert geeignete Strukturen für das Bewältigen dieser ganz andersartigen Kooperationsanforderungen. „Denn Netzwerke bilden sich auf der Basis konditionierter Vertrauenswürdigkeit. Sie ersetzen auf diese Weise die Sicherheit, die ein Organisationssystem ansonsten in der Mitgliedschaft seiner Mitglieder findet." (Luhmann 1995, Kanter 1995). Gerade in dieser Vertrauensabhängigkeit liegt aber das Problem. Denn im Prinzip der komplementären Abhängigkeit zwischen an sich selbständigen Netzwerkpartnern liegt natürlich auch die Tendenz, Sicherheit über das Erringen und Ausnutzen von Machtunterschieden zu gewinnen und damit gerade eine Mißtrauensspirale ingangzusetzen. Der Gefahr einer permanenten Labilisierung mühsam aufgebauter Beziehungssicherheit im Netzwerk ist nur durch eine entsprechende Kommunikationsintensität bei wechselseitiger Transparenz in entscheidenden Fragen zu begegnen. So wie der Schritt zur Dezentralisierung unternehmerischer Verantwortung organisationsintern langgediente, hierarchiegestützte Kooperationsmuster auflöst, so schafft das Entstehen organisationsübergreifender Netzwerke eine neue Qualität des Balancierens von Konkurrenz und Kooperation, für die tragfähige Spielregeln und Kommunikationsstrukturen erst noch entwickelt werden müssen.

• In dem Ausmaß, als der Komplexitätsgrad jener Problemstellungen steigt, die von Organisationen in ihren Leistungsprozessen bewältigt werden müssen, nimmt auch die Bedeutung des Faktors Wissen als entscheidender Ressource zu. Die Bereitstellung und ständige Erneuerung des erforderlichen Problemlösungswissens rückt damit ins Zentrum der Aufmerksamkeit des Managements. Entgegen unserer alltagssprachlichen Denkweise geht es zur Bewältigung dieser neuen Wissensabhängigkeit nicht in erster Linie darum, daß die beteiligten Personen mehr wissen. Damit kein Mißverständnis entsteht: Natürlich kommt es auch in Zukunft mehr denn je auf die individuelle Lernfähigkeit der ins Arbeitsgeschehen involvierten Personen an. Damit ist es aber bei weitem nicht getan. Die angesprochenen Veränderungen in der Strukturierung der Wertschöpfungsprozesse in Organisationen implizieren einen anderen organisatorischen Umgang mit der Frage der Nutzung und Generierung von Wissen. In dieser Frage geht es in erster Linie um die Intelligenz der Organisation als Organisation. Die überkommene Spaltung der Beschäftigten in Experten und Laien, die Konzentration des Wissens in spezifischen, sich abschottenden Fachabteilungen und die weitgehende wissensmäßige Entleerung der rein ausführenden Arbeitsvorgänge, all diese altbekannten Organisationsphänomene verlieren heute mehr und mehr ihren ursprünglichen Sinn (Wilke 1997).

Sowohl die Beschleunigungstendenz des Leistungsgeschehens als auch die konsequentere Orientierung am angestrebten Kundennutzen zwingen zu neuen Formen der Arbeitsorganisation, in denen die erforderlichen Wissensbestände zeitgleich und simultan verknüpft werden können. Dieser Druck in Richtung Wissensintegration und Interdisziplinarität bei gleichzeitiger Qualitätssicherung des erforderlichen Fach-Know-hows bedeutet letztlich eine radikale Enthierarchisierung des Expertentums in Organisationen. Wenn man bedenkt, in welch großem Ausmaß formelle und informelle Organisationsmuster, Laufbahnentwicklungen und Verdienstchancen nach wie vor an formalen Ausbildungskriterien anknüpfen, dann läßt sich ermessen, welche revolutionären Umwälzungen durch den enormen Bedeutungszuwachs des Faktors „Wissen" auf viele Organisationen und ihre Mitglieder zukommen werden. Im Idealfall wird es keine durchschnittlich qualifizierten „Allerweltsmitarbeiter" mehr geben. Jeder Beschäftigte wird auf irgendeinem Gebiet ein besonderes Wissen aufgebaut haben – also ein Experte sein – und dabei aber offen dafür bleiben, sich gegebenenfalls in neue Wissensgebiete zu vertiefen, um dort auch wiederum eine gewisse Meisterschaft zu entwickeln (Senge). Mit dem Ende des Wissen monopolisierenden, individualistischen Einzelkämpfers verlagert sich der Schwerpunkt des Wissensmanagements auf die Fähigkeit einer Organisation, verstreute Wissenspotentiale immer wieder aufs Neue in kreativer Weise zu verknüpfen und damit nicht nur ungewöhnliche Problemlösungen anzustoßen, sondern gleichzeitig auch neues Wissen zu generieren. So schmerzlich es für viele auch sein mag, in der Zwischenzeit ist es evident geworden, daß die Erhöhung der Veränderungsgeschwindigkeit im Umfeld von Organisationen zur Bewältigung von Aufgaben den Aufmerksamkeitsfokus von der Pflege altbewährten auf die Erzeugung neuen Wissens legt. Hier tun sich natürlich all jene Organisationen besonders schwer, die bislang ihre Identität überwiegend aus der Pflege tradierter Wissensbestände gewonnen haben. Wenn es hingegen in Zukunft auf ein höheres Maß an eigener Irritierbarkeit ankommt, dann wird der produktive Umgang mit der Differenz Wissen und Nichtwissen beziehungsweise mit der Option Lernen oder Nichtlernen an Bedeutung gewinnen. „Wissensmanagement ist deshalb in erster Linie die Herstellung einer produktiven Beziehung zwischen externen Ereignissen und internen Strategien der Selbststeuerung und Selbstrealisierung unter dem Leitgedanken einer Verbesserung der Kapazität für die Verarbeitung externer und interner Komplexität." (Willke 1996).

Im Vorangegangenen wurden einige Trends beschrieben, in welche Richtung sich komplexe Organisationen zur Zeit weiterentwickeln und verändern. Gemeinsam ist diesen Richtungen, daß sie die kulturell tiefverwurzelte Selbstverständlichkeit hierarchischer Koordinations- und Steuerungsmuster auflösen. Der Wegfall dieser in der Vergangenheit ungemein entlastenden Mechanismen erzeugt heute vielfach Folgeprobleme in Form von Überforderungssymptomen sowohl auf der Ebene der handelnden Personen als auch im Leistungsverhalten ganzer Einheiten. In den meisten Fällen verfügen wir noch nicht über ausreichende Erfahrungen, Routinen und Strukturen, um mit diesem veränderten Steuerungsbedarf adäquat fertig zu werden.

# Der Umbau von strikter auf lose Koppelung in der Selbststeuerung komplexer Organisationen

Karl Weick hat vor mehr als zwei Jahrzehnten zur Kennzeichnung von Organisationen des Erziehungssystems (zum Beispiel Schulen und Universitäten) den Begriff des „loosely coupled system" geprägt (ders. 1976). Gemeint ist damit der Umstand, daß das Gesamtsystem aus Subsystemen besteht, die im Prozeß der Leistungserbringung eine ganz ähnliche Funktion erfüllen (etwa Schulklassen) und die untereinander relativ wenig wechselseitige Abhängigkeit aufweisen. In solchen Organisationen entwickeln die Subsysteme eine hohe Eigenständigkeit in der Definition und Verfolgung ihrer Ziele und Aufgabenstellungen. Sie bilden dafür ihre spezifischen Routinen aus, mit deren Hilfe sie die anstehenden Probleme bewältigen, und sie bringen jene Strukturen hervor, die sich für die Reproduktion dieses „Eigensinn" eignen. Die realen Einflußchancen aus der Perspektive des Gesamtsystems sind daher entsprechend gering. Demgegenüber bestand lange Zeit die Vorstellung von strikter Koppelung, wenn eine Organisation in ihren Kernprozessen der Leistungserbringung auf „basale Technologien" zurückgreifen kann, beziehungsweise glaubt, dies tun zu können. Mit Technik ist hier die „feste Kopplung von kausalen Elementen" gemeint (Luhmann 1995). In der Praxis konnte man diese Organisationsvorstellung überall dort antreffen, wo entweder ein hoher Grad der Technisierung das Arbeitsgeschehen prägte (wie etwa in der Automobilindustrie) oder wo man über strenge bürokratische Regeln glaubte, einen ununterbrochenen Weisungszusammenhang von der Spitze bis zu den Ausführenden an der Basis herstellen zu können (vergleiche etwa das Selbstverständnis aller staatlichen Bürokratien). Strikte Koppelung geht von der Vorstellung aus, das organisationsinterne Geschehen ließe sich „trivialisieren", das heißt die Steuerung des Ganzen sowie die Koordination der verschiedenen Subeinheiten wären über kausale Wirkungszusammenhänge sicherzustellen (Foerster 1984). Im Grunde genommen hat das Organisationsmodell der klassischen Hierarchie ganz allgemein auf die Grundüberzeugung gebaut, man könne das technische Prinzip der festen Koppelung ohne viel Abstriche auf die Steuerung organisierter Sozialsysteme übertragen. Entsprechend hat die Diskussion um die Möglichkeiten und Grenzen von Führung lange Zeit um diese Trivialisierungsillusionen gekreist (Wimmer 1992).

Die einleitend beschriebenen Umbauprozesse der Organisationsstrukturen von Unternehmen haben in der Zwischenzeit mit dazu beigetragen, sich von den Steuerungsvorstellungen einer strikten Koppelung endgültig zu verabschieden. Die Denkmodelle der klassischen Hierarchie erweisen sich für den Komplexitätsgrad der gegenwärtigen Organisationsverhältnisse als zu vereinfachend. „Eine Organisation ist weder eine Trivialmaschine noch ist sie ein Orga-

nismus" (Luhmann 1995). Organisationen verdanken ihre Fähigkeit, gerade unter schnell wechselnden Umfeldbedingungen für ihr
eigenes Überleben zu sorgen, einem hochkomplexen internen Netz
lose gekoppelter, relativ autonomer Einheiten und nicht einer Technik strikter Koppelung als der vorherrschenden Form der internen
Koordination der Leistungsprozesse. Insofern ist es heute angemessen, das Weick'sche Konzept nicht mehr nur auf ganz bestimmte Organisationsverhältnisse zu beziehen, sondern als jene Beschreibungsform zu nehmen, die am ehesten der heutigen Dynamik in Unternehmen und ihren Steuerungsproblemen gerecht wird (Weick
1982, 1990 und 1995). Lose Koppelung ist ein Wesensmerkmal von
„nontrivial-maschines". Angesichts des Grades an Eigenkomplexität, den sich Unternehmen durch die organisatorischen Umbauprozesse der letzten Jahre eingehandelt haben, gibt es einen
ausreichenden Praxisdruck, diesem Grundgedanken adäquate organisationsinterne Vernetzungsformen folgen zu lassen. Genau an
dieser Stelle bekommt das Team als spezifische Organisationsform
für die Bearbeitung ganz bestimmter Problemstellungen von Organisationen mit loser Koppelung einen gegenüber früher gänzlich
veränderten Stellenwert.

Im Rahmen der klassischen Hierarchie hatten Teams stets einen
kompensatorischen Charakter. Sie kamen zum Einsatz, wenn die Linienorganisation mit ihrer Konzentration auf Routineaufgaben zur
Bearbeitung zeitlich begrenzter, außergewöhnlicher Aufgabenstellungen eine Ergänzung notwendig hatte (etwa in Form einer Projektorganisation).

Im Gegensatz dazu haben sich die gegenwärtigen Organisationsverhältnisse in ihren Funktionserfordernissen so verändert, daß sie nicht
nur in Ausnahmesituationen sondern für ihren Normalbetrieb an
verschiedenen neuralgischen Stellen auf funktionstüchtige Teams
angewiesen sind. Hat man sich früher Teams als Ergänzung zu den
hierarchischen Strukturen, in denen das eigentliche Kerngeschäft erledigt wurde, geleistet – vielfach auch aus primär motivatorischen
Gründen – so ist heute die Arbeitsfähigkeit von Teams zu einem
konstitutiven Erfolgsfaktor für Organisationen geworden. Auf einige dieser Stellen, an denen Organisationen heute in besonderem

Maße funktionsfähige Teamkonstellationen benötigen, sei hier abschließend noch etwas genauer eingegangen.

## Ordnung durch Selbstbindung

Wenn es zutrifft, daß wir es heute in Unternehmen überwiegend mit
polyzentrischen Organisationsverhältnissen zu tun haben, daß wir
dort ein dichtgeknüpftes Netzwerk relativ autonomer Einheiten antreffen, wenn sich im Inneren marktförmige Umgangsformen ein-
spielen, das heißt ein ständiges Balancieren von Kooperation und
Konkurrenz erforderlich wird, dann stellt sich natürlich die Frage,
wie hier noch so etwas wie eine gemeinschaftliche Ausrichtung am
Organisationsganzen möglich ist. Wie kann da eine tragfähige Orientierung an gemeinsamen Zielen entstehen, wenn man das Prinzip
der unternehmerischen Selbstverantwortung dezentraler Einheiten
ernst nimmt? Läßt sich unter diesen Bedingungen überhaupt noch ein
übergeordneter strategischer Rahmen fixieren, der einen Fundus an
verbindlichen Entscheidungsprämissen für das alltägliche Operieren
der Subeinheiten und Funktionsträger bereithält? Welche Verknüp-
fungsstrukturen innerhalb dieses internen Netzes sind denkbar, die es
trotz der wechselseitigen Wettbewerbssituation ermöglichen, die
vorhandenen Synergiepotentiale (etwa in Richtung Ressourcennutzung, gemeinsamen Lernens zur Generierung neuen Wissens, zur ge-
zielteren Marktbearbeitung etc.) voll auszuschöpfen?

Es geht bei dieser Steuerungsaufgabe um eine ausgesprochen heikle
Gratwanderung. Wenn es einerseits das Ziel ist, die dezentrale unternehmerische Verantwortung glaubwürdig abzusichern und andererseits der größere Unternehmenszusammenhang durch die zentrifugalen Kräfte nicht zerstört werden soll, dann gilt es, gemeinsam
akzeptierte Spielregeln zu finden, wie diese autonomen, ihrer eigenen unternehmerischen Logik folgender Einheiten in ganz bestimmten, präzise ausgewählten Hinsichtigen „irritierbar" gehalten
werden können. Der Wegfall der Integrationsfunktion der klassischen Hierarchie macht Abstimmungsmechanismen erforderlich,
die sicherstellen, daß sich diese autonomen Einheiten in gewissen

Punkten weder dem Einfluß eines horizontalen Netzes noch dem der
übergeordneten Ebenen entziehen können. „Letztlich geht es dabei
um eine Paradoxie, wenn man so will, nämlich um die Konditionierung von Autonomie" (Baecker 1994).

In der Bewältigung dieser Paradoxie liegt heute die zentrale Herausforderung, wenn es um die Steuerung netzwerkförmiger Binnenstrukturen von Organisationen geht. Es ist die Kernthese dieser Arbeit, daß wir für die erfolgreiche Handhabung dieses neuartigen
Steuerungsproblems auf funktionsfähige Führungsteams angewiesen sind, die in ihren Problemlösungs- und Entscheidungsprozessen
sowohl die horizontale Verknüpfung der betroffenen Organisationseinheiten untereinander wie auch die Abstimmung zwischen den
Hierarchieebenen leisten. Nur in solchen Teams kann der angesprochene Konditionierungsprozeß konstruktiv bewältigt werden. Diese
Aufgabe braucht einen sozialen Ort, an dem sowohl der Respekt vor
der Autonomie, vor der Eigenverantwortung wie auch das Problem
des wechselseitigen Aufeinander angewiesenseins zur Austragung
kommen können. Voraussetzung dafür ist die klare Benennung der
übergreifenden Berührungspunkte und das Bereitstellen geeigneter
Kommunikationsstrukturen, in denen die erforderlichen Aushandlungsprozesse immer wieder von neuem stattfinden können.

Je komplexer soziale Systeme werden, um so mehr Sinndimensio-
nen gilt es intern zu unterscheiden. Jedes autonome Subsystem entwickelt seinen „Eigensinn" in Auseinandersetzung mit seinen
jeweiligen Umwelten und orientiert sich primär an den eigenen zentralen Lebensfragen. Mit diesemVerselbständigungsprozeß einzelner Einheiten nehmen also die internen Verständigungsprobleme
insgesamt unweigerlich zu. Dies läßt den für gelingende Zusammenarbeit erforderlichen Kommunikationsaufwand in einem bislang ungeahnten Ausmaß explodieren. Nicht gerade erleichtert wird
diese Situation durch die Zunahme und Verschärfung der Zielkonflikte, die in solche Organisationsverhältnisse ja gezielt eingebaut
sind. Letzlich liegt ja der tiefere Sinn dieser Steigerung organisationaler Eigenkomplexität im Bearbeitbarmachen vielfältiger Zielkonflikte im Interesse der Überlebensfähigkeit des größeren Ganzen.
Beide hier genannten Trends erfordern die Ausprägung spezialisier-

ter Kommunikationsgelegenheiten, in denen die notwendigen Unterschiede verhandelbar werden, um von Fall zu Fall soetwas wie ein koordiniertes, aufeinander abgestimmtes Verhalten zu ermöglichen. Verfügen Organisationen nicht über derartige Kommunikationsmechanismen, dann ist es unvermeidbar, daß jede Einheit ihre Operationsweise für sich selbst aus ihrer spezifischen Überlebensperspektive heraus optimiert und den dabei vermiedenen Konflikt nach Möglichkeit an andere delegiert.

Sobald sich hierachie- und bereichsübergreifende Führungsteams einmal ein adäquates Funktionsverständnis erarbeitet haben, sind sie hervorragend geeignet, solche das Gesamtinteresse des Unternehmens im Auge habende Optimierungsleistungen zu erbringen. Dies setzt allerdings die gemeinsam gemachte Erfahrung voraus, daß kein Teilbereich „ungestraft" seinen partikulären Vorteil auf Kosten der anderen suchen kann. Führungsteams sind deshalb für diese heikle Steuerungsleistung die probate Organisationsform, weil wir aus Erfahrung wissen, daß insbesondere gut zusammengespielte, arbeitsfähige Gruppen besonders verständigungssensible soziale Systeme sind. Sie schaffen in locker miteinander verknüpften Organisationsverhältnissen jenen Ort, wo für die je individuellen Interessenslage geworben werden kann und gleichzeitig die Chance entsteht, sich zugunsten einer fürs Gesamte besseren Lösung vom ursprünglichen Standpunkt zu lösen. Sollen solche übergreifenden Aushandlungsprozesse zu gemeinsam bindenden Entscheidungen führen, dann sind sie allerdings unweigerlich an eine bestimmte Qualität des Kommunikationsgeschehens gebunden.

Will man erreichen, daß die in solchen Führungsteams gefundenen Entscheidungen in den beteiligten Teilbereichen eine spürbare Orientierungswirkung erlangen, dann verlangt dies konsensorienitierte Entscheidungsprozesse. Man muß sich allerdings im Klaren sein, daß man sich mit dem Konsensprinzip eine Reihe wichtiger Folgekosten einhandelt. Verständigungs- und Aushandlungsbemühungen in Teams nehmen Zeit in Anspruch, auch dann, wenn man davon ausgeht, daß eine Gruppe gelernt hat, mit ihren Differenzen produktiv umzugehen. Konsens stimuliert notwendigerweise Dissens im Vorfeld von Entscheidungsprozessen. Es ist ja die Funktion solcher

Formen der Entscheidungsfindung, daß die relevanten Konflikte vor der Entscheidung hochkommen und zur Qualitätssicherung derselben genutzt werden können. In diesem Sinne fungiert Konsens in sozialen Systemen als gemeinsam getragene Annahme, daß man in der Folge einer Entscheidung von einer gemeinschaftlichen Operationsbasis ausgehen kann. Man kann legitimerweise unterstellen, die vorhandenen Widersprüche seien ausgeräumt, das durch die Entscheidung angestoßene Konfliktpotential war auf dem Tisch, nach der konsensuell gefundenen Entscheidung ziehen alle an einem Strang. Es ist deutlich, welche wichtige Funktion diese „Konsensfiktion" in lose gekoppelten Systemen hat. Sie erschwert ganz erheblich den Dissens im Nachhinein. Wenn er trotzdem auftritt, dann müssen gute Gründe vorliegen, oder man riskiert soziale Auffälligkeit entweder als Person oder als Organisationseinheit. Insofern versorgt sich das System mit Hilfe solcher Abweichungen mit einem dauerhaften Störungspotential, das immer wieder Anlaß gibt zu überprüfen, ob und in welche Richtung korrigierende Entscheidungen erforderlich sind.

Führungsteams sind also der Ort, an dem diesbezügliche Beobachtungen ausgetauscht, zu gemeinsamen Situationseinschätzungen verdichtet und wenn erforderlich, die als sinnvoll erachteten Steuerungskonsequenzen gezogen werden können. Das Problem der Koordination ist in netzförmigen, lose gekoppelten Organisationen offensichtlich nur mehr durch solche leider in sich wiederum relativ störungsanfällige, selbsttragende Abstimmungs- und Integrationsmechanismen zu bewältigen. Gelingt es, solche Strukturen erfolgreich zu etablieren, dann mobilisieren sie nicht nur die vorhandene dezentrale Problemlösungsintelligenz, sie ermöglichen auch so etwas wie Selbstbindung auf dem Weg über Partizipation der Betroffenen an den relevanten Entscheidungsprozessen. Wechselseitige Verbindlichkeit im Sinne von Ordnung und Erwartungssicherheit entsteht und korrigiert sich selbst mit Hilfe solcher Prozesse der Selbstverpflichtung in bereichs- und hierarchieübergreifenden Teams. In ihnen wird jener Entscheidungsbedarf abgearbeitet, der immer wieder von Neuem die Rahmenbedingungen hervorbringt, die das alltägliche Mit- und Gegeneinander in den internen Kunden-

Lieferantenbeziehungen steuern hilft. Dies zeigt aber auch, was Integration in Organisationen mit einer relativ hohen Autonomie der Teilbereiche heißt. Gelingende Integration bedeutet, „die wechselseitige Einschränkung von Freiheitsgraden" der beteiligten Subsysteme (Luhmann 1995). Die Vorteile der Zugehörigkeiten zu einem größeren sozialen Ganzen sind offensichtlich nur über ein gerütteltes Maß an Selbstbegrenzung zu haben. Obwohl dies keineswegs eine neue Erkenntnis darstellt, ist die glaubwürdige Verankerung derselben in heutigen Organisationen doch eine hoch unwahrscheinliche Leistung.

Die bisherigen Überlegungen über die Funktion von Führungsteams in lose gekoppelten Systemen sollen nicht den Eindruck erwecken, daß sich damit die hierarchischen Ebenenunterschiede in Unternehmen auflösen würden. Welcher tiefere Sinn bleibt dieser Differenz auch künftig erhalten? Er fungiert gleichsam als disziplinierende Notbremse, die behilflich sein kann, die in alle konsensorientierten Entscheidungsprozesse eingebaute Möglichkeit der Selbstlähmung zu entblockieren. In der Regel besitzt bereits das Wissen um so eine übergeordnete Entscheidungsinstanz die angesprochene selbstdisziplinierende Wirkung. Dies bedeutet aber auch, daß hierarchische Einzelentscheidungen tatsächlich einen Ausnahmecharakter haben müssen und ihre Rechtfertigung ausschließlich aus einer Zwangslage beziehen können (hoher Zeitdruck oder die Selbstblockade des eigentlich zuständigen Entscheiderteams).

Fehlt ein solcher Begründungszusammenhang in glaubwürdiger Weise, dann unterminieren hierarchische Alleingänge unweigerlich die Arbeitsfähigkeit von Entscheiderteams. Präjudizierende Einzelentscheidungen sind für Teams, die eine gemeinsame Führungsverantwortung tragen immer eine Provokation, es sei den, sie beruhen auf vorausgegangenen Absprachen und gemeinsam getragene Spielregeln. Gelingt es nicht, die mit solchen Provokationen verknüpften Konflikte in konstruktiver Form zu bearbeiten, verlieren solche Teams ihre systemintegrierende Funktion. Mehr noch – sie schlagen in ihr Gegenteil um. Sie werden zum Schauplatz verdeckter Spiele und Machtkämpfe, die dazu dienen, den Einfluß der anderen auf die eigene Person beziehungsweise die eigene Einheit möglichst zu begrenzen. In Systemen mit netzwerkförmigen Binnenstrukturen beschleunigt ein solches Umkippen die zentrifugalen Tendenzen und bindet enorme Energien in die Absicherung einmal gewonnener Autonomiespielräume. Diese Zusammenhänge zeigen, wie sehr sich heute komplexe Organisationen durch den Zwang zur unternehmerischen Dezentralisierung in ihrer Überlebenssicherung von der Funktionstüchtigkeit ihrer Führungsstrukturen und hier insbesondere von der Arbeitsfähigkeit der Entscheiderteams auf den verschiedenen Ebenen abhängig gemacht haben. Diese neuartige Abhängigkeit läßt sich noch weiter verdeutlichen, wenn man einen Blick auf den Funktionswandel von Autorität wirft, der vorbereitet durch die gesamtgesellschaftliche Entwicklung durch die fundamentalen Umwälzungen in unseren Organisationen enorm beschleunigt worden ist.

# Wie bewältigen wir die neuen Kommunikationsanforderungen in Organisationen?

Die klassische Hierarchie war in ihrer Funktionsweise stets auf die breite Akzeptanz eines bestimmten Autoritätsverständnisses angewiesen. Dieses überkommene Verständnis zielte darauf ab, bedeutsame Kommunikationsereignisse in einem bestimmten sozialen Kontext (etwa in der Familie, in einer Abteilung, in einer ganzen Organisation), fraglos zu stellen, das heißt für die dahinterliegenden Annahmen und Implikationen Sicherheit und Akzeptanz bei den Betroffenen zu gewährleisten, ohne daß sie am Gedankengang beziehungsweise am Entscheidungsprozeß selbst beteiligt gewesen wären. Man unterstellt im alltäglichen Umgang miteinander, daß eine mit Autorität versehene Kommunikation erläutert und begründet werden könnte, und daß gerade deshalb die Auseinandersetzung darüber unterbleiben kann. Die Zuschreibung von Autorität in Kommunikationssituationen geht davon aus, daß die Adressaten dieser Zuschreibung die Verantwortlichkeit fürs jeweilige Ganze und die Geprüftheit des erforderlichen Wissens in ihrer Person vereinigen. Die zentrale Funktion dieses Verständnisses von Autorität war es demnach,

Unsicherheit bewältigbar zu machen und gleichzeitig möglicherweise heikle Kommunikationsprozesse zu vermeiden. „In diesem traditionellen Verständnis werden Unterschiede im Prozeß der Unsicherheitsabsorbtion als Unterschiede der Autorität beschrieben. Mit der Inanspruchnahme von Autorität bezieht sich der Kommunikationsprozeß auf sich selber. Es wird unterstellt, daß die Entscheidung bei Rückfrage durch Rückgriff auf ihre Informationsquellen und ihre Schlußfolgerungen so gut begründet werden könnte, daß sie einleuchtet, aber eben deshalb kann man sich die Rückfrage auch ersparen und sie durch Kredit, eben durch Autorität er setzen. Als Autorität bezeichnen wir also nicht die besondere Fähigkeit einer charismatischen oder ausdruckgewandten Persönlichkeit, sondern eine den Kommunikationsprozeß abkürzende Unterstellung, die sehr verschiedene Gründe haben kann." (Luhmann 1995). Funktioniert hat diese Unterstellung lange Zeit durch diebesondere Betonung sowohl von Rangunterschieden, als auch von Unterschieden bezogen auf die fachliche Expertise. Deswegen präferieren Organisationen, die nach wie vor auf die Prinzipien der klassischen Hierarchie großen Wert legen, in der Besetzung ihrer Führungspositionen ganz bestimmte Selektionskriterien (männlich, akademischer Abschluß, langjährige Erfahrung, aus gutem Hause), auch wenn das im offiziellen Sprachgebrauch nicht mehr so deutlich gesagt wird.

Wir gehen davon aus, daß der Umbau von Organisationen in Richtung loser Koppelung und netzwerkförmiger Binnenstrukturen diesem traditionellen Autoritätsverständnis seinen funktionalen Boden entzogen hat. Beschleunigt wird dieser Erosionsprozeß von hierarchiestützender Autorität durch eine Reihe gesamtgesellschaftlicher Veränderungsprozesse, die es Organisationen immer schwerer machen, an den überkommenen Vorstellungen festzuhalten. „Diese Veränderungen betreffen einerseits die Disziplinierung von Kommunikation durch Schichtung, ferner die Relevanz von formaler Ausbildung für den Arbeitsplatz und schließlich einen Faktor, den man die Verfallszeit von Erfahrung nennen könnte. Die Möglichkeiten, sich in der Kommunikation auf Erfahrung zu berufen und sich damit weitere Argumente zu ersparen, nehmen deutlich ab." (Luhmann 1995).

Beim heutigen Grad an Eigenkomplexität in Organisationen zerbricht die klassische Einheit von Verantwortung fürs Ganze und fachlicher Expertise. Mit der Zunahme der Zone des Nichtwissens, also von Entscheidungen, die bei einem hohen Grad an Unsicherheit und Intransparenz gefällt werden müssen und deshalb eine Umstellung von Sicherheit auf Möglichkeiten der Risikoübernahme erforderlich machen, ist das bloße Zurückgreifen auf formale Autoritätsquellen dysfunktionional geworden.

Dieser Rückgriff kann bei den heutigen Organisationsverhältnissen weder die erforderlichen sachliche Qualität von Entscheidungen gewährleisten, noch ist er in der Lage, angesichts des hohen Autonomiegrades der beteiligten Einheiten die notwendige Akzeptanz und Verbindlichkeitswirkung zu erzeugen. Wir müssen zur Kenntnis nehmen, „daß die Hierarchie nicht mehr als zweifelfreier Autoritätslieferant funktioniert." (Baecker 1997). Denn genau ihre bisherigen Stärke, Kommunikation zu vermeiden und Konflikte zu unterdrücken, ist heute zum zentralen Problem geworden. „In modernen Unternehmen funktioniert nichts mehr ohne Rückfrage; denn prinzipiell ist jeder Mitarbeiter in einer Position, die ihn zum Experten eines hochempfindlichen Zwischenschritts der Arbeitsteilung macht und daher bei jeder halbwegs anspruchsvollen Aufgabe zur Rückfrage zwingt." (Baecker 1997). Damit bekommt Führung eine andere Funktion und die Zuschreibung von Autorität speist sich aus ganz neuen Quellen.

In lose gekoppelten Systemen, die in ihrer Funktionsweise auf ein intensives Miteinander der jeweiligen Einheiten angewiesen sind, ist die Bewältigung des enorm gestiegenen Kommunikationsaufwandes zum zentralen Engpaß geworden. Im Management dieses Engpasses liegt heute einer der wichtigsten Beiträge, den Führung zur Wertschöpfung eines Unternehmens leistet. Neben der Entwicklung der technologischen Voraussetzungen und der konsequenten Nutzung ihrer heutigen Möglichkeiten für das unternehmensinterne Kommunikationsgeschehen ist die Sorge um die Funktionstüchtigkeit von Teams hier ins Zentrum gerückt. Teams sind heute in der Regel an überlebenswichtigen Knoten der Leistungsprozesse eines Unternehmens angesiedelt. In ihnen wird ein Großteil des heikleren und emotional sensibleren Kommunikationsaufwandes einer Organisation abgearbeitet. Treten gerade an diesen Knoten und Verknüpfungspunkten massive Störungen auf, dann kann das die Überlebensfähigkeit einer Organisation nachhaltig berühren.

Wir wissen, daß es für die Handlungsfähigkeit eines sozialen Systems ganz wesentlich ist, daß die anfallenden Entscheidungslasten, die Entscheidungskompetenzen und die Kommunikationswege, die dafür zur Verfügung stehen, möglichst zusammenpassen. Ist dies nicht der Fall, kommt es zu Selbstüberforderungen und entsprechenden Abwehrreaktionen. Organisationen tun gut daran, über eine ausreichend große Variation von Mustern der Entscheidungsfindung zu verfügen, je nachdem was Gegenstand der Entscheidungsfindung ist: ob Routinefall, Krisensituation, Fragen der Strategie und Zukunftsbewältigung, Investitionsentscheidungen, Organisationsveränderung, wichtige Personalentscheidungen etc. Führung bewährt sich in diesem Zusammenhang vor allem dadurch, für die Bearbeitung solcher Fragen problemadäquate Vorgehensweisen zu wählen und für die Qualität des dafür erforderlichen Kommunikationsgeschehens zu sorgen.

Dazu zählt auch die Kunst zu wissen, für welche Themen die aufwendige und gleichzeitig sehr störungsanfällige Organisationsform der Teamarbeit geeignet und unerläßlich ist und für welche nicht. Autorität gewinnt man unter diesen Bedingungen nicht mehr durch die Vermeidung von Kommunikation sondern durch eine professionelle Steuerung des heute ungleich intensiver gewordenen Kommunikationsgeschehens. Wenn man unter Autorität „die Fähigkeit zur Vermehrung, zum Wachsenlassen(augere) der Überzeugungsgrundlagen in der Kommunikation" (Luhmann 1992) versteht , dann verlagert sich die Quelle dafür unter denheutigen Organisationsverhältnissen in Richtung Prozeßkompetenz und Prozeßwissen. Wer heute in der Lage ist, sich selbst inhaltlich befragbar zu machen und den zunehmenden Kommunikationsbedarf ziel- und ergebnisorientiert zu bewältigen und gleichzeitig die beteiligten Kommunikationspartner in ihrer Energie und Eigenverantwortung zu mobilisieren, der muß nicht um seine Einflußposition fürchten. Es ist zur Zeit gut beobachtbar, wie sich bei allen Rückschlägen und Konflikten das

Autoritätsverständnis in netzwerkförmigen Strukturen verändert und sich den für die Operationsweise arbeitsffahiger Gruppen annähert. Damit beginnt sich der alte Konflikt zwischen Gruppe und Organisation (ist gleich Hierarchie) zumindest in diesem Punkt deutlich zu entschärfen, weil erkannt wird, daß sich Teams in der Zwischenzeit zu konstitutiven Strukturelementen in der Architektur komplexer Organisationen gewandelt haben.

Ähnlich wie für die Frage der Koordination relativ autonomer Subeinheiten ließe sich auch für die Erledigung komplexer Kundenaufträge, für die Entwicklung neuer Produkte, für die Frage des bereichsübergreifenden Lernens, für die Überwindung der negativen Folgekosten einer tayloristischen Arbeitsorganisation etc. zeigen, daß die Arbeit in Teams zur unabdingbaren Voraussetzung für das erfolgreiche Agieren von Organisationen geworden ist. Die Einsicht in dieses Strukturerfordernis verbreitet sich zusehens. In der Fähigkeit, sie im Organisationsalltag auch praktisch umzusetzen, da stehen wir vielfach erst am Beginn.

*Literatur*

Baecker, D (1997): Es gibt immer noch Bedarf an Unternehmenskultur. Unveröffentlichtes. Manuskript,Witten - Herdecke, S. 3.

Baecker, D. (1994): Experiment Organisation. In: Lettre international, Frühjahr, S. 22–26.

Baecker, D. (1994): Posttheoretisches Management. Ein Vademecum. Berlin: Merve.

Beck, U. (1997): Die neue Macht der multinationalen Unternehmen. In: Frankfurter Rundschau vom 9.1.1997, S.12.

Doppler, K. (1992): Kommunikation als Schlüsselfaktor der Unternehmensentwicklung, Organisationsentwicklung, Heft 3, S. 40–56.

Doppler, K. (1996): Lauterburg Ch.: Change Management. Den Unternehmenswandel gestalten. 4. Aufl. Frankfurt a. M.:Campus.

Foerster, H.v. (1993): Kybern Ethik. Berlin: Merve.

Foerster, H.v. (1984): Principles of Self-Organization – In a Socio-Managerial Context. In: H. Ulrich, G.J.B. Probst (Hrsg): Self-Organization and Management of Social Systems. Berlin -Heidelberg, S. 12–24.

Hackmann, J.R. (1990): Creating More Effective, Work Groups in Organizations. In: ders./Hrsg.: Groups That Work(and Those That Don't):

Creating Conditions für Effective Teamwork, San Francisco, S. 479–504 (Jossey – Bass).

Hamel, G., C.K. Prahalad (1995): Wettlauf um die Zukunft. Wien: Überreuter.

Hamel, G., C.K. Prahalad (1995): Die Zukunft gestalten – schon heute. In: Harvard Business manager, Heft 1, S. 36–42.

Heintel, P. (1995): Teamentwicklung. In: B. Voß (Hrsg.): Kommunikations und Verhaltenstrainings, Göttingen, S. 193–205.

Kanter, M.R. (1995): Unternehmenspartenerschaften: Langsam zueinanderfinden. In: Harvard Business manager, Heft 2, S. 33–43.

Krainz, E. (1995): Steuern von Gruppen. In: B. Voß (Hrsg.): Kommunikations- und Verhaltenstraining, Göttingen, S. 206–220.

Luhmann, N (1995): Entscheidungen in Organisationen, unveröffentlichtes. Manuskript, Bielefeld.

Luhmann, N (1992): Beobachtungen der Moderne. Opladen: Westdeutscher Verlag.

Luhmann, N. (1990): Haltlose Komplexität. In: ders., Soziologische Aufklärung 5; S. 59–76. Opladen: Westdeutscher Verlag.

Manz, Ch.C., H.P. Sims (1993): Business without Bosses: How Self-Managing Teams are BuildingHigh-Performing Companies, New York/Chichester.

Martin H.-P., H. Schuhmann (1996): Die Globalisierungsfalle. Der Angriff auf Demokratie und Wohlstand, Reinbeck bei Hamburg: Rowohlt.

Nalebuff, B., A. Brandenburger (1996): Coopetition – kooperativ kokurrieren: Mit der Spieltheoriezum Unternehmenserfolg, Frankfurt: Campus.

Orton, J.D., K.E. Weick (1990): Loosely Compled Systems: A Reconceptualization. In: Academy of Management Review 15, S. 203–223.

Osterloh, M. (1996): Prozeßmanagement als Kernkompetenz, Wiesbaden: Gabler.

Quinn, J.B.(1992): Intelligent Enterprise. A Knowledge and Service Based Paradigm for Industry, NewYork/London.

Senge, P. M.(1996): Die fünfte Disziplin. Stuttgart: Klett.

Schwarz, G., P. Heintel, M. Weyrer, H. Stattler (Hrsg) (1993): Gruppendynamik. Geschichte und Zukunft. Festschrift für Trautgott Lindner, Wien: Überreuter.

Voigt, B. (1993): Team undTeamentwicklung. In: Organisationsentwicklung Heft 3, S. 34–49.

Weick, K. E. (1985): Der Prozeß des Organisierens. Frankfurt a. M.: Suhrkamp.

Weick, K. E. (1982): Management of Organizational Change Among Loosely Coupled Elements. In: Paul S. Goodmanand Associates (Hrsg.), Change in Organizations: New Perspectives on Theory, Research and Practice, S. 375–408. San Francisco.

Weick, K. E. (1976): Educational Organisations as Loosely coupled systems. In: Administrative ScienceQuaterly 21, S. 1–19.

Weick, K.E. (1995): Sensemaking in Organizations, Thousand Oaks California.

Willke, H. (1995): Systemtheorie III: Steuerungstheorie. Grundzüge einer Theorie der Steuerung komplexer Sozialsysteme, Stuttgart.

Wilke, H. (1996): Dimensionendes Wissensmanagement – Zum Zusammenhang von gesellschaftlicher und organisationaler Wissensbasis. In: G. Schreyogg, P. Conrad (Hrsg.): Wissensmanagement; Managementforschung Band 6, S. 263–304, Berlin, New York.

Wilke, H. (1997): Wissensarbeit. In: Organisationsentwicklung, Heft 3.

Wimmer, R. (1992): Die Steuerung komplexer Organisationen. Ein Reformulierungsversuch der Führungsproblematik aus systemischer Sicht. In: K. Sandner (Hrsg.): Politische Prozesse in Unternehmen, S. 131–156. Heidelberg: Physica.

Wimmer, R. (1995): Die permanente Revolution. Aktuelle Trends in der Gestaltung von Organisationen. In: R. Grossmann u.a. (Hrsg): Veränderung in Organisationen, S. 21–41. Wiesbaden: Gabler.

Wimmer, R., E. Domayer, M. Oswald, G. Vater (1996): Familienunternehmen – Auslaufmodell oder Erfolgstyp?Wiesbaden: Gabler.

Wimmer, R (1996): Die Zukunft von Führung. In: Zeitschrift für Organisationsentwicklung Heft 4, S. 46–57.

Womack, J.P., D.T. Jones , D. Roos (1990): The Maschine That Changed The World. New York: Maxwell Macmillan.

# 3. Kapitel

## Komplexitätsmanagement und Netzwerke

*Netzwerke und Komplexität benötigen einander. Wo andere Herangehensweisen wie das Projekt- oder Lean Management zu kurz greifen, können Netzwerke wirksam werden. Ihre Funktionsweise verlangt jedoch ein besonderes Verständnis, denn Netzwerke sind weder Gruppen noch Projekte, noch Organisationen. Und nicht alles, was irgendwie zusammenhängt, muß gleich ein Netzwerk sein. Die Netzwerkarbeit ist eine geeignete Form im Umgang mit komplexen Arbeitsabläufen. Andererseits steigert die Organisationsform des Netzwerkes aber auch die zu handhabende Komplexität. Es entsteht eine Art Netzwerkkomplexität.*

# Komplexe Projekte

*von Frank Boos und Alexander Doujak*

## Ein Alptraum

Es geschieht in den ersten Tagen des neuen Geschäftsjahres – der Alptraum eines jeden Managers: Ein Chemieunternehmen hat seine Software umgestellt und statt vieler Insellösungen eine integrierte Gesamtlösung installiert. Doch als der Echtbetrieb startet, bringt die EDV nichts Brauchbares hervor: Wochen-, ja teilweise monatelang sind weder Einkaufspreise noch Mengen, Kosten, Umsatzerlöse und so weiter zu erhalten. Mit jeder Fehlerbehebung stößt man auf neue Ungereimtheiten und das Fehlerprotokoll wird immer länger statt kürzer. Die Hotline läuft heiß, und im EDV-Center geben sich Mitarbeiter, Manager und Berater die Klinke in die Hand. Das Unternehmen scheint unsteuerbar im Blindflug dahinzugleiten.

Was ist geschehen? Trotz mehrjähriger Vorbereitung von Seiten einer eigens dafür eingesetzten Projektgruppe unter einem fachkundigen Leiter, trotz Besuchen bei Referenzkunden, trotz des gezielt strukturierten Softwarepakets – inklusive -tests und -adaptionen und Unterstützung durch die Lieferfirma –, stellt sich heraus, daß die versprochene Integration der verschiedenen Module (Einkauf, Produktion, Finanzbuchhaltung und so weiter) nicht funktioniert.

Die Daten werden nicht reibungslos in ein anderes Modul übernommen, sondern verändert, sodaß man jedem einzelnen Geschäftsfall nachgehen muß, um die Stelle, wo die Veränderung stattfindet, zu finden. Ein Berg von Problemen häuft sich an. Auch der Softwarelieferant ist von der Komplexität der vielen Einzel- und Sonderfälle des Chemieunternehmens überrascht: Statt ein Unternehmen mit bestimmten Regeln vor sich zu haben, stößt er auf 17 Betriebe und Bereiche mit jeweils maßgeschneiderten Abläufen – ein Labyrinth von Regeln und Prozeduren, das ein Außenstehender nicht durchblicken kann.

Lassen Sie uns einen Moment innehalten und überlegen, welche Optionen es gäbe, um in dieser Krise zu reagieren. Eine gängige Form ist die hierarchische Variante: Der Vorstand zieht alle Kompetenzen an sich – ohne seine Entscheidung passiert nichts mehr. Er zieht gegebenenfalls noch einige wenige Vertraute zu Entscheidungen heran und zentralisiert die Kommunikation. Diese Variante scheidet richtigerweise aus, da der Vorstand nicht über das dafür erforderliche Fachwissen verfügt und den Beteuerungen der Experten Glauben schenkt, die versichern, sie würden das schon wieder in den Griff bekommen. Eine andere Option wäre es, ein Projekt- oder Krisenmanagement zu installieren. Das heißt, den Lenkungsausschuß (Vorstand plus die wichtigsten Bereichsleiter) dazu zu aktivieren, innerhalb des Projekts klare Prioritäten zu setzen, um mit Hilfe von Projektmanagementmethoden wieder Herr der Situation zu werden. Zu diesem Schritt kommt es aus internen Gründen erst nach einigen Wochen.

Inzwischen wird das Netzwerk aktiv. Mitarbeiter, Teilprojektleiter, EDV-Mitarbeiter, externe Berater, der Projektleiter und Führungskräfte beginnen wie wild an den unterschiedlichsten Problemstellungen zu arbeiten. 12 und 14-Stunden-Tage sind für viele in dieser Zeit – sechs Wochen ohne Lenkausschuß und ohne Projektteamsitzungen – die Norm. Es gibt nur informelle Kommunikation, spontane Treffen, kurze Telefonate, Zurufe, blindes Verständnis und den gemeinsamen Glauben: Wir kriegen das schon hin!

Bei diesem „Wir" handelt es sich nicht um eine klar abgegrenzte Gruppe, sondern um rund zwei Dutzend Personen, die sich für diese Art der Software und der Projektorganisation und für den Big Bang (die Software nicht modulweise und nacheinander, sondern auf einmal einzuführen) entschlossen haben. Dieses nicht abgrenzbare Netzwerk hat dafür zu sorgen, daß der Big Bang nicht zum Crash führt. Bis zu einem Workshop, auf dem die ganze Entwicklung aufgearbeitet wird, waren diese Personen nie als Gruppe zusammen, daher ist es auch besser, sie als Netzwerk zu bezeichnen. In diesem Netzwerk gibt es trotz des hohen Drucks und der enormen Belastung fast nie Vorwürfe und wechselseitige Schuldzuweisungen, auch dann nicht, als sich herausstellt, wo überall Fehler gemacht wurden.

# Warum Projektmanagement versagen mußte

Die Situation in diesen ersten Wochen der Softwareeinführung waren hoch komplex. Es mußten laufend Entscheidungen gefällt werden, ohne daß jemand deren Folgen voraussehen hätte können. Auf sachliche Inhalte war wenig Verlaß, weil jede Korrektur auf ein Bündel neuer Probleme hinwies. Die geregelte Kommunikation war de facto zusammengebrochen. Und hier griff etwas Unfaßbares: das Netzwerk – ein Gebilde ohne sichtbare Struktur, dessen Sicht und Verständnis des Problems nicht davon abhängt, daß man miteinander darüber spricht.

Ein Gebilde, das einzeln gemeinsam handelt. Netzwerk ist deshalb die zutreffende Bezeichnung, weil man wie eine Gruppe agierte, das heißt mit einem gemeinsamen Verständnis, nur war man nicht zur selben Zeit am selben Ort.

In dieser Situation hätte das klassische Projektmanagement versagt. Projektmanagement braucht Rahmenbedingungen, die in dieser Situation nicht gegeben waren, nämlich: die Abgrenzbarkeit und Planbarkeit der Aufgaben, klar definierte Rollen, Steuerungsfunktionen, einen Anfang und ein Ende. Die Zeit, diese Voraussetzungen zu schaffen, hatte man nicht.

Projektmanagement wirkt im Vergleich zu Netzwerken behäbig, geschlossener und mechanistisch, aber auch robuster, prognostizierbarer und steuerbarer. Das Projektmanagement beruht auf drei Grundpfeilern: einem Set von Planungsinstrumenten, der Nutzung des Gruppenansatzes und der Trennung von Planung und Entscheidung.

• Erstens: Die Planungsinstrumente des Projektmanagements sind vielfältig und wirksam, sie setzen jedoch alle eine zeitliche und inhaltliche Begrenzung der gestellten Aufgabe voraus. Bei nicht eingrenzbaren Aufgaben (zum Beispiel Entwicklungsprozessen wie Kundenorientierung) greifen diese Instrumente ins Leere.

• Zweitens: Zweifellos bewirkt die Gruppenbildung ein höheres Maß an Identifikation und folglich auch an Leistungsfähigkeit bezüglich des Projekts. Doch Gruppen sind größtenteils auf face-to-face-Kommunikation angewiesen. Diese Einschränkung überwinden Netzwerke, weshalb man sie auch als eine Weiterentwicklung der Gruppe ansehen kann.

- Drittens: Projektmanagement ermöglicht und fördert die Trennung von Macht (Verfügung über Ressourcen), Wissen (Verfügung über Know-how) und sozialer Kompetenz (Verfügung über Beziehungen). Netzwerke hingegen erfordern die Integration dieser drei „Kapitalformen" (Bourdieux): des ökonomischen Kapitals, des Wissenskapitals und des Sozialkapitals. Ein Netzwerk muß über diese Kapitalformen verfügen, und die Netzwerkpartner müssen jeweils über zumindest eine dieser Ressourcen verfügen, um für das Netzwerk attraktiv zu sein.

Gegenüberstellungen dieser Art müssen – angesichts der fließenden Übergänge in der Praxis – plakativ wirken: Viele erfolgreiche Projekte bedienen sich der Netzwerke, und viele erfolgreiche Netzwerke benutzen Projekte. Dies wird besonders deutlich im Bereich von Forschungs- und Entwicklungsprozessen internationaler Unternehmen, in die viele Beteiligte standortunabhängig und anlaßbezo-

---

*Eine Gegenüberstellung*

| Projekte | Netzwerke |
|---|---|
| stabile Rahmenbedingungen ←→ | instabile Rahmenbedingungen |
| Abgrenzbarkeit der Aufgaben- ←→ inhalte (Anfang und Ende) | offene Aufgaben (fuzzy tasks) |
| Planbarkeit und Kontrolle ←→ | Offenheit und Vertrauen |
| Entscheidungsvorbereitung, ←→ Entscheidung, Umsetzung | Entscheidungen passieren (oder auch nicht) |
| klare Verantwortung ←→ | diffuse Verantwortung |
| Methodenstandards ←→ | Methodenvielfalt |
| Steuerung ←→ | Selbststeuerung |
| Interaktion auf Basis von ←→ Vereinbarungen und Verträgen | Interaktion auf Basis von Geben und Nehmen |
| Steuerungsgrößen: Zeit, ←→ Ressourcen, Ziele | Steuerungsgrößen: Beziehungskapital, gemeinsame Vision, aktueller Anlaß |

*Abbildung 6:* Eine Gegenüberstellung von Projekten und Netzwerken

gen eingebunden sind. Einerseits findet in diesem Kontext ein Übergang von traditionellen Projektorganisationen zu Netzwerkstrukturen statt. Andererseits werden daraus entstehende, sich weiterent-
wickelnde Netzwerke für neue Projekte benutzt (Abbildung 6).

Im Zuge unserer Auseinandersetzung mit diesem Thema sind wir jedoch im Gegensatz zu unserer früheren Auffassung zu der Ansicht
(Boos, Boos/Doujak) gelangt: Es gibt kein systemisches Projektmanagement. Früher sind wir von der Annahme ausgegangen, daß
das Projektmanagement aus seiner technisch-betriebswirtschaftli-
chen Umklammerung gelöst werden und zu einem systemischen
Projektmanagement weiterentwickelt werden könne. Instrumente
wie die Projektumfeldanalyse schienen uns dafür geeignete Mittel
zu sein. Auch heute noch sind dies sinnvolle Erweiterungen des In-
strumentariums, was allerdings nichts am mechanistischen Charakter des Projektmanagements ändert.

Projektmanagement bleibt ein hilfreicher Ansatz für die Bewältigung von neuartigen Aufgaben, für die in der Stammorganisation
keine Routineabläufe vorgesehen sind. Projektmanagement hilft,
diese Aufgaben zielgerichtet und effizient zu erledigen und gibt dem
Management die Chance, an wichtigen Eckpunkten einzugreifen.
Die Kontrolle wird letztlich nicht aus der Hand gegeben. Dies gilt
auch für sogenannte Projektnetzwerke. Diese stellen oftmals den
Versuch dar, die Vielzahl der parallel ablaufenden Projekte zu koordinieren, eine (scheinbare) Übersicht über das Projektdickicht zu
bekommen, um dann die Ressourcen im Gesamtsystem besser verteilen zu können. Doch dieser Ansatz setzt nur die Projektmanage-
ment-Logik der Zentralisierung von Information und (Ressourcen)
Entscheidungen fort.

Was für das Projektmanagement die Stammorganisation bedeutet
(Routine, Kontrolle und Einengung), stellt für die Netzwerke das
Projektmanagement dar. Unternehmen, die heute dabei sind, Netzwerke aufzubauen, erleben vergleichbare Reaktionen und Widerstände wie vor zehn Jahren bei der Einführung von Projektmanagement. Wie damals kostet es vor allem Mühe, das (Top)Management
zu gewinnen; je tiefer man in der Hierarchie und je näher man an das

Fach-Know-how kommt, desto schneller kommt die Zustimmung zur Netzwerkarbeit. Ist das Projektmanagement eine Irritation für die Hierarchie, da es die Macht- und Entscheidungslinien durchkreuzt, so sind Netzwerke eine Zumutung: Sie sind sich praktisch durch Hierarchie nicht mehr beeinflußbar und versprechen auch nicht verläßlich die Lieferung von Ergebnissen. In anderen Worten: Netzwerke sind eine Weiterentwicklung des Projektmanagements.

Zusammenfassend ist zu sagen, daß die Stammorganisation (Hierarchie) sich für vorhersehbare und zuordenbare Probleme bewährt hat. Das Projektmanagement ist das geeignete Instrument für neuartige, identifizierbare und abgrenzbare Aufgabenstellungen, wobei der Anspruch, das Instrument für jede Art von Veränderungsvorhaben zu sein, sich als zu hoch herausgestellt hat. Netzwerke schließlich erweisen sich bei unvorhergesehenen und nicht ausgegorenen Problemen – also sozusagen im Experimentierstadium – als besonders funktional.

## Alles spricht heute für Netzwerke

Netzwerke sind Risikoorganisationen in doppeltem Sinn. Sie sind sehr funktional in Situationen hohen Risikos, insbesondere, wenn es um Übergänge geht: beim plötzlichen Jobwechsel, beim Entwickeln neuer Produkte, bei der Umstellung auf eine neue Organisation. Das Netzwerk in unserem Eingangsbeispiel stellte seine Funktionalität durch die hohe Flexilitätund Einsatzbereitschaft der Beteiligten unter Beweis. Netzwerke sind aber auch riskante Organisationen, weil sie nicht verläßlich Ergebnisse liefern. Niemand würde sich gerne von einem Netzwerk das Gehalt auszahlen lassen.

Auch in dem Beispiel des Chemieunternehmens ist es nicht sinnvoll über die akute Notsituation hinaus dem Netzwerk etwa alle EDV-Agenden anzuvertrauen. Netzwerke räumen viel individuellen Gestaltungsspielraum ein, bieten aber wenig Sicherheit für den einzelnen und für das Netzwerk als Ganzes. Hierarchien hingegen bieten Sicherheit, allerdings zum Preis eingeschränkter Autonomie. In der Praxis erscheint die Kombination von Hierarchie- und Netzwerkelementen so attraktiv, da man erhofft, so die als negativ erlebten Seiten beider Strukturen umgehen zu können.

„Netzwerk" ist eine beliebte, oft mißbrauchte oder mißverstandene Metapher. Alles, was irgendwie zusammenhängen könnte, aber darüber hinaus nicht faßbar ist, wird als Netzwerk gedeutet. Das ist irreführend und wenig hilfreich, da so eine Art Sammelbegriff für unerfüllte Hoffnungen und Phantasien entsteht.

Man kann sich ein Netzwerk als Börse vorstellen, wo gehandelt und gefeilscht, versprochen und vorgetäuscht, angeboten und abgewogen wird. Investierte Energie, Zeit, Informationsweitergabe oder Beziehungsarbeit wird stets gemessen am potentiellen Nutzen aus diesen Transaktionen. Das schnelle Reagieren, der Freiraum und die Eigenverantwortlichkeit der einzelnen auf der Basis eines gemeinsamen Verständnisses prädestinieren Netzwerke für den Umgang mit Komplexität.

Es sind heute gute Zeiten für Netzwerke. Das Komplexitätsgefühl steigt. Es gibt Informationsüberflutung und -mangel zugleich: Bedeutsames findet sich mitten unter lauter Belanglosigkeiten. Es bedarf speziellen Wissens, um sich hier orientieren zu können. Dies sind Voraussetzungen, in denen Netzwerke prächtig gedeihen. Informationen, Beziehungen und Optionen auf Informationen und Beziehungen sind die Produkte, die auf dieser Börse gehandelt werden. Wer diese Produkte zu bieten hat, wird attraktiv für das Netzwerk und ist am Handel beteiligt. Netzwerker sind die (Einzel-)Unternehmer an dieser Informationsbörse, für die die Begriffe Unsicherheit, Risiko und Verunsicherung nicht nur negativ besetzt sondern auch Ausdruck für Freiraum und Gestaltungsmöglichkeit sind. Netzwerke (und mit dieser Behauptung unterscheiden wir uns von anderen Ansätzen – auch in diesem Buch) leben von Personen und deren Beziehungsmanagement. Netzwerke von Organisationen oder Institutionen gibt es nicht, es sind die Personen, die als Mitglieder sozialer Systeme die Netzwerke funktionieren lassen. Nur über Personen kommen die Organisationen ins Spiel.

Gerade weil heute die Bindung an die Organisationen und Institutionen abnimmt, gewinnen Netzwerke an Bedeutung. Die Entwick-

lung zu einer „Multioptionsgesellschaft" (Gross), in der der einzelne sich kaum noch auf seine Abstammung oder seine Zugehörigkeit
zu einer sozialen Einheit berufen kann und damit auch nicht an deren Beschränkungen gebunden ist, eröffnet die Chance der Wahl,
und zwar des Berufs, der Religion, des Lebenspartners oder der politischen Partei. Damit haben wir aber auch den Zwang zur Entscheidung – und selbst der Entschluß, sich (vorerst) nicht zu entscheiden, ist eine solche. Der Entscheidungsdruck und die Fülle von
Optionen wird als Komplexität erlebt, ist aber bloß die Kehrseite der
Flexibilisierung, Deregulierung und Temporalisierung. Beziehungen werden auf Zeit abgeschlossen und beinhalten die Möglichkeit
der Kündigung abgeschlossen.

Nicht in traditionellen Gesellschaften mit starken sozialen Institutionen, Regeln und Familienbanden, sondern in offenen Multiopti-
onsgesellschaften können sich Netzwerke entfalten und werden sie
benötigt. Auf der Ebene von Organisationen gilt ähnliches: Nicht in
geschlossenen, streng hierarchischen Organisationen werden Netzwerke gedeihen, sondern dort, wo die Grenzen durchlässig, die Entscheidungskompetenzen dezentralisiert und Umbruchsituationen
angesagt sind.

Netzwerke sind funktional für turbulente Zustände, sie laden ein
zum Probehandeln und ermöglichen damit, Neues auszutesten ohne
gleich Konsequenzen und Dauerhaftigkeit einzufordern. Man wird
sie vor allem dort finden, wo Organisationen vorwiegend von Informationen und Wissen leben. (Unternehmensberatung, High-Tech-
Forschung, Software-Entwicklung). Die Wissensorganisation – mit
anderen Worten: das intelligente Unternehmen – benötigt Netzwerkstrukturen.

## Was sind soziale Netzwerke?

Wenn soziale Systeme dadurch gekennzeichnet sind, daß sie Grenzen haben und sich ihre Mitglieder von Nichtmitgliedern unterscheiden lassen, dann sind Netzwerke keine sozialen Systeme. Familien haben Mitglieder, Organisationen Mitarbeiter und Staaten

Staatsbürger. Aber in jedem dieser Systeme gibt es Grenzfälle (Tendenz steigend), und diese sorgen für beträchtliche Unruhe: Wer wird (nicht) zum Familienfest eingeladen? Welche Regeln gelten für ständig anwesende Leiharbeitskräfte? Und was ist mit den Ausländern im Inland?

Soziale Systeme benötigen Grenzen, um Identität aufbauen und Sinn stiften zu können. Soziale Netzwerke hingegen zeichnen sich durch ihre Offenheit aus. Das Internet ist ein gutes Beispiel dafür. Unserer Auffassung nach brauchen Netzwerke diese Grenzenlosigkeit, um gut funktionieren zu können – sie leben von der Nichtausschließlichkeit.

Erst das Unterscheidungsmerkmal der Grenzenlosigkeit läßt die Besonderheit der Netzwerke deutlich werden. Zieht man diese Merkmal nicht heran, dann kann man gleich bei den bekannten Begriffen Gruppe, Organisation, Projekt und so weiter bleiben. In der Praxis wird dieser Unterschied häufig übergangen, indem man Netzwerke beim Versuch ihnen mehr Stabilität zu verleihen, reglementiert, sie dadurch aber behindert oder gar vernichtet. Die Genauigkeit im Umgang mit Begriffen ist übrigens im Kontext der Komplexität von besonderer Bedeutung! Unscharfe Begriffe steigern die Komplexität und führen in der Regel zu Verwirrung. Das heißt, je komplexer eine Situation ist, umso sorgsamer sollte man auf die Angemessenheit eines Begriffs achten. Netzwerke sind, wie wir an anderer Stelle herausgearbeitet haben (Boos/Exner/Heitger), durch folgendes zu charakterisieren:

- ihre gemeinsame Intention, die Orientierung an einer Aufgabe, einer Vision oder einem Thema;

- die Personenorientierung, das heißt, Netzwerke beziehen sich nicht auf Rollen und Funktionen und lassen auch kaum Delegation und Stellvertretungen zu;

- das Tauschprinzip, indem ein Markt für Informationen und Beziehungen oder auch bloß für Optionen auf diese eröffnet wird;

- die freiwillige Teilnahme, da jeder als ungerechtfertigt erlebter Druck oder jede Sanktion zum Rückzug des Partners führen würde.

Auf das eingangs geschilderten Beispiel trafen diese Merkmale zu. Die gemeinsame Intention war es, den Crash zu verhindern. Gibt es das Netzwerk noch, oder ist es verschwunden, nachdem die Katastrophe abgewendet werden konnte? In unserem Verständnis sind Netzwerke potentielle Strukturen, die plötzlich aktiviert werden können, doch dann wieder verschwinden. Netzwerke sind keine stehende Organisation, sondern eine Struktur, die sich überwiegend im Ruhezustand befindet und damit nicht sichtbar ist. Um aufzuwachen, bedürfen sie eines Anlasses, etwa einer Krise. Dann macht sich das Netzwerk das Beziehungspotential der Netzwerkpartner zunutze: Wer kennt wen und kann diesen Partner für unseren Anlaß aktivieren? Ohne persönliche Beziehung und das daraus resultierende Vertrauensverhältnis ist niemand zu gewinnen. Es bedarf zudem einer gemeinsamen Intention, eines gemeinsamen Grundverständnisses (Abbildung 7).

Es ist bei Netzwerken ein sensibler Punkt, daß sie ohne den erwartbaren reziproken Tausch zusammenbrechen oder daß Partner ausscheiden. Das heißt, das Beziehungspotential und der Anlaß allein genügen nicht, vielmehr wird die Beziehung durch den Austausch von Information, Emotion, Geld, Kontakten oder Zeit auf die Probe gestellt, denn der Tausch bleibt vorerst offen. Bei einem gelungenen Tausch allerdings vermehrt der Partner sein „Kapital": Er hat jetzt ein größeres Beziehungspotential, Zugang zu anderen Ressourcen oder weiß einfach mehr als vorher.

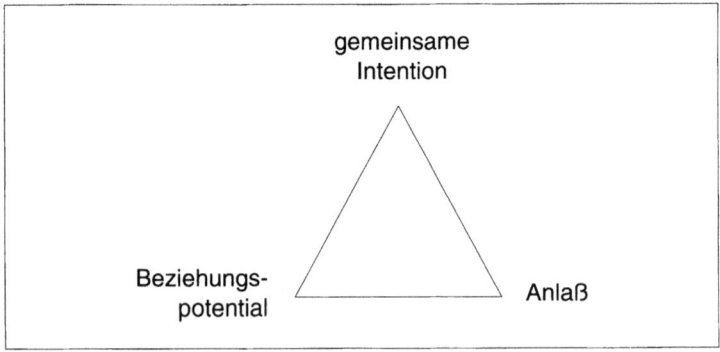

*Abbildung 7:* Netzwerkpartner

In diesem Sinn sind die Netzwerkpartner als Unternehmer bezüglich ihrer Beziehungen zu sehen, die auf die Vermehrung ihres Kapitals achten und sich im Fall einer unangemessen erscheinenden Rendite aus dem Tauschhandel zurückziehen. Netzwerke hängen mehr als soziale Systeme von den Erwartungen ab. Das heißt, die Kunst der guten Netzwerkerei besteht aus einer guten Handhabung der Erwartungen. Erwartungen und Netzwerke lassen sich nicht managen, und jeder Versuch einer Steuerung oder Kontrolle wird fehlschlagen.

## Keine Schattenseiten?

Netzwerke brauchen soziale Systeme, ohne Teil dieser Systeme zu werden. Analogien zu symbiotischen Lebensformen in Ökosystemen scheinen angebracht. Ob Lotsenfische mit Haien, Putzervögel mit Krokodilen oder Einsiedlerkrebse mit Seeanemonen: Grundstrategie dieser Gemeinschaften ist der gegenseitige Nutzen, bei Wahrung der Identität und der Möglichkeit des Partnerwechsels.

Netzwerke können andere Organisationsformen nicht ersetzen, nur ergänzen, und gerade darin liegt ihr besonderer Wert. Auch in Zukunft ist es sinnvoll zum Beispiel Software-Einführungen projektmäßig zu planen und durchzuführen. Die Wartung und die Benutzer-Hotline sollten auch weiterhin durch eine dafür zuständige Abteilung wahrgenommen werden. Eines wurde jedoch am Beispiel der Software-Einführung deutlich: Ohne die Ergänzung durch Netzwerkstrukturen sind solche Projekte nicht zu meistern.

Netzwerke können Individuen, Gruppen oder Organisationen zu Entlastung und zu Produktivitäts- und Kreativitätssprüngen verhelfen. Netzwerke sind aber auch höchst anspruchsvoll, denn sie:

* verlangen Leistung oder die Erwartbarkeit von Leistungen. Wer auf diesem Markt nichts zu bieten hat, fällt durch den Rost. Netzwerker müssen Leistungen bieten oder versprechen und unterliegen damit einem permanenten Darstellungszwang;

* bieten kaum Sicherheit und Solidarität; letztlich ist jedes Individuum auf sich selbst angewiesen. Mehr noch: Netzwerke sind die

Organisationsform einer sich immer stärker individualisierenden Gesellschaft;

- sind weder planbar, noch lassen sich ihre Leistungen eindeutig nachvollziehen. Das heißt extremer noch als bei anderen Organisationsformen lassen sich Zukunft oder Vergangenheit nicht auf einen Nenner bringen, in eine Beobachtungsperspektive zusammenfassen. Der Vielfältigkeit der Nutzungen entspricht die Vieldeutigkeit ihrer Beschreibungen;

- leben im Erfolgsfall von einem Ehrenkodex, in der Regel einer Art kategorischem Imperativ: Handle so, wie du von anderen behandelt werden willst, und sei in der Lage, deine Handlungen zu begründen!

- nützen die immer stärker werdenden Widersprüche. So werden vom modernen Mitarbeiter heute gleichzeitig Firmentreue und Flexibilität, Selbständigkeit und das Akzeptieren hierarchischer Entscheidungen, Mobilität und Standfestigkeit und so weiter verlangt. Auf der Suche nach Orientierung inmitten der Widersprüche helfen die Netzwerke, und erhöhen aber zugleich die Orientierungslosigkeit.

Netzwerke haben etwas Flüchtiges, Unvollkommenes und Informelles. Diese Eigenschaften sind jedoch ihre Stärken, die in einer komplexer werdenden Welt besser zur Entfaltung kommen. Hat man einmal erkannt, daß Komplexität nicht einfach reduziert werden kann, sondern daß die Reduktion eine Entscheidung des Beobachters ist, der sich weitere Komplexität nicht „antun" will, dann sind Netzwerke ein hilfreiches, wenn nicht sogar notwendiges Hilfsmittel, um mit der Unübersichtlichkeit zurecht zu kommen.

Das Ende der Entwicklung – hin zu noch mehr Komplexität – ist noch nicht abzusehen, denn solange die Gesellschaft sich weiter ausdifferenziert und die unterschiedlichen Betrachtungsperspektiven und Wahlmöglichkeiten zunehmen, erhöht sich auch die Komplexität. In gewisser Weise ist sie der Preis dafür, daß wir in der modernen Gesellschaft über mehr Freiheit verfügen. Den Weg zurück in die Einfachheit gibt es nicht. Jeder Versuch der Reduktion von

Komplexität führt auch zu deren Erhöhung: Sei es das Hinzuziehen von Experten, sei es die Reflexion der eigenen Gedanken und Entscheidungen, sei es die Dezentralisierung von Organisationen oder sei es die Privatisierung der öffentlichen Hand.

In diesem Sinn steht den Netzwerken ein Gutteil ihrer Karriere noch bevor, denn dies ist die Umgebung, in der sie prächtig gedeihen, indem sie von der Komplexität leben und diese weiter steigern. Im Gegensatz zu den traditionellen Gesellschaften, in denen Abstammung und soziale Zugehörigkeit das zentrale Organisationsprinzip waren, oder zur Industriegesellschaft, wo diese Rolle von Organisationen (Unternehmen, Vereine, Verbände und so weiter) übernommen wurde, wird in der Informationsgesellschaft diese Funktion auch von Netzwerken wahrgenommen.

Netzwerke sind in gewisser Weise eine Weiterentwicklung der Übergangsrituale traditioneller Gesellschaften. Diese Rituale (zum Beispiel Initiationsriten) dienen dazu, den einzelnen und die Gemeinschaft auf eine neue Phase vorzubereiten. In der modernen Gesellschaft haben sie oft an Bedeutung und Sinn verloren, wohl auch weil die Brüche viel häufiger und plötzlicher auftreten als früher. Als modernes Beispiel für die Sinnhaftigkeit von Übergangsritualen können die nordamerikanischen Wellcomeparties dienen: Aufgrund der häufigen Umzüge gibt es oft Neuankömmlinge, die so in der Gemeinschaft begrüßt werden. Dieser ritualisierte Empfang ist eine funktionale Form der Verarbeitung von Komplexität und eröffnet allen die Chance zur Netzwerkerei.

Netzwerke ersetzen jedoch bestehende soziale Systeme keineswegs, sondern sie übernehmen lediglich Zusatzfunktionen in diesen. Sie können sich innerhalb dieser Systeme und zwischen diesen entwickeln und steigern deren Leistungs- und Anpassungsfähigkeit. Sie führen aber auch zu erheblichen Irritationen, da sie deren Funktionsweise durchkreuzen und immer wieder die Frage der Grenzziehung aufwerfen.

Netzwerken behagen die Zwischenräume, die Übergangssituationen, das Ambivalente und Experimentelle. Für Dauerhaftigkeit, Regelmäßigkeit oder Verbindlichkeit sind sie denkbar ungeeignet. Sie haben ihre eigene Art des Funktionierens, die nicht durch das Entweder-Oder, sondern durch ein Sowohl-Als-auch charakterisiert ist, was ermöglicht, daß eine Gruppe oder eine Organisation für bestimmte Phasen auch als Netzwerk agieren kann, also Netzwerk und Gruppe bzw. Netzwerk und Organisation zugleich sein kann.

Das Anreizen, Aufbauen und Nutzen von Netzwerken ist eine anspruchsvolle Aufgabe, da viel Kenntnis und Intuition bezüglich Netzwerken und vernetzten Systemen verlangt wird. Netzwerke sind mehr Prozeß als Struktur, mehr Sternschnuppe als System. Sie sind die konsequente Fortführung des allgemeinen gesellschaftlichen Differenzierungsprozesses und auch der nächste konsequente Schritt nach der Dezentralisierung von Organisationen.

*Literatur*

Baecker, D.: Wenn es im System rauscht. In: gdi-impuls, Rüschlikon, 14. Jahrgang, 1/96.

Boos, F., A. Doujak (1990): How to Maximise Project Failures. In: R. Gareis (Hrsg.), The Handbook of Management by Projects. Wien: Manz.

Boos, F. (1991): Projektmanagement. In: L. Königswieser (Hrsg.): Das systemisch-evolutionäre Management. Wien: Orac.

Boos, F., A. Exner, B. Heitger (1992): Soziale Netzwerke sind anders. In:. Zeitschrift für Organisationsentwicklung, Basel, 11. Jahrgang, Nr. 1.

Bourdieux, P. (1983): Ökonomisches Kapital, kulturelles Kapital, soziales Kapital. In: R. Kreckel (Hrsg.): Soziale Ungleichheiten, soziale Welten, Sonderband 2, Göttingen, S. 183–198.

Gross, P. (1995): Multioptionengesellschaft. Frankfurt a. M.: Suhrkamp.

# Komplexität und Reflexivität – Management interorganisationaler Netzwerke

*von Jörg Sydow und Arnold Windeler*

Die Welt – so eine Binsenweisheit – ist komplex. Dies gilt auch für die Welt der Organisation und, wie zu zeigen sein wird, auch für die interorganisationaler Netzwerke. Und dies, obwohl gerade in der Vernetzung von Organisationen eine Strategie wenn nicht zur Reduktion, so doch zumindest zur Handhabung – zum Management – von Komplexität gesehen wird. Mehr noch, die Erwartung des Managements, die unter den Bedingungen von „turbulent fields" (Emery/Trist) und „hypercompetition" (D'Aveni) zunehmende Umweltkomplexität auf ein erträgliches Maß zurückzuführen, mag sogar ein tieferliegender Grund für die Entwicklung und Verbreitung dieser Organisationsform ökonomischer Aktivitäten sein.

Jedoch kann die organisatorische Vernetzung auch die Komplexität von Entscheidungs- und Handlungssituationen erhöhen. Immerhin sind Akteure im Zuge der Verbreitung netzwerkförmiger Organisationen zunehmend gefordert, Vernetzung als Option und als Handlungsbedingung mitzuführen. Ob und inwiefern Vernetzung also die Komplexität steigert oder vermindert, ist nicht von vorne herein auszumachen. Die Komplexität des Managements von Komplexität in und durch interorganisationale Netzwerke ist damit allein schon aus diesem Grunde ein Thema, das der Aufhellung bedarf.

Dies soll in diesem Beitrag aus der Sicht einer Theorie geschehen, die einerseits der Bedeutung von Strukturen Rechnung trägt, die andererseits aber auch Akteure als reflexive Subjekte ernst nimmt: der Strukturationstheorie (Giddens). Das Management von Komplexität in interorganisationalen Netzwerken beziehungsweise durch die Vernetzung von Organisationen stellt aus der Sicht dieser Theorie ein reflexives Projekt dar, das mit Interdependenz, Kontingenz und Intransparenz nicht nur konfrontiert ist, sondern diese auch schafft. Eine Reflexion über das Verhältnis von Komplexität und Reflexivität läßt hoffen, daß man so der Komplexität in der Praxis – nicht zuletzt jener interorganisationaler Netzwerke – eher „Herr werden" kann. Hierzu wird zunächst der Begriff des interorganisationalen Netzwerkes etwas genauer geklärt. Sodann werden Funktionen des Managements im allgemeinen und Funktionen des Managements interorganisationaler Netzwerke (kurz: des Netzwerkmanagements) im besonderen skizziert. Im Anschluß daran werden Komplexität und Reflexivität als Momente sozialer Praktiken beleuchtet sowie vor diesem Hintergrund die Möglichkeiten und Grenzen eines Komplexitätsmanagements in und durch interorganisationalen Netzwerke ausgeleuchtet. Eine Konklusion beschließt den Beitrag.

# Interorganisationale Netzwerke

Netzwerke vereinen, mehr vielleicht als andere soziale Beziehungsformen, in sich Momente von Autonomie und Abhängigkeit, von Selbstorganisation und Fremdorganisation, von Vertrauen und Kontrolle. Das Besondere ist: diese Momente stehen nicht einfach nebeneinander; sie vermengen sich vielmehr in den diese Netzwerke kennzeichnenden sozialen Praktiken, also in dem, was die Akteure praktisch im Netzwerk tun. Dabei können Netzwerke nicht nur Personen beziehungsweise Personengruppen, sondern eben auch Organisationen, etwa Unternehmungen, miteinander verbinden.

Eine Flughafenbetreibergesellschaft beispielsweise organisiert ein solches Unternehmungsnetzwerk an einem der größten europäischen Flughäfen, wenn sie langfristige Dienstleistungsverträge mit den wichtigsten Airlines (insbesondere näturlich der Lufthansa) abschließt, seit Jahren Grundlagentechnologien zusammen mit Unternehmungen wie AEG, Mannesmann/Demag und Softlab entwickelt und Gemeinschaftsunternehmungen mit der Lufthansa Cargo AG und der Deutschen Post AG oder der Abfertigungsgesellschaft LUG gründet (Sydow et al. 1996).

Interorganisationale Netzwerke stellen, wie ein Blick auf die Praxis zeigt, eine zunehmend attraktive Alternative zur Organisationsform des Marktes wie zur Organisationsform der Hierarchie dar – und dies nicht nur im gesellschaftlichen Teilsystem „Wirtschaft", in dem interorganisationale Netzwerke vor allem als Unternehmungsnetzwerke daherkommen. Unternehmungsnetzwerke stellen eine letztlich auf die Realisierung von Wettbewerbsvorteilen zielende, polyzentrische, dennoch oftmals von einer oder mehreren Unternehmungen strategisch geführte Organisationsform ökonomischer Aktivitäten dar, „die sich durch komplex-reziproke, eher kooperative denn kompetitive und relativ stabile Beziehungen zwischen rechtlich selbständigen, wirtschaftlich jedoch zumeist abhängigen Unternehmungen auszeichnet" (Sydow 1992).

Im Ergebnis einer solchen Vernetzung von Organisationen im allgemeinen und von Unternehmungen im besonderen werden „Interne", zumindest ein Stück weit, wie „Externe" behandelt, „Externe" aber auch verstärkt – und oft gleichzeitig! – wie „Interne". Geschieht ersteres unter Begriffen wie „Vermarktlichung", „Outsourcing" oder „Ausgründung", stehen für letzteres Bezeichnungen wie „strategische Allianzen" oder „Lieferanten-" beziehungsweise „Kundenintegration", ohne allerdings, daß diese Integration wirklich ernst gemeint ist (im rechtlichen Sinne). Das Besondere ist in beiden Fällen: die Aktivitäten zwischen den zumindest im rechtlichen Sinne selbständigen Organisationen werden sozial organisiert und darüber entsprechende Beziehungen zwischen den Organisationen etabliert.

In Folge der Vernetzung werden die Organisationsgrenzen durchlässiger, auch wenn die in Netzwerke eingebundenen Organisationen nicht jedwede Grenze verlieren – und somit aufhören würden, als Organisation, als soziales System, zu existieren. Mit der zunehmenden Unschärfe dieser Systemgrenzen geht ein Bedeutungszuwachs einer anderen Systemgrenze einher: der Grenze des (interorganisationalen) Netzwerkes. Sind etwa auch die am Flughafen ansässigen Einzelhandelsgeschäfte, Restaurants und Hotels Bestandteil des maßgeblich von der Flughafenbetreibergesellschaft organisierten Unternehmungsnetzwerkes? Schon die Phänomene der Ent-Grenzung von Organisationen durch Vernetzung und der

sozialen Organisation der interorganisationalen Beziehungen wei-
sen darauf hin, daß ein Management dieser Organisationsform mit
anderen, zum Teil zusätzlichen Aufgaben konfrontiert ist. Und jene
gehen weit über das Management von Systemgrenzen hinaus
(Sydow et al. 1995, Schreyögg/Sydow 1997).

## Netzwerkmanagement

Management meint in funktionaler Sicht die Planung, Organisation,
Führung und Kontrolle sozialer Systeme. In institutioneller Perspektive wird damit unter anderem die mit diesen Funktionen betraute
Gruppe organisationaler Akteure bezeichnet (Staehle). Die soziale
Praxis des Managements ist jedoch in funktionaler und institutioneller Perspektive allein nicht angemessen zu fassen, weist sie doch eine
inhärent politische Dimension auf (Ortmann et al. 1990).

Beim Management interorganisationaler Netzwerke, dem Netzwerkmanagement, geht es im Kern um die Organisation der Aktivitäten
und Beziehungen zwischen den beteiligten Organisationen, etwa auf
einem Flughafen. Zusätzlich zur (internen) Planung, Organisation,
Führung und Kontrolle sind weitere Managementaufgaben (auch im
politischen Sinne) wahrzunehmen (Sydow/Windeler 1994): Zwischen den rechtlich selbständigen, aber über die Aktivitäten gleichzeitig voneinander abhängigen Akteure sind Regeln der Zusammenarbeit zu vereinbaren, Gremien der Steuerung, der Überwachung und
der Konfliktaustragung ins Leben zu rufen, die Aktivitäten in Zeit
und Raum und mit Dritten zu koordinieren (Regulation). Zudem sind
Aufgaben sowie die zur Aufgabenerfüllung erforderlichen Ressourcen auf die Organisationen im Netzwerk zu verteilen (Allokation).
Desweiteren sind die Leistungen der zum Netzwerk gehörenden Organisationen sowie die von ihnen entwickelten interorganisationalen
Beziehungen zu bewerten (Evaluation). Und – oft zu allererst – sind
die Organisationen auszuwählen, mit denen im Netzwerk zusam-
mengearbeitet werden soll (Selektion) (Abbildung 8).

Die praktische Ausgestaltung dieser Aufgaben: wer ins Netzwerk
aufgenommen wird, wie die sozialen Praktiken reguliert, die Aufga-

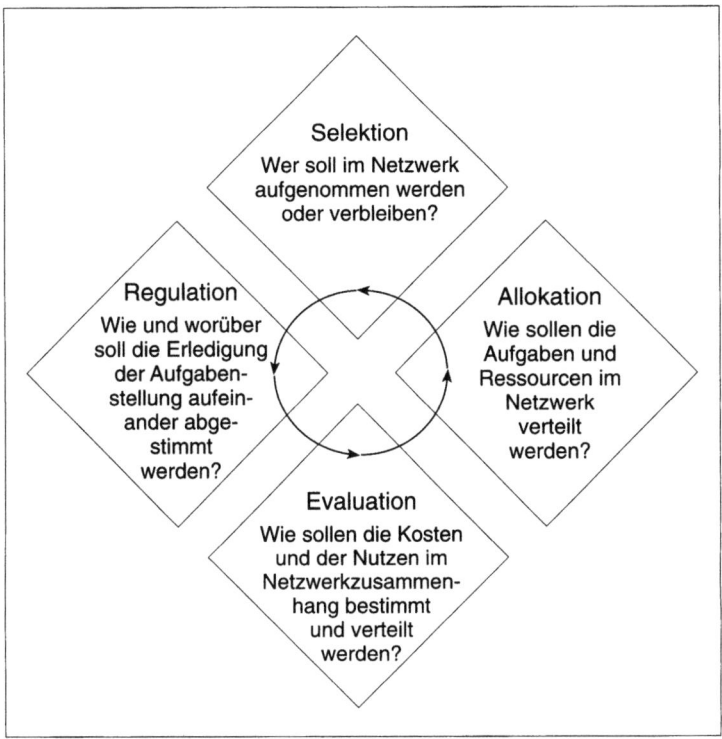

*Abbildung 8:* Das Management von Unternehmungsnetzwerken –
weitere Aufgaben

ben und Ressourcen verteilt und Kosten und Nutzen des Netzwerkzusammenhangs evaluiert werden, betreffen allesamt die Frage der
Autonomie und Abhängigkeit, die Möglichkeiten und Grenzen der
Selbstorganisation und der Fremdorganisation sowie das Verhältnis
von Vertrauen und Kontrolle im Netzwerk. Die in den Netzwerken
umgesetzten Entscheidungen beeinflussen jedoch nicht nur die genannten Verhältnisse, sie sind – zumindest aus strukturationstheoretischer Sicht – immer auch Ausdruck dieser Verhältnisse.

Schon die Aufzählung der vier – zum Teil zusätzlich zu den genannten einzelsystembezogenen Managementfunktionen – wahrzu-

nehmenden Aufgaben läßt vermuten, daß das Management von
Komplexität bei interorganisationaler Vernetzung nicht so einfach
ist, und daß mit der Netzwerkbildung das Ziel der Reduktion von
Komplexität nicht immer verfolgt und schon lange nicht immer erreicht wird.

## Komplexität und Reflexivität

Komplexität resultiert aus dem Zusammenspiel von Interdependenz,
Kontingenz und Intransparenz, hängt aber auch von der Kompetenz
der Akteure ab. Interdependenz meint die wechselseitige Abhängigkeit beziehungsweise Bedingtheit von Handeln. Eine engere Kooperation der Flughafenbetreibergesellschaft mit der Lufthansa im Sinne
einer „Kundenintegration" verlangt zum Beispiel nach einer noch besseren Koordination der Leistungen anderer Dienstleister auf dem
Flughafen. Kontingenz bezeichnet die Tatsache, daß Handeln immer
auch anders möglich wäre, ohne damit gleichzeitig beliebig zu sein.
Beispielsweise ist nicht von vornherein auszumachen, ob die Flughafenbetreibergesellschaft lieber mit den (nach dem Verkehrsaufkom-
men) größten vier oder aber den größten sechs Airlines langfristige
Abfertigungsverträge abschließen und ihr Serviceangebot stäker auf
diese Kunden ausrichten sollte. Intransparenz schließlich akzentuiert
die Undurchsichtigkeit vieler Handlungsmotive und Handlungszu-
sammenhänge. Komplexität nun (so unsere These) resultiert vor allem
aus dem Zusammenspiel dieser drei Momente sozialer Praxis, hängt
darüber hinaus aber auch von der Fähigkeit und Bereitschaft der Akteure, beispielsweise des Managements der Flughafenbetreibergesellschaft und der Airlines, ab, mit diesen Herausforderungen umzugehen. Dabei kommt es nicht zuletzt auf den Grad der Reflexivität ihres
Handelns an, aber natürlich auch auf ihre Fähigkeit, bestimmte Handlungen zu routinisieren. Komplexität ist dabei selbstredend kein individuelles, sondern ein soziales Moment, das in den Praktiken der Akteure Bedeutung erlangt – oder auch nicht. Zudem ist es ein Moment,
das Handeln nicht nur einschränkt, sondern auch neue Handlungsmöglichkeiten schafft – auch und gerade beim Management interorganisationaler Netzwerke.

Die Vermehrung oder Verstärkung von Interdependenzen, Kontingenzen oder Intransparenzen können isoliert oder zusammen eine Steigerung von Komplexität bewirken. Komplexität ist aus strukturationstheoretischer Sicht ein Moment sozialer Praktiken, das seine Relevanz für das praktische Handeln nicht nur durch den aktiven und reflexiven Umgang mit Interdependenz, Kontingenz und Intransparenz erhält, sondern auch als Strukturmoment gleichsam „hinter dem Rücken" der Akteure wirksam werden kann. Komplexität ist beispielsweise auch dann für den wirtschaftlichen Erfolg einer Unternehmung von Bedeutung, wenn sie sie nicht (in vollem Umfang) wahrnimmt und handzuhaben vermag.

Komplexität ist damit zwar ein Moment sozialer Praktiken in sozialen Systemen, sie wird deshalb aber nicht als etwas verstanden, das von den Aktivitäten prinzipiell losgelöst (oder etwa nur über die dunklen Pfade der Interpenetration mit dem Praktiken verbunden) ist. In den Mittelpunkt gerückt wird vielmehr der praktische Umgang mit Komplexität durch „knowledgeable agents" (Giddens). Das heißt, der Ausgangspunkt der Betrachtung von Komplexität ist, daß wir es im Sozialen mit Akteuren zu tun haben, die etwas von ihrem Tun und ihrem Handlungskontext verstehen und die in der Lage sind, ihr Wissen auch anzuwenden. Ihr Wissen – auch das über Komplexität – ist dabei vorrangig ein praktisches. Akteure wissen, wie man etwas macht und was in dem Kontext geschieht, um was es in ihnen dabei geht, ohne daß sie sich im Handeln die einzelnen Zusammenhänge immer klar machen oder gar erläutern könnten.

Netzwerkförmige Beziehungen zwischen Organisationen verändern Interdependenzen, Kontingenzen und Intransparenzen, indem sie Aktivitäten zwischen mehreren Organisationen miteinander verbinden, Regeln der Zusammenarbeit und Gremien der Kontrolle, Steuerung und Konfliktaustragung festschreiben, die Zusammenarbeit mit Dritten regulieren, Formen zeiträumlicher Koordination ökonomischer Aktivitäten widerspiegeln und Aufgaben wie Ressourcen zwischen den Organisationen verteilen. Und sie vermindern unter Umständen gerade durch die Art und Weise der sozialen Organisation einen Teil der Komplexität. Unabhängig davon, ob im Ergebnis eine Komplexitätsreduktion gelingt oder nicht, müssen die Akteure in den einzelnen Organisationen des Netzwerkes bei ihren Aktivitäten jedoch zunächst einmal zusätzliche Interdependenzen, Kontingenzen und Intransparenzen berücksichtigen. Diese ergeben sich daraus, daß ihr Handeln für andere Organisationen im Netzwerk und deren Handlungen wiederum für ihr eigenes Handeln Bedeutung erhält, und sie selbst reflektieren müssen, wie sie die Verbindungen im Netzwerk zur Verfolgung ihrer Anliegen nutzen können.

Allerdings gilt: Was für eine Organisation komplex ist, muß für eine andere noch längst nicht so sein. Insofern hängt der Begriff der Komplexität auch an den Fähigkeiten der Akteure, die für sie relevanten praktischen Prozesse und die in sie eingeschriebenen Interdependenzen, Kontingenzen und Intransparenzen zu überwachen, zu kontrollieren und zu steuern. Die individuellen Fähigkeiten der Akteure, ebenso wie ihr Zugang zu Techniken und anderen Möglichkeiten, die eigene Kontrolle vorteilhaft zu organisieren, können dabei selbst innerhalb eines Netzwerkzusammenhangs, etwa dem von der Flughafenbetreibergesellschaft am Flughafen organisierten Unternehmungsnetzwerk, sehr unterschiedlich sein.

Auch wenn letztlich immer individuelle oder kollektive Akteure, wie Unternehmungen oder Unternehmungsnetzwerke, mit Komplexität umgehen müssen, ist sie doch nichts individuelles. Wollen Akteure als kompetent gelten und ihren Anliegen in den sozialen Praktiken Geltung verschaffen, dann sind sie damit konfrontiert, Komplexität in einer in der Gemeinschaft der Akteure als „akzeptabel" angesehenen Form wahrzunehmen und zu handhaben. Nicht jeder Ablauf, nicht alles in der interorganisationalen Zusammenarbeit kann da als komplex beschrieben werden. Wenn zum Beispiel ein einfacher Ursache-Wirkungs-Zusammenhang vorliegt, wird dessen Beschreibung als komplex in der jeweils relevanten „community of practice" (Barley) kaum als akzeptabel eingestuft werden. Gleiches gilt für die Begründung der Auswahl und der Nutzung der Produktionsmittel und für die Ausgestaltung der sozialen Beziehungen zwischen den Akteuren. Nur wenn sich mit ihnen relevante und schwierig zu handhabende Interdependenzen, Kontingenzen und Intransparenzen verbinden, wird ihnen von einer solchen Gemeinschaft das Merkmal der Komplexität zugeschrieben.

Kompetente Akteure beziehen sich auf diese Art und Weise in ihrem Handeln auf die in den Kontexten, etwa in der Organisation, in der Branche oder eben im Unternehmungsnetzwerk, existierenden Komplexitäten und den üblichen Umgang mit ihnen. Beispielsweise ist dem Top-Management der Flughafenbetreibergesellschaft sehr bewußt, daß eine dem Netzwerkkonzept entsprechende Zusammenarbeit der Unternehmungen am Flughafen, die last but not least auch die operative Ebene umfassen muß, nur bei Einbeziehung der Arbeitnehmervertreter wirklich gelingen kann.

Dieses Bewußtsein schränkt das Handeln der Akteure allerdings nicht nur ein, sondern schafft ihnen auch neue Handlungsmöglichkeiten. Und indem Akteure in ihrem Handeln, womöglich aktiv und reflexiv, das in den Prozessen und in den Handlungssituationen Interdependente, Kontingente und Intransparente praktisch nutzen, schreiben sie die Komplexität fort, schaffen gegebenenfalls eine neue und verändern, reduzieren oder beseitigen sie eventuell sogar. Ein Großteil der Komplexität des Kontextes, in dem die Akteure handeln, wird gleichwohl in seinen sozialen und materialen Bedingungen – in seinen Strukturen – weder von einem einzelnen Akteur hervorgebracht, noch von ihm kontrolliert. Trotzdem sind es Akteure, die aktiv und reflexiv in den Fortgang der Ereignisse intervenieren, diesen fortschreiben oder verändern.

Konsequenz dieses strukturationstheoretisch informierten Verständnisses von Komplexität ist: Will man verstehen, was in dem sozialen System – zum Beispiel im Unternehmungsnetzwerk der Flughafenbetreibergesellschaft – geschieht, wie die Resultate und Prozesse unter der Bedingung von Komplexität hervorgebracht, stabilisiert und verändert werden (können), so ist man aufgefordert, den aktiven und reflexiven Akteur ebenso zu berücksichtigen wie die herrschenden Strukturen, auf die sich die Akteure in ihrem Handeln beziehen (müssen). Komplexität ist so nicht nur Resultat von Prozessen, die sich dem reflexiven Zugriff der Akteure entziehen; sie wird durchaus auch selbst aktiv und zum Teil sogar intentional mit geschaffen. Das gilt zum Beispiel für das Organisieren von Interdependenzen durch eine entsprechende Arbeitsteilung im Netzwerk und die sich damit eröffnenden und sich schließenden kontingenten

Handlungsoptionen. Crozier und Friedberg stellen mit ihrem Begriff der „Kontrolle relevanter Ungewißheitszonen" sowohl dieses bewußte Schaffen von Intransparenzen für andere als auch auf das geschickte Kontrollieren produzierter Ungewißheiten ab. Komplexität ist für Akteure also nicht gleichbedeutend mit Einschränkungen. Komplexität bietet ob ihrer Interdependenzen, Kontingenzen und Intransparenzen immer auch Möglichkeiten vielfältigster Art, diese geschickt zu nutzen. Weist eine Unternehmung oder ein Unternehmungsnetzwerk etwa die Fähigkeit auf, Komplexität im Vergleich zu anderen geschickter zu handhaben oder in relevantem Ausmaß für andere zu schaffen, so kann diese Fähigkeit sogar zu einer strategischen Ressource, vielleicht sogar zu einer „Kernkompetenz" (Prahalad/Hamel) avancieren.

## Komplexitätsmanagement in interorganisationalen Netzwerken

Komplexitätsmanagement, zurückhaltend verstanden als der bewußtere Umgang beziehungsweise die reflexivere und intentionalere Handhabung sozialer Komplexität, stellt sich in interorganisationalen Netzwerken als eine – im Vergleich zum Management von Organisationen (in Märkten beziehungsweise in Hierarchien, zum Beispiel in Konzernen) – leichtere und zugleich schwierigere Aufgabe dar.

Zunächst einmal erleichtert diese Organisationsform das Management von Komplexität. Interorganisationale Netzwerke setzen – verglichen mit stärker hierarchischen Organisationsformen – auf Autonomie, Selbstorganisation und Vertrauen. Alle drei sozialen Mechanismen entlasten das Management von seiner Steuerungsaufgabe. Dies gilt selbst für Franchisingnetzwerke, in denen diese drei Mechanismen vielleicht am weitgehendsten ausgehöhlt sind (Sydow/Kloyer). Vergleicht man interorganisationale Netzwerke hingegen mit marktlichen Organisationsformen, dann wird deutlich, daß durch eine entsprechende (netzwerktypische) Organisation der zwischenbetrieblichen Beziehungen aus Umweltkomplexität sozial organisierte Komplexität, genauer Netzwerkkomplexität, wird. In-

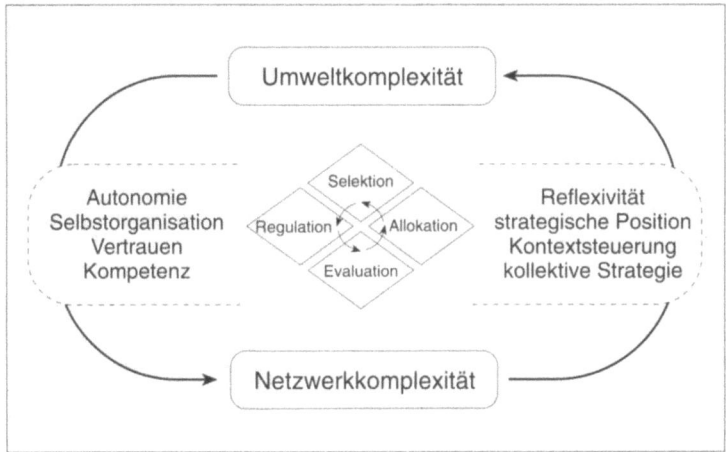

*Abbildung 9:* Momente des Managements von Komplexität in Netzwerken

dem die Flughafenbetreibergesellschaft beispielsweise mit ausgewählten Airlines langfristige Dienstleistungsverträge schließt, wird nicht nur aus einer marktlichen Beziehung eine Netzwerkbeziehung, sondern auch aus Umweltkomplexität eine im Netzwerk organisierte beziehungsweise zu handhabende Komplexität. Die außerhalb des Netzwerkkontextes existierende Umweltkomplexität wird durch die im Netzwerkkontext mögliche Verbesserung der Überwachung, Kontrolle und Steuerung der Handlungsprozesse günstigstenfalls reduziert, auf keinen Fall aber vollständig beseitigt. Ob beispielsweise ökonomische Aktivitäten in Netzwerken leichter zu handhaben sind, ist – diese Feststellung dürfte nun nicht mehr überraschen – eine zunächst offene Frage (Abbildung 9).

Ihre Beantwortung hängt zunächst einmal von der Kompetenz und Reflexivität der Akteure ab, davon, ob es ihnen beispielsweise gelingt, Autonomie, Selbstorganisation und Vertrauen im Netzwerk, zum Beispiel durch „Kontextsteuerung" (Willke), so zu organisieren, daß das Netzwerk kollektiv handlungsfähig wird und die Potentiale dieses zumindest latent polyzentrischen Systems tatsächlich genutzt werden können. Bei der Flughafengesellschaft kommt es diesbezüglich beispielsweise darauf an, die Abstimmungsprozesse mit den Airlines (aber natürlich auch mit anderen Netzwerkpartnern) möglichst effektiv zu gestalten und dabei dem Netzwerkcharakter der Beziehungen Rechnung zu tragen. Dementsprechend wird richtiger Weise zum Beispiel davon Abstand genomme, (schwächeren) Netzwerkunternehmungen quasi Anweisungen zu erteilen und auf diese Weise das Potential dieser (auch) auf Autonomie, Selbstorganisation und Vertrauen setzenden Organisationsform auszuhöhlen.

Bei der Beantwortung der Frage, ob Netzwerkkomplexität für Organisationen einfacher zu handhaben ist als Umweltkomplexität, kommt es zudem darauf an, wessen Perspektive eingenommen wird. Aus der Sicht einer das interorganisationale Netzwerk strategisch führenden Unternehmung mag dies der Fall sein, während für die strategisch geführten (Netzwerk-)Unternehmungen die Komplexität, beispielsweise wegen der Unberechenbarkeit der Führung bei gleichzeitig relativ großer Abhängigkeit von der fokalen Unternehmung durchaus größer sein mag als im Falle marktlicher Transaktionen.

Schließlich wird für die Beantwortung dieser Frage entscheidend sein, inwieweit es einer Netzwerkorganisation gelingt, ihre Handlungen im Sinne einer „kollektiven Strategie" (Bresser) abzustimmen. Die Flughafenbetreibergesellschaft und einige ihrer Partner gehen einen Schritt in diese Richtung, ohne allerdings die grundsätzliche Eigenständigkeit der Unternehmungen im Netzwerk in Frage zu stellen. Die rechtliche und in gewisser Weise auch die wirtschaftliche Autonomie ist schließlich ein konstitutives Merkmal von Unternehmungen. Zwar setzt die Entwicklung und Durchsetzung einer solchen kollektiven Strategie die Bewältigung erheblicher Komplexität voraus. Ist dies jedoch gelungen, dürfte die weitere Handlungskoordination im Netzwerk deutlich entlastet werden, zumal wenn die Entwicklung und Implementierung der Strategie die Autonomie, das Selbstorganisationspotential und das Vertrauensniveau im Netzwerk nicht unterminiert, vielleicht sogar gefördert hat.

Gilt es, die Komplexität interorganisationaler Netzwerke zu managen, das heißt insbesondere die vier ergänzenden Funktionen, Selektion, Regulation, Allokation und Evaluation, intentional zu ge-

stalten, so ist aus strukturationstheoretischer Sicht zu berücksichtigen, daß alle beteiligten Akteure aktiv und reflexiv sich in ihren
Praktiken auf die herrschenden Strukturen beziehen (und diese dabei reproduzieren und auch verändern). Dabei ist zu beachten, daß
die sozialen Praktiken der Akteure in strukturationstheoretischer
Sicht durch drei Dimensionen gekennzeichnet sind: durch Domination, Signifikation und Legitimation. Was damit gemeint ist, sei an
einem Beispiel, der Regulation der gemeinsamen Nutzung von Ab-
fertigungskapazitäten in einem Unternehmungsnetzwerk, illustriert.
Soll die Nutzung dieser Kapazitäten neu geregelt werden, ist bezüglich der Dominations- oder Herrschaftsdimension zu berücksichtigen, daß Akteure sich auf materielle Dinge, wie Gebäude, Maschinen und so weiter und immaterielle Dinge, wie die Organisation der
zeitlichen und räumlichen Abläufe, die Fähigkeiten der Akteure und
ihre Koordination und so weiter, als Ressourcen beziehen, um bestimmte Formen gemeinsamer Nutzung anderen vorzuschreiben.

Die Möglichkeiten und Grenzen, den Gebrauch von Kapazitäten neu
zu regeln, sind aber nicht nur durch die Ressourcen und durch deren
Einsatz bestimmt. Entscheidend für eine gelingende Organisation
des Gebrauchs der Ressourcen sind auch die Regeln, mit denen die
Aktivitäten und Beziehungen der Unternehmungen bezeichnet werden und ihnen Bedeutung zugewiesen wird sowie die Regeln, mit
denen die Praktiken legitimiert werden. Für das Management der
Neuregelung des Gebrauchs der Kapazitäten ist daher auf der Dimension der Signifikation zu reflektieren, daß in die Nutzungsrege-
lung mit hineinspielt, wie die Akteure diese Prozesse bezeichnen
und welche Bedeutung sie diesen zuweisen so macht es vermutlich
einen Unterschied, ob sie eine bestimmte Art und Weise der Nutzung als belastend, ausbeutend undumweltzerstörend oder als entlastend, belohnend und ressourcenschonend verstehen. Schließlich ist
auf der Dimension der Legitimation relevant, ob Akteure die bisherige oder zukünftige Nutzung vor dem Hintergrund der geltenden
Normen als legitim oder illegitim ansehen.

Die Komplexität der Aufgabe des Managements von Komplexität in
interorganisationalen Netzwerken speist sich damit aus mindestens
vier Quellen: Erstens entwickelt sie sich aus dem Zusammenspiel

von Interdependenz, Kontingenz und Intransparenz; zweitens entspringt die Komplexität aus dem aktiven und reflexiven Bezug der Akteure darauf; drittens rührt sie aus dem interdependenten Zusammenspiel der Aktivitäten zwischen den rechtlich selbständigen, über ihre Aktivitäten aber miteinander verbundenen Akteure im Netzwerk; und viertens beruht sie darauf, daß Management als Eingriff in Ereignis- und Handlungsprozesse immer auch ein Eingriff in die (mikro-)politischen Balancen und Konflikte zwischen den beteiligten Akteuren ist.

Alle Quellen entfalten ihre Wirkung im Lichte der drei Dimensionen des Sozialen: Domination, Signifikation und Legitimation. Gleichzeitig gilt: Diese vier Quellen von Komplexität – jeweils im Lichte dieser drei Dimensionen betrachtet – stellen auch die naheliegenden Ansatzpunkte für ein Komplexitätsmanagement in interorganisationalen Netzwerken dar.

## Gibt es eine Alternative?

Sich der Interdependenzen, Kontingenzen und Intransparenzen in den sozialen Praktiken bewußt zu werden, sich der Stellung und Bedeutung aktiver und reflexiver sowie kompetenter Akteure zu vergegenwärtigen sowie sich der Aktivitäten zwischen den rechtlich selbständigen, über ihre Aktivitäten aber miteinander verbundenen Akteure im klaren zu werden, beinhaltet für das Management – jetzt im institutionellen Sinne – manche Ambivalenz.

Auf der einen Seite mag das „Entlastungspotential" interorganisationaler Netzwerke erst dann so richtig entdeckt werden, wenn die skizzierten Zusammenhänge von Komplexität, Management und Netzwerkorganisation gedanklich – reflexiv – durchdrungen sind. Auf der anderen Seite eröffnet Reflexivität in einer komplexen – und das heißt immer auch kontingenten – Welt Handlungsmöglichkeiten; und nicht nur die Einsicht in eine bestimmte Handlungsnotwendigkeit, wie sie etwa im situativen Managementansatz vermittelt wird (Staehle). Formen und Möglichkeiten des Handelns werden in sozialen Praktiken gleichzeitig herausgebildet, verstetigt und verändert. Solange gilt: „The possible is complexer than the real" (Prigogine), solange wird die Entdeckung weiterer Handlungsmöglichkeiten – zum Beispiel durch Reflexion – tendenziell zu einer Erhöhung der Komplexität führen, Reflexivität und Komplexität sich immer wieder mal zirkulär hochschaukeln. Aber gibt es zur Reflexivität eine Alternative?

*Literatur*

Barley, S. (1990): The alignment of technology and structure through roles and networks. In: Adminstratives Science Quarterly 35 (1), S. 61–103.

Bresser, R.K.F. (1989): Kollektive Unternehmensstrategien. In: Zeitschrift für Betriebswirtschaft 59 (5), S. 545–564.

Crozier, M., E. Friedberg (1979): Macht und Organisation. Die Zwänge kollektiven Handelns. Königstein/Ts.: Athenäum.

D'Aveni, R.A. (1994): Hypercompetition. Toronto.

Emery, F.E., E. L. Trist (1965): The causal texture of organizational environments. In: Human Relations 18 (1), S. 21–32.

Giddens, A. (1984): The constitution of society. Outline of the theory of structuration. Cambridge: Polity.

Ortmann, G., A. Windeler, A. Becker, H.-J. Schulz (1990): Computer und Macht in Organisationen. Mikropolitische Analysen. Opladen: Westdeutscher Verlag.

Prahalad, C.K., G. Hamel (1990): The core competence of the corporation. In: Harvard Business Review 68 (3), S. 79–93.

Schreyögg, G., J. Sydow (1997)(Hrsg.): Managementforschung 7. Management von Organisationsgrenzen. Berlin und New York: De Gruyter.

Staehle, W.H. (1994): Management. Ein verhaltenswissenschaftliche Perspektive. 7. Aufl. München: Vahlen.

Sydow, J. (1992): Strategische Netzwerke. Evolution und Organisation. Wiesbaden: Gabler.

Sydow, J., A. Windeler (1994): Über Netzwerke, virtuelle Integration und Interorganisationsbeziehungen. In: Sydow, J., A. Windeler (Hrsg.): Management interorganisationaler Beziehungen, S. 1–21. Opladen: Westdeutscher Verlag.

Sydow, J., M. Kloyer (1995): Managementpraktiken in Franchisingnetzwerken – Erkenntnisse aus sechs Fallstudien. Arbeitspapier Nr. 171 des Fachbereichs Wirtschaftswissenschaft der Bergischen Universität Wuppertal.

Sydow, J./Windeler, A./Krebs, M./Loose, A./Well, B. van (1995): Organisation von Netzwerken. Strukturationstheoretische Analysen der Vermittlungspraxis in Versicherungsnetzwerken. Opladen: Westdeutscher Verlag.

Sydow, J., G. Ortmann, D. Best, S. Duschek, C. Wirth (1996): Flughafenbetreibergesellschaften als Netzwerkorganisationen? Unveröffentlichter Forschungsbericht des Instituts für Allgemeine Betriebswirtschaftslehre. Freie Universität Berlin.

Willke, H. (1987): Kontextsteuerung und Re-Integration der Ökonomie. Zum Einbau gesellschaftlicher Kriterien in ökonomische Rationalität. In: Glagow, M., H. Willke (Hrsg.): Dezentrale Gesellschaftssteuerung. Probleme der Integration polyzentrischer Gesellschaft, S. 155–172. Pfaffenweiler: Centaurus.

# Flexible Berater knüpfen Netze

*von Ulrich Königswieser*

## Die Komplexität der Beratung

Gerade die Beratungsbranche hat durchschnittlich in den letzten Jahren ein stärkeres Wachstum erfahren als andere Dienstleistungssektoren. Ermöglicht wurde dieser Trend nicht zuletzt von der raschen Reaktionszeit der Beratungsunternehmen auf die sich stets ändernden Anforderungen an das Beratungsprodukt. Diese Branche lebt von und mit Komplexität. Einerseits verdankt sie ihre Existenz der Komplexität, mit der heutige Unternehmen zu kämpfen haben, indem sie einen Beratungsauftrag erhalten, andererseits müssen sie dann die an sie herangetragenen komplexen Fragestellungen in handhabbare Antworten kanalisieren.

Unter Komplexität versteht der Autor eine subjektiv wahrgenommene Konstellation von Elementen, deren Wirkung und Wechselwirkung aufeinander nicht oder nur mit großer Unsicherheit erkannt werden können. Je nach Situation kann die wahrgenommene Komplexität einerseits zu einer Überforderung und damit Inaktivität führen, oder sie wirkt als Stimulanz und läßt so eine offenere Sichtweise zu, die wiederum Innovationen fördert. So kann zum Beispiel eine multikulturelle Gesellschaft für manche eine unüberwindbare Barriere zur Kommunikation darstellen, mit der sie auf Resignation oder Widerstand reagieren, andere wiederum sehen in ihr die Möglichkeit, verschiedene Ideen zu einer Neuen zu verschmelzen. Damit wird auch zugleich die Steuerbarkeit von Komplexität angesprochen. Eine Erhöhung von Komplexität, wenn etwa für eine Problemlösung eine größere Menge an Informationen zugelassen wird, läßt mehr Lösungsmöglichkeiten offen, während eine Reduktion automatisch mit Selektion einhergeht und somit innerhalb eines Handlungsspielraumes eine gewisse Vorhersehbarkeit beziehungsweise Sicherheit erzeugen kann.

Eine wichtige Funktion des Unternehmensberaters basiert auf seiner Rolle als „Grenzenüberbrücker" zwischen Wissensnetzwerken und Netzwerken, deren Akteure sich aus Praktikern zusammensetzen. Durch den von ihm herbeigeführten Informationsaustausch verknüpft der Berater sozusagen die Welt der Theoretiker mit der der Praktiker. Das Beratungsunternehmen wird dabei mit einer sozialen, inhaltlichen, räumlichen und zeitlichen Dimension der Komplexität konfrontiert.

## Soziale und inhaltliche Komplexität

Die soziale Komponente der Komplexität besteht darin, daß der Berater für seine Leistungserstellung mit einer Fülle von unterschiedlichsten Menschen zusammenarbeitet, wobei die angebotene Beratungsleistung an die spezifische Unternehmenssituation des Nachfragers angepaßt werden muß. Die Gratwanderung, verschiedenste Interessen unter ein Gesamtziel zu stellen, erfordert ein hohes Maß an Einfühlungsvermögen, diplomatischem Vorgehen, Organisationsvermögen und sozialer Kompetenz.

Inhaltliche Komplexität ergibt sich einerseits aus der Schnelllebigkeit von Wissen und andererseits aufgrund der Widersprüchlichkeit zwischen Spezialisierung und „ganzheitlicher Problemlösung". Für größere Beratungsunternehmen ist zumindest dieses Spannungsfeld von Spezialisierung und „ganzheitlicher Problemlösung" aufgrund des vorhandenen organisationsinternen „Skillpotentials" weniger problematisch weil sie EDV-Spezialisten, Wirtschaftswissenschaftler, Ingenieure bis hin zu sozialwissenschaftlich ausgebildeten Mitarbeiter gleichzeitig beschäftigen können.

Sie sind somit multifunktional, das heißt, sie können Leistungen für viele Funktionsbereiche des nachfragenden Unternehmens erbringen (Strambach). Gerade für Klein- und Kleinstberatungsfirmen, die im Untersuchungsgebiet etwa 80 Prozent des Unternehmenssegmentes darstellen, ist eine Zusammenarbeit mit Netzwerkpartnern oft das einzige Mittel, die Wettbewerbsnachteile gegenüber größeren Beratungsfirmen wett zu machen.

# Räumliche und zeitliche Komplexität

Im Folgenden werden vor allem die räumlichen und zeitlichen Dimensionen der Komplexität, denen Berater ausgesetzt sind, aufgezeigt. Der Erfolg der organisatorischen Umsetzung einer Dienstleistungskonzeption hängt von drei Dimensionen (oder Phasen) der Leistung beziehungsweise Leistungserstellung ab (Engelhardt/ Reckenfelderbäumer):

• Potential- oder Bereitstellungsleistung: Ein Berater muß, um seine Leistung erstellen zu können, neben einer Infrastruktur (Büro etc.), mit einem gewissen Grund-Know-how ausgestattet sein. Dieses Wissen muß laufend auf den neuesten Stand gebracht werden.

• Leistungserstellungsprozeß: Im Rahmen des Leistungserstellungsprozesses kombiniert der Anbieter seine Bereitstellungsleistung, das heißt seine internen Produktionsfaktoren, mit dem externen Faktor, das heißt dem Kunden, seinen Objekten und Informationen.

• Ergebnis: Am Ende des Leistungserstellungsprozesses steht jenes Ergebnis, das dem Nachfrager den gewünschten Nutzen stiften.

Im Folgenden werden vier Orte beschrieben, die im Rahmen der Dienstleistungsproduktion von Bedeutung sind.

• Der Ort, an dem jenes Potential, also Know-how, generiert wird, das die Voraussetzung für eine weitere Beratungsleistung darstellt.

• Der Ort, an dem die Akquisition, insbesondere der Vertragsabschluß, stattfindet.

• Der Ort, an dem sich die Produktivdienstleistungsunternehmung mit ihrer Verwaltung befindet.

• Der Ort, an dem die Dienstleistungserstellung stattfindet.

Dieses Phänomen wird von Kaufmann als „multiple Standortspaltung" verstanden. Da diese Orte nicht identisch sein müssen, entsteht ein komplexes Beziehungsgeflecht zwischen den Standorten der Potentialproduktion, der Endkombination der Vorleistungen und dem Standort des externen Faktors, zu deren räumlicher Überbrückung oft Netzwerke zum Einsatz kommen.

Bei der Überlegung, wo Beratungsleistung angeboten werden soll, kommt neben den Standortfaktoren „Kundennähe" und „qualifiziertes Personal" dem Standortfaktor „Fühlungsvorteile" eine besondere Rolle zu. Hier geht es darum, Zugang zu einem Milieu, in dem Know-how für die Potentialleistung generiert wird, zu sichern. So arbeiten Unternehmensberater – vor allem zur Know-how-Generierung – häufig mit Forschungsstellen, Universitäten, Ausbildungszentren und während der Projektabwicklung mit unterschiedlichen Spezialisten zusammen.

## Das Netzwerkkonzept

Wie können nun diese Komplexitätsdimensionen erfolgreich gesteuert werden? Die jüngste Entwicklung hat gezeigt, daß gerade Netzwerke eine wichtige Einrichtung darstellen, den spezifischen Bedürfnissen der Beratungsbranche gerecht zu werden.

Diese Arbeit bezieht sich gemäß einer sehr weiten Definition von Netzwerken auf alle Phänomene von Relationen zwischen Elementen in der Umwelt, die sich im Spannungsverhältnis von scheinbar autonomen, unabhängigen Elementen einerseits und abhängigen, organisierten Elementen mit eigener Identität andererseits befinden. Netzwerke in diesem Sinne durchdringen die gesamte Gesellschaft, wo sie jedoch, je nach Ausprägungsart der Beziehungskriterien gemäß der zwei Pole, entweder gar nicht erst als solche wahrgenommen werden oder so dominant werden, daß sie institutionalisiert in organisierte Formen münden (Abbildung 10).

Der Unterschied zwischen dem Bereich der „autonomen, losen Elemente" und dem Bereich „Netzwerk" wird durch die wahrgenommene Existenz von Beziehungen zwischen den Elementen begrenzt. Innerhalb der Ellipse werden den Elementen gewisse Abhängigkeiten voneinander oder gemeinsame Interessen zugesprochen. Das Feld „voneinander abhängige Elemente mit gemeinsamer Identität"

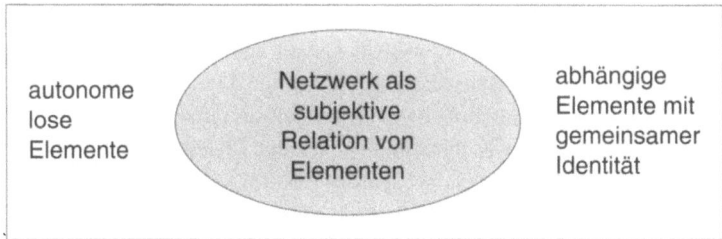

*Abbildung 10:* Das Netzwerkkonstrukt zwischen Unabhängigkeit und Einheit von Elementen

wird durch den Unterschied „innen und außen" begrenzt. Das heißt, Netzwerken fehlt der entscheidende institutionalisierte Rahmen, um eine eigene Identität bilden zu können, die stark genug wäre, Elemente eindeutig in die Kategorien „Mitglied", „Nichtmitglied" einteilen zu können. Als Beispiel dafür könnte man zunächst zwei von einander scheinbar unabhängige Unternehmen auf unterschiedlichen Kontinenten betrachten (autonome Elemente), die zunehmend in Geschäftskontakt treten, dann im Netzwerk kooperieren und sich schließlich später zu einer gemeinsamen Firma zusammenschließen.

Für Beraternetzwerke sind folgende Merkmale von besonderem Interesse: Die Reziprozitätsnorm fordert, daß man im Verhältnis zu anderen Akteuren nicht nur einseitig Vorteile empfangen kann, sondern auch zu einer (wie auch immer gearteten) Gegenleistung verpflichtet ist, selbst wenn hierzu keine vertragliche Verpflichtung besteht. Sie ist in den meisten Kulturkreisen verankert und wird im Zuge der normalen gesellschaftlichen Sozialisation erlernt (Obring). Austauschbeziehungen entwickeln sich meist langsam, beginnend mit Transaktionen, die weniger Vertrauen voraussetzen, wodurch die Vertrauenswürdigkeit der Partner getestet werden kann bis zwischen den Akteuren eine tragfähige Interdependenz entwickelt wird. Netzwerke versuchen, Vorteile schwacher Verbindungen (Loose coupling) für sich zu nutzen. Lose Verbindungen innerhalb von Netzwerken begünstigen interaktives Lernen und Innovation. Netzwerke öffnen Zugänge zu verschiedenen Informationsquellen und ermöglichen so eine beträchtlich größere Schnittstelle des Lernens als im Fall hierarchischer Organisationen (Grabher). Netzwerke haben nur wenige interne Untergliederungen und unscharfe Abgrenzungslinien (Fuzziness), wodurch sie oft nur schwer zu erkennen sind. Ferner ist in Netzwerken ein Milieu der Solidarität und ein alle verbindendes System sozialer Normen auszumachen, das Vertrauen begründet und einfache Absprachen erlaubt. Dieses „Klima" fördert den Lernprozeß, wie etwa das „learning by doing" oder „by using and interacting". Ein wichtiges Element stellen in diesem Zusammenhang auch Ausbildungs- und Trainingseinrichtungen dar (Tödtling).

# Netzwerke in der Unternehmensberatung

Zur empirischen Erfassung relevanter Netzwerke beleuchtet die folgende Studie die Arbeitsweise von vier Unternehmensberatungsfirmen im jeweiligen Netzwerksystem. Zur Erhebung der relevanten Netzwerke wurde die Form semistrukturierter, qualitativer Experteninterviews gewählt. Diese Methode ermöglicht zweierlei: Erstens wird der Netzwerkbegriff im Dialog entwickelt, gleichzeitig kann aber auch auf die subjektive Sichtweise der Akteure bezüglich ihres relevanten Netzwerks, das für die Betroffenen oft nur schwer erfaßbar ist, eingegangen werden.

Die Durchführung der Empirie basiert auf folgenden Thesen:

- Relativ gesehen, sind kleinere Unternehmensberatungsfirmen von externen Netzwerkbeziehungen in größerem Maße abhängig als Großunternehmen, welche auf weiträumige Ressourcen, die sich innerhalb der Unternehmung befinden, zurückgreifen können.

- Die Funktion von externen Netzwerken liegt vor allem in der Akquisition von Projekten und der Know-how-Generierung zur Weiterentwicklung von Beratungsansätzen. Bei kleineren Beratungsfirmen erfüllen sie darüber hinaus die wichtige Funktion des Ressourcenzukaufs in der Projektdurchführungsphase.

- Viele Unternehmungen sind sich einer Zugehörigkeit innerhalb verschiedener Netzwerke und der für sie relevanten Funktionen nur zum Teil bewußt, da Netzwerke aufgrund ihrer Dynamik und subjektiven Konstruktion nur schwer erfaßbar sind.

Alle der vier untersuchten Wiener Unternehmungen erwirtschaften einen Großteil ihres Umsatzes mit Hilfe ihrer Netzwerke (Netzwerke zu anderen Beratungsfirmen oder Akteuren). Die folgenden drei Unternehmen, OSB, Beratergruppe Neuwaldegg und C/O/N/E/C/T/A sind in unterschiedlicher Intensität miteinander vernetzt, wodurch unterschiedliche Sichtweisen von ein und demselben Netzwerk einander gegenübergestellt werden kann. Die drei letztgenannten Firmen legen darüber hinaus ihrer Beratung den „Systemansatz" zugrunde, und in jeder dieser Unternehmungen gibt es Mitglieder, die dem Verein ÖGGO (Österreichische Gesellschaft für Gruppendynamik und Organisationsberatung) angehören.

## OSB

Die OSB (Organisationen Systemisch Beraten), mit 7 Beratern, ist im gesamten deutschsprachigen Raum tätig und arbeitet eng mit nationalen und internationalen Netzwerken zusammen.

### Das regionale Netzwerk

Dieses regionale Netzwerk besteht aus einzelnen Personen oder österreichischen Firmen, die ebenfalls von Mitgliedern der ÖGGO gegründet wurden. Im Rahmen von ÖGGO-Veranstaltungen (in Form von Symposien oder Workshops) werden Erfahrungen, neue Beratungskonzepte und Methoden ausgetauscht.

Abgesehen von der Unterstützung bei der Potentialproduktion, fungiert ein Teil dieses Netzwerkes auch als „Zugriffspool" in der Projektabwicklungsphase (Endkombination). Dieser Pool besteht aus Einzelkonsulenten oder Einzelpersonen anderer Firmen, die – je nach Bedarf – aufgrund ihrer speziellen Kenntnisse und/oder Verfügbarkeit in ein laufendes Projekt geladen werden.

### Das lokale Netzwerk

Innerhalb des regionalen Netzwerkes nimmt die Interaktionsintensität mit den Partnern zum Firmensitz des fokalen Unternehmens

(Wien) hin zu. Eine besonders hohe Interaktionsdichte läßt sich mit befreundeten Firmen in unmittelbarer Nähe (in der gleichen Stadt), mit denen langfristig Kooperationen auch über die Firmengrenzen hinweg stattfinden, erkennen. Den Kern des regionalen Netzwerkes bildet somit das „lokale Netzwerk", das die unmittelbare Umgebung der fokalen Unternehmung darstellt und vor allem in Hinblick auf die Projektdurchführung eine wichtige Rolle spielt.

*Das Netzwerk vor Ort*

Mit der Verlagerung des Hauptabsatzgebietes in den deutschsprachigen Raum, begann sich die Unternehmung ein „Netzwerk vor Ort" aufzubauen. Beim Netzwerk vor Ort handelt es sich um jenes Netzwerk, das in unmittelbarer Nähe zum Absatzmarkt angesiedelt ist.

Das Netzwerk vor Ort konstituiert sich a) aus verschiedenen unabhängigen Beratern beziehungsweise halbselbständigen internen Beratern, die untereinander jedoch nur bedingt vernetzt sind, und b) aus „Assozietäten", deren Mitglieder sich ebenfalls aus unabhängigen

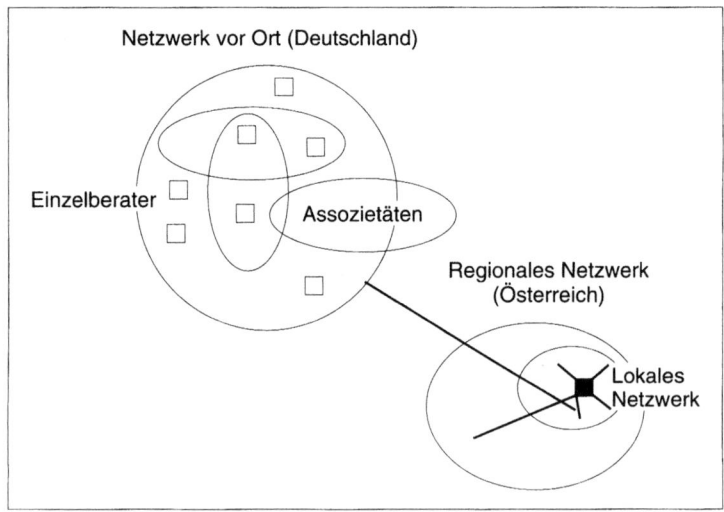

*Abbildung 11:* Das Netzwerksystem der OSB

Einzelberatern zusammensetzen, die sich jedoch sehr stark vernetzt haben und ihrerseits Drittnetzwerke aufgebaut haben. Die Stärke der Vernetzung solcher Assozietäten läßt sich an dem Umstand erkennen, daß die Mitglieder langfristig unter gleichem Namen (sie verwenden gleiches Briefpapier) und mit einem gemeinsamen Firmensitz kooperieren, sich gegenseitig bei der Akquisition unterstützen und dadurch eine hohe Interaktionsdichte aufweisen (Abbildung 11).

Das Netzwerk vor Ort und das regionale Netzwerk erfüllen im Produktionsprozeß teils dieselben, teils unterschiedliche Funktionen für die fokale Unternehmung.

- Potentialproduktion (hier werden in etwa 30 Prozent der Fälle Kooperationspartner eingebunden): Fallweise bilden das lokale, vor allem aber das regionale und zunehmend auch das Netzwerk vor Ort eine Plattform zur Generierung von Know-how. Das regionale Netzwerk (ÖGGO) trägt aufgrund zusätzlicher Synergieeffekte zum Bekanntheitsgrad des spezifischen Beratungsansatzes (Systemische Beratung) im deutschsprachigen Raum bei.

- Akquisition: In der Regel wird die OSB vom Netzwerk vor Ort eingeladen Projekte zu übernehmen. Wenn die eigenen Kapazitäten nicht ausreichen, wird die OSB von lokalen Netzwerkfirmen unterstützt.

- Projektdurchführung (hier werden in 50 Prozent der Fälle Kooperationspartner zugezogen): Lokale Netzwerkkonsulenten werden aufgrund von Kapazitäts- oder Know-how-Mängeln zugekauft. Das Netzwerk vor Ort wird einbezogen, um laufende Projekte zu betreuen (interne Berater) und um inhaltlich zusammenzuarbeiten (selbständige Berater). Die inhaltliche Grundkonzeption (die Kernleistung) wird in aller Regel von der OSB erbracht; dafür wird eine intensive Reisetätigkeit zum jeweiligen Kunden zur unabdingbaren Grundvoraussetzung. Die Kooperationspartner spezialisieren sich hier verstärkt auf operatives Abwicklungs-Know-how, sie kennen die Eigenheiten des Absatzmarktes und treten mit dem Kunden bei organisatorischen Fragestellungen in Kontakt.

## Beratergruppe Neuwaldegg

Die Wiener Beratergruppe – mit acht Gesellschaftern – bezieht ihre Kunden zu 40 Prozent aus dem Ausland (von den ausländischen Kunden entfallen 60 Prozent auf Deutschland und 40 Prozent auf die Schweiz). Der Rest (60 Prozent) entfällt auf österreichische Kunden. Die Gesellschafter stehen mit ihren Netzwerkpartnern in enger Kooperation. Dadurch können sie ihre Umsätze steigern, ohne die Zahl ihrer Gesellschafter vergrößern zu müssen.

Für die Beratergruppe sind vier verschiedene Netzwerke von Bedeutung. Das Wissenschaftsnetzwerk, das Kooperationspartnernetzwerk, das Kundennetzwerk und das Journalistennetzwerk. Alle Netzwerke erstrecken sich zumindest auf den deutschsprachigen Raum (Abbildung 12).

*Das Wissenschaftsnetzwerk*

Es handelt sich hierbei um einen Austausch von Know-how zwischen Angehörigen von Universitäten und Forschungszentren, die

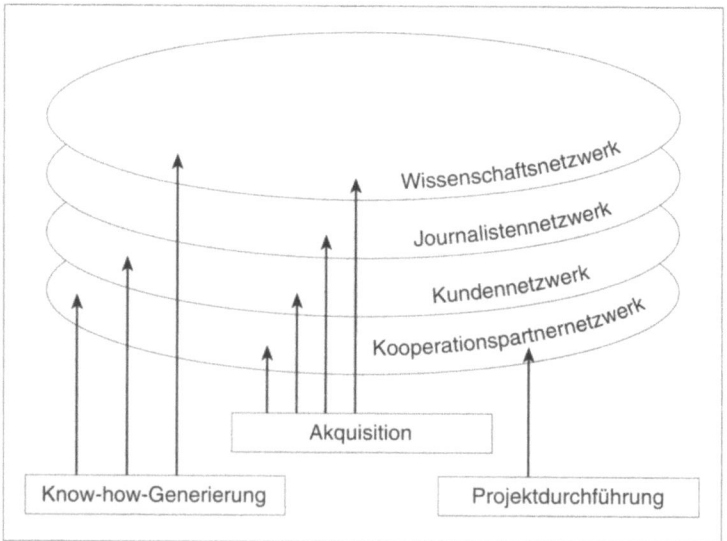

*Abbildung 12:* Das Netzwerksystem der Beratergruppe Neuwaldegg

sich gemeinsam mit der Beratergruppe mit zukunftsweisenden und innovationsträchtigen Themen beschäftigen. Der Kontakt zu den Universitäten wird einerseits über gemeinsame Bekannte, Publikationen oder Ausbildungen hergestellt. Die Beratergruppe hat speziell für diese Netzwerkschiene die Forschergruppe Neuwaldegg gegründet, die die Plattform für gemeinsame Workshops, Themencenter, Vorträge, wissenschaftliche Publikationen und so weiter bildet.

### Das Journalistennetzwerk

Dieses Netzwerk, bestehend aus rund 40 Journalisten, hat vor allem die Funktion via Veröffentlichungen von Artikeln in Magazinen und Zeitungen im deutschsprachigen Raum, die von neuen Ansätzen und Trends in der Arbeit der Beratergruppe berichten, einen großen Kundenkreis zu erreichen. Dazu werden solche Journalisten zu Seminaren oder wissenschaftlichen Veranstaltungen eingeladen, zu denen man über die Zeit ein Vertrauensverhältnis aufgebaut hat. Die Reziprozität besteht darin, daß Journalisten andererseits auf eine Kontaktstelle zurückgreifen können, die in periodischen Abständen Informationen über Neuheiten auf dem Beratungsmarkt liefert.

### Das Kundennetzwerk

Kundenpflege wird auf drei Ebenen betrieben: Erstens, werden Kunden zu Veranstaltungen im Rahmen der Forschergruppe Neuwaldegg (FGN) eingeladen, wo sie neue Erkenntnisse der Wissenschaft kennenlernen und in die Generierung von Know-how mit einbezogen werden. Zweitens werden Kunden durch Aussendungen über Neuigkeiten und Seminare, die die Beratergruppe anbietet informiert. Drittens stellen die Berater ihr Beziehungskapital zur Verfügung und vermitteln auf Anfrage bestimmte Spezialisten, Personal oder Produkte. Dieses „Beziehungskapital" könnte man als „persönliches" beziehungsweise jenes soziale Netzwerk bezeichnen, das auch häufig mit den anderen vier Netzwerken eine gemeinsame Schnittmenge bildet.

*Das Kooperationspartnernetzwerk*

Dieses besteht aus etwa 40 unabhängigen und selbständigen Berater-kollegen, die auch Konkurrenten sein können. In der Regel lädt die BGN Kooperationspartner zur Abwicklung konkreter Projekte ein.

Die Kooperationspartner sind im deutschsprachigem Raum vor Ort innerhalb eines Radius von etwa 200 km vom Kunden entfernt. Ent-weder sind sie in Ballungsräumen oder in der Nähe von Verkehrs-knotenpunkten, wie etwa Autobahnen oder Flughäfen, angesiedelt. Das entscheidende Kriterium ist schnelle Erreichbarkeit der jeweiligen Einsatzorte. 15 der 40 Kooperationspartner befinden sich in Deutschland, 5 in der Schweiz und etwa 20 in Österreich, wobei die österreichischen Partner vor allem im Großraum Wien und Umgebung ansässig sind. Die Kooperationspartner bieten eine wichtige Ressource zur Abdeckung von Kapazitätsengpässen und von fehlendem spezifischem Fach-Know-how. Weiters werden sie im Rahmen von FGN-Veranstaltungen zur gemeinsamen Generierung von Know-how eingeladen. Werden sie im Zuge eines größeren Projektes hinzugezogen, bietet ihre Nähe zum Kunden den Vorteil, während der Projektphase den Kunden an Ort und Stelle betreuen und bei kleineren Zwischenfragen eine schnelle Klärung herbeiführen zu können.

## C/O/N/E/C/T/A

Das Haupabsatzgebiet der C/O/N/E/C/T/A, GmbH, mit elf Mitar-beitern und etwa 40 Kooperationspartnern stellt der Wiener und Oberösterreichische Raum dar; die Hauptabsatzgebiete im deut-schen Raum befinden sich im Ruhrgebiet, Frankfurt, Stuttgart, bis vor kurzem aber auch Hamburg und München.

Für das Beratungsunternehmen sind vor allem zwei Netzwerke maßgebend: Das Netzwerk, das aus Beratungsfirmen besteht und sich ausschließlich auf Wien beschränkt, und jenes, das aus Ein-zelpersonen besteht und sich über die Grenzen Österreichs er-streckt. Daneben spielen sogenannte „Informationsnetzwerke", die eine Erweiterung des Wiener Firmennetzwerkes darstellen,

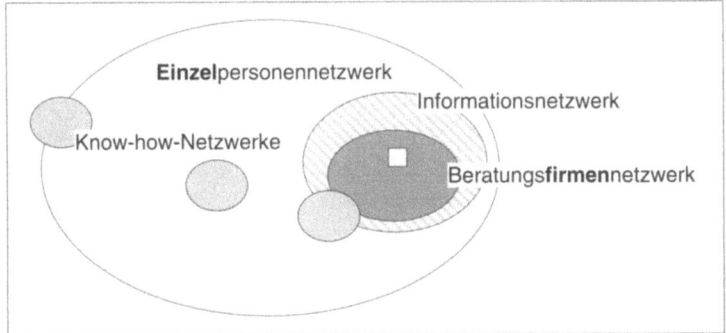

*Abbildung 13:* Das Netzwerksystem der C/O/N/E/C/T/A

und kleinere dynamischere Know-how-Netzwerke eine eher untergeordnete Rolle (Abbildung 13).

*Das Beratungsfirmennetzwerk*

Mit fünf anderen Unternehmensberatungsfirmen gleicher Größe, die alle in Wien angesiedelt sind, werden enge und langfristige Kooperationen zur Abwicklung von Beratungsprojekten eingegangen. Dabei kann jede Firma als gleichberechtigter Partner dem Kunden gegenüber auftreten (in zehn Prozent der Kooperationsfälle), oder eine Firma lädt ein Mitglied einer anderen Firma zu einem Projekt ein (90 Prozent). Das Verhältnis „Einladen" und „Eingeladen werden" gleicht sich innerhalb einer Periode von etwa drei Jahren aus. Bei diesen Kooperationen handelt es sich um gegenseitigen Zukauf von speziellem Know-how (60 Prozent) und zusätzlicher Kapazität (in 40 Prozent der Kooperationsfälle).

*Das Informationsnetzwerk*

Dieses Netzwerk stellt eine bloße Erweiterung des Beratungsfirmennetzwerks dar. Hier treffen sich insgesamt rund zehn kleinere Beratungsfirmen halbjährlich im Rotationssystem jeweils bei einer anderen Firma, um gemeinsam neueste Entwicklungen und Beobachtungen auf dem Beratungsmarkt auszutauschen und zu diskutieren.

*Das Einzelpersonennetzwerk*

Gut 50 Prozent des Umsatzes werden durch Kooperationen mit unabhängigen und selbständigen Einzelpersonen erwirtschaftet. Das internationale Netzwerk (Deutschland rund 15 Mitglieder, Schweiz 1, USA 1, Österreich rund 20) besteht aus Einzelberatern und/oder Trainern und/oder Wissenschaftlern. Die Personen dieses Netzwerkes stammen aus der Reihe ehemaliger Auftraggeber, die sich mittlerweile selbständig gemacht haben, aus der Gruppe ehemaliger Ausbildungskollegen und aus jener Gruppe, die überwiegend wissenschaftlich tätig ist (zum Beispiel Universitätsangehörige). Dieses Netzwerk dient in erster Linie dem Zukauf zusätzlicher Kapazitäten und in zweiter Linie dem Zukauf von Fach-Know-how.

*Know-how-Netzwerk*

Sowohl Forschungs- und Ausbildungs-Know-how als auch operativ gewonnenes Know-how werden in sogenannten Know-how-Netzwerken zusammengetragen und ausgetauscht. Die Foren dazu bilden meist Arbeitsgemeinschaften, die sich zu diesen Themen halbjährlich treffen und sich aus Mitgliedern zusammensetzen, die aus allen drei Netzwerktypen stammen können.

## Horwath Consulting Austria

Horwath Consulting Austria ist eines von über 270 Beratungsbüros in 68 Ländern, die sich, rechtlich selbständig, vor allem im Bereich der Hotellerie und Freizeitwirtschaft spezialisiert haben. Die diesen Beratungsbüros übergeordnete Dachmarke (einheitliches „branding" und standardisierte Drucksorten im Rahmen eines Lizenzsystems) ist die Horwath & Horwath International mit Sitz in New York, die 1915 gegründet wurde. Horwath Consulting Austria – mit heute 25 Mitarbeitern – hat Niederlassungen in Wien, Salzburg, Budapest, Sofia und Zagreb. HC Österreich arbeitet im Rahmen eines Kooperationsvertrages mit HC Deutschland und HC Schweiz eng zusammen. Die HC operiert mit dem Horwath & Horwath-Netzwerk und ihrem regionalen Netzwerk, das aus unabhän-

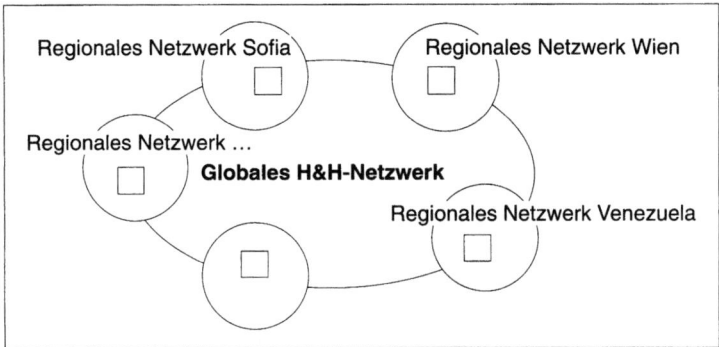

*Abbildung 14:* Das Netzwerksystem der Horwath & Horwath International

gigen Kooperationspartnern besteht. Horwath & Horwath prägte folgenden Slogan: Glocally: Global representation – locally (Abbildung 14).

Das Horwath & Horwath-Netzwerk nimmt für die HC-Büros eine zentrale Stellung ein.

1. Potentialproduktion: Netzwerkpartnerbüros sind EDV-mäßig vernetzt; dadurch können im Austausch mit anderen ad hoc Wissenslücken geschlossen werden, die für die Projektabwicklung von direkter Bedeutung sind. Andererseits ermöglichen neben einer Jahreshauptversammlung mehrere gemeinsame Veranstaltungen einen regen Know-how-Austausch.

2. Akquisition: Die wichtigste Funktion für Netzwerkmitglieder besteht im gegenseitigen Zuspielen von Aufträgen. Hier kommt den Büros die Funktion einer Agentur zu. Entweder werden Büros von anderen direkt angesprochen, oder es werden „interne Ausschreibungen" in Umlauf gebracht, bis sich jene Stelle meldet, die hier entweder selbst oder in Zusammenarbeit mit Spezialisten, die sich im regionalen Netzwerk der jeweiligen Büros befinden, den Auftrag bearbeiten kann und möchte. Wird ein Auftrag von H&H-Partner vermittelt, werden interne Verrechnungssätze zur Anwendung gebracht.

3. Projektdurchführung: Das regionale Büro setzt nun seine eigenen
Mitarbeiter für die Abwicklung eines regionalen Projekts ein. Ergeben sich jedoch Kapazitätsengpässe oder ist spezielles Know-
how vonnöten, so werden auch konkurrierende unabhängige Beratungsfirmen und/oder Berater anderer Spezialgebiete (zum Beispiel Marketing, Banking, Human Resource...) aus dem sogenannten regionalen Kooperationspartnernetzwerk zugekauft.
Überregionale Projekte werden meist an die dort ansässige Part-
nerfirma vergeben oder mit deren regionalen Netzwerkpartnern
abgewickelt.

## Vergleich der vier untersuchten Beratungsunternehmen

Der Vergleich der vier Unternehmungen läßt erkennen, daß Funktionen den jeweiligen Netzwerken nicht eindeutig zugeordnet werden können. Ein und dasselbe Netzwerk kann für die Unternehmung
unterschiedliche Funktionen erfüllen, wobei die Gewichtung von
Fall zu Fall verschieden ist. So erfüllt zum Beispiel für die OSB das

| Netzwerk | Funktion | Ausprägungsform | | | |
|---|---|---|---|---|---|
| | | OSB | BGN | Conecta | HCA |
| Regionales Netzwerk | **Projektabwicklung** (Zukauf von Fach-Know-how, Kapazität)<br><br>(Potentialproduktion Know-how) | Regionales Netzwerk<br><br>Lokales Netzwerk | Kooperations-partnernetz-werk (Wien und Umgebung) | Beratungs-firmen-netzwerk<br><br>Informations-netzwerk<br><br>Einzelperso-nennetzwerk (östl. Österr.) | Regionales Netzwerk |
| Netzwerk vor Ort | **Projektabwicklung** (Fach-Know-how, Kapazität, Projektmonitoring)<br><br>Marktbeobachtung<br><br>Akquisition<br><br>Potentialproduktion | | Kooperations-partnernetz-werk (Deutschland, Schweiz) | Einzelpersonen-netzwerk (Deutschland) | Globales H&H-Netzwerk (regionale Netzwerke des jeweiligen Partnerbüros) |

*Abbildung 15:* Vergleich der vier untersuchten Unternehmensberatungsfirmen

Netzwerk vor Ort eine stärkere Akquisitionsfunktion, für die C/O/N/E/C/T/A steht hier das regionale Netzwerk im Vordergrund.

Betrachtet man nun die Ausprägungsformen der Netzwerksysteme der oben untersuchten Unternehmungen, ergeben sich bezüglich der Kriterien Funktion und räumliche Verteilung der Netzwerke folgende Gemeinsamkeiten (Abbildung 15).

Trotz Überschneidungen und Überlappungen sowohl der Funktionen als auch der räumlichen Verteilung der verschiedenen Netzwerke kristallisiert sich grundsätzlich ein System heraus, das aus zwei großen Netzwerken besteht.

1. Das Regionale Netzwerk: Dieses stellt die unmittelbare Umwelt der fokalen Unternehmung dar. Kenntnisse des regionalen Milieus wirken sowohl bei der Unternehmensgründung als auch in weiterer Folge bei Kooperationen mit „gleichgesinnten" Partnern unterstützend. Durch gemeinsames Arbeiten entwickeln die betroffenen Partner ein für die Region spezifisches Know-how. Auffällig ist die Tatsache, daß mit der Erweiterung des Absatzgebietes in internationale Märkte die Entstehung von Netzwerken vor Ort einherging.

2. Das Netzwerk vor Ort: Die Hauptfunktion dieser Netzwerke besteht zwar auch darin, Projekte gemeinsam mit Partnern abzuwickeln, die Möglichkeit des Projektmonitorings und der Marktbeobachtung aufgrund der Nähe zum dortigen Absatzmarkt ist jedoch eine Eigenheit des Netzwerkes vor Ort. Unter Projektmonitoring ist unter anderem die schnelle Verfügbarkeit des Netzwerkpartners beim Kunden, um mit ihm gemeinsam im Rahmen des Gesamtprojektes den Projektfortschritt zu koordinieren oder kleinere Subprojekte zu begleiten, zu verstehen. Im Rahmen der Marktbeobachtung geht es darum, die Entwicklung des Klientensystems zu erfassen und auf marktspezifische Eigenheiten hin sensibilisiert zu werden.

Anhand der Funktionen, die das regionale Netzwerk und das Netzwerk vor Ort für den Beratungsprozeß darstellen, läßt sich der Komplexitätssteuerungsmechanismus wie folgt nachvollziehen:

- Projektabwicklung: Das fokale Unternehmen kann Fach-Know-how und zusätzliche Kapazitäten aus dem Netzwerk zukaufen. Der Vorteil dieser Kooperationsschiene liegt in der Möglichkeit, aus einem Pool von hochqualifizierten Netzwerkpartnern den für ein spezifisches Projekt am besten geeigneten Berater/Trainer/Wissenschaftler zu beschäftigen. Der relativ hohe Kooperationsanteil ergibt sich aus der Tatsache, daß trotz intensiven Know-how-Austausches (Techniken, Verfahren, Ansätze, Module etc.) die Beratungsdienstleistung kaum 1:1 kopiert werden kann, da jeder Berater seine eigene Handschrift hat und somit eine engere Kooperation auch mit Konkurrenten eingegangen werden kann, als dies etwa in anderen Branchen denkbar wäre. Die Nutzung weit verstreuter Ressourcen und die Delegation von Leistung (zum Beispiel Projektmonitoring) reduziert so Komplexität.

- Akquisition: Gerade dieser Punkt ist für die Existenz jeder Unternehmung von überragender Bedeutung. Deshalb erhöht jede zusätzliche Akquisitonsschiene die Chancen auf weitere Aufträge, was wiederum zur Reduktion von Komplexität beiträgt.

- Potentialproduktion: Gerade hier sieht man daß diese Form der Know-how-Generierung sowohl komplexitätssteigernd als auch -reduzierend wirken kann; nämlich durch die Erfassung eines überdimensionalen Wissensstandes, der aber im weiteren Schritt durch gemeinsames Filtern zu einem neuen Beratungsansatz führen kann.

Für eine langfristige Beziehung ist in jedem Fall ein gemeinsames Grundverständnis von Paradigmen, Werten und Fragestellungen von großer Bedeutung. Dadurch kann ein Klima der gegenseitigen Achtung und des Vertrauens geschaffen werden und auch über große Distanz aufrecht bleiben.

# Die Vorteile von Netzwerken

Mit Hilfe von Netzwerken ist es möglich, die komplexe Wirkung zum Beispiel des Raumes zu minimieren. Wie die Studie zeigt, werden Distanzen zum Absatzmarkt, zum Kooperationspartner etc. durch eine hohe Reisebereitschaft der Berater und eine hohe Bereitschaft des Kunden, die Kosten dafür zu übernehmen, durch eine disperse Verteilung der Netzwerkpartner im Raum und durch eine den Umständen angepaßte Kommunikationsform überwunden. Diese Flexibilität bewirkt, daß durch einen geringeren Fixkostenanteil die Beratungsunternehmung konkurrenzfähig bleibt und das Beratungsprodukt so bei Bedarf in optimaler Qualität zusammengestellt werden kann.

Die folgende Tabelle macht deutlich, daß sich eine Steuerung von Komplexität, also eine Erhöhung oder eine Reduktion, an der spezifischen Situation, in der sich eine Unternehmung befindet, orientieren soll (Abbildung 16).

Netzwerke eignen sich also in besonderer Weise zur Steuerung von Komplexität. Die Beratungspraxis zeigt, daß sich Netzwerke nicht gegen oder konträr, sondern mit der auf das fokale Unternehmen einwirkenden Komplexität entwickeln und formieren.

Da Unternehmungen auf die Zunahme von Komplexität in Wirtschaft und Gesellschaft mit Flexibilität und hohem Reaktionsver-

| Komplexitätssteuerung mit Hilfe von Netzwerken | |
|---|---|
| Erhöhung | Reduktion |
| • Netzwerke sind nur beschränkt durch „Beziehungsarbeit" steuerbar. Erfolgreiche Beziehungsarbeit ist sehr arbeitsintensiv und muß Bedürfnisse und Handlungen der Netzwerkpartner antizipieren. | • Aufgrund der dezentralen Selbststeuerung der Netzwerkpartner kann jederzeit auf Ressourcen zurückgegriffen werden, die so die eigene Flexibilität erhöht. |
| • Aufgrund der möglichen Kombinationen und der Reichweite von Ressourcen erschwert sich das Auswahlverfahren (die Qual der Qahl) | • Dem Beratungsauftrag kann durch optimal maßgeschneiderte Leistungskomponenten am besten entsprochen werden. |
| • Netzwerkpartner müssen pro Projekt neu eingebunden werden (Verhandlungsaufwand). | • Netzwerke ermöglichen eine optimale Auslastung der Kapazitäten und eine Reduktion des Fixkostenanteils. |
| • Unterschiedliche Wirklichkeitsauffassungen verlangen von den Netzwerkpartnern die Fähigkeit mit Widersprüchen umgehen zu können. | • Eine gemeinsame Grundhaltung unter den Netzwerkpartnern erhöht das Vertrauen und reduziert so Unsicherheit. |

*Abbildung 16:* Komplexitätssteuerung mit Hilfe von Netzwerken

mögen antworten müssen, begünstigt dies die Ausbildung von Netzwerken. Aufgrund der Eigendynamik von Netzwerken können diese Komplexität verringern, wenn sie sich – oder Teile davon – im
Sinne der vorangestellten Definition in Richtung Institution verändern, oder aber auch Komplexität erhöhen, wenn sich die Beziehung
der Elemente scheinbar wieder auflöst.

*Literatur*

Corsten, H. (1985): Die Produktion von Dienstleistungen. Berlin: Erich
Schmidt Verlag.

Engelhardt W. H., M. Reckenfelderbäumer (1993): Trägerschaft und organisatorische Gestaltung industrieller Dienstleistungen. In: Hermann Simon (Hrsg.), Industrielle Dienstleistungen. Stuttgart: Schäffer-Poeschel
Verlag.

Grabher, G. (1993): The embedded firm, On the socioeconomics of industrial networks. London and New York: Rouledge.

Kaufmann, E. J. (1977): Marketing für Produktivdienstleistungen. Zürich:
Deutsch.

Obring, K. (1992): Strategische Unternehmensführung und polyzentrische
Strukturen. Kirsch, W. (Hrsg.), Universität München.

Strambach, S. (1993): Die Bedeutung von Netzwerkbeziehungen für wis-
sensintensive unternehmensorientierte Dienstleisungen. In: Geographi-
sche Zeitschrift, S. 35–50.

Tödtling, F. (1994): The Uneven Landscape of Innovation Poles: Local Em-
beddedness and Global Networks. In: N. Amin, N. Thrift (Hrsg.): Glo-
balization, Institutions, and Regional Development in Europe, Oxford
University Press.

# Soziale und technische Netzwerke

*von Rupert Nagler*

„As a net is made up of a series of ties, so everything in this world is connected by a series of ties. If anyone thinks that the mesh of a net is an independent, isolated thing, he is mistaken. It is called a net because it is made up of a series of interconnected meshes, and each mesh has its place and responsibility in relation to other meshes."
(Buddha)

## Ausgangssituation zum Thema Netzwerke

Etwa 30 Millionen Menschen haben Zugang zum Internet. 1995 waren es vielleicht 15 Millionen, 1998 könnten es 50 bis 150 Millionen sein, schätzt die Gartner Group, ein weltweit bekanntes EDV-Consulting- und Marktforschungsunternehmen, in ihrer neuesten Internet Studie (Gartner).

In einer Publikationslawine unterschiedlichster Qualität als Seuche verdammt oder als heilbringendes Universalmedium gelobt, sehen wir uns jedenfalls mit einem neuen Massenphänomen konfrontiert. Bemerkenswert ist die Entschuldigung, die die Gartner Group für ihre unsichere Prognose anführt: das Internet sei so dynamisch, einem organischen lebenden Netzwerk ähnlich, daß es sich jeder seriösen Vorhersage entziehe. Grund genug, uns Gedanken zu machen über das Wesen von technischen Netzwerken und den damit untrennbar verbundenen sozialen Netzwerken ihrer menschlichen Benutzer. Was ist also das Gemeinsame von technischen und sozialen Netzwerken, wo liegen die Unterschiede, was bewirken diese Netzwerke im Umgang mit Komplexität?

# Definition und Abgrenzung von Netzwerken

Woran erkennen wir ein Netzwerk? Netzwerke sind dynamische Systeme, deren Komponenten selbst wieder Teilsysteme sind und die untereinander verbunden sind. Sind diese Verbindungen nicht linear und nicht hierarchisch, sondern schleifenartig, entstehen Rückkoppelungseffekte. Diese ermöglichen Selbstorganisation und Lernfähigkeit.

Die einzelnen Teilsysteme können auch allein existieren. Einige Teilsysteme (dann auch als „Knoten" bezeichnet) schließen sich zu einem Netzwerk zusammen, wenn sie dadurch ein gemeinsam definiertes Teilziel rascher oder leichter erreichen können. Die Kosten, mit einem bestimmten Knoten zu kommunizieren, sollen für alle Knoten etwa gleich sein. Die Teilnahme an einem Netzwerk kann temporär beschränkt sein. Ein Teilsystem kann gleichzeitig Knoten in mehreren Netzwerken sein und dabei weitgehend autonom bleiben. Die Mitgliedschaft im jeweiligen Netzwerk ist auf die Erreichung des gemeinsam angestrebten Teilziels hin orientiert. Widersprüche mit den eigenen autonomen Zielen und anderen Netzwerkzielen sind durchaus möglich. Es handelt sich also um eine Nutzengemeinschaft, die aus zweckgerichteten Gründen geschlossen wurde, wobei auch soziale Zwecke wie Nähe, Geborgenheit oder Kommunikation eingeschlossen sind.

## Soziale Netzwerke

Die Mitglieder sozialer Netzwerke sind Menschen. Menschen organisieren sich in sozialen Netzwerken, um bei der Durchsetzung ihrer Ziele gegenüber der Umwelt Vorteile zu erreichen. Folgende Beispiele zeigen, daß das Wertspektrum dieser Ziele weit gespannt ist: Mafia, frühes Christentum, chinesische Handelsnetze in Asien, Amnesty International, Wissenschafter, neo-nazistische Vereinigungen. Haben soziale Netzwerke eine gewisse Größe oder Status erreicht, können sie in besondere (zum Beispiel hierarchische) Organisationsformen mutieren. Beispiele dafür sind: Katholische Kirche, Unternehmen, multinationale Konzerne.

## Technische Netzwerke

Die Elemente technischer Netzwerke sind Computer, also selbst wieder technische Systeme, die von Menschen benutzt werden. Die Elemente und die Beziehungen eines technischen Netzwerkes sind endlich und künstlich, von Menschen als Werkzeug zur Kommunikation nach fixen Regeln und Plänen geschaffen. Ein bekanntes Beispiel für ein technisches Netzwerk ist das Internet.

Es wurde in den sechziger Jahren vom Militärbereich der USA unter dem Namen „Arpanet" entwickelt. Über die gesamte USA verteilte Verteidigungseinrichtungen wurden vernetzt, um bei einem russischen Atomangriff auch im Falle der Zerstörung einiger Knoten des Netzwerks einen Gegenangriff starten zu können. Da ein Atomangriff überall erwartet wurde, war es strikte Vorgabe, daß dieses Netzwerk keinerlei zentrale Einrichtungen haben durfte, trotz Ausfall beliebiger Knoten muß das Netzwerk weiter funktionieren und eine Kommunikation der verbliebenen Knoten ermöglichen. Zum Ende des kalten Krieges wurde das Internet geöffnet und dem Forschungsbereich zur Verfügung gestellt. Forscher an der Westküste konnten so gemeinsam mit Kollegen an der Ostküste an Projekten arbeiten. Über den Wissenschaftsbereich dehnte sich das Netz schließlich über die ganze Welt aus. In den neunziger Jahren begann dann eine intensive Nutzung im kommerziellen Bereich und durch den Konsumsektor. Die Kommunikationsregeln des Internet („Internet Protokoll") sind seit den Anfängen gültig und werden laufend selbstorganisierend an das Wachstum angepaßt. Im Prinzip gelten ähnliche Regeln auch in allen anderen technischen Netzwerken (lokale Netzwerke in Unternehmen, kommerzielle Netzwerke).

Die Regeln des Internet-Protokolls definieren Interaktionen zwischen Netzknoten. Bei jeder Nachricht sind Sender und Empfänger eindeutig gekennzeichnet. Normalerweise sind Sender und Empfänger nicht direkt miteinander verbunden, sondern die Nachricht läuft über mehrere Knoten des Netzwerks. Somit stellt jeder Knoten selbstlos Arbeitsleistung dem Netzwerk zur Verfügung und vermittelt Nachrichten weiter, die ihn erreichen. Dabei ist es nicht notwendig, daß der einzelne Knoten alle anderen kennt. Jeder Knoten

kennt nur seine direkten Nachbarn und seine aktuellen Kommunikationspartner. Empfängt er eine Nachricht, die für ihn bestimmt ist,
verarbeitet er sie. Empfängt er eine Nachricht für einen Knoten, der
ihm bekannt ist, sendet er sie in dessen Richtung weiter. Nachrichten an für ihn unbekannte Knoten sendet er an jene Knoten weiter,
die in der Vergangenheit erfolgreich solche Nachrichten an diese unbekannten Empfänger weiterleiten konnten.

Dieses kooperative Organisationsmuster führt zu einer sehr guten
Nutzung der Ressourcen, ermöglicht ständiges Wachstum und
benötigt keinen zentralen Verwaltungsaufwand. Dadurch sind die
Kommunikationskosten für den einzelnen Knoten beispielsweise im
Verhältnis zu kommerziellen Telefonleitungen extrem gering.

## Wechselwirkungen

Menschen planen, bauen und nutzen technische Netzwerke, um ihre
sozialen Netzwerke iterativ zu verbessern. Die Abbildung **XXX** ver-
anschaulicht diesen selbstorganisierenden Evolutionsprozeß: Werthaltungen und Eigenschaften des sozialen Netzwerks (der Stufe i),
welches ein technische Netzwerk (der Stufe i) entwickelt, vererben
sich gewollt oder ungewollt auf dessen Funktion. Das soziale Netzwerk benutzt dieses so entwickelte technische Netzwerk mit seinen
hilfreichen und hinderlichen Funktionen. Die vorhandene und feh-
lende Funktionalität des technischen Netzwerks beeinflußt das soziale Netzwerk seiner Anwender und damit die einzelnen Menschen.
Hilfreiche oder hinderliche Funktionen (Benutzerfreundlichkeit,
Förderung oder Behinderung bestimmter Beziehungen, etc.) formen
das Kommunikationsverhalten im sozialen Netzwerk. So mutiert es
zu einem neuen sozialen Netzwerk (der Stufe i+1). Schließlich entwickelt dieses ein neues technisches Netzwerk (der Stufe i+1), was
wiederum zur Veränderung des sozialen Netzwerks (zur Stufe i+2)
führt, und so weiter (Abbildung 17).

Ein soziales Netzwerk verwendet also ein technisches Netzwerk als
Werkzeug, um ein der komplexen Umwelt adäquates Organisationsmuster zu erreichen.

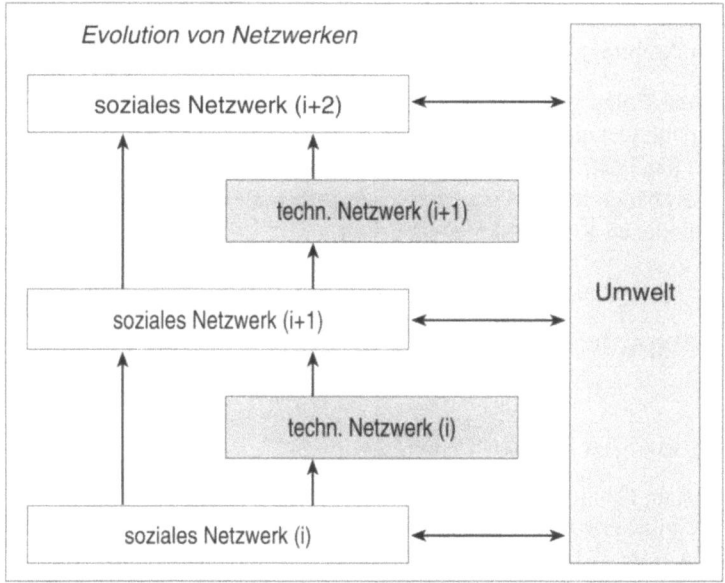

*Abbildung 17:* Die Evolution von Netzwerken

Über die verhältnismäßige Langlebigkeit eines technischen Netzwerkes und die strategische Position im Kommunikationsbereich hat damit das soziale Netzwerk (der Stufe i) des Entwicklungsteams bedeutend stärkeren Einfluß auf das soziale Netzwerk (der Stufe i+1) der Anwender, als es durch rein soziale Interaktion in einem gemeinsamen sozialen Netz möglich wäre. Die Auswirkungen haben für mich eine ähnlich konservierende Wirkung wie die Erfindung der Buchdruckerei. Seit damals wird Wissen festgeschrieben und vervielfältigt vielen Menschen zugänglich gemacht. Jetzt wird durch technische Netzwerke nicht nur Wissen, sondern auch Kommunikationsverhalten fixiert. Daher kommt es auf eine sehr überlegte und verantwortungsbewußte Architektur solcher technischen Netzwerke an. Derzeit verantworten das Organisatoren und EDV-Fachleute, die konzentrieren sich aber bloß auf die technischen und wirtschaftlichen Aspekte. Die bewußte Gestaltung der sozialen und psychologischen Aspekte, oder wie Königswieser, Exner und Pelikan formulieren, „der Entwurf einer sozialen Architektur" findet dabei kaum statt.

In der Folge werden relevante Wechselwirkungen zwischen sozialen und technischen Netzwerken an einigen Beispielen von Elektronischer Post, Internet, World Wide Web, Intranet, Electronic Data Interchange und innerbetrieblichen Informationssystemen aus verschiedenen Blickwinkeln beleuchtet.

# Beispiele für Wechselwirkungen in der Praxis

## Elektronische Post (E-Mail)

Soziale Netzwerke nutzen technische Netze erfolgreich, um für sie wichtige Prinzipien durchzusetzen (Amnesty International, Greenpeace) und Minderheiten zu unterstützen (Befreiungsbewegungen, Widerstandsgruppen, aber auch Sekten und Neo-Nazis).

Amnesty International kann zum Beispiel heute nicht mehr auf E-Mail als Kommunikationsmittel verzichten. Besonders wertvolle Dienste leistet E-Mail bei der Meinungsbildung und der Dezentralen Entscheidungsfindung für weltweit agierende soziale Netzwerke.

## Änderung der Kommunikationskultur durch E-Mail

Das neue technologische Medium führt oft zu einem überraschenden Demokratisierungseffekt, weil es statt hierarchischer Kommunikationsmuster direkte Beziehungen begünstigt. Auch in sehr starren Organisationen ermöglicht dieses Medium erstmals einen direkten Kontakt von „einfachen" Mitarbeitern mit dem Management. Es ist offensichtlich viel einfacher, per E-Mail dem Direktor eine kurze Nachricht zu senden, als ihn auf dem Gang direkt anzusprechen oder über das Telefon anzurufen. Die zeitlich entkoppelte Kommunikationsform wirkt hier entlastend durch die Möglichkeit, sich gut vorzubereiten und überlegt zu formulieren. Die Angst, durch eine unerwartete Antwort aus dem Konzept gebracht zu werden, fällt weg; mangelnde Schlagfertigkeit wird nicht mehr als schmerzhaft erlebt. Der Tempowechsel zu einem langsameren Rhythmus der Kommunikation ermöglichen eine angstfreie und bedachte Kommunikation, da Rede und Gegenrede durch das asynchrone Medium langsamer erfolgen. Die schriftliche Protokollierung kann zu mehr Tiefgang verpflichten. Neue Leute werden sichtbar, meist Menschen, die aus ihrer derzeitigen geographischen oder hierarchischen Position heraus bisher kaum Gehör fanden.

Natürlich treten diese positiven Effekte nur bei überlegter Planung der sozialen und technischen Architektur des E-Mail-Systems auf. Besonders wichtig ist Beispielwirkung und aktives Kommunikationsangebot durch die Unternehmensleitung. Eine begleitende Steuergruppe verstärkt positive Effekte und verhindert negative Auswirkungen und Mißbrauch. Ohne gründliche Planung können Bürokratisierung, Verarmung und Erstarrung der Kommunikation, Überladung mit irrelevanten Daten entstehen. Außerdem besteht die Gefahr, bei der technischen Installation hierarchische Strukturen zu perpetuieren (Sperren oder Filtern bestimmter Kommunikationswege, restriktive Zugangsbeschränkungen).

Technisch ergeben sich vielfältige Möglichkeiten für Überwachung und Zensur. Manche große Unternehmen informieren ihre Mitarbeiter darüber, daß E-Mail überwacht wird, weil das im Firmeninteresse liegt und das Medium dem Unternehmen gehört. Andere Organisationen garantieren ihren Mitarbeitern Datenschutz und Vertraulichkeit auf diesem Medium.

James Cappel berichtet über zwei Fälle in den USA bei EPSON und NISSAN, wo Mitarbeiter sich gegen das Abhören ihrer E-Mail wehrten und deshalb gekündigt wurden. Ihre Klagen wurden jeweils vom Gericht abgewiesen mit folgender Begründung: Da die Computersysteme den Unternehmen gehören, hätten diese auch das Recht, alle darauf befindlichen Daten zu lesen. Im übrigen sei das Abhörverbot von Telefonleitungen auf Email nicht anwendbar.

Spätestens jetzt liegt die triviale Frage nahe, in welchem virtuellen Raum eines derart „vernetzten" Unternehmens dann zum Beispiel

Betriebsversammlungen abgehalten werden können, wenn durch
solche Kontrollmöglichkeiten räumliche Dimensionen auch auf diese Art reduziert werden?

Lee Sproul und Sara Kiesler beobachten folgendes in ihrer Untersuchung „Reducing Social Context Cues: Electronic Mail in Organizational Communication.", daß in technischen Netzwerke die
Wirksamkeit traditioneller sozialer Feedbackmechanismen reduziert wird. Manchmal wird E-Mail auch als Instrument zur Ver-
schleierung und Umgehung von zwischenmenschlichen Konflikten verwendet.

## Selbstorganisierende Verhaltensregeln am Internet

Im Zusammenhang mit der Organisation von E-Mail bemerkens-
wert ist das Regelwerk, das sich im Internet spontan im Bereich von
E-Mail, Verteilerlisten („Mailing Lists") und Diskussionsgruppen
(„News") herausgebildet hat.

Von den Einheimischen des Global Village mit dem Jargonwort
„Netiquette" (Hoffmann) bezeichnet, handelt es sich dabei um iterativ und demokratisch entstandene Verhaltensregeln bei der Nutzung des Netzwerkes. Die von der Gruppe erarbeiteten Informationen werden rückgespiegelt und bleiben Eigentum der Gruppe.

Peter Kollock und Marc Smith untersuchten 1994 in ihrem Paper
„Managing the Virtual Commons: Cooperation and Conflict in
Computer Communities" die sozialen Implikationen der Internet
Newsgruppen und kamen zu dem Schluß, daß dort dieselben Pro-
bleme und Regeln wie in sozialen Netzwerken gelten.

Die spezielle Charakteristik und Qualität dieser Kommunikationsform erleichtert sowohl die Kooperation als auch das Ausnützen
durch einzelne Trittbrettfahrer. Damit scheint diese Technologie das
soziale Dilemma zwischen Vorteilen eines Individuums und dem
Wohl der Gruppe zu verstärken und sichtbarer zu machen. Hier liegt
meiner Meinung eine große Chance, wenn dadurch die Lernfähigkeit sozialer Netzwerke gesteigert wird.

## Emotion via E-Mail

Die mangelnden Möglichkeit, Emotion über technische Netzwerke zu vermitteln, wird in kreativer Pfiffigkeit gemildert. So hat sich auf dem Internet eine zeichenmäßige Notation eingebürgert, mit der man seine aktuelle emotionale Befindlichkeit signalisieren kann. Es handelt sich um seitlich von links nach rechts mit Sonderzeichen gebildete Gesichter (sogenannte „Smileys") mit unterschiedlichem Ausdruck. Hier ein kleiner Auszug:

| | |
|---|---|
| :-) | a similing face |
| ;-) | a winking, similing face |
| :-( | an unhappy face |
| :-(*) | someone about to throw up |
| 8-) | someone being astonished |
| :-P | someone sticking out his tongue |
| :-& | someone whose lips are sealed |
| >:-O | someone screaming in anger |

## World Wide Web

Zum Unterschied von E-Mail bietet das World Wide Web (WWW) ein medial unbegrenztes Publikationsforum. Hier ist das Vernetzungsprinzip implizit rekursiv auch in der Darstellungstechnologie (Hypertext) enthalten: Dokumente, die auf irgendeinem Rechner am Internet angeboten werden, enthalten Verweise auf andere Dokumente (meist Texte, aber auch Bilder, Videos und akustische Dokumente in der Form von Sprache und Musik), die in irgendeinem Zusammenhang mit dem aktuellen Thema stehen. Der Leser kann einfach durch Selektion entlang dieser Vernetzungsverweise navigieren, egal auf welchem Rechner die so referenzierte Information liegt. Der Leser verzweigt beispielsweise durch Anklicken eines Literaturzitates direkt ins entsprechende Originaldokument. Sequentielles Lesen ist damit überholt (somit natürlich auch erschwert).

Während der Leser beim Studium eines herkömmlichen Buches am Rand Notizen machen kann, wichtige Stellen exzerpieren, mit anderen Inhalten in Beziehung setzen kann und vielleicht später umständlich mit dem Autor in Kontakt treten kann, könnten diese Erweiterungen bei einer kreativen Nutzung des WWW direkt an den Autor und die anderen Leser zurückgemeldet werden.

Der Leser ist plötzlich aktiv eingebunden, Feedback ist jederzeit möglich. Es gibt unzählige, nicht vorhersagbare Wege der Rezeption von Information: Informationstransfer ist somit nicht mehr so asymmetrisch wie beim Buch mit seinen wohldefinierten Rollen von Sender und Empfänger. Hier stellt sich die Frage, ob wir uns mit solchen Technologien an eine konstruktivistische Sicht von Erkenntnis annähern? Mich erinnert das jedenfalls stark an den Kognitionsprozeß, den Maturana und Varela in ihrer Santiago-Therorie als das „Hervorbringen einer Welt" durch strukturelle Koppelung mit der Umwelt beschreiben.

Leider besteht die Gefahr, daß diese vortrefflichen Eigenschaften des WWW nicht ausreichend genutzt werden. Mächtige Verlagskonzerne starten gerade ihre groß angelegten Aktivitäten auf diesem Medium. Dabei versuchen sie, ihrer Meinung nach für sie nachteilige Funktionsmöglichkeiten zu verhindern. Enttäuschend sind demzufolge die ersten Elektronischen Journale, die in der Obhut großer Buch- oder Softwareerzeuger entstehen. Großer Wert wird auf die Publikationshoheit gelegt. Feedbackmöglichkeiten werden kaum genutzt. Im Wissenschaftsbereich findet man innovativere Formen; dort ist es heute weltweit üblich, eine in Arbeit befindliche Publikation öffentlich im Netz zur Diskussion zu stellen, und die Reaktionen darauf sind allen zugänglich. Diese Art von Offenheit erhöht die Qualität durch das Einbringen von Gruppenleistung, aber natürlich auch den Wettbewerb untereinander.

## Intranet

Innovativ wird die Netztechnologie des WWW auch innerhalb von Unternehmen als sogenanntes „Intranet" genutzt. Durch die neuen

Feedbackmöglichkeiten kann eine effektivere Kommunikationskultur entstehen, die dem Unternehmen flexiblere, an seine aktuelle Umwelt (den Markt) angepaßte Verhaltensmuster erlauben. So verzeichnet beispielsweise ein Filialunternehmen viele positive Aspekte. Alle Filialen, Verwaltungs- und Lagerstellen sind über ein solches Intranet vernetzt. Viele Informationen werden ausgetauscht mit dem Ziel, die Entscheidungsfähigkeit aller Mitarbeiter und Mitarbeiterinnen zu stärken:

- Mitarbeiter erhalten bei Arbeitsschluß Feedback entsprechend ihren Erfolgskriterien;

- Vergleiche zeigen welche Bereiche besonders erfolgreich waren, und warum;

- über die Gründe von Erfolg oder Mißerfolg wird diskutiert, damit können Stärken multipliziert und Schwächen ausgebessert werden;

- alle Bestellungen und Dienstleistungen für Kunden werden übermittelt;

- Abverkauf- und Lagerdaten werden verglichen;

- neue Organisationsmuster werden erarbeitet und publiziert;

- Mitarbeiter informieren sich über neue Waren und Dienstleistungen.

Bald wird das Intranet nach außen zum Internet hin geöffnet werden:

- zum Lieferanten hin, um neue Produktinformationen auszutauschen, Bestellungen und Zahlungen abzuwickeln, gemeinsame Aktionen vereinbaren, Logistik optimieren;

- zum Kunden hin, der dann aktuelle Produkt- und Preisdaten abrufen kann, Bestellungen absetzen, Fragen stellen und Wünsche äußern, in Kundengruppen mit Gleichgesinnten kommunizieren kann.

So entsteht ein soziales Netzwerk aus Kunden, Händlern und Lieferanten, in dem von den Beteiligten gemeinsam Vorteile genutzt werden können und sich durch verstärktes Feedback laufend neue Organisationsmuster bilden. Wichtig dabei ist die Schaffung von Win-Win Situationen. Für alle Partner im Netzwerk muß der Nutzen die Kosten übersteigen.

## Electronic Data Interchange

Diesem Prinzip gemeinsamer Nutzensteigerung entsprechend entstanden schon ab 1980 kooperative Organisationsmuster auf der Basis von EDI (Electronic Data Interchange) (Nagler). Die vorhandenen technischen Netzwerke der beteiligten Partnerunternehmen werden gekoppelt, um automatisch Daten über kommerzielle Transaktionen (Bestellungen, Lieferpapiere, Rechnungen, Produktbeschreibungen, Preise) auszutauschen. Die beträchtlichen Rationalisierungseffekte kommen allen beteiligten Unternehmen zugute. Bekannte Beispiele sind

*   die Vernetzung der Automobilindustrie mit ihren Zulieferanten dem Just-in-Time Prinzip (zum Beispiel bei Audi und Volkswagen) oder

*   die Vernetzung von Einzelhandelsfilialen mit der Industrie zur Optimierung von Abverkauf, Lagerhaltung, Transport und Produktion (zum Beispiel: Kmart / Procter&Gamble).

Erhebliche Auswirkungen haben diese Vernetzungen auf die Mitarbeiter in den betroffenen Abteilungen dieser Unternehmen. Ganze Außendienstmannschaften wurden in der Markenartikelindustrie gekündigt, als Bestellungen automatisch via EDI abgewickelt werden konnten. Die technische Vernetzung führt zu tiefgreifenden Organisationsänderungen; oft arbeiten Abteilungen beteiligter Unternehmen enger zusammen als mit ihren eigenen Unternehmensbereichen. Es kommt im Sinn der Chaostheorie zu einem Aufrauhen der Grenzen zwischen den Unternehmen. Leider sind diese Auswirkungen keineswegs geplant oder vorhergesehen worden, sie sind meist „ganz einfach passiert".

Der aufgabenorientierte sachbezogene Zweck von EDI über technische Netzwerke ermöglicht die Kooperation von Partnern, die sonst in Weltanschauung, Strategie, Marktpolitik und Haltung inkompatibel wären. Es wird nur im Hinblick auf den kommerziellen Teilaspekt vernetzt. Emotionale Aspekte werden ausgefiltert. Dieses themenzentrierte Filtern scheint über technische Netzwerke entschieden einfacher als in sozialen Netzwerken. Trotz eines generellen Orientierungsdissens kann ein spezifischer Interessenskonsens entstehen.

## Kommerzielle Nutzung am WWW

Am Internet wird EDI durch das WWW eine dramatische Renaissance erleben, weil die erforderlichen technischen Einrichtungen fast kostenlos verfügbar sind und erstmals einfache, primitive Standards allgemein akzeptiert wurden. Fast jedes Unternehmen arbeitet so an interaktiven Bestellsystemen für den einfachen Konsumenten und versucht mit mehr oder weniger tauglichen Mitteln seine Produkte und Dienstleistungen am WWW anzubieten. Die treibenden Faktoren sind:

- Massenpersonalisierung (auf individuelle Bedürfnisse über einfache Parameter einstellen),

- sofortige Verfügbarkeit von Information, Gütern (Bestellsysteme) und Geld (Electronic Banking), also „instant feedback" für den Konsumenten.

Das WWW ermöglicht es, einem Informationsanbieter direkt ohne Mittelsmänner wie Buchhändler, mit dem Informationskonsumenten ohne wesentliche Nebenkosten in Verbindung zu treten. Die angebliche Stärke der unbegrenzten Informationsvielfalt ist aber gleichzeitig auch die Schwäche: Man kann alles finden, deshalb ist alles schwer zu finden.

Geschwindigkeit und Ausmaß der kommerziellen Aktivitäten rund um das WWW sind beträchtlich. Wie auf der Börse gibt es zwei treibende Kräfte:

- Angst, etwas zu versäumen oder sich die Finger an unreifer Technologie zu verbrennen;

- Gier, bei den ersten zu sein, die eine kommerzielle Chance nutzen, und den Fuß in der Tür zu zukünftig profitablen Entwicklungen haben.

Um rasch Visibilität und Marktanteile zu gewinnen, werden heute viele Produkte und Dienstleistungen verschenkt. Derzeit entsteht Profit eigentlich nur aus Spekulation, dem Wecken von Erwartungen und dem Abstecken und Verkaufen von Claims.

## Agitation am WWW

Lisa Schmeiser untersucht in ihrem Paper „Computer Mediated Communication as the Cult of Tradition" eine andere Seite, nämlich die steigende Verwendung des World Wide Web für die Agitation weißer Separatisten. Sie kommt zu dem Schluß, daß diese Form von Agitation am Internet wirksamer ist als traditionelles Publizieren von Manifesten. Erstens erzeugt das eher aktive Surfen am Internet beim Zielpublikum mehr Kontakt und Verpflichtung als die passive Rezeption zugesandter Pamphlete. Zweitens wird das Aufsuchen und die Antworten der Leser (technisch einfach zu zählen und zu protokollieren) von den Agitatoren als Mandat und Legitimation zur Vertretung des „Volkswillens" benutzt. Schmeiser zitiert Reverend Ronald Schoedel, den Initiator der separatistischen „Christian Identity" Bewegung: „This is just the beginning. When Gutenberg invented movable type 500 years ago, who would have guessed to what extent that medium would be used to shape and mold our world? The Net has equal potential, I feel, as any other form of media which has proven its propaganda value."

# Technische Netzwerke als Intervention

Für viele Unternehmen ist die Installation eines technischen Netzwerks eine mächtige Intervention. Trotz riesiger Investitionen und gigantischer Projekte tritt Nutzen meist verspätet und selten im erwarteten Ausmaß oder an den beabsichtigten Stellen auf. Die Ursache ist mangelnde Einsicht in die vielfältigen Wechselwirkungen.

Hypnotisiert von den Versprechungen der EDV-Industrie werden wichtige begleitenden Aktivitäten vernachlässigt. Versteht man die Installation eines technischen Netzwerks als Intervention im systemischen Sinn (Königswieser/Exner/Pelikan), wird klar, warum es meist nicht so richtig klappt:

• Informationen werden nur auf technischem Gebiet gesammelt,

• Hypothesen beschränken sich auf kommerzielle und technische Machbarkeit,

• Planung der Intervention reduziert sich auf einfaches Projektmanagement,

• mit der durchgeführten technischen Installation gilt die Intervention als abgeschlossen und

• eine Evaluation oder gar Reflexion der erreichten Veränderungen findet selten statt.

Die folgenden Beispiele aus diversen Projekten dienen zur Illustration.

## Schutz von Systemteilen vor Transparenz

Ein Unternehmen im Agrarhandelsbereich installiert ein technisches Netzwerk mit dem Ziel, bessere Informationen über die Ertragssituation einzelner Bereiche (Profitcenter) zu bekommen (Feedback durch neue Rückkoppelungsschleife). Es gibt plötzlich von einem Geschäftsführer großen Widerstand. Erst in mehreren Coachingsitzungen wird klar: er ahnt, daß der Lagerbereich nicht kostendeckend arbeitet. Die durch technische Vernetzung entstehende Transparenz bringt die Gefahr mit sich, daß dieser Unternehmensteil als „negativ" erkannt und aus dem System ausgestoßen („outgesourcet") werden könnte. In dem wertvollen Bestreben, das Unternehmen „zusammenzuhalten" und die weithin sichtbaren Lagersilos zu schützen, widersetzt er sich anfangs dem Vernetzungsprojekt. Als klare Spielregeln für die Bewertung der Vernetzungsinformationen und die möglichen Aktionen daraus ausgehandelt werden, arbeitet er kooperativ mit. Letztlich führt die Vernetzung zu einer Umgestaltung des Lagerbereichs, so daß dieser wieder seinen Beitrag zur Erhaltung des Gesamtsystems leisten kann. Sowohl das Vernetzungsprojekt als auch der temporäre Widerstand im sozialen Netzwerk dagegen führen letztlich zu adäquaten neuen Organisationsmustern in diesem Unternehmen.

## Widerstand gegen technische Vernetzung aus Angst vor Machtverlust

Wenn es um die firmenweite technische Vernetzung eines Unternehmens geht, gibt es mitunter starken Widerstand beispielsweise von den Mitarbeitern des Rechnungswesens (mangelnde Kooperation, Zurückhalten von Informationen).

Erst ein Blick in die Entwicklungsgeschichte macht klar, wieso Vernetzung hier nachteilig erlebt wird: Üblicherweise wurde das Rechnungswesen als erste Abteilung mit EDV ausgestattet; war somit zentrale Wurzel eines entstehenden Informationssystems und somit Hüter des Datenschatzes. Oft war auch die EDV-Abteilung der Leitung des Rechnungswesen unterstellt. Alle Datenströme flossen hin zum Rechnungswesen. Ein gleichberechtigt verfügbares technisches Netzwerk stört nun diese machtvolle Struktur empfindlich. Wenn dieser Aspekt nicht angesprochen und bearbeitet wird, ist Widerstand nur allzu verständlich. Erst intensive Auseinandersetzungen und gemeinsam erstellte Szenarios über neue Formen der Kooperation zwischen den Abteilungen helfen hier, die neue Situation zu akzeptieren.

## Disfunktionale EDV als stabilisierende Kraft

Manchmal hat man als Berater den Eindruck, Unternehmen hielten sich eine schlecht funktionierende Datenverarbeitung, um sich nicht verändern zu müssen. Die Argumentation klingt dann etwa so: „Wir würden ja gerne X machen, aber mit der derzeitigen EDV-Infrastruktur ist das chancenlos". Das EDV-Team wird für diese stabilisierende Wirkung belohnt, indem an seinen Privilegien nicht ernsthaft gekratzt wird. Allerdings muß es dafür die Rolle des Sündenbocks auf sich nehmen. Werden nun wirklich wirksame Maßnahmen gesetzt (interdisziplinäre Projektgruppen, Installieren von E-Mail, übersichtliche Datenbank) werden die wirklichen Bremser sichtbar, die oft auch aus dem Management kommen.

## Ambivalente Haltung zu offener Informationspolitik

Aktuell im Zusammenhang mit unternehmensweiten technischen Netzwerken ist der Aufbau von sogenannten „Data Warehouse Systemen". Darunter versteht man wohlstrukturierte Lager von Unternehmensdaten, auf die berechtigte Benutzer über technische Netzwerke einfach und flexibel zugreifen können. Oft steigen Mitglieder des Top-Managements bei der Realisierung solcher Projekte auf die Bremse, wenn sie erstmals die volle Leistungsfähigkeit eines freien Datenzugriffs erleben. Sobald klar wird, daß die neue Netztechnologie das gesamte Unternehmen zu neuen ungewohnten Organisationsmustern und zu mehr Offenheit drängen wird, sind plötzlich wichtige Mitarbeiter oder Ressourcen nicht mehr verfügbar und unvorhergesehene Ereignisse verschieben die Prioritäten. Damit erfüllen solche leitenden Mitarbeiter unbewußt eine wichtige stabilisierende Funktion: positiv gesehen schaffen sie so dem Unternehmen Zeit für den notwendigen kulturellen Wandel seines sozialen Netzwerks, aus negativer Sicht hindern sie es an einer Weiterentwicklung und vergeben damit Chancen.

## Existenzsicherung durch Vernetzung

Ein Großhandelsunternehmen installiert ein technisches Netzwerk zu seinen Einzelhändlern. Ziel ist eine verbesserte Dienstleistung für die Verbraucher und damit ein Gewinn von Marktanteilen. Logistik- und Verwaltungskosten sollen reduziert werden. Gemeinsam werden Marktinformationen gesammelt und interpretiert, um wechselseitig das Überleben zu sichern. Marktchancen werden gemeinsam genutzt. In einem langwierigen Diskussionsprozeß werden sorgfältig die verschiedenen Interessen und Nutzenpotentiale abgestimmt.

Die Partner definieren die erforderlichen Funktionen und erstellen
einen gemeinsamen Projektplan. In abgestimmten Einführungspha-
sen werden Wechselwirkungen reflektiert, Anpassungen vorgenommen, Nutzen und Kosten verhandelt. So führt eine ganzheitlich geplante technische Vernetzung zu einer stärkeren Bindung (Symbio-
se) der Partner und damit zu gesteigerten Überlebenschancen.

## Die Dequalifizierungspirale

Unternehmen mit vielen Außenstellen (Filialketten, Versicherungen, Banken) nutzen technische Netzwerke, um ihr Geschäft effizient abwickeln zu können und einheitliche Standards (Angebot, Kun-
denkommunikation, Preisgestaltung) zu entwickeln und zu gewährleisten. Reflektierte Strategien und abgesicherte Werthaltungen sind
dabei wichtig. Technische Netzwerke wirken hier wie Verstärker.
Eine zentralistische Strategie kann genauso wie eine partizipative,
dezentrale Strategie verstärkt werden. Wirre, unreflektierte Haltungen werden ebenso verstärkt. Das zeigt ein Beispiel aus dem Einzelhandel: Das Management der Einzelhandelskette A beklagt zwar
die mangelnde Qualifikation und Mündigkeit ihrer Mitarbeiter, installiert aber ein technisches Netzwerk, das nur bestimmte Kommu-
nikationsformen zuläßt: Die in den Filialen erarbeiteten Daten (Ab-
satz und Lagerstand) werden „abgesaugt", um in der Zentrale global
optimierte Entscheidungen treffen zu können, die dann wieder als
zentrale Anweisungen via Einweg-Übermittlung an die Filialen zur
Erledigung gesandt werden.

Einige Zeit nach der erfolgreichen Installation verlassen mehrere
qualifizierte Mitarbeiter das Unternehmen. Im unreflektierten Ge-
gensteuern gegen die dahinschwindende Intelligenz und Motivation
in den Filialen werden weitere früher dezentrale Entscheidungen
über das technische Netzwerk zentralisiert, worauf wieder die qua-
lifizierteren Mitarbeiter wegen mangelnder Kompetenz und zu klei-
nem Handlungsspielraum das Unternehmen verlassen. Hier führt
der Einsatz eines technischen Netzwerks zu einer Dequalifizierungsspirale nach unten, in der die einzelnen Menschen im sozialen
Netzwerks zunehmend entmündigt und demotiviert werden. Das

Resultat war zu erwarten, nachdem die zugrunde liegende Vision des Eigentümers bekannt wurde: das Netzwerk seiner Träume bestand aus „einem großen Schaltraum, von dem aus vollautomatisch das ganze Unternehmen ohne Menschen in den Filialen gesteuert werden kann".

Im Beispiel der Dequalifizierungsspirale wird ein weiterer gefährlicher Aspekt von Technologie sichtbar: Die Erreichung des technischen Ziels (Perfektionieren des technischen Netzwerks) lenkt von der Reflexion und Evaluation der Zielerreichung im sozialen Netzwerk ab. Technische Probleme sind offenbar leichter bewußt zu ertragen als soziale. In der ersten Runde dieser Spirale nach unten wurde nicht darüber reflektiert, ob die eingeschlagene Gesamtstrategie im Sinne der Zielerreichung noch adäquat war; es wurde einfach angenommen, daß die technische Realisierung noch nicht gut genug war. Daher wurde das technische Netzwerk in der ursprünglichen Richtung „verbessert", ohne die generelle Strategie in Frage zu stellen (ähnlich einem Spieler, der ohne seine generelle Situation zu reflektieren, den Grund für das Nichterreichen seines Ziels nur in den Details seiner Spielstrategie sucht).

# Die Chancen der Netzwerke

Technische Netzwerke sind ein mächtiges Werkzeug für soziale Netzwerke, mit dem sie höhere Organisationsmuster erreichen können, die der Komplexität ihrer Umwelt adäquat sind. Ohne sorgfältige Planung und Reflexion können technische Netzwerke auch den umgekehrten Effekt haben: sie können ein soziales Netzwerk in seiner weiteren Entwicklung behindern, es einfrieren und auf niedere Organisationsmuster zurückwerfen. Oft lenkt das Zwischenziel einer erfolgreichen Technologieeinführung vom angestrebten Zweck der Vernetzung ab.

Technische Netzwerke erleichtern die Mobilität zwischen einzelnen sozialen Netzwerken. Die nunmehr mögliche Telearbeit verflechtet den privaten mit dem beruflichen Bereich, weicht Grenzen auf und verschiebt Energien. Im Gegensatz zum Global Village Marshall

McLuhan's kann es zur Zersplitterung in immer kleinere Interessensgruppen kommen. Statt sich in bestehenden sozialen Netzwerken mit anderen Meinungen auseinanderzusetzen und diese damit positiv weiterzuentwickeln, verleiten technische Netzwerke auch zur Flucht in einfach zu bildende virtuelle Netzwerke von scheinbar Gleichgesinnten, in denen keine mühsamen Konflikten auszutragen sind. Als Extremfall der Vereinzelung droht dann der autistische Rückzug in eine private abgeschlossene Virtuelle Realität, ein Phänomen, das wir heute mehrfach bei den in Computerspiele versunkenen emotional vernachlässigten Kindern bedauern müssen.

In einfachen Situationen verleiten technische Netzwerke zu einem unangemessenen Detaillierungsgrad und erhöhen damit die Komplexität unnotwendig. Der Umgang mit technischen Netzwerken muß erst erlernt werden und bietet für soziale Netzwerke eine wichtige Lernchance und Reflexionsmöglichkeit. Hilfreiche Fragen dabei sind:

• Worin bestehen Nutzen und Kosten des technischen Netzwerks?

• Welche Funktionalität haben wir geplant, welche haben wir erreicht und welche würden wir aus heutiger Sicht benötigen?

• Welche Umstände in unserem sozialen Netzwerk führten zu welchen Stärken und welchen Schwächen des technischen Netzwerks?

• Welche Organisationsmuster unseres sozialen Netzwerks werden jetzt durch das technische Netzwerk gefördert oder behindert?

Technische Netzwerke können traditionelle soziale Netzwerke destabilisieren, indem sie sowohl hilfreiche als auch hinderliche Grundeigenschaften verstärken. Abweichend von der üblichen Betrachtungsweise, ein technisches Netzwerke diene der reibungslosen Vermittlung von Informationen, ist seine eigentliche Funktion die Koordination von Verhalten. Es entstehen neue Formen von Zusammenarbeit.

Das wird klar, wenn man vom traditionellen Informationsbegriff der EDV Abschied nimmt. Hier wird Information reduktionistisch als Objekt mit inhaltlichem Charakter betrachtet. Dadurch liegt die Konzentration auf der möglichst unverfälschten Übertragung zwischen Sender und Empfänger. Margaret Wheatley prägt in ihrem Buch „Leadership and the New Science" einen völlig anderen Informationsbegriff: „Information ist eine ordnende dynamische Kraft mit Prozeßcharakter". Natürliche Systeme nutzen Information aus ihrer Umwelt, um neue Organisationsmuster zu erzeugen. Verschiedene Systemteile lernen diese Information, verstärken und verändern sie. Schließlich wird die Destabilisierung so groß, daß sich neue Organisationsmuster bilden.

Der traditionelle reduktionistische Informationsbegriff und die damit verbundenen Analogien zwischen menschlichem Erkenntnisprozeß und technischer Informationsverarbeitung hat uns lange genug die Sicht verstellt.

Ein Ersatz menschlicher Intelligenz durch endliche Computer ist schon deshalb unmöglich, weil unserem Erkenntnisprozeß die unendliche Geschichte der Lernschritte unserer menschlichen Entwicklung zugrunde liegt. Stephen Talbott schreibt in seinem Buch „The Future Does Not Compute: Transcending the Machines in Our Midst": „Certainly if our computers are becoming ever more humanlike, then it goes without saying that we are becoming ever more computerlike. Who, we are well advised to ask, is doing the most changing?". Er meint, daß unser Selπbstbild vom biologischen Computer unser Verständnis der Welt und von uns selbst destruktiv limitiert.

Das rasante Wachstum, die immer breitere Nutzung, die Öffentlichkeitswirksamkeit und die ungeheuren Investitionen in technische Netzwerke rechtfertigen die Forderung nach einer gewissenhaften ganzheitlichen Beachtung der Wechselwirkungen zwischen sozialen und technischen Netzwerken. Ehrliche Zusammenarbeit ist dringend nötig:

- Wissenschafter sollten die Wechselwirkungen theoretisch und empirisch erforschen und Architekturprinzipien erarbeiten.

- Manager sind aufgefordert, bei der Implementierung von technischen Netzwerken nicht nur die kommerzielle und technische Seite zu sehen, sondern auch die sozialen Auswirkungen zu bedenken und allen Beteiligten die Chance zur Mitgestaltung geben.

• Berater sollten das Verständnis für die Wechselwirkungen bei ihren Auftraggebern fördern und in interdisziplinären Teams mit ihren Klienten am Entwurf und der Gestaltung von wirklich nützlichen technischen Netzwerken arbeiten.

*Literatur*

Cappel, J. J. (1993): Closing the E-mail Privacy Gap: Employer Monitoring of Employee E-mail". Journal of Systems Management 44(12)(Dec), S. 6–11.

Gartner Group, D. Smith (1996): INET Scenario Version 2.0. Konferenzunterlagen.

Hoffmann, U. (1995): It's life, Jim, but not as we know it…. Netzkultur und Selbstregulierungsprozesse im Internet. In: TA-Datenbank-Nachrichten, Nr. 3, 4. Jg., S. 33–38.

Königswieser, R., A. Exner, J. Pelikan (1995): Systemische Intervention in der Beratung. Manuskript zur Veröffentlichung in „Organisationsentwicklung.

Kollock, P., M. Smith (1994): Managing the Virtual Commons: Cooperation and Conflict in Computer Communities". In press: Computer-Mediated Communication, edited by S. Herring. John Amsterdam: Benjamins.

Maturana, H., F. Varela (1987): The Tree of Knowledge. Boston.

McLuhan, M. (1964): Understanding Media: The Extensions of Man". New York: McGraw-Hill.

Nagler, R. (1990): Elektronischer Bestell- und Lieferdatenaustausch: Das Beispiel ECODEX. In: Moderne Distributionskonzepte in der Konsumgüterwirtschaft. J. Zentes (Hrsg). Stuttgart: Schäffer-Poeschl Verlag.

Schmeiser, L. (1995): Computer Mediated Communication as the Cult of Tradition. URL.

Sproul, L., S. Kiesler (1986): Reducing Social Context Cues: Electronic Mail in Organizational Communication. Management Science. 32(11)(November), S. 1492–1512.

Talbott, S. L. (1995): The Future Does Not Compute: Transcending the Machines in Our Midst. O'Reilly & Associates Inc.

Wheatley, M. (1992): Leadership and the New Science. San Francisco: Berret-Koehler.

# Netzwerke sind eine intelligente Form von Zentralismus

*Gesprächsteilnehmer Frank Boos und Herbert Furch*

Ein Interview mit Herbert Furch (Vorstand der VA Technologie AG, Linz; zuständig für Netzwerke, Globalisierung und den Konzernbereich Dienstleistungen).

**Boos:** Wie beschreiben Sie Ihre Funktion als Vorstand für Netzwerke?

**Furch:** Ich bin verantwortlich für das Management des Netzwerks und für das Globalmanagement. Wir fühlen uns als strategische Holding, nicht als Finanzholding, das heißt wir wollen strategisch eingreifen, haben aber die Philosophie, daß die Leitgesellschaft, also Teilkonzerne Eigenverantwortung haben. Wenn also eine Tochter in Indonesien eine Firma gründen will oder einen Joint-venture-Partner hat, ist das letztendlich ihre Entscheidung, aber es muß vorher abgestimmt werden, ob das mit der Strategie des Gesamtkonzerns übereinstimmt, oder ob man noch eine andere Firma mit hineinnimmt. Und das ist dann im Globalmanagement meine Aufgabe: ein Netzwerk zu installieren und zu sehen, ob man dies mit anderen Aktivitäten koppeln kann. Das ist sozusagen die Herausforderung: auf der einen Seite Verantwortung auf der Teilkonzernebene – und auf der anderen Seite Beeinflussung auf der Konzernebene.

**Boos:** Wie ist der Netzwerkgedanke entstanden?

**Furch:** Begonnen haben wir mit der Netzwerkarbeit, ohne sie offiziell als solche zu bezeichnen, mit dem Montagenetzwerk. Wir wußten, wir haben Kompetenzen. Dann entstand die Idee, die Firmen miteinander arbeiten zu lassen, ohne deren Struktur anzutasten, wie bei einer Arbeitsgemeinschaft, und diese Verknüpfungen haben wir Netzwerke genannt.

**Boos:** Was verstehen Sie als Netzwerk?

**Furch:** Wir haben die Netzwerke in drei Gruppen gegliedert: Es gibt Netzwerke, die auf der Ebene von Aufträgen gebildet werden sollen, also markt- und produktorientierte Netzwerke, dann haben wir funktionale Netzwerke, und dann haben wir dieses Globalnetzwerk.

**Boos:** Warum haben Sie sich für die Netzwerkvariante entschieden und nicht dafür, diese Aktivitäten in einem eigenen Geschäftsfeld zusammenzuziehen?

**Furch:** Wir haben gesehen, daß die andere Möglichkeit – nämlich strukturell etwas zu ändern – sehr schwierig wird und nicht so rasch gehen wird. Unsere sechs Teilkonzerne haben jeweils eigene Interessen. Gleichzeitig haben wir aber auch gesehen, daß Montage und Dienstleistung von der Produktseite nicht getrennt werden können. Ich kann nicht alle Montageabteilungen aus dem Konzern herausnehmen und eine eigene Montagefirma machen, weil die Rückflüsse von der Montage zu den Produkten ganz wichtig sind. Umgekehrt macht es aber auch für die Montage keinen Sinn, wenn der Bezug zum Produkt wegfällt. Es besteht dann die Gefahr, zur rein handwerklichen Montage abqualifiziert zu werden. Daher haben wir eine Form finden müssen, wie wir verstärkt zusammenarbeiten können und uns nicht nur rein strukturell und organisationstechnisch etwas ändern. Mit Organisation allein geht es auch nicht. Meine Erfahrung ist, daß Organisationsänderungen eigentlich wieder etwas Starres bilden und daher die Gefahr besteht, daß man neuerlich umorganisieren muß. Somit hinkt man immer hinten nach. Also habe ich gesagt: Wir müssen eine neue Form finden, um die gleichen Zielen erreichen zu können, ohne daß wir strukturell etwas ändern.

**Boos:** Das heißt, die Netzwerkorganisation ist bei Ihnen eine Art Zusatz zu einer bestehenden Aufbauorganisation?

**Furch:** So ist es. Es ist sogar wichtig und notwendig, daß eine gute Organisation besteht, um Netzwerkarbeit zu machen. Jeder brauchen seinen Hafen, jeder muß irgendwo verankert sein, und dann wird ein Netz aufgebaut. In einem Chaos, wo alles fließt, ein Netzwerk aufzubauen, das geht nicht.

**Boos:** Sie sagen damit: Ein Netzwerk braucht eine straffe Organisation!

**Furch:** So ist es. Die Mitarbeiter müssen irgendwo fix verankert sein, nur dann sind sie geistig flexibel. Im Prinzip ist Netzwerkarbeit eine Weiterführung der klassischen Projektorganisation. Für Projekte holt man sich im Unternehmen gewisse Leute zusammen, und im Netzwerk ist es eigentlich ähnlich. Der Unterschied zur reinen Projektorganisation ist der, daß diese auf jeweils ein Projekt angelegt und eher kurzfristig ist, während das Netzwerk auf eine längere Zeit gerichtet ist.

**Boos:** Netzwerke unterscheiden sich von Projekten dadurch, daß sie nicht begrenzt sind. Haben Netzwerke in Ihrem Verständnis auch definierte und begrenzte Ressourcen, wie das bei Projekten der Fall ist?

**Furch:** Netzwerke müssen wesentlich flexibler sein, wir aber innerhalb des Netzwerks organisieren wieder projektmäßig, weil die Leute damit am besten umgehen können: Das heißt, es gibt ein Netzwerk, einen Netzwerkkoordinator, fixe Netzwerkteilnehmer, ein Forum und Netzwerkprojekte. Und die sind dann genauso organisiert wie ein Projekt.

**Boos:** Können Sie ein konkretes Beispiel nennen?

**Furch:** Das Montagenetzwerk und ein Auftragsprojekt wie zum Beispiel Lyocell! Bei Lyocell haben wir den Auftrag deswegen bekommen, weil wir als VA Tech gemeinsam angeboten haben. Der Kunde hatte die Gewerke einzeln ausgeschrieben. Wir sind hingegangen und haben gesagt, wenn Sie bei uns bestellen, decken wir 80 Prozent im Konzern ab und nehmen Ihnen die kompletten Nahtstellen weg. Wir koordinieren das alles und machen einen guten Preis. Neben den Einzelpreisen hätte der Kunde noch die Kosten der Koordination gehabt und hätte sicher den Termin nicht halten können.

**Boos:** Netzwerke – sagen Sie – sind also auch dauerhafter und strategisch. Gibt es ebenfalls dafür ein Beispiel?

**Furch:** Ein Beispiel ist die Instandhaltungsstrategie: Jede Gesellschaft hatte eine eigene. Jetzt haben wir eine gemeinsame Strategie der Instandhaltungen in Österreich. Wir haben zum Beispiel gemeinsame Stützpunkte, an denen mehrere Firmen beteiligt sind, und wir haben einen Prospekt, wo alle VA-TECH-Dienstleistungen beschrieben sind, und auf der Rückseite sind nur die Logos der Firmen angegeben. Bisher gab es sechs Prospekte, und der Kunde mußte suchen, wo zum Beispiel die Montage oder die Instandhaltung ist. Der neue Prospekt war schon ein großer Fortschritt. Das Netzwerk ist ein gutes Mittel, die Integration zu fördern und zu stärken. Wir sind in Wirklichkeit sechs zusammengewürfelte Firmen, die nur durch Zufall zusammengekommen sind.

**Boos:** Was bietet den Mitarbeitern eigentlich den Anreiz, in Netzwerke hineinzugehen?

**Furch:** Ein Netzwerk beruht auf Freiwilligkeit. Man kann das nicht verordnen, zumindest kommt nichts dabei heraus, wenn man es tut. Folglich war der Start auch mühsam, aber es klappt, es fängt zu greifen an. Die im Netzwerk beteiligten Partner erkennen, daß es ein Vorteil ist, wenn sie etwas gemeinsam machen, sonst hat es keinen Sinn. Und das ist das größte Problem, das wir teilweise noch haben. Besonders sensibel ist dabei die Rolle des Leiters oder Koordinators. Wichtig ist dabei, daß wir nicht einen Netzwerkleiter haben, der quasi Chef der anderen ist, sondern einen Netzwerkkordinator. Wenn daraus ein Netzwerkchef wird, sagen alle fünf anderen: Du bist der Chef, und du machst das jetzt!

**Boos:** Welche Aufgaben hat der Koordinator?

**Furch:** Er muß, wie der Name schon sagt, die Sitzungen organisieren, muß schauen, welche Tagesordnungen es gibt, muß dafür sorgen, daß die Projekte, die dort kreiert worden sind, verfolgt werden. Natürlich muß er das Netzwerk nach außen hin vertreten. Und ein wesentlicher Aspekt ist, daß die Rolle des Koordinators nicht bei einer Person bleibt, das heißt, wir haben ein Rotationsprinzip.

**Boos:** Das klingt alles so einfach und problemlos. Gab es denn keinen Widerstand?

**Furch:** Lange Zeit gab es Widerstand. Es wurde viel gejammert – also dann habe ich vorgeschlagen, mit den Netzwerken aufzuhören.

Ich habe aufgezeigt, wie viele Netzwerke es derzeit gibt, und jeder Teilkonzern sollte heimgehen in seine Firma und seine Streichungen vorschlagen. Nicht ein Netzwerk wurde gestrichen! Alle sechzehn sind geblieben! Das war ein wichtiger Schritt, denn jetzt sind die Netzwerke offiziell. Jedes Netzwerk hat heute einen Koordinator und einen Paten auf Vorstands- oder Geschäftsführerebene. Der Pate hat die Aufgabe, das Ganze zu unterstützen und in den oberen Gremien dafür zu kämpfen. Wir haben jetzt auch Netzwerkregeln aufgestellt, zum Beispiel die Time-out-Regel. Wenn sich einer der Netzwerkteilnehmer überfordert fühlt, kann er das sagen und mit seinem Stammhaus Rücksprache halten.

**Boos:** Wie sind die Netzwerkregeln entstanden, und welches Entscheidungsprinzip gilt in Ihren Netzwerken?

**Furch:** Das Netzwerk selbst hat sich seine Regeln gemacht. Ich wollte nur einen Prozeß in Gang bringen. Ich habe bewußt initiiert, daß jede Gruppe für sich nachdenkt, welche Regeln sie machen will und das war gut. Vieles ist schön überlappend herausgekommen, es war nur verschieden. Jetzt habe ich fünfzehn Antworten, und es steht überall mehr oder weniger das gleiche drin.

**Boos:** Die Personalauswahl ist auch eine Entscheidung. Hat der Koordinator Einfluß auf die Personalentscheidung?

**Furch:** Nein, nein! Aber wir haben diese Hürde Gott sei Dank genommen. Netzwerke funktionieren nicht, wenn die „falschen" Leute drin sitzen. Es müssen kompetente Mitarbeiter, die die Entscheidungen treffen dürfen, hineinkommen. Anfangs hatten wir Leute im Netzwerk, die Zuhörer waren, mit denen wir aber nichts beschließen konnten. Das hat sich Gott sei Dank eingeschliffen. Jetzt sind die richtigen Leute drin – ja es ist sogar ins andere Extrem gekippt: Weil dort Entscheidungen fallen, sind zum Teil auch fast zu hochrangige Leute hineindelegiert worden. Wir sind ein Konzern aus sechs eigenständigen Teilkonzernen, und wir müssen akzeptieren, daß diese auf ganz unterschiedlichen Entwicklungsstufen stehen, was Delegation und Kompetenzaufgabe betrifft. Daraus ergeben sich natürlich Probleme, aber wir müssen halt versuchen, uns untereinander anzupassen.

**Boos:** Nachdem Sie ja für die Netzwerke als Vorstand verantwortlich sind – wie steuern oder kontrollieren Sie diese? Gibt es so etwas wie ein Netzwerkcontrolling?

**Furch:** Mein Anliegen ist es, daß in den Netzwerken gut gearbeitet wird. Zum Beispiel habe ich heuer vereinbart, daß jedes Netzwerk sich Ziele für dieses Jahr setzen mußte. Ich sehe meine Rolle darin, daß die Netzwerke ihre Ziele erreichen. Ich mache zum Beispiel Netzwerkkoordinatorentreffen. Dort diskutieren wir dann: was läuft gut, was weniger gut? Was können wir besser machen? Ich versuche sozusagen, den Prozeß in Gang zu halten und zu optimieren. Und beim letzten Treffen ist rausgekommen – das war verblüffend – daß sich das Netzwerkmanagement selbst organisieren muß und nicht in solch strengen Regeln laufen sollte. Letztlich sind wir zur Erkenntnis gekommen, daß ein Netzwerk eine Managementphilosophie ist, ein Mind-set, der eigentlich selber laufen müßte und gar nicht so starr organisiert werden sollte, wie wir es jetzt machen. Aber wir benötigen ein Vehikel, um dieses Gedankengut, diese Idee zu transportieren und umzusetzen. Vielleicht erübrigen sich die Netzwerkkoordinatoren irgendwann einmal, wenn die Leute in der Lage sind, sich selbst in Netzwerken zu organisieren.

**Boos:** Wie handhaben Sie so scheinbar banale Dinge wie Reisekosten und Budgets im Netzwerk?

**Furch:** Das ist eine gute Frage! Darüber haben wir lange nachgedacht. Uns war klar, daß wir Incentives und Unterstützung geben müssen, das heißt, ich habe ein Budget für die Netzwerke. Die Schwierigkeit dabei ist die Balance. Denn wenn nur die Holding zahlt, dann wird es nichts. Was man geschenkt bekommt, zählt nicht. Wenn das Netzwerk gar nicht unterstützt wird, wird es in vielen Fällen auch nichts. Das Netzwerk muß sich verpflichten und zum Beispiel einen Mann als Key-accounter aufnehmen, dafür greifen sie in die Tasche. Von mir bekommen sie aus dem strategischen Topf eine Starthilfe, denn es entstehen Vorlaufkosten, bis über Aufträge die ersten Rückflüsse kommen.

**Boos:** Sie haben zu Beginn verschiedene Arten von Netzwerken erwähnt. Wie sieht es denn bei den funktionalen Netzwerken aus?

**Furch:** Der Multidomestic-Einkauf in Indonesien ist ein gutes Beispiel: Wir haben dort vier Teilkonzerne, die schon voll etabliert sind – mit eigenen Tochterfirmen. Jede für sich hat jeweils einen Indonesier als lokalen Chef des Rechnungswesens, als Chef des Einkaufs und so weiter. Die mußten alle jeweils eine Firma mit allen Funktionen aufbauen. Das haben wir viermal gemacht. Wir haben jetzt die ersten zwei Indonesien-Workshops abgehalten. Die Teilnehmer haben geglaubt, jetzt kommt der Furch runter nach Indonesien, sagt uns, was wir zu machen haben, und wir überlegen uns, warum das so nicht gehen kann. Dann habe ich den Workshop eröffnet und gesagt: „Ich bin der Vorstand, und ich möchte, daß wir überlegen, was jetzt am gescheitesten wäre". Die Reaktion war Erstaunen. „Aber Herr Furch, was sollen wir denn tun?" – „Ich kann euch nicht sagen, was ihr am besten tun solltet, das müssen wir schon gemeinsam überlegen. Meine Rolle ist hier die eines Moderators." Das war für alle sehr ungewohnt. Heute, nach dem zweiten Workshop, kann man erkennen, daß sich im Einkauf etwas tut. Jetzt wird ein Einkaufssystem aufgebaut, das heißt, die vier Einkäufer verknüpfen sich EDV-mäßig, und es wurde eine offene Datenbank aufgebaut. Jeder weiß, wann der andere was bestellt. Das geht sogar so weit, daß einer sich auf gewisse Sachen spezialisiert und für die anderen mit einkauft.

**Boos:** Sie aber greifen nicht ein? Sie sagen nicht: Ihr müßt kooperieren!?

**Furch:** Nein!

**Boos:** Stichwort Zentralismus: Wie greifen die funktionalen Netzwerke in den Zentralen der sechs Konzerntöchter, wo es Kosten, aber keine Eigenverantwortung gibt?

**Furch:** Im direkten Projektgeschäft ist es immer einfacher. Anders im Overhead-Bereich, weil da die Meßbarkeit schwieriger wird. Aber es geht meines Erachtens in Richtung „best practice". Ein Beispiel: Das Rechtsnetzwerk haben wir zuerst nicht vorgesehen gehabt. Dann ist der Rechtschef der Holding gekommen und hat gesagt: Ich möchte auch gern ein Netzwerk. Der puscht jetzt irrsinnig, weil die Leute puschen, die tauschen Verträge aus – jeder hat ja im Prinzip die gleichen Probleme. Sie sind jetzt, glaube ich, das größte

Netzwerk, mit 20 bis 25 Leuten. Und die freuen sich irrsinnig darüber, daß sie einander kennengelernt. Das ist ja der Effekt der Integration! Die haben vorher nicht einmal gewußt, wer wer ist.

**Boos:** Was sind die zentralen Erfolgsfaktoren für ein gutes Netzwerk?

**Furch:** Der zentrale Faktor ist sicherlich die Sinnhaftigkeit der Netzwerke: Es muß ein Vorteil sein, zusammenzuarbeiten. Der zweite Faktor: Es muß ein Ziel geben. Der dritte Faktor ist die Teamfähigkeit: Das Netzwerk lebt von den Personen, und die müssen Teamarbeiter und nicht Einzelkämpfer sein.

**Boos:** Die Personen sind zweifelsohne wichtig. Besonders wichtig ist aber der Koordinator oder Netzwerkmanager – vor allem, daß er Anerkennung durch die Hierarchie findet.

**Furch:** So ist es. Der Netzwerkkoordinator muß Anerkennung bekommen. Aber das ist eine neue Rolle, ähnlich wie es vor zehn Jahren die des Projektleiters war. Der war ja oft ein wichtigerer Mann als jemand in einer hierarchischen Linienfunktion. Und ich sehe das beim Netzwerkkoordinator ähnlich: Netzwerke sind eine Plattform, auf der sich gute Leute bewähren können. Wenn sich jemand als Netzwerker durchsetzt, dann hat er auch Potential für mehr.

**Boos:** Das heißt, für Sie ist Netzwerkmanagement eine Weiterentwicklung des Projektmanagements?

**Furch:** So ist es. Es ist für mich eine Philosophie, eine Geisteshaltung, eine Vision. Eigentlich wäre Job-rotation ein ideales Instrument für Netzwerke. Ein Problem dabei ist, daß wir diese Idee jetzt eigentlich hauptsächlich auf den oberen Berichtsebenen umgesetzt haben. Von den 15 000 Mitarbeitern im Konzern haben wir rund 300 Mitarbeiter in entsprechenden Seminaren gehabt, und insgesamt werden 400 bis 500 Mitarbeiter in Netzwerken mitarbeiten. Das ist noch nicht genug. Und das wird sicherlich eine Nagelprobe: Wie bringt man es in die unteren Bereiche? Wobei meiner Erfahrung nach die Bereitschaft für Netzwerkarbeit nach unten zu viel größer wird. Und das ist auch mein Ziel für die Zukunft: Die Netzwerkmitarbeiter müssen von unten kommen. So weit sind wir aber noch nicht. Wir sind in der Transformationsphase – von der alten in die neue Denkweise. Zu guter Letzt braucht man natürlich das volle Committment der oberen Führungsebene.

**Boos:** Wie schaut denn so eine Paradenetzwerker aus?

**Furch:** Der ideale Typ für diese Arbeit ist stark teamfähig und vor allem selbständig agierend wie ein Unternehmer. Das heißt, er muß initiativ sein, muß moderieren können, muß versuchen, da was rauszuholen ohne hierarchischen Druck. Diese Qualitäten sind also ziemlich identisch mit den Führungseigenschaften eines guten Managers. Darum sind Netzwerke für mich eine gute Plattform, um Führungskräfte kennenzulernen und zu entwickeln.

**Boos:** Welchen Firmen würden Sie eigentlich empfehlen, kein Netzwerk zu installieren?

**Furch:** Also ich glaube, daß das von der Unternehmenskultur abhängt. Es gibt Firmen, die dafür nicht reif sind. Für die wäre es eine Überforderung, wenn man ein Netzwerk draufsetzt. Die haben Probleme personelle Besetzungsprobleme, Kleinigkeiten werden dann im Vorstand durchgekaut, obwohl das im Netzwerk schon entschieden wurde. Kurzum, wenn man ein Unternehmen hauptsächlich hierarchisch führen will, kann man Netzwerke vergessen.

**Boos:** Eine Frage, die etwas vom Thema Netzwerke abweicht: Wie geht es Ihnen als Manager mit der Komplexität?

**Furch:** Beim Durchlesen der Kurzfassungen für diesen Reader ist mir aufgefallen, daß Komplexität in allen Lebensbereichen verlangt wird. Komplexität als Problemlösung ist eine ganzheitliche Sichtweise, wodurch es einem am Anfang zwar komplizierter gemacht wird, aber im Endeffekt bei der Lösung dann was Besseres herauskommt. Wir alle neigen ja dazu, alles gleich einfach und simpel zu machen und möglichst digital (links: rechts, schwarz: weiß) zu entscheiden. Meine Erfahrung ist aber, daß das so nicht geht, weil die Wirklichkeit nicht so ist. Natürlich versuche auch ich, analytisch die Probleme herunterzubrechen, damit sie handhabbarer werden, aber ich berücksichtige auch die umliegenden Einflußfaktoren.

**Boos:** Gab es eine Situation oder Person, die durch ihre Haltung zur Arbeit Ihr Verständnis von Management geprägt hat?

**Furch:** Ich sehe das bei mir eher als eine kontinuierliche Entwicklung. Also ich bin in der Arbeit zu dem geformt worden, der ich heute bin. Ich begann als ganz junger Diplomingenieur in einem Bereich, wo man keinen Diplomingenieur wollte. Ich mußte also anders auftreten, um akzeptiert zu werden. Anerkennung mußte ich mir vor allem aufgrund meiner Arbeit verschaffen. Das hat sich dann wiederholt, als ich Montagechef wurde: Wieder hatte ich Mitarbeiter zu füren, die viel älter und erfahrener waren als ich. Da habe ich eigentlich diese offene Form der Zusammenarbeit und wirklich ehrliche Teamarbeit gelernt. Damals habe ich gelernt, nicht Angst davor zu haben, daß etwas passiert – in Prozessen, die ich nicht steuern kann. So bin ich geformt worden. Es gibt viele Manager, die einfach genau wissen wollen, wohin es geht, und erst dann bewegen sie sich einen Schritt in diese Richtung. Die wollen punktgenau landen. Und das ist in Prozessen nicht möglich. Eigentlich haben wir schon lange „Netzwerkarbeit" gemacht, bevor wir auf dieses Wort gestoßen sind – es ist ja überhaupt nichts Neues. Und wir werden weitermachen. Wir wollen als nächsten Schritt neue Netzwerke mit Externen etablieren, mit Kunden und Lieferanten. In Wirklichkeit ist das die Riesenchance: auf Kompetenzen, auf Know-how zurückgreifen zu können, ohne wieder eine Firma kaufen oder intern umorganisieren zu müssen!

# 4. Kapitel

## Komplexitätsmanagement und Organisationen

*Wie verträgt sich ständig mobilisierende Technologie mit den an der Technologie beteiligten Organisationen? Sind engagierte Mitarbeiter, die aus eigenem Antrieb und in eigener Verantwortung denken und agieren, immer von Nutzen? Ungefährlich ist das für die meisten Unternehmen nicht, wenn ein großzügig bemessener Handlungsspielraum kontraproduktiv genutzt wird. Sind womöglich wirksame Kontrollen doch unverzichtbar? Sollten die Unternehmen gar zu einer Praxis zurückkehren, bei der das Management peinlich genau überwacht?*

# Dancing Complexities – Evolving Strategies

*von Uli Schwämmle*

## Kultur und Organisation

Organisationen unterscheiden sich in der Weise wie sie unseren Planeten insgesamt als Wirkungsfeld unternehmerischer Aktivität begreifen, von der traditionellen Exportorientierung, zur Internationalisierung bis hin zum Global Player. Sie betreiben sowohl zentrale als auch und dezentrale Strategieentwicklungen und sie benützen eine Vielzahl von Organisationsformen um „kulturelle Brücken zu schlagen". Die Komplexität von Kultur und von Organisationen sind in der globalen Evolutionsdynamik auf das Engste miteinander verknüpft.

Die strategische und praktische Herausforderung für Organisationen besteht darin, unterschiedliche Zeiten, Distanzen und Räume zu managen und sich in unterschiedlichen kulturellen Kontexten bewegen zu können (O'Hara-Devereaux/Johansen). Insbesondere in den neunziger Jahren agieren Unternehmen in extrem turbulenten Umfeldern. Sie sind Teil einer transformatorischen, sich ständig beschleunigenden Veränderungsdynamik, die sich durch hohe Ungewissheiten auszeichnet. Die Entscheidung über Zeitpunkt, Region und Form des unternehmerischen Auftretens ist unmittelbar mit der Existenz- und Zukunftssicherung der Organisation verknüpft. Turbulente Umfeldbedingungen und große räumliche und kulturelle Distanzen verlangen behutsame und differenzierte Vorgehensweisen.

Unabhängig davon welche Attraktoren Organisationen veranlassen, sich in globale Entwicklungen einzulassen: solange sie von einem monokulturellen Selbstverständnis von Management und Organisation ausgehen und die kulturellen Unterschiedlichkeiten der Weltbühne nicht als Existenz- und Gestaltungschance für ihr Unternehmen begreifen, sind Konflikte und Rückschläge vorprogrammiert. Sie werden auch langfristig in Schwierigkeit geraten, wenn ihr Hauptinteresse vom einseitigen, ökonomischen Ausnützen einer Region geleitet ist, wenn sie unfähig sind gleichermaßen einen Beitrag zur Entwicklung einer Region und dem Wohl ihrer Bevölkerung zu leisten.

Auseinandersetzung mit Kultur wird zum Management- und Organisationsthema. Nicht nur die Vielzahl der Kulturen und ihre Unterschiedlichkeiten allein sorgen für oder sind Ausdruck von Komplexität, sondern Kultur selbst muß für den Organisations- und Managementkontext neu differenziert und beschrieben werden. Nationale und ethnische Kultur, regionale, Branchen-, Organisations- und Professions- sowie personale Kultur und deren Vernetzung werden mit zu einem wichtigen Erfolgsfaktor für unternehmerische Strategien (Trompenaars).

## Das komplexe Management von Organisation und Kultur

Komplexität offenbart sich besonders an kulturellen und organisationellen Schnittstellen, am Umgang mit kulturellen Unterschieden, in der Verbindung von vertrauter eigener („normaler") Kultur und anderer fremder Kultur, von rationalen (bewußten) und irrationalen (unbewußten) kulturellen Mustern. Zugespitzt könnte man sagen, daß kulturelle und organisatorische Komplexität als rekursive Wechselwirkung zwischen einer kulturellen Organsiationsentwicklung in verschiedenen geographischen Regionen und einer globalen Entwicklung beschrieben werden können.

Unternehmerische Aktivitäten sind von kulturellen Dynamiken und Wirkkräften durchsetzt. Was fehlt, sind differenzierte kulturelle Begrifflichkeiten, die innerhalb der verschiedenen Organsisationskontexte Beschreibungen liefern, damit wir die oben erwähnten Schnittstellen anders verstehen und wirksamer gestalten können.

Von besonderem Interesse sind die Steuerung und Organisation der Zugangsweisen zu einer fremdkulturellen Umgebung, zu unbekanntem Territorium in der Initiierungsphase. Die Klärung der strategischen Gelegenheiten sowie deren Machbarkeit erfodert eine differenzierte Betrachtung der erforderlichen Anschlußfähigkeiten: der organisatorischen, der Management- und der kulturellen Paßform.

Auffällig ist, daß Organisationen unterschiedliche unternehmerische Organisationsformen für die Umsetzung dieser Strategien benutzen: Joint Venture, strategische Allianzen, Projektteams, Netzwerke etc.

# Brückenschläge

Im folgenden werde ich an drei interkulturellen Projekten (Rußland, Grönland und China) nachzeichnen, wie Zugänge ‚erfunden' und maßgeschneiderte Kooperationsdesigns entwickelt wurden.

Der Steuerung und der eigenen Lernfähigkeit kommt in allen beschriebenen Prozessen eine Schlüsselrolle zu. Veränderungsdynamiken, Umbruchsituationen, Paradigmenwechsel, Neulandstrategien müssen wir mit transformatorischen Lerninszenierungen angehen lernen. Ein entscheidender Wendepunkt wird sein, inwieweit und wie tief wir von anderen zu lernen bereit sind. Ob wir zulassen können, daß das Betreten von Neuland bedeutsame Rück-, Neben-, Ein- und Auswirkungen haben wird, besonders auf uns selbst. Daß wir erkennen, daß mehr und mehr Lösungen und Innovationen sich aus Kontrastierungen ergeben und nicht von Genies und Experten für andere gemacht werden.

## Know-how Transfer Projekt Rußland

Auftraggeber des Projektes war das eidgenössische Außenministerium. Die Schweiz sollte in der damaligen Umbruchsituation (1992) einen eigenständigen Beitrag zum Aufbau und zur Stabilität der ehemaligen GUS und zur zwischenstaatlichen Kooperation zwischen beiden Staaten leisten. Daraus wurde der Projektauftrag abgeleitet, vor Ort unternehmerische Initiativen zu identifizieren und mit westlichem Management Know-how zu unterstützen.

Interkulturelle Projektstrategien operieren in extremen Spannungs-
feldern. Politisch motivierte Projekte zielten darauf ab, proaktiv einen Beitrag zur Stabilität und Zusammenarbeit in Europa zu leisten,
wirtschaftlich motivierte Projekte sahen vor allem ein ungeheures
Markt- und Absatzpotential. Befürworter und Gegner von Rußland-
projekten hatten sich in der Schweiz polarisiert.die Ergebnisse meiner Voranalyse machten deutlich, daß westliche Projekte, die über
die politische Schiene (top down) durchgeführt wurden, häufig von
den politischen Macht- und Entscheidungsträgern und Cliquen (Regierung, Partei, KGB und Militär) schnell kanalisiert worden waren.
Die Nutznießer waren selten die in den Projekten vorgesehenen
Zielgruppen. Westliche Know-how Projekte exportierten häufig
westliche Know-how Konserven oder stülpten diese dem dortigen
System über. Die Entwicklung der Mehrzahl der Projekte verlief für
beide Seiten äußerst negativ. Der Pioniercharakter dieses Projektes
verlangte deshalb eine eigenständige und unterscheidbare Entwick-
lungsstrategie.

*Ankoppelungen und Projektzyklen*

Die Anfangshürde bestand darin, wie ich in dieser Umbruchsituation
aussichtsreiche, russische unternehmerische Initiativen identifizieren
und zuverlässige russische Kooperationspartner finden konnte. Das
Selbstverständnis von Unternehmern und Managern im westlichen
Sinne war in Rußland zu diesem Zeitpunkt kaum entwickelt.

Bei dem Aufbau meiner eigenen interkulturellen Expertise in verschiedenen Länder Europas und Nordamerikas war von größter
Wichtigkeit gewesen, immer vor Ort selbst unmittelbare Erfahrungen zu sammeln, die fremden Kulturen auf der emotionalen und
physischen Ebene auf mich wirken zu lassen und gleichzeitig Beziehungen aufzubauen. Die Entwicklung eigener russischen Kompetenzen und der Aufbau einer eigenen Infrastruktur vor Ort boten
den notwendigen Spielraum um den Projektauftrag verantwortungs-
voll und effizient auszuführen.

Meine Einbindung in das ,normale' russische Leben ermöglichte
praktische Orientierungen und das Erlernen ,russischer Überlebens-

strategien' von Russen und in Rußland lebenden Ausländern. Auf diese Weise kam ich zu einem tieferen Verständnis darüber, was es bedeutet in dieser Umbruchsituation zu überleben. Ich habe ‚along the way' eigenes Know-how aufgebaut. Der ständige Austausch über das Erlebte mit unterschiedlichsten Gruppierungen bildete die gemeinsame vertrauensvolle Basis auf der wechselseitige Interessen artikuliert und ausgehandelt wurden. Der gemeinsame potentielle Nutzen konnte verdeutlicht, die Machbarkeit von Maßnahmen ausgetestet werden. Die daraus gewonnene Sicherheit und Verankerung war notwendig, um fragwürdige russische Kooperationspartner auszugrenzen, oder von Illusionen geprägte Initiativen zu erkennen.

In der Anfangsphase, die eher einer Expedition mit ausgedehnten ‚Scanning Aktivitäten' glich, habe ich überwiegend an ausländischen Investionen interessierte russische Unternehmer getroffen. Viele haben sich als Manager bezeichnet ohne jegliche Grundlage und Voraussetzungen anbieten zu können, um verantwortungsvolle unternehmerische Tätigkeiten im Kontext einer regionalen Entwicklung aufzubauen. Das Thema Managemententwicklung und Ausbildung stieß vielerorts auf Unverständnis.

Im weiter Verlauf habe ich mich auf zwei russische Initiativen konzentriert. Nach einer vorsichtigen gemeinsamen Einschätzung ihres unternehmerischen Potentials und ihrer unternehmerischen Strategien haben wir gemeinsame, unmittelbar umsetzbare Know-how Projekte entwickelt. Immer wieder bin ich darauf gestoßen, daß die Akzeptanz auf der russischen Seite, Know-how anzunehmen, unmittelbar damit verknüpft war, daß ich selbst russisches Know-how annehmen konnte. Die behutsame gegenseitige Akzeptanz und Gleichstellung der Kooperationspartner waren Garanten für die gemeinsame erfolgreiche Durchführung von Projekten, sei es bei einem internationalen Verhandlungstraining, eine Geschäfts- und Marketingberatung oder Train the Trainer Programmen.

*Rollen und Pfade*

Die unterschiedlichen Projektzyklen verlangen die Wahrnehmung und die Ausübung unterschiedlicher Rollen: Verhandlungspartner und Projekt-Designer, Projektmanager, Navigator, Pionier, Pfadfinder, Netzwerk Manager, Kooperationspartner, Mediator, Coach für russische und schweizer Trainer und Berater. Je größer die Distanz zur eigenen Kultur, je mehr verlangt ein Einsatz in einem fremdkulturellen Einsatzgebiet vor allem und von Anfang an, eine grundsätzlich offene Lernhaltung bezüglich der Kultur und der aktuellen Situation. Dann bietet jede Kultur auch interessante Türöffnungen zum tieferen kulturellen Verständnis, wie zum Beispiel durch Puschkin für die psychologische Dimension und den verschiedenen kommunalen und kooperativen Wohnformen für die soziale Situation.

Die eigene Verankerung und Vernetzung, die kulturelle Kompetenz- und Strategieentwicklung, der Beziehungs- und Infrastrukturaufbau, das Erkunden und Erfinden von flexiblen Pfaden und Handlungsszenarien, die Erarbeitung einer gemeinsamen Wertbasis und Nutzenvorstellung, die Auswahl und Fokussierung auf gemeinsam entwickelte Projekte mit pragmatischer Zielvorstellung und langfristiger Nutzenoptimierung, die Einsatzplanung und das Coaching ‚on the job' von Fach- und Führungskräften der eigenen wie der fremden Kultur, hängen entscheidend davon ab, ob es gelungen ist eine tragfähige Akzeptanzkultur und Operationsbasis zu erschaffen und weiterzuentwickeln trotz aller Turbulenzen und Umbrüche.

## Tourismusprojekt Ostgrönland

1994 wurde ich von einer selbstinitiierten Netzwerkgruppe angefragt, an einem Tourismus-Projekt in Grönland mitzuarbeiten. Meine Aufgaben im Projekt waren, die Rolle und Bedeutung von interkultureller Kommunikation und Kooperation bei der Projektvorbereitung zu beleuchten, ein Design für eine on-site Workshop-Konferenz mit einer europäischen Expertengruppe und der einheimischen Jägerkultur und Repräsentanten aus Regierung, Verwaltung und Tourismus von Ostgrönland zu erstellen, und schließlich die Konferenz vor Ort vorzubereiten, durchzuführen und auszuwerten.

Ostgrönland ist eine extrem abgeschiedene Region, die eine hohe Sensitivität hinsichtlich ihrer kulturellen, sozio-ökonomischen und

ökologischen Entwicklung aufweist. Der sich abzeichnende Zusammenbruch der Jägerkultur, die minimale unternehmerische
Tätigkeit und die hohen Subventionsleistungen und Sozialkosten
waren Indikatoren für eine krisenhafte und konfliktträchtige Entwicklung.

Ziel des Projekts war herauszufinden, ob spezifische Formen des
Tourismus in dieser Region möglich und wünschenswert sind, und
ob die einheimische Bevölkerung, insbesondere die Jäger, Tourismus als eine weitere Lebens- und Arbeitsperspektive begreifen und
bereit sind, eine selbstverantwortliche Rolle zu übernehmen.

Die traditionelle ostgrönländische Lebensweise ist von einer extremen, für das Überleben notwendigen kollektiven Kultur geprägt. Es
gibt keine Führer und Repräsentanten in unserem Sinne. Ostgrön-
ländisch ist eine eigenständige gesprochene Sprache, hat aber als
Problemlösungsmedium in traditionellen Zusammenkünften eine
eher untergeordnete Bedeutung. Man sitzt zusammen um zu erzählen, zu schweigen und zu lachen. Von an Anfang an war eine
hohe emotionale Brisanz aufgrund des drohenden Niedergangs und
Zusammenbruchs und der extremen arktischen Umfeldbedingungen
spürbar. Die Kluft zwischen „Gästen" und einheimischen Beteiligten war riesengroß. Nur der Initiator des Projektes konnte sich als
anerkannter interkultureller Grenzgänger in beiden Kulturen kompetent bewegen

*Interkulturelle Dialogzyklen*

Unser Design läßt sich beschreiben als eine Sequenz von unterschiedlichen Dialogzyklen zwischen den Beteiligten, dem Land und
seiner Bevölkerung, ihren verschiedenen Professions- und ethnischen Kulturen, und von unterschiedlichen Entwicklungsdynamiken:

• Dialogzyklus 1: Bildung einer gemeinsamen Arbeitskultur in der
  freiwilligen, zeitlich begrenzten Projektsteuerungsgruppe, die
  sich aus verschiedenen Expertengruppen unterschiedlicher natio-
  naler Herkunft zusammensetzte (Dänen, Deutsche, Italiener,
  Schweizer).

• Dialogzyklus 2: Erste Anbindung der gesamten europäischen und multiprofessionellen Expertengruppe an die fremde Kultur, an Land und Bevölkerung durch unmittelbare direkte Erfahrungen und Erlebnisse (städtische und halbnomadische Jägersiedlungen).

• Dialogzyklus 3: Aufbau einer gemeinsamen Identität und Sichtweise in der multikulturellen Expertengruppe durch erste, gemeinsame Deutungs- und Orientierungsversuche.

• Dialogzyklus 4: Mobilisierung von Repräsentanten, Funktionsträgern (Dänen und Grönländer) und traditionellen Gruppierungen der einheimischen Bevölkerung.

• Dialogzyklus 5: On-Site Konferenz mit Präsentationen und Befragungen von ostgrönländischen Funktionsträgern. Erzählungen von Jägergruppen (Männer), Frauen und Jugendlichen mit dem Ziel, zu einem vertiefenden Verständnis und Problemerfassung zu kommen.

• Dialogzyklus 6: Konfliktaussprache zwischen ostgrönländischen Hotel- und Tourismusvertretern und den einheimischen Jägern.

• Dialogzyklus 7: Fachgespräche der Expertenteams (Reiseveranstalter und Tourismusexperten, Polarmediziner, Umweltexperten, Tourismusjournalisten). Erarbeitung von Richtlinien unter Berücksichtigung der eigenen Verantwortlichkeiten. Unterstützungsangebote für eine Umsetzung der Konferenzergebnisse zusammen mit allen Bevölkerungs- und Funktionsgruppen Ostgrönlands.

*Erfolgsfaktoren interkultureller Entwicklungsstrategien*

Gerade weil dieses Projekt in seiner Organisation, Steuerung und Vorgehensweise so außergewöhnlich war, traten Schlüsselstellen deutlicher zu tage: Das Loslassen und Entlernen von eigenen Problemlösungsmustern, die Bedeutung von ‚interkulturellen Übersetzern', der sorgfältige Umgang mit Schnittstellen, das Schaffen einer Akzeptanzkultur und Errichten von gemeinsamen ‚Landeplätzen', eine erkundende und erfindende, Schleifen ziehende Vorgehensweise, der offene und ungewisse Ausgang, die Bedeutung und der Zeitrahmen von Entwicklungsorientierung, sowie die Berücksichtigung und Beteiligung aller Betroffenen.Der bewegendste Augenblick war als die Inuits, trotz aller Fremdheit und Ungewohntheit, tatsächlich an unserem Tagungsort in Gruppen erschienen. Noch überraschender war als sie am nächsten Tag mit uns weiterarbeiten wollten. Sie hatten zum erstenmal erlebt, das Weiße ihnen zuhörten, sich Zeit nahmen und einen Rahmen schafften, in dem ihre Anliegen ernst genommen wurden.

## Rekrutierungsprojekt VR China

Ein globales Medienunternehmen mit Hauptsitz in Deutschland war mit Unterstützung der chinesischen Regierung ein Joint Venture mit einem chinesischen Unternehmen (wissenschaftlicher Fachverlag) eingegangen. Die erweiterte Projektgruppe des Unternehmens umfaßte unter anderm das verantwortliche Vorstandsmitglied, der Personalchef, der Manager für Auslandsprojekte und die in China vor Ort tätige Projektgruppe. Der Auftrag lautete, mit dieser Projektgruppe einen Designprozeß zur Rekrutierung chinesischer Mitarbeiter zu entwerfen und spezifische kulturverträgliche Werkzeuge für die Mitarbeiter zu entwickeln.

Da ich selber keine unmittelbare Erfahrung in China habe, hatte ich als zusätzliche Beraterin eine Nationalchinesin mit Erfahrungen in der Volksrepublik China hinzugezogen. Wir gingen beide von der Annahme aus, daß für den Markteintritt eines Unternehmens in einer fremdkulturellen Umgebung eine Reihe von kulturellen Übersetzungsprozesse notwendig sind (neben Klärungen der finanziellen und ökonomischen Machbarkeit und der rechtlichen Situation). Diese Klärungen müssen unmittelbar bei den am Projekt Beteiligten ansetzen, dem vorgesehenen Projektteam vor Ort in China als auch der Projektsteuerungsgruppe in der Konzernzentrale. Differenzierte interkulturellen Perspektiven waren bis dahin vom Unternehmen nicht berücksichtigt wurden. Eigene chinesische Mitarbeiter sind jedoch in die Projektgruppe berufen worden. Ein für die Auslandsentsendung wichtiges Teamentwicklungs-Training wurde nicht durchgeführt.

*Diagnose und kulturelle Übersetzungen*

In der ersten gemeinsamen Projektsitzung haben wir die zentralen Merkmale der Unternehmenskultur des Konzerns von verschiedenen Seiten her beleuchtet und ein aktuelles Unternehmensprofil erarbeitet. Wir diskutierten ihre vermutliche Wirkung auf die chinesische Öffentlichkeit. Gleichzeitig erfolgte eine kulturelle Sensibilisierung auf Seiten der Projektgruppe und eine größere Bewußtwerdung bezüglich der gewählten Vorgehensweise. Human Resource Development-Profil, Rekrutierungspraxis sowie Anforderungsprofile vergleichbarer Führungskräfte im Mutterkonzern waren weitere Diagnose- und Übersetzungsschritte. Unser Ziel war eine Kongruenz zwischen den einzelnen Organisationsebenen herzustellen, um damit die Basis für Designvorschläge zur Rekrutierungsstrategie, sowie für die Auswahl und Entwicklung geeigneter Instrumente zu schaffen.

*Überprüfung der Kulturverträglichkeit*

Kulturverträglichkeit muß sich nach mehreren Kulturkontexten ausrichten: der eigenen dominanten, nationalen Kultur, den Organisations-, Management- und Professionskulturen, den Landeskulturen sowie der Mutterkonzern-Chinagruppe und der vor Ort wirkenden China-Projektgruppe. Die Diskussion der Kulturverträglichkeit der Instrumente offenbarte den kulturellen und fachlichen Kompetenzentwicklungsbedarf bei den Auslandsmanagern. Kulturverträglichkeit bedarf eines fortlaufenden Austestens und Fine-Tunings insbesondere auch am Einsatzort. Die Notwendigkeit eigene kulturelle Prägungen zu hinterfragen wird unausweichlich.

# Interkulturelle Steuerungs- und Organisationsstrategien als ‚evolving strategies'

Ob das selbstgesteuerte Kooperationsprojekt mit politischem Auftraggeber, ob teambezogenes Netzwerkprojekt oder ein Auftragsprojekt von einem globalem Unternehmen, allen ist gemeinsam, daß sie ‚evolving strategies' verkörpern. Alle spielen sich in einem turbulenten Umfeld ab, mit Umbrüchen und Ungewissheiten. Alle drei Projekte sind Veränderungsprojekte. Sie sind ein Mix von linearen und transformatorischen Entwicklungsstrategien, die Teil einer globalen evolutionären Dynamik sind. Wir bewegen uns in einer globalen Ökonomie, unsere Welt ist ein globaler Arbeitsplatz geworden, für Organisationen wie für Arbeitskräfte (O'Hara-Devereaux/Johansen). Der Komplexitätsdruck erhöht sich, solange wir die systemischen Transformationsdimensionen bewußtseinsmäßig und steuerungsmäßig nicht anders erfassen, als wir das bisher gemacht haben (Moran et al.). Westliche und dem Industriezeitalter verpflichtende Denkweisen geraten zunehmend in Sackgassen, solange sie ihre Fähigkeit sich selbst zu ändern, sich ändern zu lassen, nicht entscheidend verbessern. Für erfolgreiche Veränderungen dieser Art werden andere Vorstellungen von Zeit und Raum und von Beziehungen relevant. Die Art und Weise, wie wir uns als Organisationen und Individuen steuern und organisieren bestimmt unsere Überlebens- und Entwicklungschancen. Eine kulturelle Personal- und Organisationsentwicklung mit neuen Sensibilisierungen und Steuerungslandkarten ist angesagt. Sich nicht Einlassen wollen, zu Entlernen, monokulturelle Dominanz und Selbstgefälligkeit und Expertenfixiertheit sind ein Nährboden für Illusionen. Im Moment scheinen wir mehr damit beschäftigt zu sein unseren Komplexitätsdruck zu erhöhen. Wie lange noch?

*Literatur*

Banathy, B.H. (1991): Systems Design of Education: A Journey to Create the Future. Englewood Cliffs, New Jersey: Educational Technology Publications.

Institut für Interkulturelles Management (Hrsg.) (1994): Interkulturelles Personalmangement. Wiesbaden: Gabler.

Moran, R.T., P.R. Harris, W.G. Stripp (1993): Developing the Global Organization, Houston/London: Gulf Publishing Company.

O'Hara-Devereaux, M. Johansen, R. (1994): Global Work. San Francisco: Jossey-Bass Publishers.

Quelch, J.A., H. Bloom (1996): The Return of the Country Manager. In: McKinsey Quarterl, Nr. 2, pp. 30–43. New York: McKinsey & Company.

Trompenaars, F. (1993): Riding the Waves of Culture. London: Nicholas Brealey Publishing Ltd.

# Hinter den Kulissen der Technologie

*von François U. Escher*

## Technologie als Kulisse

Prolog: Wer die Entwicklung der heutigen (aber auch der gestrigen) Kommunikations-, Medien- und Informationstechnologien mitverfolgt, erhält ein Bild vermittelt, das die Erklärungen, weshalb sie so funktionieren und nicht anders, oder was sie bewirken oder auch nicht, ständig selbst überspielt, dabei Altes löscht und Neues registriert. Die Selbstbeschreibung reicht vom Cyberspace bis zu Virtuellen Communities im uferlosen (umweltlosen?!) Raum uneingeschränkter Interaktivität in der Multimediagesellschaft; von realtime Interkommunikation vernetzter 'Surfer' live auf dem Information-Highway bis hin zum Konzert zunehmend konvergierender Geräte – Computer, Fernsehen, Telefon – auf dem Internet (siehe Szenenskizzen 1–3).

Aber wie verträgt sich dies mit den an der Technologie beteiligten Organisationen, deren Überlebensfähigkeit, das heißt Selbstreproduktion als soziale Teilsysteme, weder durch Technologie ersetzt, noch durch sie geplant und gesteuert werden kann? Dennoch wird beobachtet, daß Organisationen sich an Technologien festhalten, um vorübergehend wenigstens der tobenden See zu entgehen und Zuflucht in sichere Häfen zu finden.

Komplexität bleibt so für eine Weile ausgeblendet. Das Spiel der Technologie kann gespielt werden, derweil sich hinter den Kulissen die Akteure ihre Rollen bereits austauschen für noch ungeschriebene Fortsetzungen des Stückes. Der durch Technologie errichteten Kulisse verdankt es die Organisation, daß die Aufführung im großen Welttheater weitergespielt werden kann.

Es scheint uns deshalb hier von Interesse zu sein, zu beobachten, was sich hinter den als Kulissen vorüberziehenden Technologien abspielt, und wie gleichzeitig das Stück, das gespielt wird, von den Darstellern und ihrem Publikum neu mitgeschrieben wird, und diese dabei, beobachtbar oder nicht, gewollt oder nicht, die scheinbar ausgeblendete Komplexität wieder herstellen.

Die Zuschauer werden rasch feststellen, daß der Technologiebegriff, der hier vorgeführt wird, nicht auf die Forschung und Entwicklung, oder auf das System der Wissenschaft bezogen ist, sondern auf die Beteiligung von Technologie an sozialen Systemen, wie sie in Organisationen beobachtbar ist und durch sie selbst beobachtet wird. Deshalb sind Definitionen, die von technologieinternen Unterscheidungen ausgehen, für die Technologie beanspruchende Organisation selbst hier wenig hilfreich: Unterscheidungen etwa wie zum Beispiel zwischen angewandten und reinen, zwischen langlebigen und inkrementalen Technologien, oder zwischen grundsätzlichen Technologieentwicklungsstufen oder auch Adoptierungen von Standards einerseits (zum Beispiel von Transistoren zu Mikroprozessoren, von Silicium zu Gallium-Arsenid Chips), und laufenden Weiterentwicklungen und Verbesserungen innerhalb derselben Generation einer Technologie andererseits (zum Beispiel von analogen zu digitalen Mobilfunktechnologien, oder Standards wie ASCII oder Hypertext).

Technologie als Selbstbeschreibung der Organisation

Szenenskizze 1:

*Distributed Computing* zur *Integrated Enterprise*

Technologie, insbesondere rechnerunterstützte Informations-technologie, so die Parole in den achtziger Jahren, sei die aller-wichtigste, wenn nicht gar einzige Chance, Wettbewerbspositio-nen von Unternehmen im zunehmend globalen Markt zu be-haupten oder auszubauen.

Auf ihrer Basis lasse sich gewährleisten, Daten weltweit zu fas-sen und zu verarbeiten; sicherstellen, daß unter physisch weit-verteilten Betrieben einer Unternehmung eine gemeinsame und effiziente Kontrolle des Geschäftsganges stattfinden könne; und dank raschem Zugriff auf Daten berechnen, welche Gegenmaß-nahmen zu treffen seien, um einen Gegner auf dem Markt schnel-ler als die andern Mitbewerber zu überbieten.

Automatisierung und Integration der Fertigungs- und Dienst-leistungsprozesse, der Aufbau- und Ablaufsteuerungen, würden das Unternehmen neu als *Integrated Enterprise* entstehen las-sen – entlang der gesamten Wertkette, von just-in-time Zulie-ferern bis hin zum Management kundengerechter Lagerbestän-de und ferngesteuerter Serviceleistungen. *Distributed Compu-ting* auf mittelgrossen Workstations und lokalen Netzwerken, unter gemeinsamen, zunehmend standardisierten Architektu-ren, seien den zentralen (und zentralistischen) Großrechnern nun vorzuziehen: Das von den Ingenieuren angekündete *Client-Server* oder Kunde-und Zulieferer-Konzept des Datenaustau-sches dränge sich geradezu auf.

Fazit: Flache Organisationen mit einer Vielzahl kleiner, dezen-traler, unternehmerischer Einheiten sind offensichtlich besser ge-eignet, das Potential der Technologie und die mit integrierten Netzwerkarchitekturen verbundene Vision der Organisation zu nutzen, als traditionell gewachsene Riesenorganisationen mit zentralistischen und vielschichtig hierarchischen Strukturen.

Technologie als Selbstbeschreibung der Organisation

Szenenskizze 2:

*Information-Highway* zur *Knowledge-based Organisation*

Technologie, insbesondere die anscheinend konvergierenden Informations- und Kommunikationstechnologien, sei die Lösung dafür, daß die Informationsflut schon bald einmal frei und ungestaut auf unbegrenzten 'Fahrbahnen' zirkulieren könne. Auf dem *Information-Highway* sollen Daten und Informationen aller Art für alle zugänglich, und von allen erreichbar, transportiert werden können. Auf dieser Basis sei es dann endlich möglich, Wissen, das schon je in den Köpfen der Mitarbeiter, in bewährten Arbeitsprozessen, und in den Errungenschaften der betrieblichen Forschung und Entwicklung gesteckt habe, zu managen und zu bewerten. Wissen und Können geselle sich nicht nur zu, sondern trete vielleicht sogar an die Stelle von Kapital, Arbeit und Land, als der vierte Produktionsfaktor in der Morgenröte der künftigen Knowledge Economy. Unternehmen würden demnach zum Experimentierfeld von *Knowledge Workers*, die deren Erfolg in *Knowledge Capital* umsetzen, und sich so den entscheidenden Vorsprung auf dem Markt sicherten. Das tangible Resultat sei im Lösungsgeschäft zu finden. Die Maßnahmen heißen Systemintegration und Outsourcing der gesamten technologischen (Netzwerk-) Infrastruktur – begleitet vom unvermeidlichen *Reengineering* des Betriebes und aller seiner Prozesse. Organisationales Lernen ermögliche, im Rahmen der Kommunikation von allen mit allen im internen Netzwerkverbund, heute auch 'Intranet' genannt, das notwendige Wissen bereitzustellen und zu mobilisieren.

Fazit: Organisationales Lernen als Prozeß der Erhöhung und Veränderung der organisationalen Wert- und Wissensbasis, bildet die Plattform der Transformation schlechthin. Über technologieunterstütztes 'Wissensmanagement' erfährt das Unternehmen seine Identität und echten Wert am Markt, und bereichert seine Kern- und Handlungskompetenzen. Die vernetzte, intelligente Unternehmung, die allen Wissen gibt und es von allen nimmt, ist geboren.

---

Technologie als Selbstbeschreibung der Organisation

Szenenskizze 3:

*Cyberspace* zum *Virtual Enterprise Networking*

Technologie, so die Propheten des *Cyberspace* und der digitalen Existenz (being digital), bilde nur den Anfang einer neuen Weltgesellschaft, deren Unternehmen endlich virtuell, über fließend unbegrenzte Arbeitsplätze (-ströme), für und mit allen operieren würden. Daran beteiligten sich alle gleichzeitig als Anbieter und Abnehmer von Dienstleistungen auf der Basis 'multimedialer' Übertragungsnetzwerke und Infrastrukturen – vom Satelliten bis zum Internet. Die Wirtschaft, und insbesondere der Handel, gründe dann nicht mehr nur auf materiellen, sondern vorwiegend auf immateriellen, digitalen Transaktionen sogenannter 'Intangiblen' (mit entsprechend veränderter Preisgestaltung, das heißt nicht mehr auf Einheitsstandards festgelegten Kosteneinheiten wie Gesprächsminuten, Kilowattstunden, etc.). Ganze Unternehmensbereiche, die bisher vorwiegend, oft als staatlich unterstützte Versorgungsträger funktioniert hatten, etwa zur Verteilung von Post, Rechnungen für Wasser und Elektrizität, Telefongesprächen, Nachrichten, oder Dienstleistungen wie Transport, Versicherungen, Buchungen, und selbst Pflege, etc., erhielten nun eine Chance sich zu verändern in Richtung völlig neuer Geschäftsbereiche auf der Basis digitaler Erreichbarkeit und elektronischer Transaktionen. Ein Taxigeschäft könne sich so zum Beispiel vom Abholen und Bringen von Personen zur elektronischen Verwaltung von Autoflotten bis hin zum virtuellen Management weltweiter Navigations- und Mobilitätsysteme entwickeln.

Fazit: Die internen Grenzen der Organisationen sind völlig durchlässig und austauschbar geworden, ortsunabhängig, agil und virtuell genug für jede Art von Flexibilität. Das läßt alle mit allen im globalen Netzwerk kooperieren (und 'competitieren'), zum großen Vorteil derjenigen, die sich dank immer neuer Innovationen der Technologie am Markt zu behaupten vermögen und verändern wollen.

# Technologie als Zweiseitengesicht

Die Kunst der Selbstbeschreibung der Organisation durch Technologie (siehe Szenenskizzen) wurde früher schon geübt, und wird
heute noch praktiziert, sei dies innerhalb der Unternehmen, beim
Kunden, oder sei dies abgedruckt in „wired" oder „Fortune". Als
könne die Kommunikation über Organisation nur der Technologie
zugerechnet werden und nicht umgekehrt.

Der kausale Zusammenhang täuscht jedoch: er kommt nur zustande
weil die Komplexität, mit der die Organisation zu kalkulieren hat,
um über Technologie an die sie umgebenden Funktionssysteme Anschluß zu finden, nicht mitkommuniziert wird. Ohne sie bleibt die
jeweilige 'Form' der Selektion, mit der Technologie von der Organisation für sich beansprucht wird, unsichtbar. Bezeichnet man sie
nicht, beläßt man der Technologie die Maske auf, hinter der sich ihr
Zweiseitengesicht verbirgt: als Januskopf auf der Schwelle der Am-
biguität von Draußen und Drinnen.

Einmal aus dem Park der Wissenschaften entlassen, nimmt Technologie ihr zeit- und kontextloses Gesicht an. Auf ihrer Rückseite beleuchtet sie die Organisation, mit der und für die sie zum Einsatz
kommt, und für deren Mitglieder sie Prozessoptionen zur Verfügung
stellt. Hier geht es vor allem um Steigerung der Leistungen sowohl
in Produktions- als auch in allen übrigen Organisationsprozessen der
Unternehmung, die die Gesamtproduktivität erhöhen. Auf ihrer
Vorderseite spiegelt sie die Umwelt der Organisation wider, für die
sie Selektionen bereitstellt, damit die Organisation daran anschlie-
ßen kann.

Für das Unternehmen geht es hier um die Strukturierung der Kon-
sum- und Nachfrageorientierung über Innovationen von Produkten
und Dienstleistungen, die zur Erhöhung des Absatzes und die Verbesserung der Wettbewerbschancen auf dem Markt des Wirtschaftssystems gefordert wird.

Vor diesem Hintergrund hebt Technologie sich ab und tritt in einer
historischen Perspektive als (Eigen-) Leistung in Erscheinung, die
ständig am Werk ist. Und es kann dann darüber reflektiert werden,

wie Technologie sich (selbständig?) entwickelt hat, auch ohne den organisationalen Kontext wiedergeben zu müssen.

Dabei erinnert sich die Vergangenheit nur an die Technologie, nicht daran wer sie warum beansprucht hat. Unbeeindruckt erinnert man sich etwa daran, daß es ja erst knappe zehn Jahre her sind, daß der Personal Computer (PC) und seine transportable Form als 'Laptop' den Verbrauchermarkt erreicht haben.

Oder daß erstmals 1995 in den USA mehr PCs als Fernsehgeräte verkauft wurden. Oder noch, daß doch bereits Ende der achtzier Jahre in mehreren Großunternehmen, dank privat vernetzten Großrechnern und peripherer Monitoren auf jedem Arbeitsplatz, über hunderttausend Mitarbeiter damals schon mühelos weltweit untereinander elektronisch kommunizieren konnten. In der Erinnerung bleibt aber nur Technologie übrig, die funktionierte und die heute niemand mehr missen wollte.

Nicht anders die Zukunft: sie erwartet Technologie – nicht *wie* und *welche* Kommunikation sich denn in Zukunft *wozu* einstellen wird. Wird die Autonomie der Technologie vorausgesetzt, erübrigt sich die Reflektion darüber, wieviel Information, oder gar wieviel Mitteilung, über das Bild- und Tonschirm-Medium zusätzlich mit ins Spiel kommt, die früher Privileg nicht-mediatisierter verbaler und nicht-verbaler Kommunikation war.

Und dies trotz der Tatsache, daß sich doch schon Millionen und Abermillionen Personen privat oder geschäftlich weltweit via Internet und PC/TV gegenseitig fast kostenlos anschreiben können. Und wie weiter, wenn sich darüber hinaus dieselben Individuen in naher Zukunft über Internet zum Lokaltarif auch noch werden ansprechen und zusehen können?

Zuletzt wird man den Propheten der Banalisierung von Technologie doch noch recht geben müssen: Der Kreis wird sich geschlossen haben. Alle kommunizieren wieder mit Allen. Die Technologie war nur die Krücke gewesen, die man dann aber vergessen konnte; oder, wie im Jargon behauptet wird, sie war der enabler, der Möglichmacher. Aber von was eigentlich?

# Technologie als Simplifikationen, die funktionieren

Technologien sind, wie Luhmann vorschlägt, „Simplifikationen, die funktionieren" (Luhmann 1992). Doch das läßt sich erst verifizieren, wenn sie beansprucht werden, das heißt wenn sie, aus dem System der Wissenschaft, das sie hervorgebracht hat, herausgelöst und zum Funktionieren gebracht werden.

Wenn Technologien funktionieren, wird immer auch mitkommuniziert, daß die Organisation, die sie beansprucht, funktioniert, das heißt dass die Kommunikation funktioniert. „We specialise in making things that make communications work" ermahnt die Werbung; aber eben: 'things' – Technologie als 'das Ding mit der Simplifikation'. (So in einer Werbung von Lucent Technologies, der Firma, die 1996 aus der Dreiteilung von AT&T als selbständiges Unternehmen entstand. Lucent ist auf Telekommunikations- und Netzwerksysteme spezialisiert und hat von AT&T die berühmte Telekommunikations-F&E Abteilung 'Bell Labs' übernommen.)

Die Rolle der Organisation ist subtiler als die Abhängigkeit von Technologie vordergründig vermuten läßt. Organisation ist an der Technologie, und an dem, was die Simplifikation für sie zu leisten hat, in mehrfacher Weise interessiert. Sichtbar für alle macht sie sich über Technologie die relevanten Selektionen zu eigen, die ihr Anschluß an die Funktionssysteme der Umwelt sichern. Viel weniger auffällig hingegen braucht die Organisation Technologie zur Tarnung, um sich hinter den Erwartungen, die sie projeziert, zurückzuziehen, und so das Rätsel der Entscheidungen, die sie ständig zu ihrer eigenen Reproduktion trifft, nicht preiszugeben.

Technologien erlauben, die Komplexität von Prozessen durch eine temporär festgelegte Anordnung einzuschränken, ohne aber dabei die Kommunikation zu ersetzen, die zur Reproduktion des Systems durch Entscheidungen, und nur durch sie, nötig ist. Der Einschränkung von Komplexität auf der Seite der Leistungs- und Funktionsfähigkeit, fremdreferentiell auf Erfolg im Wirtschaftssystem ausgerichtet, entspricht, auf der andern Seite, die Erhaltung der Komplexität innerhalb des selbstreferentiellen Freiraums für Entscheidungen. Das Interesse der Organisation am Funktionieren der Technologie ist deshalb doppelt an ihrem eigenen Interesse orientiert.

Einerseits muß es der Organisation darum gehen, die Technologie zur Fortsetzung ihrer Leistung einzusetzen. Jede Technologie, die funktioniert, ist potentiell auch eine, die für andere funktioniert. Und da außerdem Organisationen als Teilsysteme der Gesellschaft niemals isoliert von andern Organisationen operien können, ist jede Technologie einer Organisation nicht nur für alle anderen beobachtbar, sondern auch Voraussetzung der Funktionsfähigkeit aller anderen. Denn erst Technologie ermöglicht es der Organisation so zu funktionieren, daß die anderen auch funktionieren können.

Andererseits scheinen Organisationen sich nur zu zuversichtlich auf die Möglichkeit der Einschränkung von Komplexität eingestellt zu haben. Gegenüber dem Wirtschaftssystem bedeutet dies je nachdem Sicherheitsgewinn (Zahlungsfähigkeit) oder Risikovermeidung (Vorsprung), ob mit harten oder weichen Technologien. Dabei denkt man zuerst an Steigerung der Produktivität im Produktionsprozeß, oder Verkaufserfolg durch Innovation.

Hinzuzufügen wären neuerdings auch alle Prozesse, Methoden und Instrumente, die jeder Art der Verarbeitung jeder Art von Daten und Informationen gewidmet sind, und die alle Anzeichen der Spezies von Technologie auf sich vereinen. Heute laufen diese unter dem trügerischen Stichwort Wissensmanagement (knowledge management) – also Komplexitätseinschränkung eines Wissens, dem man paradoxerweise die Fähigkeit kontingenter Kommunikation abspricht, bevor es überhaupt Wissen werden konnte.

Am Beispiel des Wissensmanagements als Technologie wäre einmal näher darauf einzugehen, wie Organisationen es eigentlich verstehen, den Umgang mit Wissen zu managen, und wie sie gleichzeitig, ohne es selbst genau zu wissen, zwischen Wissen und Entscheidungen unterscheiden können. Doch das würde den Blick hinter die Kulissen zu weit schweifen lassen. Es sei hier nur die Annahme aufgestellt, daß Simplifikation nicht nur bedeuten könnte, Prozesse durch Technologie zu vereinfachen, sondern diese so zu vereinfachen, daß sie die den Prozessen abgewonnene Komplexität wieder der Entscheidung, das heißt der Selbstreproduktion des Systems, zuzuführen imstande wäre.

## Technologie als Vernetzung der Anschlußselektivität

Für Unternehmen strukturiert Technologie primär den Anschluß an das Wirtschaftssystem, sei dies über Leistungen innerhalb der Organisation oder solchen nach aussen hin zum Markt. Zu Recht wurde darauf hingewiesen (Baecker 1988), daß bis in die späten achtziger Jahre die Beobachtung der Technologie in erster Linie auf Technologien der Fertigungsprozesse und der damit produzierten Leistungen bezogen wurde, die so anschlußselektiv auf das Wirtschaftssystem gemacht werden konnten.

In neuerer Zeit scheinen sich aber die Selbstbeschreibungen des Systems und der an ihr beteiligten Technologie merklich verändert zu haben, wie unsere Szenenskizzen andeuteten. Im Vordergrund der Beobachtung stehen immer mehr die Kommunikations- und Informationstechnologien, von denen aus weniger der kontrollierte Anschluß an die Wirtschaft strukturiert wird, als ein offen verfügbarer Anschluß an die Gesellschaft überhaupt, markiert als Erwartung aktualisierbarer Kommunikation. Entsprechend dazu etabliert sich der Netzwerkbegriff, um beide Seiten der Grenze zwischen Organisation und Markt in den Blickwinkel zu kriegen (Baecker 1994).

Es gibt kaum mehr ein Teilsystem der Gesellschaft, das nicht den Versuch unternimmt, die Anschlußselektivität von Technologie, in dem ihm je eigenen Verweisungskontext, für sich zu beanspruchen. Der Begriff der 'Informationsgesellschaft', gleichgesetzt mit der Gesellschaft multipler Teilsysteme aller kollektiven und individuellen Anbieter und Benutzer von Kommunikations-, Informations- und Unterhaltungstechnologien, signalisiert so die Möglichkeit einer uneingeschränkten Beanspruchung, Diffusion und Absorption von Technologie. Mit ihr geht eine zunehmend gegenseitige Komplementarität des gesamten gesellschaftlichen Leistungs- und Transaktionsspektrums einher. Nicht nur für das einzelne Unternehmen, nicht nur für den individuellen Benutzer, strukturiert dann Technologie die Anschlußselektivität, sondern für die komplementären Beziehungen zwischen den beiden Seiten der Grenze aller gleichzeitig abhängig und unabhängig operierender Teilsysteme. In der Informationsgesellschaft vernetzt Technologie die Anschlußselektivität aller Teilsysteme der Gesellschaft.

Grund für diese Verlagerung ist in der enormen Technologieentwicklung in Richtung einer, verstärkt durch Massenmedien, sozial erwarteten, und technisch immer leichter machbaren Interkommunikationsfähigkeit der Medien – realtime, live, interactive – für alle an der elektronischen Kommunikation Beteiligten, zu suchen. Ausschlaggebend war, wie wir heute wissen, der Durchbruch von Internet. (Internet ist die konsequente Weiterentwicklung vielfach vorhandener dezentraler (PC-) Netzwerke, und deren Integration, mit Hilfe von effizienten, weil sowohl standardisierten als auch zunehmend offenen Übermittlungsinfrastrukturen, in ein weltumspannendes Netzwerk von Netzwerken (Internet), das zuletzt auf der Basis von Sprachstandards (HTML: hypertext mark-up language) über An- und Abrufapplikationen zu jeder Art von Inhalten (World-Wide-Web und Browser) zugänglich gemacht wurde.)

Die allgemeine Verlagerung des Verweisungskontextes von Technologie von der Wirtschaft zur Gesellschaft geht nicht ohne Rückwirkungen auf die Organisation. Die Vernetzung aller Teilsysteme, einschließlich der Organisationen unter sich selbst, greift weit hinter die Grenzen der Organisation zurück. Im Verweisungskontext der Marktwirtschaft wird das als immer hektischer werdender Teufelskreis von Innovation, Produktivität und Wettbewerb wahr-, aber auch hingenommen, sanktioniert durch die gegenseitig abhängig oder unabhängig gesteigerte Zahlungsfähig- oder Zahlungsunfähigkeit.

Mehr Mühe bereitet dagegen die der Kontrolle entgleitende soziale Dimension der Vernetzung, das heißt der Austauschbarkeit der Beziehungen, die sich im Netzwerk fast beliebig gegenseitig ergänzen oder auch ersetzen können. Die über Technologie beanspruchte

Kontrolle der Anschlußselektivität an die Wirtschaft innerhalb der Organisation, sieht sich auf einmal zusätzlich einer von 'außen' in die Organisation 'importierten' freien Verfügbarkeit und Austauschbarkeit von Anschlußselektivität zur Gesellschaft gegenübergestellt. Diese ist meistens mit einem Überschuß an Information und erhöhter Kontingenz verbunden, wahrgenommen als Chance und als Drohung zugleich alternativer, nicht vorgegebener Lösungen.

Was für die Organisation über Technologie anschlußselektiv auf die Umwelt (der Wirtschaft) gerichtet wirkte, wirkt jetzt, über Kommunikations- und Informationstechnologien, von der Gesellschaft als Umwelt der Organisation aus, anschlußselektiv auf das Teilsystem Organisation zurück.

Dem auf der einen Seite angestrebten Sicherheitsgewinn durch Komplexitätsreduktion widerspricht auf der andern Seite der in der Vernetzung eingelöste Unsicherheitsfaktor erhöhter Kontingenz. Einerseits muß die Unternehmensorganisation den Anschluß an die Wirtschaft entsprechend neu anpassen, um den über Technologie erreichten oder erwarteten Sicherheitsgewinn zu wahren. Andererseits muß sie zusehen, wie sie der Abhängigkeit vorstrukturierter Anschlußselektionen der gesellschaftlichen Teilsysteme, an denen in erster Linie ihre Mitglieder beteiligt sind, rückwirkend absorbieren kann, um so den emergenten Unsicherheitsfaktor zu begrenzen.

Für die vernetzte Organisation stellt sich daher nicht nur die Frage der Überlebensfähigkeit im System der Wirtschaft neu, sondern die nach ihrer sozialen Verfassung, das heißt das, wofür die Unternehmung eben noch gerade glaubte, den Sinn ihrer Form gefunden zu haben: nämlich die formale Eingliederung ihrer Mitglieder unter einen das System reproduzierenden, fortlaufenden Entscheidungsprozeß und den eigens dafür bereitgestellten Formen wie Hierarchie, Funktionalisierung, Arbeitsteilung, etc.

Je offener der Umgang mit Information jeder Art in formalen Organisationen gehandhabt wird, desto weniger zwingend, so scheint es, nimmt sich die traditionell auf Autorität der Schriftlichkeit basierende Zugehörigkeit seiner Mitglieder aus.

Wo neue Technologien mehr und mehr Entscheidungen zwar automatisieren, aber nicht routinisieren, hängen immer weniger Entscheidungen von einer ausdrücklichen Autorisierung ab (Baecker 1994). Es sei denn es gelänge, die an zunehmend plurale Teilsysteme der Gesellschaft (Familie, Freunde, Ausbildung, Freizeit, Massenmedien, Unterhaltung, etc.) anschlußselektiv wirkenden Informationszugriffe, und die damit verbundene Lockerung der formalen Zugehörigkeit, für die Organisation wieder sinnvoll zu rekonfigurieren.

Gegenüber der Gesellschaft setzt die Organisation die operative Schließung ihrer Reproduktion zwar fort, denn Zugriff auf mehr Informationsquellen bedeutet ja noch nicht, vermehrt in die Entscheidungen und die Regeln deren Zustandekommens einzugreifen (Baecker 1994).

Sie muß aber mitbeobachten, daß ihr Formen fehlen, um insbesondere die durch das World Wide Web und sonstigen Massenmedien geschaffenen Möglichkeitsüberschüsse der Information, Unterhaltung oder Werbung für sich wieder sinnvoll auszudifferenzieren. Ihr fehlt dazu insbesondere (noch?) die Möglichkeit auf das vorausgesetzte, bereits vorhandene Wissen zu verweisen und zurückzugreifen, wie das etwa bei den Massenmedien der Fall ist (Luhmann 1996).

Welche neuen Formen der Unterscheidung kann die Organisation also auf dem Hintergrund der neuen Kommunikations- und Informationstechnologien nun aussuchen, um gegenüber der verunsichernden Immissionen von Komplexität aus allen Teilsystemen der Gesellschaft erneut einen Unterschied zu markieren, der es ihr erlaubte, die Unsicherheit wieder einzufangen?

Die Frage stellt sich umso mehr, als in Netzwerken, die auf der Basis gegenseitig offener Infrastrukturen operieren und darauf tendieren, formale Organisationsgrenzen zu ignorieren, der Rückbezug auf einen solidarisch übergreifenden Unternehmenszweck sich ebenso unwirksam herausstellt wie die Belohnungen für den Verbleib im Unternehmen.

# Technologie als „Form" produzierendes Medium

Das Zweiseitengesicht erlaubt der Technologie insofern als Medium aufzutreten als sie ein vielfältig einsetzbares, jedoch spezifisches Hintergrundwissen und Prozesskönnen bereitstellt und jeweils fortschreibt, von dem die Organisation für ihre Kommunikation ausgehen kann. Ein Medium „stellt einen riesigen, aber gleichwohl eingeschränkten Bereich von Möglichkeiten bereit, aus dem die Kommunikation Formen auswählen kann, wenn sie sich temporär auf bestimmte Inhalte festlegt." (Luhmann 1996).

Einige Hinweise lassen denn auch darauf schließen, daß die Organisation die Wahl der Kriterien, die ihr bestimmte Formen vorzeichnet, weiter als bisher abstecken könnte. In der vernetzten Organisation erfüllt ein vermehrter Zugriff auf, und die Kenntnisnahme von Information, aber auch der Austausch von Mitteilungen unter einer Vielzahl von Mitgliedern der Organisation über elektronische Medien, im Endeffekt möglicherweise dieselbe Funktion, die auch der Form der Hierarchie mit dem Büro gelingt: einen unabhängigen Raum innerhalb des weiteren Raumes zu schaffen, von dem er nur umso mehr abhängt (Baecker 1993).

Wie beim Büro ist die Autonomie von Informationsräumen im Netzwerk mehr als nur relativ. Sie ermöglicht der Gesamtorganisation die Verarbeitung von Information und eine eigenständige Perspektivenbildung für Lösungen, die für sie konstitutiv, aber auch regulativ sind. Nur so läßt sich Kontinuität aufrechterhalten. Daß dieser unabhängige Raum auch der Sicherung der emotionalen, kulturellen und materiellen Befriedigung der Mitglieder dient, durch Anerkennung und Aussicht auf Zukunftschancen für die jeweiligen Beteiligten, gehört dann mit zum Paradox der Funktion des erweiterten Freiraums.

Ähnliches ließe sich übrigens, an Stelle von Individuen nun auf einzelne Organisationseinheiten bezogen, auch von multi- oder besser transnationalen Unternehmen sagen. Im Zuge der Globalisierungstendenz ist einerseits eine weltweit engere elektronische Vernetzung, und also organisationsinterne Entscheidungsabhängigkeit zu beobachten (zum Beispiel im Reporting), und andererseits eine im Gegenteil relativ größere Autonomie von Geschäftseinheiten, mit neuen Formen (virtueller) Interdependenz global verteilter Geschäftseinheiten (zum Beispiel in Bezug auf Gewinnmaximierung), die alle beide eng mit der Entwicklung von Kommunikations- und Informationstechnologien korrelieren.

Aber wie weit kann man in der Autonomie, das heißt in der Unterbrechung der Kontinuität zur Sicherung von Kontinuität gehen? Arbeit, vom Arbeitsplatz physisch getrennt, in virtuellen Büros, zu Hause, oder auf der Reise, haben möglicherweise ganz andere, unerwartete Konsequenzen. Losgelöst von der angeordneten Kontinuität innerhalb der Organisation, kann die berechnete Diskontinuität trotz partizipativer Technologie (aber eben, sehr pluri-partizipativer) in eine andere, viel offenere Kontinuität umschlagen, die sich, jenseits der Organisationsgrenze, in ihrer Umwelt verliert.

Von welcher Stelle der Entscheidungshierarchie und deren mehr oder weniger strukturierten Aufteilung aus auch immer gesehen, die Vernetzung mag dann für die Organisation weitgehend unüberschaubar bleiben, und ist für die Reproduktion der Organisation nicht mehr sinnvoll anzuordnen oder einzuholen. Und wiederum: Welches sind dann die Konsequenzen sowohl für die Produktion neuer Formen als auch von Entscheidungsregeln für die Reproduktion der Organisation?

## Technologie als Differenzierungskontinuum

Dazu kommt noch eine weitere Dimension. Wenn Technologien „Simplifikationen, die funktionieren" sind, dann stellt sich aus einer längerfristigen Entwicklungsperspektive außerdem die Frage, welche (neuen) Beobachtungen gemacht werden, wenn die Simplifikationen nicht mehr (fehlerfrei) funktionieren, oder (unerwartet) versagen, oder einfach überholt und ersetzt werden durch immer besser funktionierende. Für das Management steht die Geschwindigkeit, mit der sich Technologie ständig erneuert, im Vordergrund. Mithalten oder nicht, das ist die Frage unter dem Druck des Leistungsnachweises. Aber auch auf der Seite der Produktionsentwicklung (und der Konsumenten) stellt sie sich: Welche Durchsetzungschancen haben neue Technologien, in die man investiert?

Weiter ausgeholt kann das Problem als Frage nach der Substitution einer Technologie durch eine andere verallgemeinert werden. Seit der modischen aber mißverstandenen Konvergenz zwischen der Technologie und der Industrie der Telekommunikation, Informatik, und elektronischen Medien, die im Gegenteil eine längst fällige Differenzierung auflös- und rekombinierbarer Technologien und Unternehmen ankündet, hat sich symmetrisch dazu auch jene der Integration aller Technologien mit allen gesellt. Aber diese stellt im Grunde nur eine Variante der Substitution dar: statt neue gegen alte Technologien auszuwechseln heißt Substitution jetzt nicht-integrierte mit integrierten ablösen.

Dabei wird jedoch immer nur die Angebotsseite berücksichtigt, und nicht die Nachfrage selbst. Und weil ohne diese jeder Bezug zur Organisation, das heißt der sozialen Dimension der Benutzer und Verbraucher fehlt, kann oder sucht man auch nicht zu erklären, wie und wieso, jenseits von Forschung und Entwicklung neuer Produkte, der Gebrauch, die Akzeptanz, die Adoptierung, die Präferenzen, und also die Selektionen auf der Basis von Kommunikation gerade nicht zu Substitutionen, sondern zu laufend neuen Differenzierungen der Technologie führen.

Beim Gebrauch des Telephons zum Beispiel wird heute selbstverständlich und restlos unbesorgt von Technologie (nicht aber vom Preis!) mit geographischer Distanz zwischen Personen umgegangen. Genauer betrachtet sieht man jedoch, wie sich eine ganz bestimmte Kommunikationsmotivation für eine bestimmte Mitteilung auf einen bestimmten Modus – man telefoniert –, und nicht ein anderer, eingespielt hat. Weder Motivation noch Mitteilung sind a priori technologisch bedingt. Zugeschnitten auf den Modus des Telefonierens vermögen sich Motivation und Mitteilung aber zu spezifizieren und gegenüber anderen Motivationen und Mitteilungen zu differenzieren; gleichzeitig gelingt es in diesem Fall die vorhandene Technologie daran zu beteiligen, und die technisch ermöglichte

Überbrückung der Distanz durch das Telefon der gegenseitig abhängig spezifizierten Motivation und Mitteilung zuzuordnen.

In ähnlicher Weise fordert jede neue Technologie ein neues Ermitteln, Zusammenspielen und Koordinieren der jeweils dafür geeignetesten Motivation und Mitteilung. (Oder noch allgemeiner ausgedrückt: des dafür geeignetesten Anreizes und Sinnes.) Solche Re-Konfigurationen zwischen Motivation, Modus und Mitteilung entwickeln sich kontinuierlich fort und laufen darauf hinaus, die Kompatibilität immer wieder neu zu ermitteln. Was damit allerdings passieren kann, ist, daß eine, alle drei Komponenten betreffende Sinnverschiebung stattfindet. So kann es bei gleichbleibender Technologie durchaus vorkommen, daß, einer Verschiebung zwischen Motivation und Mitteilung zufolge, die Technologie und das sie vertretende Produkt, eine, wenn auch nicht völlig andere, so doch neu dominierende Sinnzuweisung erhält. Beim Gebrauch zum Beispiel eines Fahrrades, einer Technologie, wie sie seit hundert Jahren existiert, wurde seine Funktion als Transportmittel, um von A zu B zu gelangen, heute eingetauscht gegen seine Inanspruchnahme als umweltfreundlich und gesundheitlich motiviertes Freizeitinstrument mit den entsprechenden sozialen Aussagen (Mitteilung) und Funktionen.

Diese Beobachtungen auf der Seite der Nachfrage und Gebrauchs veranlassen dazu, ein subtileres Verständnis des Begriffs der Substitution, im Sinne einer neuen Technologie, die eine ältere ersetzt, zu begründen. Kaum je wurde eine 'alte' Technologie eliminiert. Wenn immer neue Technologien Erwartungen zu aktualisieren vermögen, dann heißt das noch lange nicht, daß die bisherige Technologie ausgeschaltet ist. Solange diese sich mit neu ausgerichteten Motiven und den dafür geeigneten Mitteilungen spezifiziert besetzen läßt, grenzt sie ihre relative Obsolenz aus. Oder umgekehrt gesagt, bestimmten möglichen, aber noch nicht realisierten Konstellationen von Motiven und Mitteilungen innerhalb sozialer Systeme und ihrer Kommunikation, fehlt nur noch der Anschluß (mit welchen Selektionen oder welchen Entscheidungen auch immer) an die naheliegendste Technologie, um die Erwartung funktionierender Kompatibilität unter Modus, Motiv und Mitteilung zu erzielen.

Daß dies etwas sehr Verschiedenes ist von dem, was als Erfüllung sogenannter „latenter Bedürfnisse" herumgereicht wird, ist klar, wenn man es aufgibt, auf Technologie als selbständiger, nachfragedeterminierender Akteur zu setzen. Mit andern Worten geht es hier viel eher um eine Respezifizierung der Kommunikation innerhalb des sozialen Systems, über die die Nachfrage und der Gebrauch der Technologie in erwarteter oder realisierter Kompatibilität, mit der Kommunikation weiterhin differenziert wird. Aus dem selben Grund versteht man jetzt besser, daß auch eine Integration aller Technologien eine reine Angebotsphantasie ist. Die Ermittlung der jeweils sinnvollen Kompatibilitäten gegenüber allen noch so integrierten Technologien würde sich in der Kontingenz der Indifferenz verlieren. Um anschlußfähig zu werden, und zu bleiben, muß sich Technologie der in jeder Kommunikation ermittelten Kompatibilität zwischen Motiv, Mitteilung und Modus erneut und immer wieder unterwerfen.

Ersichtlich wird das Kontinuum einer solcher Differenzierung und Respezifizierung beispielsweise in der sukzessiven Adoptierung von Telex und Fax gegenüber andern Übertragungsarten wie Briefpost, Telegramm und Passagiertransport. Um einen Vertrag zu unterzeichnen, wird der für die Unterzeichnung autorisierte Direktor sich ins Flugzeug begeben, und sich nicht damit begnügen, seine Unterschrift zu faxen. Andererseits wird sich die Intimität eines Liebesbriefes, trotz (oder gerade wegen!) des damit verbundenen Geduldspiels mit der Zeit, der Briefpost oder des Kurriers bedienen, und nicht des Telexes.

Heute stehen die Differenzierungen von Morgen bereits vor der Tür: Sie heißen video-on-demand, pay-tv, online von music- bis health-, software-river, etc. Neben Netzwerkdifferenzierungen (Intra-, Extra-Transnets, Internet II, etc.) zeichnen sich auch bereits signifikantere Mikro-Differenzierungen motivationaler und tariflicher Art ab (zum Beispiel innerhalb des Internets zwischen E-Mail, video, und phone, mit je unterschiedlichen Prioritäten- und Preisakzeptanzen).

In den über solche Differenzierungen veränderten Werthaltungen und Sinnzuweisungen der Anwender, und dem damit einhergehenden Wandel der sogenannten cultures (im Unternehmen) oder life-styles (in der Gesellschaft), bestimmen diese die reale (soziale) Funktion der Nachfrage, der Präferenzen nach, und der Akzeptanz von Technologien, oder eben jetzt besser: vom sozialen Gehalt der in den Produkten (oder auch Inhalten) dissimulierten Technologie. Insofern stützt sich die Nachfrage letztlich auf eine ständig sich erneuernde Selektion eines mit Technologie vereinbaren und durch sie vermittelten, der Komplexität abgewonnenen Kompromisses zwischen dem, was man sich wünscht und dem, was man sich leisten kann, also zwischen erwarteter Sinnerfüllung oder Ideologieidentität einerseits, und verfügbarer Kaufkraft oder kalkulierter Zahlungsfähigkeit andererseits. Die Entscheidung optiert so für die heute und jetzt gerade erreichbare soziale Kompatibilität der Technologie.

Bei einer solchen Betrachtungsweise erkennt man jetzt auch, daß Technologie ja nicht nur als Simplifikation (und Leistungsausweis) eines Funktionssystems gegenüber seiner Umwelt auftritt (als Produkt, Patent, Investition, Rationalisierung, etc.), sondern als errechnete Vereinbarungen zwischen der Kommunikation und einem bestimmten Modus der Technologie innerhalb des Systems selbst. Die fortlaufende Differenzierung von Technologie wird vom System als ein sich ständig verändernder Komplexitätsausschnitt seiner eigenen Operationen beobachtet. In diesem Sinn bezieht sich die Beobachtung von Technologie innerhalb des Systems der Organisation auf den Bereich, der Baecker anderswo mit 'Reflexion jeder gesellschaftsinternen Systemgrenze' als Definition des 'Öffentlichen' bezeichnet hat (Luhmann 1996).

Angezeigt ist damit nicht nur, dass das laufend neue technologische Anwendungswissen und -können 'öffentlich' zugänglich ist, oder gemacht und 'öffentlich' damit umgegangen wird, sondern auch, dass die Beobachtung von Technologie sich immer auch auf die organisationssysteminterne Umwelt ausdehnt. Innerhalb der Systemgrenze der Organisation werden funktionsfähige Technologien ermittelt, über die in Bezug auf jede und alle andern Organisationen, für die Technologie gerade funktioniert, reflektiert werden kann. Damit werden neue Ausgangslagen für Beobachtungen und Operationen innerhalb des jeweiligen Systems geschaffen.

# Die Dreierkonstellation der Komplexität

Nicht die Technologie hat zu vermehrter Komplexität geführt, sondern das durch sie vermittelte Konstrukt innerhalb der Umwelt der gesellschaftlichen Teilsysteme, also aller Interaktionen und Organisationen, aber auch der gesellschaftlichen Funktionssysteme und sozialen Bewegungen. Denn ohne vermehrte Komplexität könnte es nicht zu den ständig neu differenzierten Bindungen von Technologie an bestimmte Motivationen und Mitteilungen kommen, die es Organisationen freistellen, für befristete, aber laufend erneuerbare Fristen, die Komplexität sowohl der Umwelt als auch der Irritationen innerhalb des eigenen Systems zu ignorieren. Die Wirklichkeit der Organisation spielt sich in der Reproduktion von Entscheidungen durch Entscheidungen ab, die sich einerseits in veränderten Interaktionssituationen strukturiert und konstituiert, und andererseits ihre Fortsetzung aus dem Wandel bezieht, mit dem Kommunikation immer neue Technologien anschlußfähig macht. Zwischen Technologie, Organisation und Kommunikation, scheint es demnach einen intrigierenden „ménage à trois" zu geben, von dem alle Beteiligten wissen, der aber keinem gänzlich zugänglich ist, und der als solcher solange weiterlebt, als es jedem gelingt, den andern nicht in alle Partien der Drehbücher blicken zu lassen. So erweist sich Komplexität als taugliche Maske für alle. Ihr allein bleibt der Inhalt bekannt.

*Literatur*

Baecker, D. (1988): Information und Risiko in der Marktwirtschaft. Frankfurt a. M.: Suhrkamp.

Baecker, D. (1993): Die Form des Unternehmens. Frankfurt a. M.: Suhrkamp.

Baecker, D. (1994): Postheroisches Management. Vademecum. Berlin: Merve

Luhmann, N. (1992): Die Wissenschaft der Gesellschaft. Frankfurt a. M.

Luhmann, N. (1996): Die Realität der Massenmedien. Opladen: Westdeutscher Verlag.

# Steuerungsarchitektur für komplexe Organisationen

*von Robert Simons*

Ohne engagierte und motivierte Mitarbeiter wären die meisten Unternehmen, die in komplexen Märkten agieren, kaum wettbewerbsfähig. Sie brauchen einfach Köpfe, die aus eigenem Antrieb und in eigener Verantwortung denken und agieren, wann immer es um neue geschäftliche Mittel und Wege geht. Die Freisetzung solcher Energien macht Empowerment nötig, die Ermächtigung der Mitarbeiter, einen großzügiger bemessenen Handlungsrahmen sinnvoll zu nutzen.

Ungefährlich ist das für Unternehmen freilich nicht, denn untüchtige oder gar betrügerische Mitarbeiter können erheblichen Schaden anrichten. An leidvolle Erfahrungen erinnern da Namen wie Kidder, Peabody & Company, Salomon Brothers, Sears, Röbuck und jüngst gerade Barings Bank. In allen Fällen haben die Steuerungs- und Kontrollmechanismen der Geschäftsleitung versagt.

Sind womöglich erweiterte Mitarbeiterbefugnis und wirksame Steuerung und Kontrolle doch unvereinbar? Lassen sich die Gewichte nicht gleichverteilen, und muß jedes Unternehmen sich eben für den Vorrang des einen oder anderen entscheiden? Sollten die Unternehmen gar zu einer Praxis zurückkehren, bei der das Management streng überwacht, ob Mitarbeiter die ihnen erteilten Anweisungen auch peinlich genau ausführen?

In keinem Fall, denn es gibt gute Lösungen für dieses Problem. Mit vier wirksamen Steuerungssystemen können Topmanager das Geschehen steuern und gleichzeitig der Kreativität und Eigeninitiative der Mitarbeiter den gewünschten Spielraum gewähren.

# Autonome Mitarbeiter führen – Steuern im Chaos

Führungskräfte stehen heute vor einem elementaren Dilemma: Wie das Geschehen in ihren Organisationen angemessen kontrollieren und zugleich Mitarbeitern genügend Raum lassen, um Flexibilität, Erneuerungsstreben und Kreativität zu praktizieren? Dem Wettbewerb verpflichtete Unternehmen brauchen angesichts ihrer anspruchsvollen und wohlinformierten Kunden einfach Mitarbeiter, die auf eigene Faust aktiv werden, wenn es etwa um das Aufspüren neuer geschäftlicher Möglichkeiten oder das Erfüllen von Kundenbedürfnissen geht. Aber verfolgen Mitarbeiter selbst erkannte Chancen, so kann das zuweilen ein Unternehmen auch überhöhten Risiken aussetzen oder gar bei Verhaltensweisen enden, die dem Ansehen der Firma schaden.

Denken wir nur an die Flut von Fällen, bei denen die Kontrollen durch das Management versagten und die für die Medien ein gefundenes Fressen waren: Kidder, Peabody & Company verloren 350 Millionen Dollar durch einen Effektenhändler, der fiktive Gewinne verbuchte; Sears, Röbuck and Company wurden zu einer Strafe von 60 Millionen Dollar verurteilt, nachdem sich nicht mehr leugnen ließ, daß den Kunden im hauseigenen Autoservicebereich unnötige Reparaturen empfohlen worden waren; die Standard Chartered Bank wurde wegen einer Manipulation mit Aktien vom Handel an der Hongkonger Börse ausgeschlossen.

Diese Liste ließe sich beliebig verlängern. In jedem einzelnen Fall unterliefen Mitarbeiter die vorhandenen Kontrollen und gefährdeten die Wettbewerbsfähigkeit ihres Unternehmens. Der Verlust war jedes Mal gewaltig – ein beschädigter Ruf, eine empfindliche Strafe, geschäftliche Einbußen, verpaßte Chancen und reichlich Mühe für eine Geschäftsführung, die die aufgebrochene Krise bewältigen mußte und dadurch von anderen Aufgaben abgelenkt war. Wie können die Spitzenmanager ihre Unternehmen gegen das Versagen von Steuerungsmechanismen und Kontrollregelungen schützen, wenn zu mehr selbständigem Handeln aufgerufene Mitarbeiter ihren Arbeitsauftrag auch nach eigenem Ermessen interpretieren? Wie können Vorgesetzte sicherstellen, daß allzu tatendurstige Untergebene nicht das Wohl der Firma aufs Spiel setzen? Möglich wäre es natürlich, zu den Kontrollprinzipien zurückzukehren, wie sie in den fünfziger und sechziger Jahren für maschinengleich arbeitende Verwaltungen entwickelt wurden.

Damals übten Manager Kontrolle aus, indem sie ihren Leuten sagten, wie sie ihre Arbeit zu machen haben, um sie anschließend daraufhin zu überwachen, ob diese sich auch an die Vorschriften halten. Solch strenge Aufsicht sollte vor bösen Überraschungen bewahren. Wenngleich dieses Vorgehen modernen Unternehmen anachronistisch erscheinen mag, ist es doch nach wie vor wirkungsvoll, sofern – wie in der Maßanfertigung – Standardisierung der entscheidende Hebel für Effizienz und Ausstoß ist, wenn Vermögenswerten Diebstahl droht (wie in einem Kasino) oder wenn Qualität und Sicherheit wesentliche Merkmale der Produktleistung sind (wie im Fall eines Kernkraftwerks). In den meisten Unternehmen freilich, die in dynamischen und wettbewerbsintensiven Märkten operieren, können Manager nicht ihre ganze Zeit und Energie darauf verwenden, sicherzustellen, daß jeder nur exakt das tut, was von ihm erwartet wird. Nicht minder unrealistisch wäre es zu glauben, Manager könnten wirksame Kontrolle ausüben, indem sie einfach nur gute Leute einstellen, für Anreize sorgen und auf das Beste hoffen.

Vielmehr müssen Manager von heute ihre Mitarbeiter ermutigen, daß sie Verfahrensverbesserungen initiieren und nach neuen Wegen forschen, auf Kundenbedürfnisse einzugehen – auf eine wohlkontrollierte Weise. Zum Glück gibt es Instrumente, um den Zielkonflikt zwischen Kreativität und Kontrolle zu überbrücken. Die meisten Manager neigen dazu, Kontrolle sehr eng zu definieren – als ein Mittel, um Erreichtes am Geplanten zu messen, was gewährleisten soll, daß die gesteckten Ziele auf vorhersehbare Weise erreicht werden. Solche diagnostischen Kontrollsysteme sind aber nur ein Bestandteil der Kontrolle. Drei weitere Hebel sind im heutigen Geschäftsumfeld genauso wichtig: Bekenntnissysteme, Abgrenzungssysteme und interaktive Steuerungssysteme. Jeder der vier Kontrollhebel erfüllt für Manager einen anderen Zweck, wenn sie dem

Unternehmen die Kreativität seiner Mitarbeiter nutzbar machen wollen: Diagnostische Kontrollsysteme bieten Managern die Gewähr, daß wichtige Ziele effizient und effektiv erreicht werden; Bekenntnissysteme ermächtigen die einzelnen zu mehr Selbständigkeit und bestärken sie darin, nach neuen Mitteln und Wegen zu forschen, indem sie grundsätzliche Wertvorstellungen vermitteln und alle Beteiligten dazu anspornen, sich gemäß Unternehmensauftrag einzusetzen; Abgrenzungssysteme legen die Spielregeln fest und verweisen auf Handlungen und Fallstricke, die Mitarbeiter vermeiden sollten; interaktive Kontrollsysteme schließlich gestatten es der Unternehmensleitung, sich auf strategische Ungewißheiten zu konzentrieren, sich mit den Gefahren und Chancen veränderlicher Wettbewerbsbedingungen zu befassen und rechtzeitig zu reagieren.

# Diagnostische Kontroll- und Controllingsysteme

Solche Systeme funktionieren wie die Anzeigen im Cockpit eines Flugzeugs, mit deren Hilfe der Pilot auf Abweichungen vom Normalverhalten des Fliegers achtet und die entscheidenden Leistungsfaktoren in den vom Flugprogramm vorgegebenen Grenzen halten kann. Die meisten Unternehmen vertrauen auf diagnostische Kontrollsysteme, die Managern dabei behilflich sind, die Arbeitsfortschritte einzelner Mitarbeiter, Abteilungen oder Produktionsstätten zu verfolgen – mit Blick auf strategisch relevante Ziele. Manager nutzen diese Systeme, um Leistungsvorgaben und Ertragsentwicklung zu überwachen und um zu messen, wie nahe man dem angestrebten Gewinnwachstum und Marktanteil gekommen ist. In regelmäßigen Abständen halten Manager den Produktionsausstoß fest und vergleichen die Resultate mit den vorgegebenen Leistungsnormen. Per Feedback kann das Management Faktoreinsatz und Verfahren anpassen und feineinstellen, so daß die künftigen Ausstoßmengen den Zielen näherkommen. Aber diagnostische Kontrollsysteme reichen für eine effektive Kontrolle nicht aus. Genaugenommen können sie sogar einen Druck erzeugen, der das Versagen von

Kontrollen, ja sogar Krisen geradewegs herbeiführt. Ob Manager sich dieses Risikos bewußt sind oder nicht, es gibt sozusagen eingebaute Gefahren, sobald Mitarbeitern mit erweiterten Befugnissen die Verantwortung für die gestellten Leistungsziele – speziell für schwierige – übertragen wird und es ihnen überlassen ist, sie zu erreichen. Dazu ein Beispiel: Nordstrom, eine Handelsfirma für gehobene Modewaren und bekannt für seinen hervorragenden Kundenservice, sah sich jüngst einer Reihe von Prozessen und Untersuchungen ausgesetzt, die seinem System der Leistungsbewertung galten. Es war zu dem Zweck konzipiert worden, die Leistung der recht selbständig agierenden Verkäufer von Nordstrom auf Basis der erzielten Stundenumsätze zu bewerten und sollte für so viel Kundenfreundlichkeit wie möglich sorgen. Doch ohne gegengewichtige Kontrollen schuf das System nicht nur Möglichkeiten für einen hervorragenden Kundendienst, sondern auch für Mißbrauch. Einige Verkäufer machten nämlich geltend, ihre unmittelbaren Vorgesetzten würden sie zu unbezahlten Überstunden zwingen, um die Umsätze pro gemeldete Stunde kräftig in die Höhe zu treiben.

Diese Streitfälle zu bereinigen kostete Nordstrom über 15 Millionen Dollar. Ich habe vor einiger Zeit eine Studie zum Verhalten von zehn neuernannten Firmenchefs (CEO) durchgeführt, um besser zu verstehen, wie sie Bewertungs- und Kontrollsysteme nutzen, um ihre Zielvorstellungen durchzusetzen. In den ersten Monaten nach Übernahme des Amtes legten viele CEOs anspruchsvolle Leistungsziele für ihre Bereichsleiter fest und erhöhten zugleich die Belohnungen oder Strafen bei Erfolg oder Mißerfolg.

In Reaktion auf diesen Druck manipulierten einige Bereichsleiter ihre Finanzberichte, indem sie unrichtige Zahlungseingänge verbuchten, um ihre Leistungsbilanzen zu schönen. Diese Manager wurden zwar entlassen, aber nicht, bevor sie ihren Firmen nicht schon massiv geschadet hatten. Und in einem besonders denkwürdigen Fall hatte ein Einzelhandelsunternehmen seine Lager anhand ähnlich getürkter Unterlagen disponiert sowie Preissenkungen vorgenommen, was zu erheblichen Verlusten führte. Das sind keine Einzelfälle. Die „großen sechs" amerikanischen Wirtschaftsprüfungsgesellschaften stießen in den vergangenen fünf Jahren bei ihren Prüfungen auf beträchtlich mehr Fehler und Betrügereien als vordem – und das oft bei Unternehmen, die sich verschlankt und die Mittel für interne Kontrollen zusammengestrichen hatten. Mit der Abschaffung vieler Arbeitsplätze im mittleren Management wurden elementare interne Kontrollmechanismen wie getrennte Aufgabenerfüllung und unabhängige Aufsicht häufig schlicht geopfert. Einer der Hauptzwecke diagnostischer Bewertungssysteme ist es, Manager von der Bürde ständiger Überwachung zu befreien. Sobald die Ziele feststehen und Mitarbeiter ihre Leistungsvorgaben empfangen haben, auf denen ihre Vergütungen fußen werden, meinen viele Manager, sie könnten sich nun mit anderen Dingen befassen – jeder werde sich schon fleissig seiner Pflicht widmen, die vereinbarten Ziele zu erreichen. Doch je mehr der Leistungsdruck zunimmt und je mehr das damit verbundene Risiko eines Einkommensverlustes, desto wahrscheinlicher wird auch ein Versagen der Kontrollen. Das unterstreicht, wie notwendig es ist, daß Manager auch die drei übrigen wichtigen Kontrollhebel beachten und verwenden.

# Bekenntnissysteme

Seit Jahren nutzen Unternehmen Bekenntnissysteme, um den Mitarbeitern die grundsätzlichen Wert- und Zielvorstellungen der Unternehmensführung nahezubringen. Bekenntnissysteme sind gewöhnlich prägnant, wertbetont und inspirativ. Sie richten die Aufmerksamkeit der Beschäftigten auf die Prinzipien der Geschäftstätigkeit eines Unternehmens: Wie es Wert erzeugt („der beste Kundendienst der Welt"), welches Leistungsniveau angestrebt wird („nach Perfektion trachten") und wie die einzelnen sowohl interne als auch externe Beziehungen handhaben sollen („Respekt vor der Einzelperson").

Bekenntnissysteme werden von den Topmanagern bewußt so entworfen, daß sich von ihnen möglichst viele unterschiedliche Gruppen im Unternehmen angesprochen finden: Verkäufer, Führungskräfte, Produktionsarbeiter, Verwaltungsangestellte. Wegen dieser Breite werden Bekenntnisdeklarationen häufig als oberflächliches

Gerede bespöttelt. Aber diese Kritik verkennt deren Hauptzweck: Engagement für die Basiswerte der Organisation einfordern und zu entsprechendem Handeln aufrufen. Ihre Funktion erfüllen Bekenntnisse jedoch nur, wenn Topmanager den Mitarbeitern durch ihr eigenes Handeln glaubhaft machen, daß die auf so hehre Weise proklamierten Glaubenssätze auf echten Werten beruhen. Sobald die Beschäftigten den Verdacht bekommen, die Manager folgten nur einem Modetrend, macht sich Sarkasmus breit.

In der Tat rühren Zielvorstellungen und Glaubensbekenntnisse manchmal nicht aus einer inneren Verpflichtung der Manager her, sondern aus dem allgemeinen Zeitgeist. Meinen Manager aber ihre Botschaften wirklich ernst – als Teil eines Pakets von Maßnahmen, das zu wünschenswerten Verhaltensmustern führen soll –, werden sie darin einen kraftvollen Hebel zur Kontrolle entdecken. Bei Johnson & Johnson zum Beispiel setzen sich die oberen Führungskräfte regelmäßig mit ihren Mitarbeitern überall im ganzen Unternehmen zusammen, um die Bekenntnisse, festgeschrieben im langbewährtem Firmencredo von Johnson &Johnson, zu überprüfen und zu bekräftigen.

Diese Bekenntnisse artikulieren klar und enthusiastisch die Verantwortung des Unternehmens gegenüber Kunden, Mitarbeitern, Standortgemeinden und Anteilseignern. Alle Führungskräfte im Unternehmen kennen den Wert, den die Chefetage diesen Veranstaltungen beimißt, und handeln entsprechend. Wenn ernste Probleme auftreten, bietet das starke, im Firmencredo verankerte Bekenntnissystem Richtlinien für die Suche nach Lösungsmöglichkeiten. Früher wurde der Auftrag eines Unternehmens gewöhnlich nicht auf Grundwerte oder förmliche Bekenntnisse abgestellt – die Belegschaft wußte ja ohnehin, daß sie für eine Bank, eine Telephongesellschaft oder einen Hersteller von Stoßdämpfern arbeitete.

Heutzutage sind Unternehmen jedoch zunehmend komplexer geworden, mit der Folge, daß es für die einzelnen schwieriger geworden ist, die Zweck- und Stoßrichtung ihres Unternehmens zu erkennen. Außerdem haben Verkleinerung und Umstrukturierung in vielen Fällen dazu geführt, daß vordem klare Vorstellungen von den Grundwerten und Grundlagen des Unternehmens und seiner Topmanager erschüttert wurden. Mitarbeiter wissen nicht mehr, wem sie vertrauen sollen. Gleichzeitig aber sind ihre Karriereerwartungen auf Grund ihrer besseren Ausbildung gestiegen. Ohne förmliche Bekenntnissysteme mangelt es den Beschäftigten in großen, dezentral organisierten Firmen häufig an einem klaren und konsequenten Verständnis der Unternehmensgrundwerte und der Rolle, die diese spielen. Wegen der Abwesenheit oder Unklarheit solcher verbindlichen Werte sehen sich Mitarbeiter häufig gezwungen, selbst zu bestimmen, was in den vielen unterschiedlichen, unvorhersehbaren Situationen, denen sie konfrontiert werden, das gemäße Verhalten ist. Bekenntnissysteme können Mitarbeiter auch dazu inspirieren, neue Chancen zu kreieren: Sie können den einzelnen motivieren, nach neuen Wegen der Wertschöpfung zu suchen.

Wir alle haben das starke Bedürfnis, gebraucht zu werden, unsere Zeit und Energie einer sinnvollen Aufgabe zu widmen. Unternehmen machen es aber Beschäftigten häufig nicht leicht zu begreifen, in welchem größeren Zusammenhang ihre Arbeit steht und wie sie erkennen können, auf welche sinnvolle Weise sie ihren Teil zur Wertschöpfung beisteuern.

Dabei wollen sie ja den Auftrag ihres Unternehmens verstehen und fördern. Das Potential der Mitarbeiter zu erschließen, damit jeder seinen Beitrag leisten kann, obliegt den oberen Führungskräften. Tüchtige Manager sind bemüht, ihre Leute zu inspirieren, indem sie ihnen die Grundwerte und Zielvorstellungen des Unternehmens nachdrücklich vermitteln. Da Topmanager heute mehr denn je auf selbständig agierende Mitarbeiter angewiesen sind, die neue Ideen oder Wettbewerbsvorteile entwickeln, führt kein Weg daran vorbei, daß Beteiligte aus allen Unternehmensbereichen möglichst deutlich begreifen lernen, worum es geht. Bekenntnissysteme können im Zusammenwirken mit diagnostischen Kontrollsystemen den Managern heute zu einem größeren Maß an Kontrolle verhelfen. Aber sie sind nur ein Teil der Lösung. Betrachten wir sie als das Yang der chinesischen Philosophen – die Sonne, die Wärme und das Licht. Ihr Gegenstück sind die dunklen, kühlen Abgrenzungen – das Ying –, verkörpert von dem folgenden Kontrollhebel.

# Abgrenzungssysteme

Sie basieren auf einem einfachen, doch inhaltsschweren Führungs-
prinzip, das „die Macht negativen Denkens" genannt werden kann.
Fragen Sie sich selbst: „Wenn ich von meinen Untergebenen Kreativität und Unternehmungsgeist erwarte, müßte ich ihnen dann
nicht auch gleich dazu sagen, was sie tun sollen und was besser
nicht?" Nur der letzte Teil der Antwort ist richtig – die Leute müssen erfahren, was sie unterlassen sollen. Schreibt man Menschen
durch feste Regeln und Maßgaben präzise vor, was sie zu tun haben, schreckt das von Eigeninitiative und Kreativität ab, die von
eigenständig agierenden, unternehmungsfreudigen Mitarbeitern
doch erhofft werden.

Ihnen gegenüber aber klarzustellen, was nicht passieren darf, läßt
ihnen Raum für Innovationen innerhalb klar definierter Grenzen. Im
Gegensatz zu diagnostischen Kontrollsystemen (die maßgebliche
Leistungsgrößen verfolgen) oder Bekenntnissystemen (die Grundwerte vermitteln) legen Abgrenzungssysteme fest, was unterbleiben
muß – in Form von Verneinungen oder Mindestnormen des Verhaltens. Solche Ab- oder Ausgrenzungen umfassen in  modernen Unternehmen Standards eines sittlichen Verhaltens ebenso wie Regeln
für den alltäglichen Umgang mit Vorgesetzten respektive Mitarbeitern, Kunden und so weiter.

In solchen Kodizes werden generell Handlungen festgeschrieben,
die jenseits des Erlaubten liegen. Solche Abgrenzungen fungieren
wie Bremsen, und sie werden  in jedem Unternehmen gebraucht.
Und wie bei Rennwagen benötigen die schnellsten und leistungs-
stärksten Unternehmen die besten Bremsen. Menschen sind erfin-
derisch, und wenn sie neuen Möglichkeiten oder herausfordernden
Situationen gegenüberstehen, suchen sie häufig nach neuen Wegen,
um Wert zu schaffen oder Hindernisse zu überwinden. Doch erweiterte Befugnisse – beflügelt von Inspiration und Leistungsanreizen
– dürfen niemals als Blankoscheck aufgefaßt werden, mit dem Untergebene tun oder lassen können, was ihnen gefällt. Im allgemeinen
möchten Menschen korrekt handeln, auch moralisch einwandfrei.
Aber ein starker Leistungsdruck oder eine spezifische Versuchung

kann manchmal dazu verführen, die Regeln zu verletzen. Wie jüngst die Probleme bei Kidder, Peabody und bei Salomon Brothers zeigen, sind unternehmungsfreudige Mitarbeiter gelegentlich außerstande, die schmale Trennlinie zwischen akzeptablem und unakzeptablem Verhalten wahrzunehmen.

Bei Salomon Brothers verstieß ein besonders erfindungsreicher Makler in seinem Bemühen, die Erträge aus Anlagen zu steigern, gegen die Gebote des US-Schatzamts und umging auch alle existierenden Kontrollen; der Skandal zerstörte nicht nur Karrieren, sondern schränkte auch Salomons Zulassung zum Effektenhandel ein. Ähnliche Turbulenzen ergaben sich bei Kidder, Peabody, wobei es da um fingierte Geschäfte mit Effekten ging. Es entstanden massive Verluste, die schließlich zum Verkauf des Unternehmens führten. Ein böses Fehlverhalten kann also recht einschneidende Folgen haben. Abgrenzungssysteme sind besonders wichtig für Unternehmen, deren guter, auf Vertrauen basierender Ruf einen entscheidenden Wettbewerbsvorteil ausmacht. So rühmt sich eine renommierte, weltweit tätige Bank ihrer drei Hauptaktiva: Menschen, Kapital und guter Ruf. Und dieser, das weiß das Unternehmen wohl, ist von allen dreien am schwierigsten wiederherzustellen, sollte er einmal geschädigt werden.

Aus Sorge um ihn untersagt der Verhaltenskodex der Bank den Mitarbeitern sowohl die Aufnahme von Geschäftsbeziehungen zu „zweifelhaften" Branchen (wie etwa Spielkasinos) als auch eine Mittlertätigkeit im Falle unfreundlicher Firmenübernahmen. Für den einen wie anderen Fall fürchtet die Geschäftsleitung, das müsse die anerkannte Vertrauenswürdigkeit der Bank untergraben. Große Beratungsfirmen wie McKinsey oder Boston Consulting Group analysieren bei ihren Klientenfirmen regelmäßig höchstvertrauliche strategische Daten. Um ihren Ruf, restlos integer zu sein, niemals zu gefährden, haben die Unternehmensberatungen bei sich strenge Regeln eingeführt. Sie verbieten es ihren angestellten Beratern strikt, irgendwelche Angaben zu ihren Kundenfirmen – sogar deren Namen eingeschlossen – an Dritte außerhalb der eigenen Firma weiterzugeben, nicht einmal an den eigenen Ehepartner. Die Kodizes für ein professionelles Verhalten verlangen auch, daß Mitarbeiter nicht unter Vorspiegelung einer falschen Identität Wettbewerbsinformationen für ihre Kunden beschaffen dürfen. Bedauerlicherweise erkennen manche Topmanager häufig zu spät, wie sinnvoll die Festschreibung innerbetrieblicher Verhaltensregeln ist. Viele müssen erst aus Schaden klug werden.

So bequemt man sich häufig erst dann zu Verhaltenskodizes, wenn ein Skandal schon öffentlich ist oder eine interne Untersuchung fragwürdige Praktiken aufdeckt. General Electrics (GE) etwa hat mit den Jahren eine ganze Reihe von Regeln für das geschäftliche Verhalten eingeführt, die alle Handlungen als außerhalb des Zulässigen verbieten, die auf Bestechung, Preisabsprachen und inkorrekte Abrechnung von staatlichen Aufträgen hinauslaufen. Jedesmal war eine größere Krise, die die Integrität des Unternehmens bedrohte, der Anlaß für neue interne Regelungen. Als GE beispielsweise 1985 gezwungen war, sich von einem Regierungsauftrag über 4,5 Milliarden Dollar zu verabschieden, reagierte GE-Chef Jack Welch mit allem Nachdruck. Er verschärfte die internen Kontrollen und gab eine unmißverständliche Erklärung zur Geschäftspolitik des Unternehmens ab, die falsche Abrechnung von staatlichen Aufträgen fortan strikt ausschloß.

Auch die Geschäftsführer der Investmentfirmen von der Wall Street hatten sich lange nicht sonderlich um Abgrenzung von bestimmten Geschäftspraktiken gekümmert. Erst als das sittenwidrige Treiben einiger Mitarbeiter von Salomon Brothers ans Licht kam, das die Firma beinahe ruinieren sollte, wurden sie aufgeschreckt. Und nun legten die Topmanager von Investmentfirmen im ganzen Land Verhaltensmaßregeln fest, um ähnliches Unheil bei sich zu verhüten. Tüchtige Führungskräfte antizipieren die unvermeidlichen Versuchungen und Zwänge, die in ihrem Unternehmen bestehen. Sie verdeutlichen allen die Spielregeln in Hinsicht auf die ihrer Strategie immanenten Risiken und setzen diese Regeln unmißverständlich durch. Manche Verhaltensweisen werden seit jeher nicht hingenommen: In vielen Unternehmen kennt man den Fall des Managers, der entlassen wird, weil er sich bei seiner Spesenabrechnung um 50 Dollar zu eigenen Gunsten geirrt hat. Mag es auf den ersten Blick so scheinen, als sei die Bestrafung überhart angesichts eines so geringen Vergehens. Doch eine solche Strafaktion erfüllt den Zweck, allen Führungskräften und Mitarbeitern vor Augen zu führen, daß ein Übertreten bestimmter moralischer Grenzen ernsthafte und nicht verhandelbare Folgen hat. Je größer und dezentralisierter leistungsorientierte Unternehmen werden, desto stärker wächst die Gefahr unangemeßenen Verhaltens.

Topmanager müssen sich mehr und mehr auf förmliche Systeme verlassen, um sicherzugehen, daß die Grenzen wahrgenommen und begriffen werden. Abgrenzungen gibt es aber nicht nur im Hinblick auf moralische Verhaltensnormen. Auch verhaltensstrategische Abgrenzungen haben die Aufgabe sicherzustellen, daß Beschäftigte auf ihrer Suche nach neuen geschäftlichen Möglichkeiten nicht auf Irrwege geraten, die die Wettbewerbsposition des Unternehmens am Ende gefährden könnten. Ein großer Computerhersteller beispielsweise benutzt sein strategisches Planungsverfahren dazu, seine Produkt- und Marktchancen danach aufzuteilen, was die Manager den grünen und den roten Bereich nennen. Im grünen Bereich liegen akzeptable neue Initiativen. Der rote Bereich umfaßt dagegen Produkte und Märkte, bei denen nach Entscheidung der Geschäftsleitung keine neuen Chancen gesucht werden sollten, obwohl das Unternehmen auch dort auf Grund seiner Kompetenzen konkurrenzfähig wäre. Ein britisches Hilfswerk verwendet ein ähnliches System zur Überwachung seiner geschäftsstrategischen Grenzen; es führt eine graue Liste mit Unternehmen, von denen es Spenden weder erbittet noch annimmt.

Bei Automatic Data Processing (ADP) setzen die Manager eine strategische Abgrenzungsliste ein, die im einzelnen aufführt, welche Arten geschäftlicher Chancen gemieden werden sollen. Diese Vorgaben verschaffen den ADP-Managern den nötigen Durchblick und erlauben es, die Hauptausrichtung des Geschäfts zu klären. Diese Methode hat dazu beigetragen, daß das Unternehmen ohne Unterbrechung 133 Quartale lang den Gewinn pro Aktie in jeweils zweistelliger Höhe steigern konnte – ein absolutes Rekordergebnis, das kein anderes Unternehmen von der New Yorker Börse bisher übertroffen hat. In ihrem Zusammenwirken stellen Abgrenzungs- und Bekenntnissysteme das Ying und Yang, die miteinander eine dynamische Spannung erzeugen. Die warmen, positiven, inspirierenden Bekenntnisse sind das Gegenstück zu den dunklen, kühlen Abgrenzungen – zusammen sorgen sie für ein dynamisches Wechselspiel zwischen Engagement und Bestrafung. Es sorgt dafür, daß das Feld der unbegrenzten Möglichkeiten auf einen Bereich eingeengt wird, in dem Führungskräfte und Mitarbeiter aufgerufen sind, die nun noch gegebenen Chancen aktiv zu nutzen. Kombiniert wirken beide Systeme richtungsweisend, motivierend und inspirierend. Und sie bewahren vor potentiell schädlichem, weil nur opportunistischem Verhalten.

## Interaktive Steuerungssysteme

In kleinen Firmen können sich die leitenden Angestellten und die übrigen Mitarbeiter an einem Tisch zusammenfinden und die Auswirkungen auftauchender Bedrohungen und Chancen ohne Förmlichkeiten erörtern. Wenn Unternehmen jedoch wachsen, nehmen die persönlichen Kontakte der Topmanager zu den Menschen in der weit gefächerten Organisation ab. Nun müssen neu geschaffene formale Systeme dafür sorgen, daß die Informationen hin und her fließen und die Kreativität so angeregt wird, daß es zu neuen Produkten, vergrößerten Produktgruppen, Verfahren und sogar zu neuen Märkten kommt. Leider eignen sich dafür diagnostische Kontroll- und Controllingsysteme wenig, denn sie machen in erster Linie auf Planabweichungen aufmerksam.

Topmanager brauchen also Wahrnehmungssysteme, die denen landesweiter meteorologischer Institute ähneln. Bodenstationen messen die Temperatur, den Luftdruck, die relative Luftfeuchtigkeit, die Wolkendichte, die Windrichtung und den Niederschlag. Wetterballone und Satelliten ergänzen diese Informationen. Sie werden von einer zentralen Stelle aus ständig verfolgt, um Veränderungsmuster zu identifizieren. Topmanager benötigen ähnliche Abfrage- und Sucheinrichtungen, es sind interaktive Steuerungssysteme. Wie die Systeme zur Wetterbeobachtung handelt es sich dabei um förmliche Informationssammel- und Auswertungssysteme, die die höheren

Führungskräfte benutzen, um sich regelmäßig und persönlich in die Entscheidungen ihrer ermächtigten Mitarbeiter einzuschalten. Diese Systeme sind im allgemeinen leicht zu handhaben. Mit ihrer Hilfe nehmen Topmanager aber nicht nur an Entscheidungen der Mitarbeiter teil, sie richten die Aufmerksamkeit aller und die betrieblichen Lernprozesse auch auf strategische Kernfragen aus. Soll ein Steuerungssystem interaktiv funktionieren, müssen sich die Beteiligten in allen Unternehmensbereichen darauf einstellen. Bei Pepsico zum Beispiel werden wöchentlich die neuesten Nielsen-Zahlen zum Marktanteil veröffentlicht. Das führt dann jedesmal zu hitzigen Aktivitäten, bei denen sich 60 bis 70 Leute quer durch das ganze Unternehmen daran machen, diese Zahlen zu verarbeiten, in Erwartung der unausbleiblichen Nachfragen von Seiten des Topmanagements.

Außerdem veranstalten die Manager wöchentliche Treffen, wo die neuen Nielsen-Zahlen diskutiert, von Mitarbeitern die Bedeutung veränderter Marktumstände erläutert und Aktionspläne überprüft werden, die Mitarbeiter im Hinblick auf Probleme oder Chancen entwickelt haben. Interaktive Steuerungssysteme haben vier Eigenschaften, die sie von diagnostischen Kontrollsystemen unterscheiden. Erstens sind sie auf die sich ständig ändernden Informationen gerichtet, die Topmanager für potentiell strategisch erachten. Zweitens sind die Informationen so wichtig, daß sie von den Linienmanagern immer wieder und mit großer Regelmäßigkeit verfolgt werden müssen. Drittens lassen sich die von einem interaktiven System hervorgebrachten Informationen am besten in persönlichen Besprechungen zwischen Vorgesetzten, Untergebenen und Kollegen analysieren und interpretieren. Viertens wirkt ein interaktives Steuerungssystem als Katalysator für die nie endende Debatte über grundlegende Daten, Prämissen und Aktionsplanungen.

Interaktive Kontrollsysteme spüren den strategischen Unsicherheiten nach, die Topmanagern nachts den Schlaf rauben – den geschäftlichen Rückschlägen, die die Annahmen der Manager über die Zukunft und die von ihnen gewählten Mittel und Wege, den Wettbewerb zu bestreiten, vielleicht erschüttern. Je nach Branche können diese Unsicherheiten mit einem Wandel der Technologie oder des Kundengeschmacks zu tun haben, mit Gesetzesänderungen oder veränderten brancheninternen Gegebenheiten. Da interaktive Steuerungssysteme darauf getrimmt sind, Informationen zusammenzutragen, die Zukunftsvisionen möglicherweise in Frage stellen, sind sie gewissermaßen für das Management Alarmgeber. Die Entscheidung von Topmanagern, ein spezielles Steuerungssystem interaktiv zu nutzen – das heißt, Zeit und Energie in persönliche Besprechungen zu stecken, um vorhandene Informationen aufzufrischen –, signalisiert dem ganzen Unternehmen auf klare Weise, worauf es ankommt. Über Dialog und Debatte, die beide fest zu einem interaktiven System gehören, kommt es häufig zu einer neuen Geschäftspolitik.

Nehmen wir den Fall eines bekannten Krankenhauslieferanten. Die Firma produziert kostengünstig Einwegartikel zur intravenösen Gabe von Medikamenten wie etwa Plasmabehälter, Schläuche und Spritzen. Obwohl Effizienz, Qualität und Kostendämmung wichtige Leistungskriterien sind, rauben die damit verbundenen Fragen den Managern nachts nicht den Schlaf. (Diese Fragen kennt man und ist zuversichtlich, sie mit Hilfe der diagnostischen Kontrollsysteme wirkungsvoll zu lösen.) Die Sorge gilt etwas anderem: Technische Neuerungen könnten die Firma ihrer Fähigkeit berauben, vom Markt geschätzte Produkte zu liefern. Also bedient man sich jetzt eines interaktiven Projektmanagementsystems, um die Aufmerksamkeit aller im Unternehmen auf etwa ein Dutzend neuer technischer Entwicklungen zu lenken.

Die Topmanager treffen sich monatlich immer für mehrere Tage, um die Auswirkungen von Techniken – die von Konkurrenten oder in verwandten Branchen eingeführt oder im eigenen Haus entwickelt werden – auf das Unternehmen zu diskutieren. Bei diesen Besprechungen herrscht ein intensives Arbeitsklima – und aus vielen Dialogen entstehen die Konturen einer neuen Strategie. Die Chefs von USA Today, der Tageszeitung der Gannett Company, verwenden ein ähnliches Verfahren, um die Informationen zu prüfen, die ein einfaches Paket an Berichten enthält, das jeweils Freitag hereinkommt. Drei Wochenberichte zeigen, wie man in der vergangenen Woche abgeschnitten hat und was für die nächsten paar Wochen zu erwarten ist. Die Daten in dem Freitagspaket reichen von Zahlen, die die bisherige Jahresleistung erfassen, bis zu tagesaktuellen und kundenspezifischen Informationen. Sie geben Aufschluß, ob sich in der Branche etwas verändert oder in den Anzeigenstrategien der Großinserenten. Sie liefern ein Gesamtbild ebenso wie genügend Details, um spezifische Schwachstellen, Chancen und Quellen künftiger Probleme aufzudecken, so daß rechzeitiges Eingreifen möglich wird. Jede Woche halten die Topmanager eingehende persönliche Besprechungen mit Mitarbeitern in Schlüsselpositionen ab, um auch mit ihnen die berichteten Zahlen durchzugehen und zu interpretieren. Regelmäßiger Anlaß für Diskussionen ist das geplante künftige Anzeigenvolumen, das bereits gebuchte Volumen pro Ausgabe und das neue Anzeigengeschäft, gegliedert nach Kundentyp.

Neben der Betrachtung unvorhergesehener Anzeigenausfälle achten die Manager genauso auf unerwartete Erfolge. Bisher kamen aus diesen Besprechungen maßgebliche Vorschläge für Neuerungen, mit denen sich unerwartete Rückschläge ausgleichen und unvorhergesehene Chancen nutzen ließen. Zu diesen Innovationen zählen der Start eines neuen Marktforschungsservice für Kunden aus der Automobilbranche, die Einführung spaltenweiser Farbanzeigen, der Verkauf exklusiver Beilagen für spezielle Kunden oder Produkte sowie die Idee, Abonnentenwerber für den Verkauf von Anzeigen in den regionalen Niederlassungen einzusetzen.

Welches Steuerungssystem Manager für die interaktive Nutzung auswählen, hängt von der Branche ab sowie davon, welche strategischen Unsicherheiten mit der jeweiligen Geschäftspolitik verbunden sind. Johnson & Johnson nutzt beispielsweise sein System zur Gewinnplanung auch interaktiv, um so das Augenmerk auf die Entwicklung und den Schutz innovativer Produkte in seinen vielfältigen Märkten zu konzentrieren. Manager evaluieren regelmäßig die projizierten Effekte ihrer Wettbewerbstaktiken und neuer Produktentwicklungen, und zwar anhand ihrer Gewinnpläne für das laufende und das kommende Jahr. Die immer wieder gestellten Fragen der Topmanager lauten: „Was hat sich seit unserer letzten Prognose verändert? Weshalb? Wie können wir darauf reagieren?" Das Resultat sind neue Ideen und neue Aktionsplanungen (Abbildung 18).

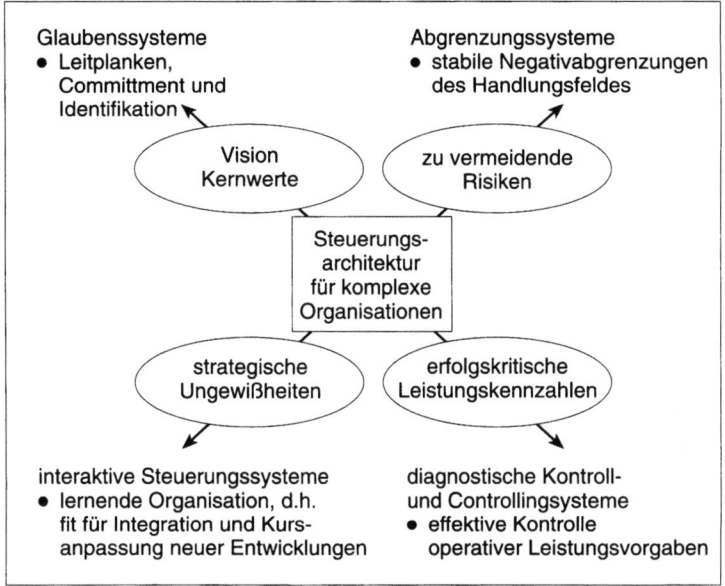

*Abbildung 18:* Steuerungsarchitektur für komplexe Organisationen

## Empowerment und Kontrolle austarieren

Gute Topmanager vergrößern den Ermessensspielraum ihrer Mitarbeiter, denn sie glauben an das inhärente Potential jedes Menschen, innovativ und schöpferisch zu sein. Die Verkäufer von Nordstrom zum Beispiel bieten ihren Kunden aus dem Grund einen so hervorragenden Service, weil sie sorgfältig ausgewählt, ausgebildet und darauf vorbereitet wurden, unternehmerisch tätig zu sein. Das Personal hat die Freiheit und den Antrieb, seine Dienstleistung auf die Bedürfnisse der Kunden zuzuschneiden. Um solch ein Potential freizusetzen, muß das Management die Steuerung über eine Vielzahl von Entscheidungen abgeben und den Mitarbeitern auf den unteren betrieblichen Ebenen gestatten, selbständig zu handeln. Gute Manager helfen ihren Mitarbeitern fortgesetzt, ihr Potential zu mehren. In kleinen Firmen geschieht das ganz formlos – bei gemeinsamen Essen oder Reisen vermitteln die Chefs Grundwerte und Zielvorstellungen, Spielregeln und die gerade aktuellen Aufgabenstellungen; umgekehrt erfahren sie von wichtigen Veränderungen im und um den Betrieb. Wenn Unternehmen groß, dezentralisiert und räumlich verstreut agieren, wird es für die Topmanager weit schwieriger, bei direkten Kontakten mit Mitarbeitern von auftauchenden Problemen und Chancen zu hören sowie angemessen darauf zu reagieren. Dennoch haben die Grundprinzipien von Kommunikation, Steuerung und Kontrolle weiterhin ihr volles Gewicht. Ein großer, für Qualität und Kundendienst bekannter Baumulti liefert ein gutes Anschauungsbeispiel dafür, wie sich die Kontrollhebel wechselseitig unterstützen. Das Unternehmen ist an über 25 Orten in den Vereinigten Staaten und im Ausland vertreten.

Das hat zur Folge, daß Projektmanager und Beschäftigte Entscheidungen über viele Millionen Dollar treffen, fernab vom Sitz der Zentrale. Die Topmanager dort, die die Gesamtausrichtung und die Geschäftspolitik festlegen, verschaffen sich ausreichende Steuerung über ihre weit verstreuten Geschäftseinheiten mittels aller vier Steuerungshebel. Um die Basiswertvorstellungen zu vermitteln, bauen sie auf ein Bekenntnissystem. Das unternehmensweit verkündete Credo nimmt Bezug auf die Bedeutung von Verantwortung, von kollektivem Stolz auf die technische Qualität der eigenen Leistung, von finanziellem Erfolg und von Integrität.

Das Bekenntnis schließt mit einem vom Firmengründer formulierten Vorsatz: „der Beste sein". Diesen inspirierenden Werten gegenüber stehen klare Abgrenzungen zur Seite. Führungskräften ist es beispielsweise untersagt, in gewissen Ländern tätig zu werden, wo für Aufträge Schmier- und Bestechungsgelder gezahlt werden müssen. Sich darauf einzulassen, würde das Bekenntnis des Unternehmens zu Integrität unglaubhaft machen. Das Unternehmen führt außerdem eine schwarze Liste, die Managern jene Projekte vor Augen hält, bei denen das Unternehmen lernen mußte, daß sie nicht rentabel sind und daher gemieden werden sollten. (Dazu zählt die bittere Erfahrung, daß sich der Bau von Mülldeponien nicht lohnt.) Diese Liste wird von Zeit zu Zeit um Erkenntnisse der Topmanager ergänzt, wo die Fähigkeiten des Unternehmens wirklich liegen und wo nicht. Zusätzliche Kontrolle gewinnen Manager, indem sie sich

einer Reihe diagnostischer Kontrollen bedienen – darunter Gewinnpläne, Budgets, Ziele und unmittelbare Vorgaben. Diese Kontrollsysteme verlangen dem Management nicht mehr Aufmerksamkeit
ab als die Zeit, die es kostet, jährliche Planziele zu bestimmen und
die Projektionen zu überwachen, um sicherzugehen, daß sich die
Dinge nach Plan entwickeln. Ein Kontrollsystem muß jedoch interaktiv genutzt werden – das Projektmanagementsystem.

Es richtet alle Aufmerksamkeit auf die strategischen Ungewißheiten, von denen das Management wünscht, daß alle im Unternehmen
sie im Auge behalten: der Ruf der Firma in der Branche, die sich
wandelnden Vorstellungen bei den Kunden, die ideale Mischung
von Fähigkeiten für verschiedene Projektteams. Die neuen Daten
fungieren als Katalysator bei persönlichen Unterhaltungen, in denen
Manager Informationen austauschen und sich bemühen, bessere
Methoden zu entwickeln, um die Unternehmensleistungen einem
sich wandelnden Markt anzupassen.

Zusammengenommen lassen sich mit diesen vier Steuerungshebeln
gewaltige Kräfte in Gang setzen, die sich dann noch wechselseitig
verstärken. Je komplexer Unternehmen werden, desto mehr müssen
Topmanager mit zunehmenden Chancen und wachsendem Wettbe-
werbsdruck rechnen, zugleich aber mit weniger Zeit und Aufmerksamkeit. Manager, die in der Lage sind, die vier Steuerungshebel effektiv zu benutzen, können freilich darauf vertrauen, daß Innovation und Kreativität nicht zu Lasten von Steuerung und Kontrolle erreicht werden.[1]

---

1  1995 by the President and Fellows of Harvard College; ursprünglich veröffentlicht in „Harvard Business Review" Nr. 2, März/April 1995, unter
dem Titel „Control in an Age of Empowerment".

# 5. Kapitel

## Komplexitätsmanagement und die Gesellschaft

*Wie können Unternehmen mit ihrer Umwelt umgehen, die sie nicht durchschauen können? Der Markt wird in seiner Komplexität als unkontrollierbar anerkannt und hingenommen. Eine erfolgsversprechende Strategie zur Beherrschung der Komplexität in modernen Gesellschaften muß jedoch über den Horizont individueller Akteure hinausgehen. Sie muß auf einer selbstorganisierten Koordination der Akteure basieren. Soziale Netzwerke sind daher eine Lösung für das Problem der Komplexitätsbewältigung, weil sie mögliche Konfliktpotentiale gesellschaftlicher Prozesse verringern, ohne die Autonomie und die Leistungsfähigkeit der Beteiligten einzuschränken.*

# Relevante Unternehmensumwelten: Markt statt Gesellschaft?

*von Heinrich W. Ahlemeyer*

## Gesellschaft – eine relevante Kategorie für Manager

Gesellschaft – gehört das Thema überhaupt in diesen Reader über Komplexität? Ist es für Unternehmer, Manager und Berater hinreichend relevant und praxisbezogen? Beschreibt der Gesellschaftsbegriff nicht eine abstrakte Kategorie, von wenig praktischem Belang für Problemlöser und Entscheider in der Wirtschaft? Daß es einer aufmerksamen Beobachtung der Kunden und Konkurrenten des eigenen Unternehmens bedürfe, wird niemand bestreiten. In laufender Marktbeobachtung und Marktforschung findet die ja auch intensiv statt. Schließlich ist der Markt Mittelpunkt und Wesensausdruck unserer wirtschaftlichen Ordnung. Reicht es mithin nicht, die Umwelt des Unternehmens als Markt wahrzunehmen? Steht damit nicht ein leistungsfähiger Monitor zur Verfügung, um aus der Perspektive des Unternehmens eine instabile, sich rasch ändernde Bedingungen hinreichend schnell und entscheidungsrelevant zu beobachten? Welche Relevanz hat eigentlich „die Gesellschaft" unter den Bedingungen eines globalen Standort-Wettbewerbs für Unternehmer, Manager und Berater? Seit 1989, seit dem Zusammenbruch der sich sozialistisch nennenden Gesellschaftsordnungen, gibt es, täglich neu und unmittelbar spürbar, die Erfahrung eines forcierten gesellschaftlichen Wandels. Die gegenwärtige stürmische gesellschaftliche Dynamik schafft für Individuen wie für Unternehmen einen historisch neuen Orientierungsbedarf (Ahlemeyer). Die Säulen, auf denen unser Verständnis der modernen Gesellschaft und unser Zukunftsvertrauen ruht, scheinen zu

wanken. Wo stehen wir mit unserer gesellschaftlichen Entwicklung?
Welchen zentralen Gesetzen folgt sie? Und was bedeutet das für die
weitere Steuerung der Unternehmen? Ob man die chronische De-
pression des Arbeitsmarkts oder die Defizite der Kranken- und Ren-
tenversicherungen nimmt, die unerbittlich werdende Weltmarkt-
Konkurrenz oder den problematischen Altersaufbau der westlichen
Gesellschaften, die ökologischen und klimatischen Folgen unseres
Wirtschaftens oder den zunehmenden Bedeutungsverlust von Staat
und nationalstaatlicher Politik: von welcher Thematik man auch
ausgeht, überall stößt man auf Krisen und tiefe Verunsicherung. Immer geht es im Kern um die Frage nach der zukünftigen gesellschaftlichen Entwicklung, an deren Weichenstellungen wir mit unseren Beobachtungen und Entscheidungen heute teilnehmen. Es
sind diese drängenden Fragen nach der „Zukunft des Kapitalismus"
(Thurow), die dazu führen, daß nach einem Vierteljahrhundert ge-
sellschaftstheoretischer Abstinenz wieder umfassende Analysen der
gegenwärtigen und zukünftigen gesellschaftlichen Entwicklung gefragt sind (Nefiodow). Nun mögen diese Debatten in den Medien
und in der Politik am rechten Orte sein. Welchen Bezug haben sie
aber für Unternehmensführer und Manager?

## Am Schema lernen

Wer Fragen der gegenwärtigen und zukünftigen gesellschaftlichen
Entwicklung aufwirft, steht vor nicht geringen Schwierigkeiten: Wie
kann man etwas so Komplexes, Unübersichtliches, Umfassendes wie
„die Gesellschaft" beobachten und beschreiben. Was gehört dazu, was
nicht? Gibt es überhaupt einen Standpunkt, von dem aus das Ganze und
seine Entwicklung unverstellt in den Blick kommen? Die Soziologie
reagiert auf die zunehmende Komplexität moderner Gesellschaften, indem sie ihre Aussagen selbst zunehmend komplexer anlegt. Dabei läuft
sie freilich Gefahr, in der Selbstbezüglichkeit soziologischer Theorie-
zirkel steckenzubleiben und außerhalb des Wissenschaftssystems weder verstanden noch mittelfristig überhaupt wahrgenommen zu werden. Sie muß sich deshalb darum bemühen, ihre Ergebnisse immer
wieder prägnant in der und für die „Praxis" zu vertreten.

Wie kann ein System mit einer Umwelt umgehen, die es nicht durchschauen kann? Es lohnt vielleicht an dieser Stelle, an Begriffe wie Schema, Skript und „cognitive map" zu erinnern. Gerade wenn man gar nicht wissen kann, wie zahllose Kausalfaktoren in der Umwelt in Ursachen- und Wirkungsketten zusammenkommen, können Schemata und Skripte hilfreich sein. Sie erlauben es, auf Bekanntes zurückzugreifen, und bieten mit rasch bereit gestellten Situationsdefinitionen Möglichkeiten des Handelns an, ohne die Handlung selbst schon festzulegen. Die Welt muß man nicht kennen, um sich an ihr zu beteiligen; wohl aber seine eigenen Schemata. Schema heißt im übrigen nicht Festlegung auf unreflektierte Wiederholung. Im Gegenteil: nur am Schema kann man Abweichungen erkennen und Überraschung erleben; nur am Schema kann man lernen (Luhmann 1996). Der Begriff stellt damit die dynamische und anhaltende Kopplung von Beschränkungen und Gelegenheiten heraus, die es gerade unter den gegenwärtigen, hochbeweglichen Bedingungen zu beachten gilt.

Wir wollen versuchen, den Schema-Begriff auf die Wahrnehmung der Umwelt durch Wirtschaftsunternehmen zu beziehen. Wir wollen zwei zentrale Schemata unterscheiden, die jeweils unterschiedliche Umwelten sichtbar werden lassen: das Schema Markt, das sich auf die innere Umwelt des Wirtschaftssystems bezieht, und das Schema Gesellschaft, das darüberhinausgehend die gesamte soziale Umwelt umfaßt.

Es geht hier nicht darum, genau zu definieren, was Markt und Gesellschaft genau seien, sondern wir knüpfen an die eher schematische Wahrnehmung der damit verbundenen Phänomene im ökonomischen Alltag, um zu sehen, was in den Blick kommt, wenn man mit Hilfe dieser Schemata beobachtet. Wir gehen davon aus, daß das Schema Markt Managern und Beratern geläufig ist, das Schema Gesellschaft aber vielfach Unbehagen provoziert und nach Möglichkeit gemieden wird. Und wir formulieren die Hypothese, daß sich im Zeitalter der Globalisierung für die Unternehmen aus einer strukturell angelegten Vernachlässigung der relevanten Umwelt Gesellschaft nachhaltige Schwierigkeiten ergeben, die ihre Bestands- und Erfolgsvoraussetzungen in Frage stellen werden.

# Die Komplexitätsreduktion des Marktes

Der Markt ist weniger ein System als eine Umwelt. Er ist die Umwelt
von Systemen, die am Wirtschaftssystem teilnehmen, also von Unternehmen und Haushalten. Und er ist eine Grenze: die Wahrnehmung
des Konsums aus der Sicht von Produktion und Verteilung. Dabei erscheinen als Markt auch die Anstrengungen der Konkurrenten. Diese
Grenze wirkt wie ein Spiegel. In diesem Spiegel bekommt jedes Unternehmen sich selbst und die Konkurrenten (und sich selbst als Konkurrenz der Konkurrenten) zu Gesicht (Luhmann 1988). Auf Finanz-
märkten versuchen Käufer und Verkäufer, eine Zukunft in Rechnung
zu stellen, die von ihren eigenen Entscheidungen abhängt.

Anders formuliert: der Markt markiert die Differenz von bestimmter und unbestimmter (eigener und umweltmäßiger) Komplexität.
Die eigene Komplexität erscheint durch Organisation kontrollierbar,
wie wenig zutreffend diese Vorstellung faktisch auch immer sein
mag. Die umweltmäßige Komplexität dagegen wird als unkontrollierbar anerkannt und hingenommen. Die Komplexität der wirtschaftlichen Umwelt ist unkontrollierbar auch deshalb, weil in sie
eine Vielzahl von Konkurrenten und die eigenen Aktivitäten als
Konkurrent der Konkurrenten eingehen. Wenn somit der Markt auf
der Undurchsichtigkeit unbestimmter Komplexität beruht, so bietet
er mit seiner eigenen Sprache der Preise einen hocheffektiven Mechanismus an, um die unentwirrbare Komplexität von Ressourcen
und Motiven, Bedürfnissen, Entscheidungen und Produkten wirksam zu reduzieren. Das stärkste Argument für den Markt ist nicht,
daß er perfekt ist, sondern er als Systemumwelt wirkungsvolle Mechanismen anbietet, um die Ergebnisse von Entscheidungen einzu-
schätzen und aus Fehlern zu lernen.

Die Wirtschaft kommuniziert in der Sprache der Preise, und nur darin. Sie codiert alles als Preis. Zugleich schafft sie sich mit der die Instabilität der Preise, die prinzipiell jederzeit herauf- oder herabge-
setzt werden können, die Möglichkeit, hinreichend schnell auf veränderte Ausgangslagen zu reagieren. Man denke an fallende Bana-
nenpreise gegen Ende des Wochenmarktes oder an die Blumenprei-
se zu Muttertag. Mit seinen variablen Preisen ist der Markt ganz auf

Instabilität abgestellt: man sieht und berechnet vor allem Anschlüsse für eigenes Handeln und verkraftet die Komplexität der Umwelt durch Transformationen von Unsicherheit in Risiko, als Investitionsrisiko, Einstellungsrisiko, Kaufrisiko, Zahlungsrisiko etc. Zweifelsohne wirkt die Wirtschaft auf ihre Umwelt ein und verändert sie. Sie verbraucht Ressourcen, vernutzt Motivationen und verändert Biographien. Indem das Wirtschaftssystem maßgeblich über seine Umwelt verfügt, verfügt es zugleich über wesentliche Voraussetzungen seiner selbst. Auswirkungen auf die Umwelt können im Wirtschaftssystem und seinen Teilsystemen, den Unternehmen, zwar berücksichtigt werden, aber wiederum nur in der vorgegebenen Sprache der Preise.

Preise erzeugen unvermeidlich Informationsverluste. Darauf beruht ihre Leistungsfähigkeit: daß sie alle Weltsachverhalte, vom Laib Brot über das neue Auto bis zum Schäferstündchen, vom live erlebten Musikgenuß über Personalstellenabbau bis zur verbleibenden Lebensspanne unabhängig von ihrer qualitativen Bedeutung als quantifizierte Geldzahlung ausdrücken. Die Leistung der Preise liegt in der Reduktion unbestimmter Umweltkomplexität in bestimmte Komplexität. Damit werden – intern anschlußfähige – Informationen erzeugt, die ganz auf die Funktion des Wirtschaftssystems ausgerichtet sind. Preise ermöglichen so den Teilnehmern des Wirtschaftssystems eine ausgeprägte Umweltorientierung. Sie lassen diese Umwelt freilich nur in einer bestimmten Weise sichtbar werden: als quantifizierten Betrag für Geldzahlungen. In dieser Sprache sind Informationsverluste unvermeidlich. Es gibt in ihr eben keinen angemessenen Ausdruck dafür, daß ein menschliches Leben unersetzlich, unsere natürlichen Ressourcen endlich, Zuneigung nicht käuflich und es keinen ökonomischen Grund gibt, einen möglichen Gewinn nicht zu machen.

# Die Herausforderungen der Globalisierung

Seit dem Zusammenbruch des Sozialismus gerät die marktwirtschaftliche Ordnung mit steigenden Arbeitslosenzahlen immer heftiger in die Schußlinie. Unter dem Stichwort Globalisierung findet

eine heftige Auseinandersetzung statt, deren Positionen so weit auseinanderliegen, daß man sich fragt, ob sie sich noch auf ein und dasselbe beziehen. Noch nie habe es ein so selbstgerechtes und demonstratives Machtbewußtsein der über Kapital Verfügenden gegeben
wie derzeit, sagen die einen. Der Abbau des Sozialstaates sei „Resultat der von allen kulturellen, politischen und moralischen Beißhemmungen freigesetzten Kapital- und Marktlogik". Um die Kapital- und Marktmechanismen zu domestizieren, sei stärker denn je
eine staatliche Ordnungspolitik gefragt, die freilich durch die rasche
Erosion des Staates in Frage gestellt sei (Negt).

Der globale Kapitalismus sei dabei, „den Wertekern der Arbeitsgesellschaft" auszuhöhlen (Beck). Globalisierung sei für die Arbeitnehmer nichts anderes als weltweite Verarmung; sie bedeute zwangsläufig einen Wettlauf der Löhne nach unten. Von allen nationalen
Bindungen befreite Unternehmen unterhöhlten Gemeinwesen und
Sozialstaat, indem sie rücksichtslos Standorte mit den niedrigsten
Löhnen wählten (Martin/Schumann). Der Markt trage seine Rechtfertigung nicht in sich, sondern sei nur im Wechselspiel mit materieller Sicherheit, sozialen Rechten und Demokratie überlebensfähig.
Nach dem Zusammenbruch des Sozialismus sei der einzig verbliebene potente Gegner des Kapitalismus ein „Nur-noch-Gewinn-Kapitalismus". Wenn Hiobsbotschaften am Arbeitsmarkt an der Wall
Street als Siegesmeldungen gefeiert würden, beraube sich diese Wirtschaftsordnung selbst ihrer Legitimation (Beck). Die angebotene
Schlußfolgerung: Wenn der Markt dem Gemeinwohl abträglich sei,
müsse man ihn politisch zähmen und ihm Ketten anlegen.

Unternehmer und Manager entgegnen, daß sie selbstverständlich für
eine Marktwirtschaft eintreten, die auch die soziale Komponente
einschließe. Es gehe allein um das Maß, daß man verkraften könne.
Mit dem Fortfall von Grenzen und Regulierungen stehen unterschiedliche Standorte stärker denn je miteinander im Wettbewerb.
Unternehmen, die weltweit tätig sind, haben Vergleichsmöglichkeiten. Für sie steht dadurch das Thema Wettbewerbsfähigkeit ganz
obenan. Hohe Lohnkosten, Infrastrukturkosten, Steuern, Kosten
durch administrative Auflagen, lange Genehmigungsverfahren,
Mißtrauen gegen neue Technologien und soziale Sklerose machen

es den Unternehmen zunehmend schwer, vom Standort Westeuropa aus mit anderen Anbietern zu konkurrieren. Arbeitslosigkeit ist nicht nur ein wirtschaftliches Problem, sondern wird auch als Indikator für die Legitimität der Wirtschaftsordnung begriffen.

Aus der Sicht der Wirtschaft und der Unternehmen ist dieses Thema unmittelbar mit der Wettbewerbsfähigkeit verbunden. Neue Arbeitsstellen entstehen nur, wenn es im privaten Sektor Investitionen und Wachstum gibt. Solange das Lohnniveau in Deutschland rund 50 Prozent über dem in den anderen G7-Ländern liegt, solange es starre Flächentarife, hohe Steuern und Sozialabgaben gibt, die weltweit Rekordniveau haben, solange werden die Unternehmen jede Gelegenheit nutzen, Kosten zu senken, um wettbewerbsfähig zu bleiben. Solange die Bedingungen sind, wie sie sind, müssen die Unternehmen geradezu arbeitssparende Investitionen tätigen; und man kann es ihnen nicht verdenken, wenn sie neue Arbeitsplätze vor allem im Ausland schaffen; dort, wo Investitionen sich besser rentieren. Auf der anderen Seite nehmen damit Arbeitslosigkeit und soziale Lasten weiter zu, und das Steueraufkommen sinkt. Der Teufelskreis von immer höheren Abgaben und weiter wachsender Arbeitslosigkeit wird nur dann gebrochen, wenn es gelingt, ein Übermaß an staatlichen Vorschriften und bürokratischen Regelungen zurückzunehmen und an ihre Stelle mehr Privatinitiative, mehr Marktmechanismen und mehr Wettbewerb zu setzen.

Umgekehrt soll und kann das nicht eine Rückkehr zum Manchester-Kapitalismus bedeuten, in dem nur der Stärkste überlebt. Das erfolgreiche Modell der Sozialpartnerschaft ist weltweit einmalig, und es zeigt beispielhaft, was Win-Win-Beziehungen allen Beteiligten bringen. Eine solche Beziehung, die so angelegt ist, daß nicht eine Seite auf Kosten der anderen gewinnt, sondern in der es nur Gewinner gibt (Covey), gilt es, auch im Verhältnis von Wirtschaft und Gesellschaft wiederherzustellen (Henderson).

Der Gesellschaft geht es nur dann gut, wenn es den Unternehmen gut geht. Aber auch umgekehrt: Den Unternehmen wird es mittelfristig nur gut gehen, wenn es der Gesamtgesellschaft gut geht. Niemandem ist mit einer „Brasilianisierung" gedient, die weite Teile der Bevölkerung in nacktem Elend hält, während wenige ein privilegiertes Leben in Luxusghettos führen – um den Preis ständiger Angst vor Mord, Raub und Entführung.

## Schlußfolgerungen

Folgende Schlußfolgerungen bieten sich an:

1. Leadership: Wirtschaft und Gesellschaft sind keine Gegensätze, in Sinne von entweder-oder, sondern sie bedingen und ermöglichen sich wechselseitig. Die Wirtschaft ist Teil von Gesellschaft und unmittelbar gesellschaftlicher Vollzug. Sie setzt nicht nur ökonomische Bedingungen, sondern nimmt selbst auch unmittelbar soziale Funktionen wahr. Sie kann in ihrem ureigensten Feld Vorbild und Anreger für andere gesellschaftliche Bereiche sein, vorrangig etwa durch überzeugende Führung. Wenn das Konzept Leadership beinhaltet, in einer Situation das Richtige zu tun („doing the right thing"), während Management mehr darauf zielt, etwas richtig zu tun („doing things right"), dann können Unternehmer und Führungsverantwortliche in der Wirtschaft im Sinne eines sozialen Vorbilds überzeugend vorleben, was glaubwürdige Leadership im Verein mit gutem Management bewegen und bewirken kann.

2. Identität: Eine entscheidende Grundlage für überzeugende Führung ist eine Vorstellung von der eigenen Identität und der eigenen Funktion. Die Wirtschaft ist in der Gesellschaft weder Milchkuh noch Hai und erst recht nicht, wie manche glauben machen wollen, wilder Tiger, nur hinter Eisenbarren und in Ketten menschlichem Zusammenleben zuträglich. Nein, sie ist mutiger Pionier und findiger Entdecker in unbekanntem, oft gefahrvollem Terrain. Als unsteter Sucher hat sie sich auf ihre Art spezialisiert auf den Umgang mit Chancen und Risiken. Sie wird dabei genährt und immer wieder gestärkt durch den schnellen und wirksamen Feedback-Mechanismus von Gewinn und Verlust. Die Wirtschaft ist ein Kraftzentrum, vielleicht manchmal auch der Spielmacher der Gesellschaft. Wie die Spieler auf dem Fußball-

feld folgt sie dabei eigenen Regeln. Aber ebenso, wie das Spiel
auf dem Rasen ohne das Interesse der Zuschauer, ohne Berichte
der Medien, ohne Gaben der Sponsoren, ohne das Engagement
der Vereine und ohne Talente des Nachwuchses nicht sein könnte, ebenso ist die Wirtschaft auf die Beiträge der anderen gesellschaftlichen Subsysteme angewiesen: auf kollektiv bindende
Entscheidungen durch die Politik, Konfliktregelungen durch das
Recht, neue Forschungsergebnisse durch die Wissenschaft;
selbstbewußte, gut ausgebildete junge Menschen, die das Erzie-
hungssystem verlassen etc. Vor allem aber braucht sie eine gesellschaftliche Umwelt, die ihre Leistungen und Funktionen kri-
tisch, aber wertschätzend zu würdigen weiß. Daran, daß die Unternehmen ein solches gesellschaftliches Umfeld finden, sind ihre
Führungen mit ihren Entscheidungen selbst maßgeblich beteiligt.

3. Organisationslernen: Wenn es um Change-Management und das
   Lernen von Organisationen geht, sind gewinnorientierte Unternehmen Organisationen in anderen gesellschaftlichen Bereichen
   wie Schulen, Gerichten, Ministerien, Kammern, Kirchen, Partei-
   en, Universitäten etc. weit voraus. Das betrifft sowohl die Haltung Veränderungen gegenüber, als auch die Formen und Inhalte
   des Organisationslernens (Senge). Auf diesem Weg der Selbst-
   veränderung müssen die Unternehmen mutig weiter vorangehen.
   Hier können die Unternehmen zugleich anderen Bereichen Erfahrungen und Unterstützung anbieten; sie können Veränderungen anregen und als implizites Vorbild wirken.

4. Abgestimmte Entwicklung in vier Dimensionen: Man muß
   nicht unbedingt ein Anhänger von Gleichgewichtstheorien sein,
   um zu sehen, daß einseitig und ausschließlich auf Rendite-Stei-
   gerung ausgerichtete Unternehmen schon mittelfristig keine gesellschaftliche Entwicklungschance mehr haben werden. Wir
   verweisen als Analogie auf das Leben des einzelnen, das nur
   dann gelingt, wenn er es schafft, vier grundlegende Dimensionen gleichzeitig zu berücksichtigen und in Einklang zu bringen:
   Gesundheit, wirtschaftliche Orientierung, soziale Beziehungen
   und die spirituelle Dimension, die mit Sinnfragen aufgespannt
   ist (Abbildung 19).

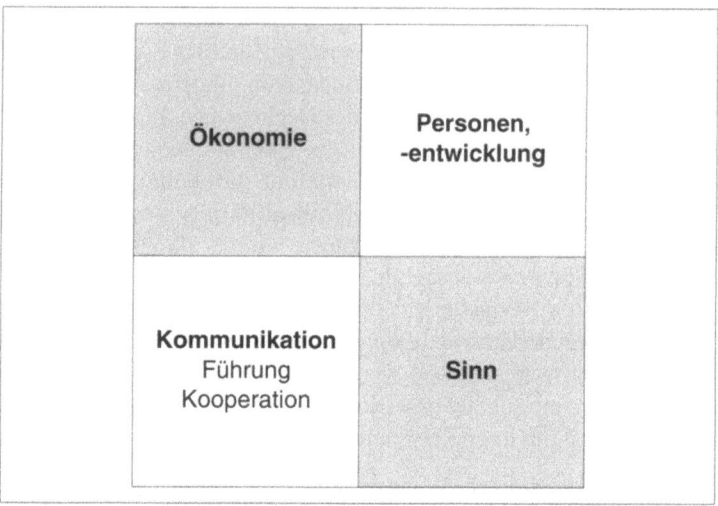

*Abbildung 19:* Die vier Grunddimensionen von Unternehmensentscheidungen

Nicht anders werden Zukunftsfähigkeit und Entwicklungschancen
von Unternehmen durch diese vier Dimensionen geprägt. Gesund-
heitsfragen des einzelnen entsprechen im Unternehmen die grundle-
genden Fragen der Wirtschaftlichkeit. Ohne eine robuste ökonomische Gesundheit läuft im Unternehmen nichts; dennoch ist sie bekanntlich nicht alles. Die zweite erfolgsrelevante Dimension hat mit
der Placierung von Personen und der Entdeckung, Wertschätzung
und Entwicklung von personengebundenen Ressourcen und Qualitäten zu tun. In einer sozial-emotionalen Dimension sind drittens
die human relations zu finden: wie geht man miteinander um, wie
kommuniziert man, wie wird Führung praktiziert, wie Kooperation
und Konflikt gehandhabt? In der spiritüllen Dimension schließlich
werden Fragen nach Sinn und Bedeutung des eigenen Tuns gestellt.
Da reichen innerökonomische Motive, die Maximierung von Einkommen und Gewinn, allein eben nicht aus. So wenig wir leben können, ohne zu essen, so wenig leben wir, um zu essen. Hinreichende
Voraussetzungen für die eigene Überlebensfähigkeit werden nur die
Unternehmen haben, die alle vier Dimensionen gleichzeitig beachten und abgestimmt entwickeln.

*Abbildung 20:* Die vier inneren Umwelten von Unternehmensentscheidungen

Setzt man ein solches Konzept um, dann treten vier zentrale innere Umwelten des Unternehmens ins Blickfeld, die es gleichberechtigt als Adressat unternehmerischer Entscheidungen zu berücksichtigen gilt (Abbildung 20).

Diejenigen Unternehmensführer, die die Interessen und Erwartungen alle vier relevanten Umwelten kennen, berücksichtigen und in einer vierdimensionalen Win-Win-Beziehung auszutarieren suchen, werden absehbar gegenüber Mitbewerbern die Nase vorn haben, deren Umwelt-Orientierung weniger komplex ist.

Die drei ersten zentralen Akteure in der inneren Umwelt des Unternehmens sind in den letzten Jahren je einzeln und in aufeinanderfolgenden Zyklen unter den Stichworten Kundenorientierung, Mitarbeiterorientiertung und shareholder value der Aufmerksamkeit von Entscheidern empfohlen worden. Es ist inzwischen Allgemeingut des Managementwissens, daß es der Kunde ist, der über den Erfolg oder Mißerfolg einer unternehmerischen Aktivität befindet. Viele Vorstände erleben derzeit, daß die Unternehmen angesichts neuer Herausforderungen wie nie zuvor das Wissen, das Engagement und die Loyalität ihrer Mitarbeiter brauchen. Auch, daß dahindümpelnde Renditen von zwei, drei Prozent auf Dauer keinen Aktionär bei der Stange halten, hat sich in der kontrovers geführten Diskussion um das shareholder value-Konzept immerhin herumgesprochen.

Noch wenig bewußt ist manchem Entscheidungsträger in der Wirtschaft, wie sehr sein Ergebnis auch von anhaltendem sozialen Frieden, verläßlichen Verwaltungen, guten Schulen, intakten Brücken, öffentlicher Sicherheit und den Zuständen an den „Rändern" der Gesellschaft abhängig ist. So mancher Geschäftsinhaber in der Innenstadt hat die Folgen leerer Sozialamtskassen nachhaltig am eigenen Umsatz ablesen müssen, wenn Obdachlose, Penner, Punks und Bettler vor seinem Geschäft ihren Treffpunkt aufgeschlagen haben. Nicht zuletzt bedarf unsere wirtschaftliche Grundordnung, die wie keine andere der Freiheit, der Ideen und der Initiative des einzelnen bedarf, in diesen hochzerbrechlichen Voraussetzungen immer wieder und jeden Tag neu einer Zustimmung durch die Gesellschaft insgesamt. Wer nur die Rendite seines Unternehmens im Auge hat und als einziges Unternehmensziel ihre Steigerung zu immer neuen Rekordhöhen verfolgt, koste es, was es wolle, kann sich vielleicht kurzfristig als erfolgreicher Manager feiern lassen; wer dies zu Lasten von Kunden oder Mitarbeitern oder der Gesellschaft betreibt, ist ein schwacher Unternehmensführer, der langfristiges Beziehungskapital aufzehrt, um kurzfristiges Renditekapital vorzuzeigen.

Es geht also nicht darum, den Mitarbeitern auf Kosten der Aktionäre Benefits zu verschaffen, eine Kundenorientierung einseitig zu Lasten der Mitarbeiter vorzunehmen oder nur die Interessen der Anteileigner im Auge zu haben. Es geht darum, im Blick auf alle vier Umwelten die Beziehungen auf jeder Ebene so zu gestalten und so zu optimieren, daß die jeweils Beteiligten die Beziehung wollen, wertschätzen und darum wissen, daß sie ohne sie schlechter dastünden. Wie schwierig die Ausbalancierung der Interessen aller vier Umwelten im einzelnen ist, hat in der Bundesrepublik die Kontroverse über die Lohnfortzahlung im Krankheitsfall gezeigt. Die Globalisierung setzt hier neue Bedingungen und erhöht die Standortkonkurrenz; sie ist aber auch Chance, sklerotische Verkrustungen aufzubrechen (Kanter).

Erfolgreiche Unternehmen brauchen nicht nur Mitarbeiter, Kunden und Aktionäre – und umgekehrt. Sie brauchen zugleich ebenso dringend eine gesellschaftliche Umwelt, in der man leben und arbeiten kann und will. Die Gesellschaft wiederum braucht zu ihrer weiteren Entwicklung erfolgreiche Unternehmen und Unternehmer, Männer und Frauen, die Ideen entwickeln, Risiken eingehen, Investitionen vornehmen, Gewinne machen, Arbeitsplätze schaffen und so erst sinnhafte Biographien ermöglichen. Wenn es gelingt, solche Schemata in die gesellschaftlichen Selbstbeobachtung einzubringen, wird für die Gestaltung einer offenen Zukunft viel gewonnen sein.

## *Literatur*

Ahlemeyer, H.W. (1996): Systemische Organisationsberatung und Soziologie. In: H. v. Alemann, A. Vogel (Hrsg.): Soziologische Beratung: Praxisfelder und Perspektiven, S. 77–88. Opladen: Leske + Budrich.

Beck, U. (1996): Kapitalismus ohne Arbeit". Der Spiegel 20/96, S. 140–146.

Covey, S.R. (1992): The Seven Habits of Highly Effective People: Powerful Lessons. In Personal Change. London etc.: Simon & Schuster.

Henderson, H. (1996): Building a Win-Win World: Life Beyond Global Economic Warfare. San Francisco: Berret-Köhler.

Kanter, R.M. (1995): World Class, Thriving Locally in the Global Economy. New York etc.: Simon & Schuster.

Luhmann, N. (1988): Die Wirtschaft der Gesellschaft. Frankfurt a. M.: Suhrkamp.

Luhmann, N. (1996): Konzeptkunst, Brent Spar oder Können Unternehmen von der Öffentlichkeit lernen? Frankfurter Allgemeine Zeitung, 19.7.1995.

Martin, H., H. Schumann (1996): Die Globalisierungsfalle. Der Angriff auf Demokratie und Wohlstand. Reinbek: Rowohlt.

Nefiodow, L.A. (1996): Der sechste Kondratieff. Wege zur Produktion und Vollbeschäftigung im Zeitalter der Information. Bonn: Rhein-Sieg Verlag.

Negt, O. (1997): Staat und Kapital. Frankfurter Allgemeine Zeitung, 11.1.1997.

Senge, P. (1996): Die Fünfte Disziplin, Kunst und Praxis der lernenden Organisation. Stuttgart: Klett-Cotta.

Thurow, L.C. (1996): Die Zukunft des Kapitalismus. Düsseldorf, München: Metropolitan.

# Die Komplexität der polykontexturalen Gesellschaft

*von Uwe Schimank*

## Die gesellschaftstheoretische Aufklärung einer Organisationsberatung

Jede Organisation muß, um fortexistieren zu können, in und mit ihrer gesellschaftlichen Umwelt zurechtkommen. Dabei ist als empirische Trendaussage sehr augenfällig: Das Spektrum der für eine bestimmte Organisation relevanten gesellschaftlichen Sachverhalte ist tendenziell immer breiter und damit auch vielfältiger geworden. Das gilt vielleicht sogar am stärksten für Unternehmen, denen manche immer noch eine völlig eindimensional auf rein ökonomische Größen fixierte Weltsicht zuschreiben. Aber immer mehr Unternehmen auf immer mehr Märkten können sich solche frühkapitalistischen Scheuklappen schon längst nicht mehr leisten, sondern müssen von Fall zu Fall rechtliche, politische, wissenschaftlich-technische, kulturelle, religiöse, medizinische, sportliche oder noch andere Gesichtspunkte ins Kalkül ziehen, um – was nach wie vor Organisationsziel bleibt – Gewinne erwirtschaften zu können. Damit rückt die gesellschaftliche Totalität ins organisatorische Blickfeld; und folgerichtig muß sich auch eine Organisationsberatung, die der sich dergestalt gewandelten Situation vieler Organisationen gerecht werden will, darum bemühen, ein angemessenes Verständnis der modernen Gesellschaft zu gewinnen. Organisationsberatung bedarf heutzutage zunehmend einer gesellschaftstheoretischen Einbettung.

Dieser Beitrag soll – noch ohne im einzelnen auf Organisationen und deren Beratung einzugehen – eine solche Einbettung leisten. Die moderne Gesellschaft wird, an Niklas Luhmanns systemtheoretische Betrachtung gesellschaftlicher Differenzierung anknüpfend, als ein polykontexturales Geschehen charakterisiert. Alles, was in der Gesellschaft passiert, kann und muß unter vielfältigen, oft mehr oder weniger unvereinbaren Perspektiven gesehen und behandelt werden. Dieser Tatbestand konfrontiert immer mehr Organisationen mit einer eigentümlichen Art von Umweltkomplexität. Nur wenn die Organisationen – Unternehmen oder Kirchen, Sportvereine oder politische Parteien, Forschungseinrichtungen oder Krankenhäuser – lernen, diese Komplexität zu verarbeiten und für ihre Zwecke zu nutzen, werden sie langfristig überleben und erfolgreich ihre Ziele realisieren können.

## Gesellschaftliche Teilsysteme: funktional unentbehrlich und selbstreferentiell geschlossen

Luhmann (1986) geht wie alle soziologischen Differenzierungstheoretiker davon aus, daß die moderne Gesellschaft durch das Vorherrschen funktionaler Differenzierung gekennzeichnet ist. Die moderne Gesellschaft ist ein Ensemble ungleichartiger und gleichrangiger Teilsysteme. Wirtschaft, Politik, Recht, Militär, Wissenschaft, Bildung, Kunst, Massenmedien, Sport, Gesundheit, Familie: Jedes dieser Teilsysteme hat sich früher oder später im Zuge der Herausbildung der modernen Gesellschaft auf eine jeweils sehr spezielle und exklusive, von keinem der anderen geteilte Leitorientierung seiner Operationen festgelegt und liefert einen entsprechenden Beitrag zur gesellschaftlichen Reproduktion. Ohne wissenschaftlich fundierte Wahrheiten, politisch durchgesetzte kollektiv bindende Entscheidungen, rechtliche Konfliktregelung, wirtschaftliche Bedürfnisbefriedigung, medizinische Krankenbehandlung und so weiter käme die moderne Gesellschaft zum Erliegen. Da jedes Teilsystem etwas gesellschaftlich Unentbehrliches beisteuert und auch von keinem anderen darin ersetzt werden kann, sind alle in diesem Sinne gleichermaßen wichtig. Wirtschaft beispielsweise ist nicht bedeutsamer, aber auch nicht bedeutungsloser als Forschung oder Massenkommunikation.

Die funktionale Unentbehrlichkeit der Teilsysteme geht mit operativer Autonomie einher. Sie wird dadurch gesichert, daß die teilsystemspezifischen Leitorientierungen in Gestalt selbstreferentiell geschlossener binärer Codes vorliegen. Im Wirtschaftssystem zum Beispiel ist dies die fundamentale Unterscheidung von Haben und Nichthaben, im Einzelfall konkretisiert als differentielle Zahlungsfähigkeit. Kann ich das, was ich haben will, mit dem Geld, worüber ich verfüge, bekommen oder nicht? Und wenn nicht: Wie kann ich mir das erforderliche Geld beschaffen? Auf diese Fragen läuft letztlich alles wirtschaftliche Geschehen in der Moderne hinaus. Diese Ausrichtung auf den Erhalt und möglichst die Steigerung von Zahlungsfähigkeit beinhaltet eine „legitime Indifferenz" (Tyrell) gegenüber den Leitorientierungen aller übrigen Teilsysteme.

Ein Unternehmen braucht sich beispielsweise in seiner durch Eigentumsrechte abgesicherten Investitionsfreiheit von sich aus nicht darum zu kümmern, welche schwerwiegenden negativen politischen und familiären Folgen – etwa Arbeitslosigkeit – eine Produktionsstillegung hat oder wie religiös bedenklich die von ihm verkauften Produkte – etwa Kondome – sein mögen.

Solche negativen Folgen für die Gesellschaft bezieht ein Unternehmen immer nur insoweit in sein Handeln ein, wie sie ihm von außen nahegebracht werden – und zwar im Hinblick auf seine Zahlungsfähigkeit. So beachtet ein Unternehmen Gesetze zum Schutz seiner Arbeitnehmer, weil und insoweit die andernfalls fälligen Strafen es teuer zu stehen kommen; und die „Brent Spar"-Affäre zeigt das Gleiche hinsichtlich Umweltschutzgesichtspunkten. Entsprechendes ließe sich für wissenschaftliches Handeln, das auf wahre Erkenntnisse, oder politisches Handeln, das auf Machtsteigerung – in Demokratien in Wählerstimmen meßbar – ausgerichtet ist, sowie für alle anderen teilsystemischen Handlungsvollzüge auch zeigen.

Diese Kombination von funktionaler Spezialisierung und damit einhergehender Unentbehrlichkeit der teilsystemischen Operationen zum einen, deren selbstreferentieller Geschlossenheit zum anderen kennzeichnet die moderne Gesellschaft. Daraus ergibt sich eine zunächst äußerst merkwürdig, ja monströs anmutende Beschaffenheit des gesellschaftlichen Ganzen.

# Das gesellschaftliche Ganze: Arbeitsteilung und Polytheismus

Auf den ersten Blick erscheint alles ganz einfach: Funktionale Differenzierung wurde lange Zeit von den soziologischen Differenzierungstheoretikern als Arbeitsteilung angesehen. Dabei wurde eine auf der Rollenebene zutreffende Vorstellung auf die teilsystemische Ebene übertragen. Die Spezialisierung der Berufe – das Paradigma für die zunehmende gesellschaftliche Rollendifferenzierung – schafft in der Tat immer komplexere arbeitsteilige Zusammenhänge mit all deren Leistungsvorteilen und Riskiertheiten. Noch Talcott Parsons betrachtete genau analog das Verhältnis zwischen den gesellschaftlichen Teilsystemen als eines des wechselseitigen Leistungstausches, wodurch jedes zur Leistungsproduktion der je anderen und so zur Reproduktion des gesellschaftlichen Ganzen beiträgt. Klaus Türk stellt dem die Luhmannsche Sicht als etwas völlig Anderes gegenüber: „Funktionale Differenzierung meint keine Zerlegung des gesellschaftlichen Ganzen in einzelne Teile, etwa so wie man eine Torte in Segmente aufteilt. Vielmehr meint funktionale Differenzierung die Institutionalisierung von Perspektiven, unter denen die 'Realität' behandelt wird." Max Webers (1920) Feststellung der Differenzierung der modernen Gesellschaft in divergente und oftmals antagonistische „Wertsphären" kommt dieser Vorstellung bereits sehr nahe. Diese „Wertsphären" zum Beispiel des Politischen, des Wirtschaftlichen, des Wissenschaftlichen stehen „…in unlöslichem Kampf…" untereinander, so wie die Götter im griechischen Götterhimmel. Dementsprechend spricht Weber (1919) auch vom „Polytheismus" der „Wertsphären".

Zwischen solchen Perspektiven, die als binäre Codes Leitdifferenzen markieren, gibt es keine Arbeitsteilung im Sinne eines kooperativen Zusammenhangs, sondern bestenfalls eine Komplementarität, schlimmstenfalls einen Konflikt dieser „Realabstraktionen": „Da…die funktionalen Leitdifferenzen…auf die ganze Welt hin orientiert sind, handelt es sich nicht um Aufteilungen sachlich-spezifizierter Bereiche, sondern um die Aufteilung von globalen Zugriffsweisen…. Die Unterscheidung von Wissenschaftler und Bäcker entspricht eben nicht der Unterscheidung von Bäcker und Schuster." Teilsystemische funktionale Differenzierung und berufliche Arbeitsteilung als Rollendifferenzierung stellen sich so geradezu als zwei voneinander unabhängige Dimensionen gesellschaftlicher Strukturen und Prozesse dar. Die funktionale Differenzierung der modernen Gesellschaft führt also – wie auch jede Alltagserfahrung zeigt – nicht zu einer im großen und ganzen harmonischen Arbeitsteilung zwischen den Teilsystemen, sondern zu wechselseitiger Indifferenz zwischen sich selbst verabsolutierenden Weltsichten, woraus oft genug wechselseitige negative Folgewirkungen erwachsen.

# Polykontexturalität:
# Die Vervielfachung der Gesellschaft

Die daraus erwachsende Monströsität zeigt sich sehr schnell bei dem Versuch, die Identität der modernen Gesellschaft substantiell zu bestimmen, also all diesen Differenzen eine Einheitsvorstellung überzustülpen. Derartige Bemühungen sowohl der sozialwissenschaftlichen als auch der alltagsweltlichen Gesellschaftsbeobachtung haben sich stets alsbald als zeit- und standortgebunden erwiesen. Sie haben ihre Plausibilität immer nur für bestimmte Episoden der Gesellschaftsentwicklung und durch die Verabsolutierung partikularer, oft teilsystemspezifischer Blickwinkel erweisen können. Man denke etwa an „kapitalistische Gesellschaft", „Industriegesellschaft", „Überflußgesellschaft", „Wissenschaftsgesellschaft" beziehungsweise „Wissensgesellschaft", „postindustrielle Gesellschaft", „Risikogesellschaft", „Multioptionsgesellschaft", vom modischen Gerede über die „Postmoderne" ganz zu schweigen.

Diese Vielfalt ist selbst ein Symptom, nämlich eine Konsequenz des eigentlichen Wesens der modernen Gesellschaft: ihrer aus funktionaler Differenzierung erwachsenden Polykontexturalität (Günther). Jedes Faktum in dieser Gesellschaft – wozu auch eine faktisch vorgestellte Möglichkeit zählt – hat eine Mehrzahl gesellschaftlich relevanter sinnhafter Bedeutungen, je nachdem, im Kontext welcher teilsystemischen Leitdifferenz es betrachtet wird. Ein Ereignis wie zum Beispiel ein Zugunglück läßt sich nicht der alleinigen Zuständigkeit eines bestimmten Teilsystems zuschieben, um so gleichsam unsichtbar, nämlich bedeutungslos – im doppelten Sinne des Wortes – für die übrigen Teilsysteme zu bleiben. Sondern das Zugunglück stellt sich als rechtliches, wirtschaftliches, politisches, massenmediales, wissenschaftlich-technisches, medizinisches, gegebenenfalls auch militärisches, pädagogisches oder künstlerisches Geschehen dar – und jedesmal ganz anders!

Die gesellschaftliche Wirklichkeit ist damit nicht eine einzige, sondern so oft und so oft anders vorhanden, wie es divergierende teilsystemische Perspektiven auf sie gibt. Das Zugunglück passiert als Gegenstand von Kommunikation – und nur so wird es jenseits physikalisch-chemischer und biologischer Vorgänge gesellschaftlich relevant – nicht einmal, sondern eben ein halbes Dutzend bis ein Dutzend mal. Man kann allen Ernstes sagen, daß funktionale Differenzierung die Gesellschaft vervielfacht. Die Gesellschaft aus der Sicht der Wirtschaft ist eine völlig andere als die(-selbe?!) Gesellschaft aus der Sicht der Politik oder aus der Sicht des Gesundheitssystems, und so weiter.

## Nebeneinanderherreden und Nichtverstehen

Und all diese Gesellschaften koexistieren eben längst nicht immer friedlich neben- und miteinander, sondern kommen einander oft genug ins Gehege – nicht so sehr, weil sie sich auf ein und dieselben physikalisch-chemisch-biologischen Vorgänge beziehen, sondern weil diese Gesellschaften übereinander wissen und vielfältig voneinander abhängig sind.

Dies ist mehr als eine verquaste Umschreibung für Multi-Perspektivität. Natürlich hat es immer schon unterschiedliche Perspektiven auf denselben gesellschaftlichen Tatbestand gegeben. Aber hier ist mehr im Spiel: ein genereller Orientierungsdissens zwischen den Teilsystemen (Schimank). Jedes Teilsystem stellt einen in sich geschlossenen Operationszusammenhang dar, der auf nichts außerhalb hinweist. Die juristische, die wirtschaftliche oder die politische

Kommunikation über das Zugunglück reden im wahrsten Sinne des Wortes aneinander vorbei. Um einen harmloser klingenden Vergleich zu ziehen: Es ist, als ob die Felder eines Monopoly-, eines Mensch-Ärgere-Dich-Nicht- und eines Fang-den-Hut-Spiels einander partiell überlappen, so daß die Spieler dieser unterschiedlichen Spiele einander immer wieder begegnen und stören und sich deshalb auch irgendwie miteinander abstimmen müssen, ohne daß es geteilte Weltsichten, gemeinsame Ziele oder auch nur übergreifende Spielregeln gäbe.

Es geht aber nicht nur um wechselseitige Störung. Die Teilsysteme benötigen – soviel ist an der Vorstellung von funktionaler Differenzierung als Arbeitsteilung richtig – vielerlei Leistungen voneinander, müssen also gewissermaßen aufeinander zugehen, ohne doch miteinander reden zu können.

Ein Beispiel aus der Entstehungsphase der deutschen Kernforschungspolitik kann illustrieren, was dann angesichts der gesellschaftlichen Polykontexturalität geschieht (Hohn, Schimank). Der Orientierung bestimmter Wissenschaftlergruppen an reputationsträchtigen Forschungschancen standen in den fünfziger Jahren die Orientierung verschiedener Unternehmen an lukrativen Investitionschancen und die Orientierung staatlicher Akteure an politischen Machterhaltungs- und -steigerungsschancen gegenüber. So wollten grundlagentheoretisch interessierte Kernphysiker bestimmte Forschungsprogramme wiederaufnehmen; Großunternehmen der chemischen Industrie versprachen sich Aufträge für die Schwerwasserproduktion; und staatliche Akteure auf Bundesebene wollten diesen Forschungsbereich nutzen, um sich forschungspolitische Kompetenzen anzueignen, die bis dahin weitgehend von den Ländern monopolisiert waren.

Wenn diese verschiedenen Akteure über ein und dieselbe Sache – Kernforschung – redeten, verbanden sie jeweils völlig Unterschiedliches damit. Jeder fokussierte gemäß seinen teilsystemspezifischen Relevanzen bestimmte Merkmale dieses Gesprächsgegenstandes, die seine Gegenüber aus den jeweils anderen Teilsystemen überhaupt nicht interessierten.

Das bedeutet nicht, daß ein Forscher sich nicht im Grundsätzlichen klar machen kann, wonach Politiker oder Unternehmen streben, und umgekehrt. Die Teilsysteme können also die Codes der jeweils anderen generell nachvollziehen. In zweierlei Hinsicht besteht dennoch ein fundamentales Nicht-Verstehen zwischen den Teilsystemen. Weder ist ein Teilsystem in der Lage, die Operationen eines anderen detailliert nachzuvollziehen, noch macht sich ein Teilsystem den Code eines anderen zu eigen.

Ersteres liegt daran, daß die Teilsysteme in einem Verhältnis wechselseitiger Undurchschaubarkeit zueinander stehen (Luhmann 1981). Beispielsweise ist der Stand der Forschung in einer bestimmten Subdisziplin des Wissenschaftssystems für das politische System nicht einschätzbar. Welche Forschungsergebnisse mit welchem Grad an Genauigkeit und Zuverlässigkeit vorliegen, welche mittelfristig projektierbaren Erkenntnisfortschritte realistisch sind und welche außerwissenschaftlichen Anwendungsbezüge sich daran knüpfen lassen: Diese Sachverhalte können letztlich von keiner Instanz außerhalb der betreffenden Subdisziplin kompetent beurteilt werden.

Neben dieser Undurchschaubarkeit bedeutet Nicht-Verstehen aber auch Verständnislosigkeit gegenüber dem Wollen in anderen Teilsystemen. Ein Politiker etwa hat kein unmittelbares Interesse am Erkenntnisfortschritt. Nur mittelbar, wenn ein bestimmter Erkenntnisfortschritt verspricht, dem auf Machterhalt und -steigerung ausgerichteten politischen Wollen dienlich zu sein, kann ein solches Interesse aufkommen.

Aber dies bleibt ein gleichsam instrumentelles, kein eigentlich Anteil nehmendes Interesse. Oft genug findet man ja heimliche oder sogar offen ausgesprochene Verachtung von Politikern für das Wollen der Wissenschaftler, von Wissenschaftlern für das Wollen der Unternehmer, von Unternehmern für das Wollen der Politiker und so weiter. Max Webers Bild des „Polytheismus" der „Wertsphären" ist auch in dieser Hinsicht treffend, nährt sich doch diese Verachtung daraus, daß ein Rechtgläubiger letztlich nicht zu verstehen vermag, warum andere anderen, in seinen Augen falschen Göttern huldigen.

# Organisation als Träger intersystemischer Interessenkonsense

Dieser Darstellung der modernen Gesellschaft könnte entgegengehalten werden, daß es aber doch unzweifelhaft teilsystemübergreifende Einigungen und Kooperationen en masse gibt. Auch das gewählte Beispiel ist solch ein Fall, gingen doch aus diesem Nebeneinanderherreden von Forschern, Politikern und Unternehmen mehrere Kernforschungszentren hervor.

Genereller Orientierungsdissens macht also spezifischen Interessenkonsens im Sinne von Nutzenverschränkungen keineswegs unmöglich. Die Luhmannsche Betrachtungsweise hat den großen analytischen Vorzug, über diese – zum Glück! – Normalität staunen zu machen, die Frage aufzuwerfen, warum das eigentlich so oft klappt, und so den Blick auf die Voraussetzungshaftigkeit von spezifischem Interessenkonsens trotz generellem Orientierungsdissens zu lenken.

Und damit ist man zum Schluß auch bei den Organisationen angelangt. Sie sind schließlich als korporative Akteure, wie die individuellen Akteure auch, diejenigen, die auf der einen Seite dem generellen Orientierungsdissens ausgesetzt sind. Das ist in dem Maße der Fall, wie eine Organisation sich nicht auf eine einzige teilsystemische Perspektive beschränken kann, sondern in ihrer „task environment" mit weiteren Perspektiven konfrontiert wird – was, wie eingangs erwähnt, auf immer mehr Organisationen immer mehr zutrifft.

Auf der anderen Seite bedeutet das dann eben: spezifischen Interessenkonsens zu finden und so nicht bloß den eigenen Fortbestand zu sichern, sondern auch zur Integration der modernen Gesellschaft beizutragen. Sehr häufig geschieht dies in interorganisatorischen Netzwerken. Das ist jedenfalls die eigentümliche Art von Komplexität, der Organisationen in der modernen Gesellschaft zunehmend ausgesetzt sind: allein oder im Zusammenwirken mit anderen Organisationen mit Polykontexturalität schließlich zurechtkommen müssen.

*Literatur*

Günther, G. (1973): Life as Poly-Contexturality. In: G. Günther, Beiträge zur Grundlegung einer operationsfähigen Dialektik. Bd. 2: Wirklichkeit als Poly-Kontexturalität. Hamburg (1979): Meiner, S. 283–306.

Hohn, H.-W., U. Schimank (1990): Konflikte und Gleichgewichte im deutschen Forschungssystem: Akteurkonstellationen und Entwicklungspfade der staatlich finanzierten außeruniversitären Forschung in Deutschland. Frankfurt a. M./New York: Campus.

Luhmann, N. (1981): Politische Theorie im Wohlfahrtsstaat. München: Olzog.

Luhmann, N. (1986): Ökologische Kommunikation. Kann die moderne Gesellschaft sich auf ökologische Gefährdungen einstellen? Opladen: Westdeutscher Verlag.

Parsons, T. (1971): Das System moderner Gesellschaften. München (1972): Juventa.

Schimank, U. (1992): Spezifische Interessenkonsense trotz generellem Orientierungsdissens: Ein Integrationsmechanismus polyzentrischer Gesellschaften. In: H.-J. Giegel (Hrsg.), Kommunikation und Konsens in modernen Gesellschaften. Frankfurt a. M.: Suhrkamp, S. 236–275.

Türk, K. (1995): Organisation und gesellschaftliche Differenzierung. In: K. Türk, „Die Organisation der Welt": Herrschaft durch Organisation in der modernen Gesellschaft. Opladen: Westdeutscher Verlag, S. 155–216.

Tyrell, H. (1978): Anfragen an die Theorie der gesellschaftlichen Differenzierung. In: Zeitschrift für Soziologie 7, S. 175–193.

Weber, M. (1919): Wissenschaft als Beruf. Berlin (1967): Duncker & Humblot.

Weber, M. (1920): Gesammelte Aufsätze zur Religionssoziologie. Bd. 1, Tübingen (1978): Mohr.

# Kooperation als Strategie des Komplexitätsmanagements

*von Johannes Weyer*

## Moderne Gesellschaften: Ohne Spitze, ohne Zentrum

Moderne Gesellschaften sind durch ein hohes Maß an Komplexität gekennzeichnet, das auf eine Reihe von Ursachen zurückgeführt werden kann. Insbesondere die Freisetzung des Individuums aus traditionalen Bindungen, die ein wesentliches Moment der Entwicklung des modernen Kapitalismus war, hat zu einer erheblichen Vergrößerung der Entscheidungsspielräume und Handlungsoptionen geführt. Der (individuelle wie auch der korporative) Akteur ist verantwortlich für sein Handeln, das in einem Meer von Möglichkeiten mit all deren Chancen und Risiken stattfindet.

Eine oberste Autorität, die stellvertretend für die gesamte Gesellschaft handelt und in der Lage ist, deren Einheit durch Kontrolle der Einheiten herzustellen, existiert in polykontexturalen Gesellschaften nicht mehr (vergleiche Beitrag Schimank). Dem Staat, der traditionellerweise als Hüter des Gemeinwohls angesehen wurde, kann diese Rolle nicht mehr zugemutet werden; denn das gesellschaftliche Teilsystem „Politik" repräsentiert eine spezifische Zugriffsweise auf Gesellschaft, die durch den Code von Macht/Nicht-Macht gekennzeichnet ist und für andere Zugriffsweisen tendenziell blind ist.

Das Politik-System wird zudem von Akteuren konstituiert, die – wie alle anderen gesellschaftlichen Akteure auch – partikulare Interessen verfolgen, deren Fixpunkt in der Regel der Erhalt der Macht ist. Dies erklärt die Kurzatmigkeit politischen Handelns, das mit anders gelagerten Interessen (etwa denen an einer langfristig angelegten, kontinuierlichen Forschung) durchaus konfligieren kann (Weyer 1993).

Wenn Komplexitätsreduktion durch politische Intervention („von oben") nicht möglich ist, stellt sich die Frage nach neuen Formen des Umgangs mit Komplexität. Nach wie vor ist die einfachste Strategie zum Umgang mit Kontingenzen und zur Bewältigung von Unsicherheiten die Entscheidung. Denn Entscheidung bedeutet Festlegung auf eine von mehreren Möglichkeiten und die Inkaufnahme der möglichen Risiken. Auf diese Weise wird Komplexität drastisch reduziert.

## Gesellschaftliche Turbulenzen

Aber diese individualistische Perspektive allein reicht nicht mehr aus; denn polykontexturale Gesellschaften verlangen in immer stärkerem Maße die Fähigkeit, über bestehende Grenzen hinweg zu denken und zu handeln. Das Handeln der Akteure findet in einem sozialen Kontext statt, der durch die Handlungen anderer Akteure gestaltet und geprägt wird. Jeder Akteur produziert durch sein Verhalten permanent Resultate, die von anderen als Turbulenzen, als Bedrohungen oder aber als chancenversprechende Optionen angesehen werden können. Der soziale Prozeß ist also ständig in Bewegung.

Strategisch handelnde, nutzenmaximierende Akteure beobachten ihre soziale Umwelt dahingehend, ob diese Störungen hervorbringt, die sich als Bedrohungen auswirken können oder als Chancen nutzen lassen. Als Minimalziel sozialer Akteure sei unterstellt, daß sie ihre Handlungsfähigkeit erhalten oder verbessern wollen. In diesem Sinne stellt ihre soziale Umwelt nicht nur eine Quelle von Störungen dar, die es zu bewältigen gilt, sondern auch ein Reservoir an Möglichkeiten, das es zu nutzen gilt – und sei es, um anderen Konkurrenten zuvorzukommen. Dabei spielt die unmittelbare Durchsetzung manifester Ziele eine Rolle, aber auch das latente Interesse an einer Verbesserung der Ausgangsbedingungen, die erforderlich sind, um in Zukunft manifeste Interessen vertreten und durchsetzen zu können (Schimank 1992b).

Im Falle strategisch planender und handelnder Akteure besteht also eine große Wahrscheinlichkeit, daß sie bereits minimale Störungen in ihrer Umwelt wahrnehmen und als Bedrohung beziehungsweise als

Chance interpretieren werden – mit der eigentümlichen Konsequenz, daß die (Meta-)Strategie der Störungsbewältigung durch prä-emptives Handeln zur Quelle von Störungen und damit zur Ursache sozialer Dynamik werden kann, zumindest wenn eine Vielzahl sozialer Akteure sich so verhalten (Weyer 1994). Die sozialen Turbulenzen werden also in einem sich selbst verstärkenden Prozeß erzeugt, der eine Eigendynamik gegenüber den Akteuren gewinnen kann.

Insofern muß eine erfolgversprechende Strategie zur Reduktion von Komplexität den interaktiven Charakter des sozialen Prozesses berücksichtigen und Verfahren zur Reduktion von Unsicherheit entwikeln, welche den Horizont des individuellen Akteurs überschreiten. Die Kopplung von Akteuren in sozialen Netzwerken ist ein Konzept, das diesen Anforderungen entspricht.

# Das Konzept selbstorganisierter sozialer Netzwerke

Soziale Netzwerke, die in einem selbstorganisierten Prozeß entstehen, sind eine mögliche Antwort auf die Frage nach erfolgversprechenden Strategien der Bewältigung von Komplexität. Die Kooperation von Konkurrenten etwa in Joint ventures (Powell), die Zusammenarbeit von Herstellern und Anwendern in Innovationsnetzwerken (Kowol/Krohn) oder die Einbeziehung von betroffenen Bürgern in technologiepolitische Dialoge (Simonis) sind allesamt Beispiele für eine Strategie der Risikoabsorption durch selbstorganisierte Vernetzung.

Soziale Netzwerke beschreiben einen qualitativ neuen Interaktions-Typus, der sich von den bekannten Typen marktförmiger Transaktion beziehungsweise hierarchischer Koordination deutlich abgrenzen läßt. Vernetzung meint die vertrauensvolle Kooperation sozialer Akteure, die zwar autonome Interessen verfolgen, jedoch ihre Handlungen mit denen anderer Akteure derart koppeln, daß der Erfolg ihrer Strategien vom Erfolg ihrer Partner (und damit vom Funktionieren ihrer Kooperationsbeziehung) abhängt (Weyer et al. 1997).

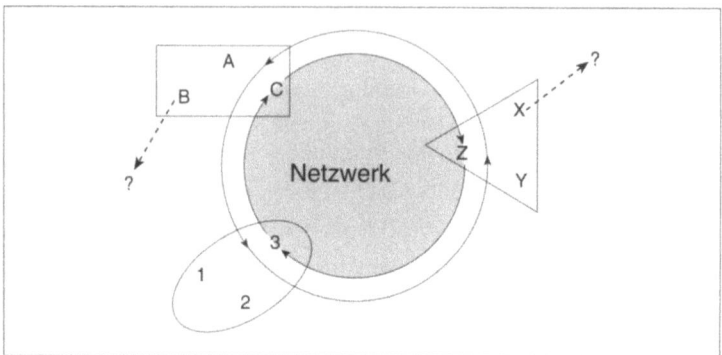

*Abbildung 21:* Genese und Stabilisierung sozialer Netzwerke

Vertrauensbasierte Netzwerkbeziehungen stellen insofern eine Lösung des Kooperationsproblems dar, als sie es den Akteuren gestatten, ihre Leistungsfähigkeit zu erhöhen, ohne sich auf die Risiken von Markt oder Hierarchie einlassen zu müssen, die in der Unstetigkeit und Nicht-Berechenbarkeit von Marktbeziehungen einerseits, der Rigidität und geringen Flexibilität asymmetrischer, hierarchischer Beziehungen andererseits bestehen.

Man muß den Akteuren weder uneigennützige Motive oder Problemlösungs- oder Kooperationsorientierungen unterstellen, um ihre Bereitschaft zur Kooperation, ja ihr aktives Streben nach Kooperationsbeziehungen, zu erklären (Abbildung 21).

Aus der Sicht der Akteure sind Netzwerke zunächst einmal Gelegenheitsstrukturen, deren aktive Konstruktion insofern attraktiv ist, als die wechselseitige Verschränkung von Handlungsstrategien eine Erwartungssicherheit erzeugt, welche die Verfolgung eigennütziger Ziele erleichtert und die Wahrscheinlichkeit gewünschter Ergebnisse erhöht (Schimank 1992b).

Soziale Netzwerke reduzieren manifeste Risiken: Der Kooperationspartner, mit dem man gemeinsam einen neuen Super-Chip entwikelt, wird es kaum wagen, einen eigenen Chip auf den Markt zu bringen oder mit einem Dritten zu kooperieren. (Täte er dies, verlöre er nämlich seine Glaubwürdigkeit, was bei zukünftigen Kooperationen von Nachteil sein kann.) Und das Verhalten der Bürgerinitiative, die mit am Runden Tisch sitzt, wird für die Stadtverwaltung ebenso berechenbarer wie umgekehrt das Verhalten der Verwaltung für die Betroffenen.

Neben dieser Kontrolle der sozialen Umwelt beinhaltet die Kooperation in sozialen Netzwerken auch den weitergehenden Aspekt der Reduktion zukünftiger Risiken. Die enge Abstimmung unterschiedlicher Akteurstrategien ermöglicht die Entscheidung für risikoreiche Zukunftsoptionen, weil die Vernetzung die Erfolgswahrscheinlichkeit des Projekts steigert.

Ein Nahverkehrssystem, in dessen Design die Ideen der Bürgerinnen und Bürger, vor allem aber die konkreten Bedarfs- und Nutzungsprofile eingeflossen sind, hat weitaus größere Durchsetzungschancen als ein am grünen Tisch konzipiertes Projekt wie beispielsweise der Transrapid, bei dessen Konzeption die potentiellen Nutzer (etwa die Deutsche Bahn) nicht mitgewirkt haben

Im Gegensatz zu Markttransaktionen, in denen sich die Gewinne unmittelbar realisieren lassen, setzen Netzwerkbeziehungen eine gewisse Stabilität und Dauerhaftigkeit der Interaktionen voraus, weil nur über dauerhaft verläßliche Austauschbeziehungen der gemeinsame Zusatzeffekt erzielt werden kann.

Der kurzfristige Gewinn, der in wechselnden Ad-hoc-Beziehungen zu realisieren ist, mag gelegentlich höher sein als die Auszahlungen in kooperativen Spielen; in der Regel führt eine solche opportunistische Strategie jedoch zu „unattraktiven Ergebnissen" (Scharpf 1993).

Da in dauerhaften Kooperationsbeziehungen auf längere Sicht höhere Gewinn erzielbar sind, kann man also selbst bei nutzenmaximierenden Akteuren ein generelles „Interesse am Aufbau vertrauensvoller Beziehungen" (ebd.) unterstellen. Dies impliziert auch die Fähigkeit zum vorübergehenden Verzicht – im Vertrauen darauf, daß eigene Vorleistungen sich langfristig auszahlen und die Regeln des Spiels nicht nach wechselnden Kalkülen zum eigenen Nachteil verändert werden.

# Eigennutz und Kooperation – (k)ein Widerspruch?

In den Sozialwissenschaften ist die Ansicht verbreitet, daß ungeregelte Spiele zwischen nutzenmaximierenden Akteuren in Dilemmata beziehungsweise Selbstblockaden führen und es daher zusätzlicher externer Instrumente bedarf, um suboptimale Ergebnisse zu vermeiden beziehungsweise stabile Lösungen zu produzieren (Wiesenthal, Scharpf 1988). Dagegen soll hier die Behauptung vertreten werden, daß Interaktionen zwischen autonomen Akteuren durchaus in der Lage sind, aus sich heraus Lösungen hervorzubringen, die sich zu stabilen und produktiven Kooperationsbeziehungen verdichten können (Hofstadter).

Gelegentlich reichen Zufälle, um Blokaden zu lösen und Kooperation in Gang zu setzen, wie beispielsweise in der – spieltheoretisch höchst interessanten – Erzählung „Eine gestreifte Geschichte" von Paul Maar, in der die Sonne die Querstreifen der Gardine auf den längsgestreiften Tisch wirft und so ein neues – kariertes – Muster entstehen läßt, das die Ehepartner versöhnt, die sich über die Frage „Quer- oder Längsstreifen" zerstritten hatten. In der Regel fördert jedoch das Eigeninteresse an den zusätzlichen Benefits, die sich in sozialen Netzwerken ergeben, die Kooperationsbereitschaft und verringert so das Risiko, daß eine Zusammenarbeit nicht zustandekommt, weil keiner den ersten Schritt wagt. Ein wichtiger Faktor ist dabei die Kommunikation, das heißt die Möglichkeit, kooperative Lösungen face-to-face auszuhandeln.

Ausgangspunkt eines Ansatzes, der soziale Netzwerke als Resultate selbstorganisierter Prozesse betrachtet, ist die Unterstellung nutzenmaximierender, strategiefähiger Akteure (seien es Individuen oder Organisationen). Nutzenmaximierung soll heißen, daß Akteure nur selten aus uneigennützigen Motiven handeln und in der Regel solche Transaktionen beenden werden, bei denen sie dauerhaft Verluste erleiden. Positiv gewendet, bedeutet dies, daß soziale Akteure ein Minimalinteresse an Bestandswahrung und Bestandsausbau besitzen. Sie werden Lösungen präferieren und aktiv betreiben, die sie zumindest nicht schlechter-, möglichst aber besserstellen als zuvor. Bei der

Wahl zwischen verschiedenen Alternativen werden sie sich in der Regel für die Option entscheiden, die ihnen gemäß ihren subjektiven Kalkülen zum Zeitpunkt der Entscheidung als die vorteilhaftere erscheint (Esser). Strategiefähigkeit soll heißen, daß Akteure

• ihre Interessen definieren und artikulieren,

• auf dieser Basis Ziele ausformulieren und

• ihre soziale Umwelt als Ressource zu deren Verwirklichung nutzen.

Strategisches Handeln bezeichnet – im Sinne Max Webers – ein soziales Handeln, das die faktischen wie antizipierten Wirkungen, die das eigene Handeln bei anderen Akteuren erzielt, sowie deren Reaktionen in den Handlungsplan mit einbezieht. (Dies bedeutet zugleich, daß viele Handlungen des sozialen Alltags nicht strategisch sind, sondern eingespielten Routinen folgen (Esser). Strategisches Handeln beinhaltet zudem den Verzicht auf unmittelbar erzielbare Gewinne zugunsten indirekter Verfahren; dies ermöglicht es den Akteuren, Investitionen zu tätigen, die sich erst auf längere Sicht auszahlen. Insofern kann grundsätzlich unterstellt werden, daß strategiefähige Akteure Vorleistungen erbringen, um Kooperationen in Gang zu setzen, auch wenn diese im ungünstigsten Fall als Verluste abgebucht werden müssen (Hofstadter, Opp).

Strategisch handelnde Akteure passen sich nicht reaktiv an ihre Umwelt an; sie gestalten sie vielmehr aktiv in einer Weise, die die Wahrscheinlichkeit der Durchsetzung ihrer manifesten Interessen erhöht. Strategiefähige Akteure sind daher grundsätzlich kontextsensitiv, verhandlungsbereit und kompromißfähig (Mayntz). Wenn in einem gesellschaftlichen Teilbereich mehrere strategiefähige Akteure mit divergierenden Interessen aufeinandertreffen, ist ein konflikthafter, kooperationshemmender Verlauf des Interaktionsprozesses folglich nicht zwangsläufig vorprogrammiert. Das (zumindest taktische) Streben nach partiellen Konsensen – als Basis für die mittelbare Durchsetzung eigener Interessen – ist vielmehr ein Charakteristikum strategischen Handelns.

Dies gilt insbesondere in Situationen hoher Unsicherheit, die aufgrund der Undurchschaubarkeit moderner Gesellschaften und der wechselseitigen Abhängigkeit der Teilbereiche jedoch praktisch den Normalfall darstellen, da die Handlungen der jeweils anderen Akteure die Wahrscheinlichkeit der eigenen Zielerreichung entscheidend beeinflussen. Das Streben nach Erwartungssicherheit, nach einer Reduktion von Unsicherheit ist dem strategischen Handeln also inhärent (Powell, Schimank 1992a, Kowol/Krohn). Anarchische soziale Verhältnisse sind – aus der Sicht zielgerichtet handelnder Akteure – genauso kontraproduktiv wie völlig verkrustete soziale Strukturen, die keinerlei Handlungsspielräume eröffnen.

Insofern sind Interaktionsbeziehungen attraktiv, die eine Mittelstellung zwischen anarchisch-offenen und machtförmig verhärteten Strukturen einnehmen, weil sie strategisch handelnden Akteuren gestatten, die Bedingungen ihrer Interessenverwirklichung zu verbessern, ohne zugleich ihre Eigenständigkeit und damit langfristig ihre Strategiefähigkeit aufzugeben.

## Politische Implikationen

Die horizontale Koordination heterogener Akteure in selbstorganisierten sozialen Netzwerken ist also ein möglicher Ansatzpunkt zur Bewältigung von Komplexität. Denn sie reduziert die Risiken des eigenen Handelns durch partielle Kontrolle der sozialen Umwelt und eröffnet zudem Handlungskorridore, die sich auf eine Koalition von Akteuren stützen können und so eine größere Erfolgswahrscheinlichkeit besitzen als unkoordinierte Aktionen.

Für das Management (in Betrieben und Verwaltungen) lassen sich aus diesen Überlegungen einige Handlungsperspektiven ableiten, die allerdings ein Umdenken erfordern, das heißt eine Umstellung von traditionellen Verfahren der Entscheidungsfindung hin zu kooperativen Formen. Es gibt etliche positive Beispiele: Von regionalen Kooperationen in der Textilindustrie (Piore/Sabel) über öffentliche Verfahren zur Planung neuer Abfallbeseitigungsanlagen (Herbold/Krohn/Weyer) bis hin zu Bürgerforen zu gentechnisch veränderten Nahrungsmitteln (Behrens et al.). In allen Fällen hat die diskursive Öffnung zwar kurzfristig zu einer Erhöhung der Komplexität geführt. Auf lange Sicht zahlt sich diese Risikobereitschaft jedoch meist aus; denn der langfristige Gewinn einer kooperativen Zusammenarbeit ist größer als die Effekte, die sich durch ein engstirniges Verfolgen isolierter Projekte erzielen lassen.

Ein Beispiel aus der Innovationsforschung kann diesen Zusammenhang illustrieren: Der Personal Computer, dessen erstes Exemplar erst 1974 entstanden war, entwickelte sich in einem knappen Jahrzehnt mit einer ungeheuren Dynamik und Innovationsgeschwindigkeit zu einem weitgehend standardisierten Gerät (mit der Konfiguration: Intel-Prozessor, MS-DOS, IBM-Bus). Diese hohe Dynamik kann auf die offene Architektur des PCs zurückgeführt werden, die es einer großen Zahl miteinander vernetzter Hersteller ermöglichte, Teilkomponenten zu entwickeln beziehungsweise zu verbessern; dies gab der Entwicklung des PC wichtige Impulse, welche sich wechselseitig verstärkten (Abbildung 22).

Alle Versuche selbst etablierter Computerhersteller wie IBM oder Apple, mit geschlossenen Architekturen zu arbeiten, die ausschließlich auf unternehmensinternen Eigenentwicklungen beruhten, scheiterten, weil sie das kreative Potential stilllegten, das für die Entwicklung des PCs charakteristisch ist.

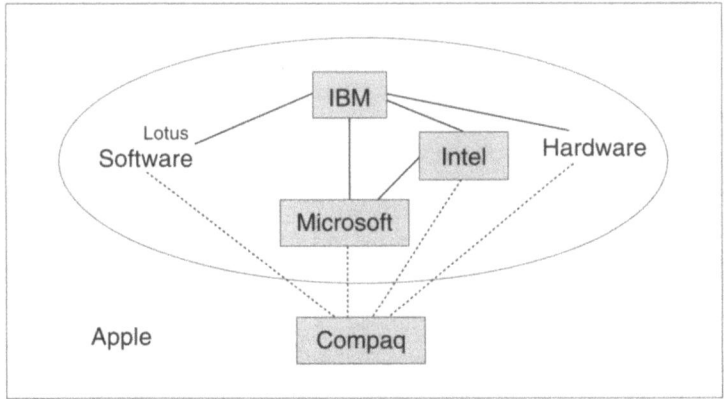

*Abbildung 22:* Das PC-Netzwerk von 1981 bis 1985

Ähnlich kann man den Erfolg des Astra-Satelliten und seinen Triumph über Konkurrenten wie TV-Sat oder Kopernikus interpretieren: Es waren weniger technische Spitzenleistungen, die Astra zum Durchbruch verhalfen als vielmehr die intelligente Koordination von Akteuren – in diesem Fall der Werbewirtschaft, des Privatfernsehens, der Geräteindustrie sowie des Handels und des Handwerks (Weyer et al. 1997). Auch dieses Beispiel kann als Beleg dafür dienen, daß breit angelegte soziale Netzwerke nicht nur ein Innovations-Motor sind, sondern auch ein unentbehrliches Instrument zum Komplexitätsmanagement.

Soziale Komplexität läßt sich in modernen Gesellschaften nicht mehr durch risikoaverse Strategien der Komplexitätsvermeidung bewältigen; Versuche einzelner Akteure, die Dinge unter Kontrolle zu halten und in eine gewünschte Richtung zu lenken, sind meist zum Scheitern verurteilt, weil kein singulärer Akteur in der Lage ist, das (hochdynamische) gesellschaftliche Ganze zu steuern. Die Alternativ-Konzeption könnte man als „Komplexitätsmanagement durch kontrollierte Komplexitätssteigerung" bezeichnen; und soziale Netzwerke spielen in diesem Konzept eine entscheidende Rolle, weil sie die selbstorganisierte Koordination von Handlungsstrategien ermöglichen, die ein wichtiges Mittel zur Bewältigung von Komplexität ist.

*Literatur*

Behrens, M./Meyer-Stumborg, S./Simonis, G. (1995): Von den Nachbarn lernen? Die deutsche Nahrungsmittelindustrie im gesellschaftlichen Konflikt um die Einführung der Gentechnik. In: polis. Arbeitspapiere aus der FernUniversität Hagen, 32/1995: S. 49–89.

Esser, H. (1991): Alltagshandeln und Verstehen. Zum Verhältnis von erklärender und verstehender Soziologie am Beispiel von Alfred Schütz und „Rational Choice". Tübingen: Mohr/Siebeck.

Hofstadter, D.R. (1983): Metamagikum. Kann sich in einer Welt voller Egoisten kooperatives Verhalten entwickeln. In: Spektrum der Wissenschaft 8/1983, S. 8–14.

Kowol, U., Krohn, W. (1995): Innovationsnetzwerke. Ein Modell der Technikgenese. In: W. Rammert (Hrsg.), Technik und Gesellschaft, Jahrbuch 8. Frankfurt a. M.: Campus, S. 77–105.

Maar, P. (1986): Eine gestreifte Geschichte. In: ders., Der Tag, an dem Tante Marga verschwand und andere Geschichten. Hamburg: Friedrich Oetinger.

Mayntz, R. (1993): Policy-Netzwerke und die Logik von Verhandlungssystemen. In: A. Héritier (Hrsg.), Policy-Analyse. Kritik und Neuorientierung. Opladen: Westdeutscher Verlag (PVS-Sonderheft 24), S. 39–56.

Opp, K.-D. (1987): Marktstrukturen, soziale Strukturen und Kooperation im Markt. In: K. Heinemann (Hrsg.): Soziologie wirtschaftlichen Handelns, Kölner Zeitschrift für Soziologie und Sozialpsychologie, Sonderheft 28. Opladen: Westdeutscher Verlag, S. 280–299.

Piore, M.J., Sabel, C.F.(1989): Das Ende der Massenproduktion – Studie über die Requalifizierung der Arbeit und die Rückkehr der Ökonomie in die Gesellschaft. Frankfurt a. M.: Fischer.

Powell, W.W. (1990): Neither Market nor Hierarchy: Network Forms of Organization. In: Research in Organizational Behavior 12: S. 295–336.

Scharpf, F.W. (1988): Verhandlungssysteme, Verteilungskonflikte und Pathologien der politischen Steuerung. In: M.G. Schmidt (Hrsg.), Staatstätigkeit. International und historisch vergleichende Analysen. Opladen: Westdeutscher Verlag (PVS-Sonderheft 19), S. 61–87.

Scharpf, F.W. (1993): Positive und negative Koordination in Verhandlungssystemen. In: A. Héritier (Hrsg.), Policy-Analyse. Kritik und Neuorientierung. Opladen: Westdeutscher Verlag (PVS-Sonderheft 24), S. 57–83.

Schimank, U. (1992a): Erwartungssicherheit und Zielverfolgung. Sozialität zwischen Prisoner's Dilemma und Battle of the Sexes. In: Soziale Welt 43: S. 182–200.

Schimank, U. (1992b): Spezifische Interessenkonsense trotz generellem Orientierungsdissens: Ein Integrationsmechanismus polyzentrischer Gesellschaften. In: H.-J. Giegel (Hrsg.), Kommunikation und Konsens in modernen Gesellschaften. Frankfurt a. M.: Suhrkamp, S. 236–275.

Simonis, G. (1995): Ausdifferenzierung der Technologiepolitik – vom hierarchischen zum interaktiven Staat. In: R. Martinsen/G. Simonis (Hrsg.), Paradigmenwechsel in der Technologiepolitik?, Opladen: Leske + Budrich, S. 381–404.

Weyer, J. (1993): Akteurstrategien und strukturelle Eigendynamiken. Raumfahrt in Westdeutschland 1945–1965. Göttingen: Otto Schwartz.

Weyer, J. (1994): Space Policy in West Germany 1945–1965. Strategic Action and Actor Network Dynamics. In: U. Schimank/A. Stucke (eds.), Coping with Trouble. How Science Reacts to Political Disturbances of Research Conditions, Frankfurt a. M.: Campus, S. 333–355.

Weyer, J., Kirchner, U., Riedl, L., Schmidt, J.F.K. (1997): Technik, die Gesellschaft schafft. Soziale Netzwerke als Ort der Technikgenese. Berlin: edition sigma (im Ersch.).

Wiesenthal, H. (1987): Rational Choice. Ein Überblick über Grundlinien, Theoriefelder und neuere Themenakquisition eines sozialwissenschaftlichen Paradigmas. In: Zeitschrift für Soziologie 16: S. 434–449.

# Vandalismus in Verkehrsträgern – Eine Systemstudie

*von Michael Steinbrecher*

## Ein komplexitätsgerechter Ansatz

Fragen der Umfeldanalyse und Gesellschaftsforschung haben in den letzten Jahren erheblich an Bedeutung gewonnen. Auch im Management setzt sich in zunehmenden Maße die Erkenntnis durch, daß der Erfolg der Unternehmensführung auch von der konsequenten Ausrichtung unternehmenspolitischer Entscheidungen auf das Umfeld abhängt, und zwar ganz besonders, wenn es um Entscheidungen von langfristiger strategischer Tragweite geht. Voraussetzung für systemverträgliche Aktionen beziehungsweise Reaktionen ist jedoch eine spezifische Kenntnis der systeminternen Zusammenhänge und Abläufe sowie der Beziehungen von Systemen zu ihrer Umwelt.

Angesichts der steigenden Komplexität und des permanenten Wandels der gesellschaftlichen und ökonomischen Rahmenbedingungen sind Unternehmen aufgefordert, nach neuen Denk- und Handlungsansätzen zu suchen, um auch in Zukunft erfolgreich am Markt agieren zu können. Denn es ist offensichtlich, daß mit der herkömmlichen, technokratisch geprägten Art der Unternehmensführung, die eine kurzfristige Gewinnmaximierung als Hauptziel hat, die Herausforderungen der Zukunft nicht zu meistern sind.

Infolge ihrer Vielfältigkeit, Vernetztheit und Dynamik hilft es nicht mehr weiter, Probleme in kleine überschaubare Teilprobleme aufzuspalten und deren Lösungen dann je für sich zu perfektionieren. So entstehen dann oft Lösungen, die am Ende nicht mehr zusammenpassen. Es gilt vielmehr, erfolgreiches Handeln gerade unter Berücksichtigung hoher Umfeld-Komplexität (strukturell und dynamisch) und Intransparenz der Rahmenbedingungen zu ermöglichen beziehungsweise zu sichern.

Hierin liegt die eigentliche Herausforderung für Unternehmen: Als Antwort auf die externe Komplexität müssen Unternehmen eine adäquate Eigenkomplexität ausbilden, um die Komplexität im Umfeld zu absorbieren und so der Entscheidungsunsicherheit zu begegnen. Einen Ansatz, der diesem Anspruch gerecht wird, stellt der Systemansatz dar.obgleich dieser Ansatz in der Theorie bereits weite Verbreitung und Zustimmung gefunden hat, stößt die praktische Umsetzung noch auf erhebliche Schwierigkeiten. Gründe dafür sind vor allem die Notwendigkeit zur Umstellung der mentalen Betrachtungsweise sowie der verhältnismäßig große Aufwand, der mit Systemanalysen verbunden ist.

Zudem fehlte es bisher an Instrumenten, die es ermöglichten, komplexe Systeme verständlich darzustellen und mögliche Reaktionen eines Systems auf Eingriffe zu simulieren.

Am konkreten Beispiel Vandalismus in Verkehrsträgern wird im folgenden die Tauglichkeit des Systemansatzes als Methodik zur Bearbeitung komplexer unternehmensrelevanter Problemstellungen aufgezeigt. Dabei wird auch deutlich, wie gut sich ein komplexer Sachverhalt aus dem Unternehmensumfeld anhand eines computergestützten Modells systemisch erfassen und simulieren läßt. Durch Simulation wird es möglich, Wirkungen und Wechselwirkungen, direkte und indirekte Einflüsse auf das Systemverhalten zu analysieren und Möglichkeiten des Handelns auf der strategischen Ebene zu antizpieren.

## Fragestellung und Ziele

Die Produkte der Daimler-Benz AG sind in unterschiedlicher Weise von Vandalismus betroffen: Sowohl Mietwagen als auch private PKW , Omnibusse , U-, S- und Fernbahnen, sogar Flugzeuge bleiben von Zerstörungen nicht verschont. In Anbetracht des teilweise erheblichen Zuwachses an Vandalismusschäden in den letzten Jahren ergibt sich Handlungsbedarf bei diesem Problem nicht nur aus altruistischen Gründen: Die langfristige Kundenzufriedenheit steht auf dem Spiel. Denn angesichts des nicht unerheblichen finanziellen Verlustes aufgrund von Vandalismus entwickelt sich eine vandalismuspräventive

Produktgestaltung immer mehr zu einem wichtigen Zusatzkriterium bei der Kaufentscheidung durch die Betreibergesellschaften.

Vandalismus kann jedoch nicht losgelöst von den gesellschaftlichen Rahmenbedingungen, innerhalb derer er sich entwickelt, analysiert werden. Das Thema „Vandalismus in Verkehrsträgern" muß daher vor der erweiterten Fragestellung der „Verbesserung der sozialen Akzeptanz von Verkehrsmitteln des ÖPNV" interpretiert werden. Wichtige Voraussetzung zur Entwicklung von konkreten Vandalismus-"Gegenstrategien" auf der Ebene des Herstellers ist also ein vertieftes Verständnis der dem Phänomen Vandalismus zugrundeliegenden strukturellen Muster und Zusammenhänge. Von dieser Prämisse ausgehend, wurde im Daimler-Benz-Konzern eine Arbeitsgruppe eingerichtet, die folgende Fragestellung über mehrere Monate analysierte:

• Welche Optionen hat die Daimler-Benz AG als Hersteller von PKW, Omnibussen, Schienenfahrzeugen und Flugzeugen auf der Ebene der Produktgestaltung zur Vandalismusprävention?

Bei einer zunächst durchgeführten Literaturrecherche zum Thema „Vandalismus" wurde deutlich, daß die verschiedenen Experten sich zwar im großen und ganzen über die diversen Faktoren des Vandalismus einig waren, bei der Bewertung der einzelnen Ursachen jedoch jeder eine andere Akzentuierung vornahm. Demgegenüber beschreibt das im folgenden näher beschriebene Systemmodell Vandalismus das Phänomen in seiner gesamten Breite sowie in seinen systemischen Zusammenhängen. Der Arbeitskreis hatte sich unter anderem folgende Ziele gesetzt:

• Darstellen und Erfassen des Zusammenspiels der Elemente des komplexen Systems Vandalismus,

• Verstehen der Mechanismen, die im System Vandalismus wirksam sind,

• Erkennen der Grundmuster des Systemverhaltens auf Eingriffe hin,

• Identifizieren von Handlungsoptionen, Anzahl und Ausmaß vandalistischer Handlungen durch gestalterische Maßnahmen zu reduzieren.

# Methodisches Vorgehen

Auf der Suche nach der geeigneten Herangehensweise an das Thema kam die Arbeitsgruppe sehr schnell zu der Überzeugung, daß adäquate, das heißt der Komplexität des Themas angemessene, Problemlösungen sich nur im Rahmen von systemisch orientierten Betrachtungsmethoden finden ließen; ist es doch ein Hauptanliegen des Systemansatzes, Wirkungszusammenhänge zwischen den Elementen eines komplexen Systems aufzuzeigen anstelle der perfekten Detailanalyse einzelner, isoliert betrachteter Systemkomponenten.

Der Arbeitsgruppe ging es entsprechend darum, ein Modell für Vandalismus mit seinen Subsystemen und Wechselwirkungen zu anderen Systemkomponenten (zum Beispiel Zustand des öffentlichen Raums) zu erstellen. Die allgemeine Erwartung läßt sich dabei wie folgt beschreiben: Wenn es gelänge, ein Modell Vandalismus zu erstellen, das das Phänomen Vandalismus treffend in seiner Komplexität beschreibt, müßte sich anhand einer Modellsimulation die Sensitivität – das heißt die Reagibilität des Systems auf Veränderungen oder Eingriffe hin – überprüfen beziehungsweise antizipieren lassen. Mit Hilfe dieser Erkenntnisse, so die Hoffnung der Arbeitsgruppe weiter, könnte es gelingen, Handlungen und Entscheidungen am Kriterium der Systemverträglichkeit auszurichten und so komplexitätsadäquate Handlungsoptionen aufzeigen und entsprechende Maßnahmenstrategien zu entwickeln.

# Das Systemmodell Vandalismus

Bei der Untersuchung der Ursachen des Phänomens Vandalismus wurden die folgenden Themen in den Mittelpunkt der Betrachtung gerückt:

1. Erarbeitung eines systemrelevanten Variablensatzes,

2. Vernetzung der Schlüsselgrößen in einer Einflußmatrix,

3. Interpretation der jeweiligen Rolle der einzelnen Variablen im Gesamtsystem,

4. Aufbau eines Teilmodells nach Maßgabe der Interventionsmöglichkeiten im System Vandalismus durch Betreiber und Hersteller von Verkehrsmitteln sowie durch „die Gesellschaft" beziehungsweise „den Staat",

5. Überprüfung verschiedener Eingriffsmöglichkeiten per Simulation auf ihre zu erwartende Wirkung hin, mit dem Ziel der Generierung von Handlungsempfehlungen.

## Variablensatz

Die nachfolgende Liste von 30 Variablen, die das Systemmodell Vandalismus beschreiben, ist das Ergebnis intensiver Literaturrecherchen, Expertenanhörungen sowie Gruppendiskussionen. Diese Einflußgrößen konstituieren in ihrer Gesamtheit das komplexe „System Vandalismus".

1. Perspektivlosigkeit und Existenzangst

Höhe der (Jugend-) Arbeitslosigkeit; immer mehr Menschen (nicht nur Jugendliche) sehen beruflich und privat keine Perspektive mehr. Existenzangst greift um sich.

2. Rolle und Bedeutung der gesellschaftlichen Institutionen

Autoritätsverlust von Institutionen allgemein. Bindungskraft und Bedeutung von gesellschaftlich relevanten Institutionen, insbesondere Kirche und Schule, haben abgenommen.

3. Intaktes Familienleben

Vollständigkeit und Intaktheit der Herkunftsfamilie.

4. Wohnqualität

Durchschnittlicher Wohnraum pro Person, Anzahl von Wohneinheiten pro Grundfläche, Qualität der Wohnung und des Wohnumfeldes.

5. Anonymität

Allgemeine Anonymität in der Großstadt, aber auch innerhalb der Nachbarschaft, führt zu geringer sozialer Kontrolle.

6. Zustand des öffentlichen Raums

In bezug auf den öffentlichen Raum (Wohnhäuser, öffentliche Gebäude, Verkehrsmittel und deren Umfeld) selbstverursachte und wahrgenommene Verschmutzung, Verwahrlosung.

7. Negative Rolle der Medien

Multiplikatoreffekt besonders hinsichtlich der Gewaltdarstellungen im Fernsehen, der Darstellung negativer Vorbilder, Reizüberflutung beziehungsweise Kumulation der von Menschen selbst herbeigeführten Reize.

8. Globale, kollektive und anonym verursachte Umweltbelastungen

Ausmaß, in dem das Gebiet durch Industrieemissionen, Lärm, Abgase verschmutzt beziehungsweise zerstört wurde.

9. Ausmaß an Überwachung

In bezug auf den öffentlichen Raum durch Technik oder Menschen, zum Beispiel Polizei, private Überwachungsdienste oder Personal.

10. Freizeitangebote und Freizeitprogramme

Dazu gehören über attraktive Freizeit- und Erholungsmöglichkeiten (Sportanlagen, Jugendzentren, Parks etc.) hinaus auch Dienstleistungsangebote, wie zum Beispiel Einkaufsmöglichkeiten.

11. Akzeptanz von Gewalt und Kriminalität in der Gesellschaft

Art und Anzahl von kriminellen Delikten in einem bestimmten Gebiet; Akzeptanz von Gewalt als Mittel der Auseinandersetzung mit anderen Menschen und der Umwelt.

12. Integration von Migranten und Minderheiten

Anzahl und Zusammensetzung von ethnischen und religiösen Minderheiten sowie insbesondere der Grad der Integration von Migranten (Höhe der Ausgrenzung durch die Bevölkerungsmehrheit und Grad der Abgrenzung der ethnischen Minderheit).

13. Qualität der Infrastruktur

In bezug auf Verkehr, Versorgung, Entsorgung, Kommunikation, sowie soziale und medizinische Einrichtungen (zum Beispiel Krankenhäuser, Beratungsstellen, Jugendzentren).

14. Attraktivität des ÖPNV nach Angebot, Ausstattung, Preis und Sicherheit

Preis-Leistungs-Verhältnis, Dichte des öffentlichen Verkehrsnetzes im Sinne von räumlicher Erreichbarkeit und Zeitintervallen, Grad der Verwahrlosung und Zerstörung; sauber, aber nicht steril.

15. Freundliches Verhalten des Personals

Das Verhalten des Personals (zum Beispiel Freundlichkeit oder Aufmerksamkeit) kann die Bereitschaft zu vandalistischem Verhalten mit beeinflussen.

16. Ganzheitliche und gesunde Lebensweise

Die Lebensweise wirkt auf menschliches Verhalten. Über die Ernährungskette beeinträchtigen chemiebelastete Lebensmittel Geist und Körper.

17. Einsehbarkeit und soziale Kontrolle

Ausmaß, in dem öffentliche Verkehrsmittel und deren Umgebung einsehbar und damit von Mitmenschen sozial kontrollierbar sind.

18. Negativer Symbolwert des Unternehmens Daimler-Benz

Mercedes-Benz symbolisiert Wohlstand, Arriviertheit, Macht, DASA symbolisiert Rüstung (Für Bus und Bahn ist diese Variable zur Zeit nicht so sehr relevant).

19. Soziale/ökonomische Benachteiligung (Ungerechtigkeitsmotiv)

Die Unterschiede innerhalb der Gesellschaft in bezug auf Wohlstand und Bildung werden immer größer. „Die Armen werden immer ärmer, die Reichen immer reicher". Die als ungerecht wahrgenommene Verteilung des Wohlstandes führt bei vielen Menschen zu einem Ungerechtigkeitsgefühl, da sie meinen, zu wenig von der Gesellschaft zu bekommen.

20. Defizit an Leitbildern

Es sind, insbesondere für Jugendliche, immer weniger gesellschaftliche Leitbilder oder auch Idole verfügbar, die Identifikationsmög-
lichkeiten oder Zugehörigkeitsgefühle bieten. Zwar wird Werteplu-
ralismus als Ziel verbreitet, mangelnde Verbindlichkeit der Werte
führt aber zu Orientierunglosigkeit.

21. Persönlicher Kontrollverlust

Kontrollüberzeugung entspricht der Überzeugung einer Person, inwieweit sie ihre Umwelt beeinflussen kann. Je niedriger die Kon-
trollüberzeugungen einer Person sind, desto weniger sozial legiti-
mierte Ausgleichshandlungen zur Reduzierung des Ungerechtig-
keitsgefühls hat sie zur Verfügung.

22. Vandalismus als Gruppenphänomen

Insbesondere Jugendliche tendieren dazu, sich in Gruppen zusam-
menzuschließen und dort Geborgenheit zu suchen. Vandalistische
Taten werden oft von Jugendgruppen begangen. Gruppenphänome-
ne wie Konformitätsdruck und Diffusion von Verantwortung können die Bereitschaft zu vandalistischem Verhalten erhöhen.

23. Pubertäres Verhalten

Die Pubertät ist eine Zeit der Unsicherheit und des Austestens von
Grenzen.

24. Aneignung der Umwelt

Das Bedürfnis nach Gestaltung der Umwelt ist gemeint. Wichtiges
Konstrukt bei der Erklärung von Graffiti. Die als bedrohlich wahrgenommene Umwelt wird umfunktioniert und als Hintergrund für
Botschaften benutzt. Auf diese Weise eignen sich die Jugendlichen
die Umwelt an und versuchen, Kontrolle über sie auszuüben.

25. Bedürfnis nach Reizintensität

Aufgrund von Überfluß und Überdruß. Dazu gehören zum Beispiel
Spaß (am Verbotenen), Mutproben, Abenteuerlust etc. Hintergrund

für dieses Bedürfnis nach intensiven Reizen, die Aufregung oder Abwechslung bringen können, ist oft Frust oder Langeweile.

26. Spontane Konfliktbewältigung

These: Vandalistischem Verhalten geht unmittelbar ein – nicht bewältigtes – Erlebnis oder Ereignis voraus.

27. Normverletzung, Protest

Das Brechen gesellschaftlicher Regeln ist das vorherrschende Motiv für vandalistisches Verhalten und die Botschaft an die Gesellschaft, daß „das System" ungerecht ist. Als Ausdruck des Protestes ist auch die Wahl eines negativen Selbstbildes möglich.

28. Territorialverhalten

Menschen, die sich mit ihrer dinglichen Umwelt identifizieren, entwickeln Territorialverhalten, das heißt, sie sind dazu bereit, ihre Umgebung zu schützen und zu verteidigen. Hier: Höhe der Bereitschaft der ÖPNV-Betreiber und Nutzer, diesen öffentlichen Raum zu schützen.

29. Wertschätzung öffentlichen Eigentums

Je geringer öffentliches Eigentum gewertschätzt wird, desto tiefer liegt die Schwelle, es zu beschädigen.

30. Frustrationsniveau

Geht man von der These aus, daß Aggression immer eine Folge von Frustration ist, so spielt das Frustrationsniveau eine entscheidende Rolle als Einflußgröße auf vandalistisches Verhallten.

## Vernetzung der Einflußgrößen

Mit Hilfe einer Einflußmatrix („Papiercomputer"), in der die Wirkung jeder Variablen auf jede andere Variable eingetragen ist, kann die Rolle jeder einzelnen Variablen im System Vandalismus unter dem Aspekt ihrer Dominanz, ihrer Beeinflußbarkeit sowie ihrer Vernetzung im Gesamtsystem abgeschätzt werden. Eine solche Einflußmatrix ist daher wichtiger Bestandteil bei der Analyse der Komplexität eines Systems. Sie gibt Auskunft über die Stärke einer potentiellen Wirkung von einer Ausgangs- auf eine Zielvariable. Die Frage, die allen Paarvergleichen zwischen den Variablen zugrunde liegt, lautet: „Wenn ich an der Variablen x etwas verändere, wie stark verändert sich daraufhin die Variable y?"

Im Ergebnis lassen sich aus einer solchen Vernetzungsanalyse vier Schlüsselelemente des Systems Vandalismus ablesen:

- Das Element, das alle anderen am stärksten beeinflußt, selbst aber von den anderen am wenigsten beeinflußt wird, ist die Rolle der Medien (= aktives Element = Element mit der höchsten Aktivsumme).

- Das Element, das die übrigen am schwächsten beeinflußt, selbst aber am stärksten beeinflußt wird, ist Normenverletzung/Protest (= reaktives Element = Element mit der höchsten Passivsumme).

- Das Element, das die übrigen Variablen am stärksten beeinflußt, zugleich aber auch am stärksten beeinflußt wird, ist Vandalismus als Gruppenphänomen (= kritisches Element = Element mit dem höchsten Produktwert aus Aktiv- und Passivsumme).

- Das Element, das die übrigen Elemente am wenigsten beeinflußt und zugleich auch selbst von den übrigen am schwächsten beeinflußt wird, ist Negativer Symbolwert des Unternehmens (= pufferndes Element = Element mit dem niedrigsten Produktwert aus Aktiv- und Passivsumme).

## Rollenverteilung der Variablen

In der nachfolgenden Graphik ist das Ergebnis der Variablenbewertung aus der Einflußmatrix in zweidimensionaler Form dargestellt. Die Positionierung der Variablen basiert auf der durch die Matrix sich ergebenden Aktiv- beziehungsweise Passivsumme der jeweiligen Variablen. Dabei kommt es jedoch nicht auf die absoluten Werte, sondern vor allem auf die relative Position der einzelnen Variablen zueinander an. Insgesamt lassen sich hierdurch unmittelbar die

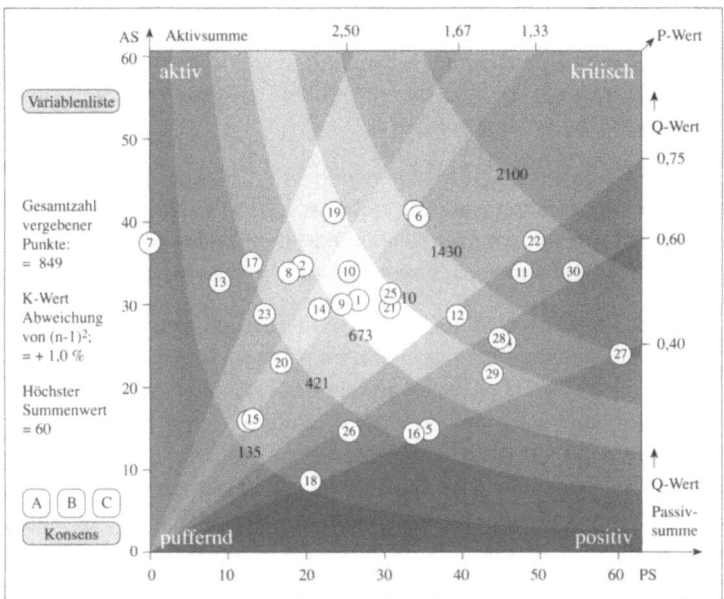

Abbildung 23: Rollenverteilung der Variablen im Gesamtsystem Vandalismus

aktiven, reaktiven, kritischen und puffernden Eigenschaften einer jeden Systemvariablen ablesen und in Relation zueinander bringen. Dies ermöglicht eine erste Interpretation des systemischen Charakters der einzelnen Variablen (Abbildung 23).

Hinsichtlich der einzelnen Variablen weist die Graphik jedem Element eine bestimmte Charaktereigenschaft zu, die sich aus ihrer Position innerhalb des Feldes ergibt. Als Beispiel sei hier die kybernetische Rolle der Variablen Attraktivität des ÖPNV (14), Soziale Kontrolle (17) und Bedürfnis nach Reizintensität (25) beschrieben. Diese Variablen sind für die Simulation des Teilmodells „Handlungsoptionen" von besonderer Bedeutung:

- (14) Attraktivität des ÖPNV: Schwach aktive und leicht puffernde Komponente; als sanfter Hebel zur Durchführung von Korrekturen im System Vandalismus geeignet, muß häufig betätigt werden.

- (17) Soziale Kontrolle: Ziemlich aktiver Hebel zur Veränderung im System Vandalismus; wegen möglicher unbeabsichtigter Einflüsse müssen die von dieser Variable ausgehenden Nebenwirkungen abgeschätzt werden.

- (25) Bedürfnis nach Reizintensität: Mit dieser im Neutralbereich liegenden Komponente läßt sich das System Vandalismus (allein) nur schwer steuern. Der Analyse der Regelkreise, in die diese Variable eingebunden ist, kommt besondere Bedeutung zu.

Was das Gesamtsystem angeht, so wird deutlich, daß die weit überwiegende Mehrzahl der Variablen im puffernd – neutralen – reaktiven Bereich liegt. Dies deutet auf ein insgesamt eher träges Systemverhalten mit relativ hohem Selbstregulationsgrad hin. Eingriffsmöglichkeiten von außen sind eher wenig gegeben und wenn, dann schwer zu realisieren. Aktive Hebel, von denen eine gewünschte Wirkung in Richtung auf Reduktion des Ausmaßes an vandalistischen Taten zu erwarten ist, liegen nicht – das wurde der Arbeitsgruppe deutlich – in erster Linie in der Hand von Herstellern von Verkehrsmitteln.

Diese Grundaussage wird durch die Ergebnisse eines handlungsorientierten Systemmodells (vergleich Kapitel Teilmodell Handlungsoptionen) und dessen Simulation teilweise bestätigt. Andererseits zeigt gerade dieses Teilmodell aber auch, daß herstellerseitig durchaus indirekte Einflußmöglichkeiten gegeben sind.

# Das Teilmodell Handlungsoptionen

Um weitere Aufschlüsse über die Muster der Beziehungen zwischen denjenigen Variablen zu erhalten, die einen stärkeren Handlungsbezug aufweisen, wurde das Teilmodell „Handlungsoptionen" entwickelt und in seinem Systemzusammenhang analysiert. Durch die Konkretisierung der Problemstellung bedingt, wurden die Variablen modifiziert und die Definition der Wirkungsbeziehungen dementsprechend angepaßt. Das hatte zur Folge, daß dieses Teilmodell weit weniger Trägheitsmomente aufwies als das Gesamtsystem.

Ausgehend vom Gesamtsystem Vandalismus erfolgte die Auswahl der Variablen für das Teilmodell also im Hinblick auf konkrete Eingriffsmöglichkeiten vor allem seitens der Hersteller von Verkehrsmitteln; Berücksichtigung sollten aber auch die Möglichkeiten der Betreiber, der Nutzer und der Öffentlichen Verwaltung finden.

In der Arbeitsgruppe waren drei Variablen des Systemmodells Vandalismus als Anknüpfungspunkte für Handlungsoptionen eines Fahrzeugherstellers identifiziert worden:

- (14)  Attraktivität des ÖPNV

- (17)  Soziale Kontrolle

- (25)  Bedürfnis nach Reizintensität.

Die für den Konzern relevante Frage, die mit Hilfe des Teilmodells „Handlungsoptionen" beantwortet werden sollte, lautete: Wie wird das Ausmaß vandalistischen Verhaltens von den drei oben genannten Handlungsvariablen (soziale Kontrolle, Attraktivität des ÖPNV und Bedürfnis nach Reizintensität) beeinflußt?

Insgesamt wurden zehn Variablen für das Teilmodell ausgewählt: Um den Einfluß der genannten Variablen erfassen zu können, wurde zunächst eine Summen- oder Zielvariable in das Systemmodell eingeführt:

- „Ausmaß vandalistischen Verhaltens".

Die Variable „soziale Kontrolle" wurde spezifiziert in:

- „Einsehbarkeit",

- „Ausmaß an Überwachung".

Die Variable „Attraktivität des ÖPNV" wird vertreten durch:

- „unversehrter Zustand der Verkehrsmittel",

- „attraktives Erscheinungsbild".

Das „Bedürfnis nach Reizintensität" wurde operationalisiert als:
- „Angebote zur Befriedigung des Bedürfnisses nach Reizintensität".

Diese Variablen können von Hersteller oder Betreiber weitgehend beeinflußt werden. Wenn sie sich in dem Modell als handlungswirksam erweisen, bieten sich hier Anknüpfungspunkte für konkrete Handlungsmöglichkeiten seitens der Beteiligten.

Hinzu kamen zwei Variablen, die das Umfeld und die Bedingungen für vandalistisches Verhalten beschreiben:

- „Bedürfnis nach Aneignung der als bedrohlich empfundenen Umwelt",

- „Frustrationsniveau" (Frustration geht Aggression voraus).

In diesem Zusammenhang sind Handlungsmöglichkeiten eher durch staatliche, kommunale Instanzen gegeben beziehungsweise durch die Nutzer des öffentlichen Personennahverkehrs, und zwar modelliert durch die Variablen:

- „Zustand des öffentlichen Raumes",

- „Zivilcourage der ÖPNV-Benutzer".

Die ausgewählten Variablen werden nachfolgend näher beschrieben.

## Variablen des Teilmodells Handlungsoptionen

### A) Intakter Zustand des öffentlichen Raums

zum Beispiel Wohnhäuser, öffentliche Gebäude und das Umfeld von ÖPNV. Dazu gehört die allgemeine, selbstverursachte und wahrgenommene Verschmutzung und Verwahrlosung (bereits vorhandene Verwahrlosung zieht verstärkt weitere Verwahrlosung und damit Zerstörung nach sich).

### B) Ausmaß an Überwachung

In bezug auf den öffentlichen Raum durch Technik oder Menschen, zum Beispiel Polizei, private Überwachungsdienste oder Personal.

### C) Bedürfnis nach Aneignung der als bedrohlich wahrgenommenen Umwelt

Wichtiges Konstrukt bei der Erklärung von Graffiti. Die als bedrohlich wahrgenommene Umwelt wird umfunktioniert und als Hintergrund für Botschaften genutzt. Auf diese Weise eignen sich die Jugendlichen die Umwelt an und versuchen Kontrolle über sie auszuüben.

D) Angebote der Befriedigung des Bedürfnisses nach Reizintensität

Angebote, die der Information, Beschäftigung oder Unterhaltung der Fahrgäste dienen. Sie können durch den Hersteller und/oder den Betreiber zur Verfügung gestellt werden.

E) Frustrationsniveau

Ausgehend von der These, daß Aggression eine Folge von Frustration ist, spielt das Frustrationsniveau eine entscheidende Rolle als Einflußgröße auf das aktuelle vandalistische Verhalten.

F) Attraktives Erscheinungsbild

Hier ist das Gesamterscheinungsbild des Busses oder der Bahn gemeint, das über die reine Ausstattung durch den Hersteller und die Instandhaltung durch den Betreiber hinausgeht.

G) Einsehbarkeit und soziale Kontrolle

Das von der Herstellerkonstruktion abhängige Ausmaß, in dem die öffentlichen Verkehrsmittel einsehbar und damit von den Nutzern sozial kontrollierbar sind. Beispiel: Die einzelnen Waggons sind mit (teilweise) durchsichtigen Türen verbunden und erlauben Zugang und Einsehbarkeit in die angrenzenden Waggons.

H) Zivilcourage

Die Höhe der Bereitschaft der ÖPNV-Benutzer, Gewalt gegen Menschen oder Sachen nicht zu „übersehen" oder dagegen anzugehen.

I) Unversehrter Zustand der Verkehrsmittel

Abhängig vom Ausmaß der Instandhaltung und -setzung durch den Betreiber. Bleibende Beschädigungen oder Verunreinigungen ziehen verstärkt weitere Beschädigungen nach sich.

J) Ausmaß und Häufigkeit vandalistischen Verhaltens : Zielvariable

## Simulationen

Ziel der angestrebten Simulationen war es, mögliche Veränderungen des Systemverhaltens auf Eingriffe hin zu erkennen, um auf diese Weise die Eignung von Maßnahmenoptionen zu überprüfen und Handlungsfolgen vorweg zu denken.

Grundlage der Simulation war das entwickelte Teilmodell Handlungsoptionen (Abbildung 24).

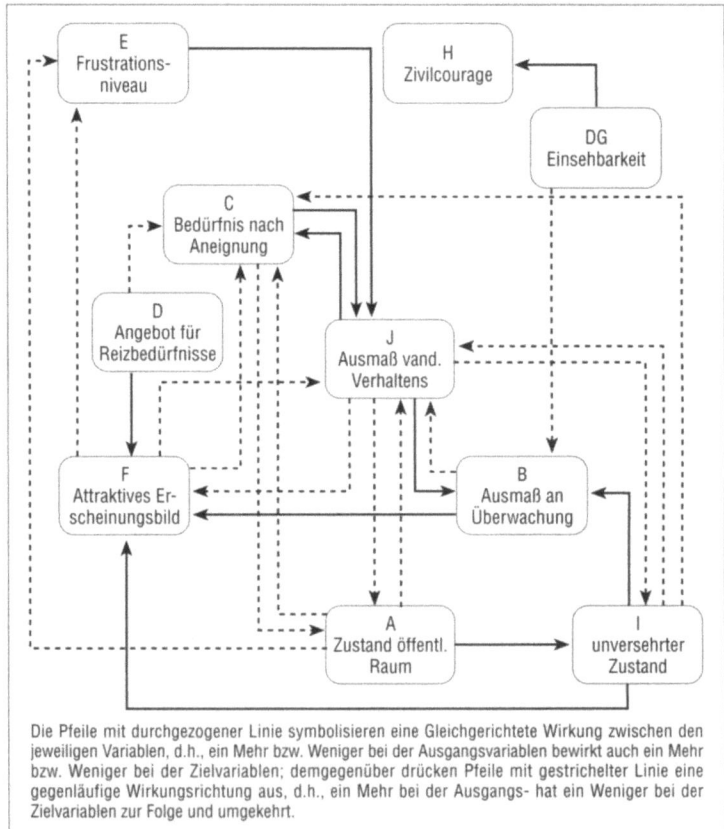

Die Pfeile mit durchgezogener Linie symbolisieren eine Gleichgerichtete Wirkung zwischen den jeweiligen Variablen, d.h., ein Mehr bzw. Weniger bei der Ausgangsvariablen bewirkt auch ein Mehr bzw. Weniger bei der Zielvariablen; demgegenüber drücken Pfeile mit gestrichelter Linie eine gegenläufige Wirkungsrichtung aus, d.h., ein Mehr bei der Ausgangs- hat ein Weniger bei der Zielvariablen zur Folge und umgekehrt.

Abbildung 24:  Vandalismus – Teilmodell Handlungspotionen

Konkret ging es in den Simulationsläufen also darum, nach Handlungsmöglichkeiten zu suchen, die unter Berücksichtigung von Wirkungen und Nebenwirkungen im System den Zustand der Zielvariablen „Ausmaß vandalistischen Verhaltens" dauerhaft verringern oder aber auf niedrigem Niveau stabilisieren könnten.

In den Simulationsläufen konnten über Bewertungen der internen Dynamik der einzelnen Variablen und ihrer Wirkung aufeinander Anhaltspunkte darüber gewonnen werden, wie sich eventuell Eingriffe in das System Vandalismus im Zusammenhang auswirken. Über eine Neubewertung des Zustands der einzelnen Variablen – ergriffene Maßnahmen wurden durch Höherbewertung, abnehmendes Engagement durch Absenkung des Zustands ausgedrückt – ließ sich das Systemverhalten unter jeweils veränderten Bedingungen betrachten. Hierdurch wurden Rückschlüsse auf mögliche Konsequenzen, aber auch Nebeneffekte einzelner Handlungsoptionen ermöglicht.

## Ergebnisse

Allgemein läßt sich das Systemverhalten des Teilmodells „Handlungsoptionen" wie folgt charakterisieren:

Es handelt sich um ein System mit starken Aufschaukelungstendenzen, das sehr instabil ist. Die Konkretisierung und Zuspitzung der Fragestellung auf Aspekte des Handelns führte zu einer geringeren Gewichtung sozialer und psychologischer Faktoren und zu einer veränderten Einschätzung der konkreten Situation im ÖPNV.

Wenn dieses System „Vandalismus" sich selbst, beziehungsweise den in ihm wirkenden Kräften, überlassen wird, nimmt das „Ausmaß vandalistischen Verhaltens", das die Zielgröße dieses Systems bildet, binnen kurzer Zeit stark zu. Folglich sind Gegenmaßnahmen erforderlich, wenn eine solche Entwicklung nicht passiv hingenommen werden soll.

- These 1: Ein sich selbst überlassenes System „Vandalismus" führt zu einer raschen und drastischen Zunahme von vandalistischem Verhalten. Falls in der Simultaion nur die eingangs vorgenommenen Bewertungen zum Tragen kommen, erreicht das „Ausmaß vandalistischen Verhaltens" schon nach wenigen Durchläufen seinen maximalen Wert. Danach ergriffene Maßnahmen bleiben wirkungslos.

- These 2: Einzelne Maßnahmen können dieses sich aufschaukelnde Gefüge nicht stabilisieren.

Deutlich wird auch, daß das Höherbewerten einzelner Variablen, was in der Realität einer Konzentration auf Einzelmaßnahmen entspricht, in den meisten Fällen relativ wirkungslos verpufft. Punktuelle Eingriffe können das instabile System Vandalismus nicht entscheidend befrieden.

Dies gilt insbesondere dann, wenn Maßnahmen nur einmalig angewandt werden und das System anschließend wieder sich selbst überlassen wird. Die Systemkräfte setzen den Trend zum Aufschaukeln verzögert, aber unwiderruflich fort.

- These 3: Der allgemeine Zustand des öffentlichen Raumes spielt eine zentrale Rolle bei der Zu- beziehungsweise Abnahme des Vandalismus.

Ein überraschendes Ergebnis stellt die Tatsache dar, daß die Variable „Zustand des öffentlichen Raumes", die in der Eingangsbewertung einen unterdurchschnittlichen Wert erhielt, starke Auswirkungen im Gesamtsystem zeigt. Sie unterliegt selbst negativen Einflüssen und gibt diese Tendenz verstärkend an das Gesamtsystem ab. In einer allgemein desolaten Umwelt wird auch der Vandalismus eine dominierende Stellung behaupten.

- These 4: Das Handlungspotential der Betreiber des ÖPNV bildet kein ausreichendes Gegengewicht zu den sich selbst verstärkenden Tendenzen des Systems.

Es gelang nicht, die Zielvariable dauerhaft zu reduzieren, wenn die die Betreiberseite repräsentierenden Variablen (Überwachung, attraktives Erscheinungbild und unversehrter Zustand) in ihren Bewertungen angehoben wurden. Das heißt: Selbst dann, wenn die Verkehrsbetriebe in koordinierten Maßnahmen eine präventive Gegenstrategie entwickeln und durchführen, gibt es in diesem System Variablen und Wirkungszusammenhänge, die durch ihre direkten oder indirekten Einflüsse zu einer Zunahme vandalistischen Verhaltens führen.

• These 5: Herstellerseitig liegen Chancen im gestalterischen Bereich („Angebote, die das Bedürfnis nach Reizintensität befriedigen"), es müssen allerdings parallel Maßnahmen von Seiten der Betreiber ergriffen werden, die die Attraktivität des ÖPNV erhöhen.

Neben einer positiven Bewertung der Entwicklung des „öffentlichen Raumes", dessen Zustand aber nur durch sehr weitreichende Eingriffe zu steuern ist, bleibt nur eine Variable, die gemeinsam mit dem Engagement der Betreiber zu einer positiven Entwicklung führt: In Kombination mit zusätzlichen „Angeboten zur Befriedigung des Bedürfnisses nach Reizintensität" konnte über mehrere Simulationsläufe hinweg vandalistisches Verhalten reduziert werden. Folglich stellt dieses Teilmodell, das allerdings nur die Wirkkräfte widerspiegeln kann, die in ihm definiert sind, eine Bestärkung dafür dar, daß durchaus Handlungsspielräume im gestalterischen Bereich liegen, die über ein passives Gegenrüsten hinausgehen.

Zu betonen bleibt abschließend, daß weder Gesamtsystem noch Teilmodell oder Simulation konkrete Prognoseinstrumente sind. Die systemische Aufbereitung des Phänomens „Vandalismus" bietet jedoch eine hilfreiche Unterstützung im Erkennen der unmittelbaren und mittelbaren Zusammenhänge in einem komplexen System.

# Resümee

Bei der Anwendung des computergestützten Simulationsmodells auf das komplexe System Vandalismus wurden folgende Erfahrungen gemacht, die hier nur thesenartig dargestellt seien.

Das System Vandalismus wurde erfaßt und analysiert. Ein adäquates Teilmodell wurde erstellt und simuliert. Wenn man davon ausgeht, daß die mehrmals überarbeiteten Definitionen der Wirkungszusammenhänge ein plausibles und konsistentes Abbild dieses Systems

Vandalismus liefern, zeigt sich deutlich, daß allein eine Vorgehensweise, die alle potentiell Verantwortlichen bei Betreibern und Herstellern miteinbezieht, erfolgversprechend ist.

Dem systemischen Vorgehen im Allgemeinen und der Simulation
im Besonderen gelingt die Darstellung und das Sichtbarmachen von
komplexen Sachverhalten. Die Einsicht in die Art und Weise beziehungsweise das Muster der Systemzusammenhänge wird anschaulich vermittelt, die Transparenz von Wirkungen und Nebenwirkungen innerhalb eines Systems beträchtlich erhöht. Insgesamt führt
dies zu einem besseren Verständnis des Systemverhaltens, insbesondere der Dynamik von Veränderungen. Dieses tiefere System-
verständnis ist durchaus in der Lage, beim Beobachter „Aha-Effek-
te" oder sogar Betroffenheit auszulösen. Anders als in üblichen Simulationsverfahren sind die hinter den Bewertungen, Zuständen und
Wirkungsbeziehungen stehenden Prämissen und Leitbilder jederzeit
transparent und abrufbar. Die fördert auf breiter Ebene die Kommu-
nikationsbereitschaft.

Systemische Modellbildung zielt nicht primär auf die operative
Maßnahmenebene, sondern auf die Metaebene: das Systemver-
ständnis. Eine direkte und eindeutige Ableitung ganz konkreter
Maßnahmen aus der Simulation ist eher schwierig. Stattdessen be-
weist das Simulationsverfahren seine Stärke bei der Mustererkennung und dem Aufzeigen strategischer Problemlösungskorridore.

Das Verstehen der Mechanismen und Muster, die im System wirksam sind, ist eine wichtige Voraussetzung für die Planung von Maßnahmen, die das System Vandalismus nachhaltig stören. Freilich:
Konkrete Handlungsanweisungen nach Art von Rezepten können
auch Simulationen nicht hervorbringen. Sie leisten jedoch einen
wichtigen Beitrag zur Identfizierung und systemischen Interpretation der entscheidenden Schlüsselgrößen und stellen daher eine adäquate Entscheidungshilfe zur Auswahl von systemverträglichen
strategischen Korridoren in einem komplexen Umfeld dar.

## *Literatur*

Dörner, D. (1983): Vom Umgang mit Unbestimmtheit und Komplexität. Stuttgart: H. Huber.

Kagelmann, H.J. (1996): Graffiti. In: Kruse/Graumann/Lanterman (Hrsg.), Ökologische Pschychologie. Weinheim: Psychologie Verlags Union.

Kube, E. (1982): Städtebau, Wohnhausarchitektur und Kriminalität. Heidelberg: Kriminalstatistik Verlag, Reihe Kriminalstatistik, Wissenschaft und Praxis, Heft 15.

Levy-Leboyer, C. (Ed.) (1984): Vandalism. Behaviour and Motivation. Amsterdam: North Holland Publishers.

Steinbrecher, M. (1994): Systemisch-evolutionäres Management – Von der Notwendigkeit ganzheitlichen Denkens und Handelns. In: Götz, K. (Hrsg.), Theoretische Zumutungen. Vom Nutzen der systemischen Theorie für die Managementpraxis. Heidelberg: Carl-Auer-Systeme, S. 194–216.

Steinbrecher, M. (1997): Organisationsentwicklung durch Simulation? Auf dem Weg zum lernenden Unternehmen. In: Schmitz, Ch. u.a. (Hrsg.), Managerie. 4. Jahrbuch für systemisches Denken und Handeln im Management, Heidelberg:Carl-Auer-System, S. 129–149.

studiengruppe für biologie und umwelt GmbH (1991): Methodenhandbuch Sensitivitätsmodell Prof. Vester. Computerunterstützte programmierte Unterweisung für autorisierte Anwender des SM-Beratungspakets, München.

# Komplexität und Komplexitätsmanagement im öffentlichen Sektor

*von Hermann Hill*

## Ursachen und Komplexitätsverstärker

### Lebenswelt

Die Welt wird immer komplexer. Evolution, Zivilisation und persönliche Selbstverwirklichung haben zu immer feineren Ausdifferenzierungen beigetragen. Gesellschaft und Umwelt haben Subsysteme und Arenen geschaffen, vielfältige Organisationen vertreten unterschiedliche Interessen, die Globalisierung hat zu internationalen politischen und wirtschaftlichen Verflechtungen geführt, durch technische Möglichkeiten werden Zeitgrenzen überwunden, Turbulenzen und Wandel führen zu ständiger Beschleunigung, der Staat ist nicht mehr Zentrum, sondern nur noch Mitspieler in diesem Konzert. Regieren im Sinne von absichts- und wirkungsvollem Ordnen und Gestalten wird immer schwieriger.

Die Problemlagen und Handlungsanforderungen an den Staat wandeln und verschärfen sich. Die Aufgaben der Sicherung persönlicher Freiheit und allgemeiner Wohlfahrt sind in ungeahnte Dimensionen gewachsen, die Probleme des Arbeitsmarktes und die Entwicklung des Sozialstaates haben Fragen des Umweltschutzes in der öffentlichen Prioritätenliste verdrängt. Die exponentielle Zunahme des Wissens führt dazu, daß jede Entscheidung nur noch eine Entscheidung unter Unsicherheit darstellt. Zielkonflikte, etwa zwischen Haushaltskonsolidierung, Erfüllung der Sachaufgabe und Verwaltungsmodernisierung erschweren die Entscheidung. Macht- und Interessenkonstellationen in und außerhalb von Parteien und Koalitionen erschweren die Abstimmung. Das Parlament als Ort der Entscheidung bildet die Interessen nicht mehr ab, seine Entscheidungen stellen oft nur Reaktionen dar und hinken den Problemen hinterher.

## Recht als Ordnungsinstrument des Staates

Der Erhöhung der faktischen Komplexität des Handlungsfeldes versucht der Gesetzgeber durch normative Ordnung zu begegnen. Allgemeine Regeln wirken vom Ansatz her entlastend, weil sie Entscheidungen bündeln und Orientierung für künftiges Handeln geben. Die allgemeine und generelle Wirkung von Normen nimmt gleiche Sachverhalte auf oder vereinheitlicht sie in der normativen Bewertung. Das Rechtssystem schafft mit seinen Typen und Klassifikationen Komplexitätsreduzierung. Um jedoch der Vielfalt der Sachverhalte gerecht zu werden, sind auf der anderen Seite wiederum Differenzierungen erforderlich. Bereichsspezifische oder grundrechtsspezifische Regelungen sowie das Streben nach Einzelfallgerechtigkeit schaffen somit neue Verästelungen und Ausnahmeregelungen und damit auch auf der normativen Ebene zusätzliche Komplexität. Die daraus folgenden Klagen über Gesetzesflut und Gesetzesdichte sind inzwischen schon Legion geworden.

## Verwaltung als Komplexitätsverstärker bei der Umsetzung

Die Umsetzung der Gesetze erfolgt traditionell durch bürokratische Organisation. Dieses nach Max Weber universell anwendbare Organisationsmuster war ursprünglich dazu bestimmt, Komplexität beim Gesetzesvollzug zu reduzieren. Arbeitsteilung und Zuordnung von Zuständigkeiten, monokratisch-hierarchische Entscheidungsformen, förmliche Verfahren und aktenmäßige Fixierung sollten dazu dienen, Sachverhalte überschaubar und berechenbar zu machen.

Die Ausdifferenzierung der Bürokratie à la Parkinson, die eifersüchtige Wahrung von Ressort- und Abteilungsinteressen, die sektorale Problemwahrnehmung und -bearbeitung sowie die bloße Fortschreibung beziehungsweise der Anbau neuer Organisationsstrukturen beim Anfall neuer Aufgaben haben jedoch dazu geführt, daß die Organisation nicht einfacher, sondern differenzierter geworden ist und damit zusätzlich zu Handlungsfeld und Regelungssystem weitere Komplexität beim Vorgang der Abgleichung und Anpassung beider Systeme geschaffen hat. Die Schwerfälligkeit des bürokratischen Apparates beim Auftreten neuer Probleme sowie die zunehmende Selbstbeschäftigung bei wachsender Ausdehnung und Eigenkomplexität haben zur Folge, daß sich Verwaltung oft beim Management der „äußeren" Komplexität selbst im Wege steht.

## Verwischung der Grenzen der Systeme

Die Ausdifferenzierung der öffentlichen Verwaltung, ihrer Organisationen, Kompetenzen und Verantwortungen in Anpassung an äußere Umstände und Herausforderungen lassen eine „Einheit der Verwaltung" nur noch in der Theorie erkennen. Die Interaktion und Kooperation mit privaten Akteuren, die damit verbundene Auslagerung von Teilleistungen öffentlicher Aufgabenerfüllung beziehungsweise die Einbeziehung externer Bausteine nach dem Prinzip: Vom Leistungsstaat zum Gewährleistungsstaat führen nunmehr zunehmend zu Systemverschränkungen und zerfließenden Grenzen des öffentlichen Sektors. Systemöffnung und Austausch, Kommunikation und Dialoge, die ursprünglich der Komplexitätsbewältigung dienen sollten, schaffen damit zugleich neue Komplexität.

# Strukturen und Perspektiven

## Organisation

Organisationsprinzipien wie Subsidiarität und Dezentralisierung kommen im Staatsaufbau des Grundgesetzes durch Föderalismus und kommunale Selbstverwaltung zum Ausdruck. Durch teilweises

Auseinanderfallen von Aufgaben- und Finanzierungsverantwortung, Politikverflechtungen zwischen den einzelnen Ebenen sowie das Entstehen neuer „Zwischenebenen", wie Landschaftsverbände, Bezirke, Regionalkonferenzen etc. ist indes inzwischen in der Staatspraxis neue Komplexität entstanden.

Neuerdings wird auch innerhalb von Behörden dem Prinzip der Dezentralisierung mehr Geltung verschafft. Leistungs- und Verantwortungscentern wird, ähnlich wie Profitcentern im privaten Bereich, dezentrale Ressourcen- und Ergebnisverantwortung eingeräumt, um staatliche Leistungen problemnah und situationsrelevant erbringen zu können. Diese dezentrale Verantwortung zur Nutzung von Wissensressourcen vor Ort muß indes umgekehrt mit einer zentralen Steuerung und Koordination verbunden werden, um den Zusammenhang staatlichen Handelns sowie die Legitimation und Verantwortung gegenüber dem Parlament sicherzustellen.

Organisationslehre und -praxis haben seit jeher versucht, die durch Arbeitsteilung entstehenden Komplexitätsfolgen zu überwinden. Klassische organisatorische Lösungen dazu sind Teams oder Projektorganisationen, Abstimmung und Mitzeichnung beteiligter Häuser sowie Spiegelreferate zur Beobachtung und Koordination spezifischer Fachrichtungen. Bündelungsbehörden auf mittlerer staatlicher Ebene, wie Regierungspräsidien, oder auf unterer staatlicher Ebene beim Landkreis versuchen, die durch das Ressortprinzip entstandene Aufsplittung einheitlicher Problemlagen durch Abwägung und Integration der verschiedenen Aspekte auszugleichen. Ämterkonferenzen und Genehmigungskonferenzen dienen der einheitlichen und gleichzeitigen Entscheidungsfindung und beseitigen die Nachteile sukzessiver Problembearbeitung.

Neuere Verwaltungsreformmodelle betonen insbesondere die Kundenorientierung und versuchen den einheitlichen Lebenssachverhalt des Kunden durch Anlaufstellen und Leistungspakete aus einer Hand ganzheitlich zu bearbeiten. Dazu erfolgt eine dezentrale Koordination vor Ort in sogenannten Bürgerämtern, die dem Bürger etwa bei Alltagsproblemen, wie Umzug, einen ganzheitlichen Service aus einer Hand bieten, oder sogenannte one stop agencies, die im Rahmen der Wirtschaftsförderung Investoren oder ortsansässigen Unternehmen umfassende Hilfestellungen leisten.

Eine ganzheitliche Lösung verfolgt auch der Vorschlag, das verfassungsrechtlich vorgegebene Ressortprinzip, das zur Ausbildung verschiedener Ministerien oder Dezernate geführt hat, durch eine Querschnittsverantwortung für Produkte, Prozesse oder politische Programme zu ersetzen oder zu ergänzen. Erste Geschäftsprozeßoptimierungen in öffentlichen Verwaltungen versuchen ganzheitliche Problemabläufe und -lösungen zu modellieren. In ähnliche Richtung gehen Qualitätsmanagementsysteme, die auch zunehmend in öffentlichen Verwaltungen eingerichtet werden.

Einen anderen organisatorischen Ansatz zur Bewältigung von Komplexität bilden Netzwerke, Kooperationen und Verknüpfungen verschiedener Perspektiven und Handlungsmöglichkeiten. Netzwerke sind etwa im Bereich der Regionalplanung zu finden, die Internationale Bauausstellung Emscher Park ist ein gutes Beispiel für eine gemeinsame Bewältigung des Strukturwandels. Der Grad der Verflechtung und Kooperation innerhalb einer Region ist insofern ein Indikator für das endogene Potential dieser Region und Meßlatte für ihre Zukunftsfähigkeit. Viele Projekte, etwa im Bereich der Regional- und Stadtentwicklung, des Standortmarketings, aber auch im Zusammenhang mit Existenzgründung und Strukturwandel werden in öffentlich-privater Partnerschaft durchgeführt. Der Einsatz der verschiedenen Perspektiven und Handlungsmöglichkeiten der beteiligten Partner dient dabei dem Management der Komplexität.

Zunehmend wird auch der Bürger als Organisationsbaustein in die staatliche Aufgabenerfüllung einbezogen. Über Kundenbefragungen und Beschwerdemanagement werden seine Erfahrungen und Verbesserungsvorschläge genutzt. Die Rückgabe von Verantwortung an kleine Lebenskreise, wie etwa bei der Verwaltung von Sportstätten, Jugendzentren oder Bürgerhäusern, führt zur Identifikation mit der gemeinsamen öffentlichen Aufgabe. Durch moderne Informations- und Kommunikationstechniken, die einen Zugang und eine Zusammenarbeit mit der öffentlichen Verwaltung von öffentlichen Standorten oder von zu Hause aus erlauben, wird der

„point of government" bei Verwaltungsprozessen aus der Binnenorganisation der Verwaltung herausverlagert.

Neuerdings finden sich auch private Substitute oder Ergänzungen öffentlicher Kontrollen, etwa bei Sicherheitsanforderungen. In einigen Ländern genügt etwa bei Einfamilienhäusern anstelle einer förmlichen Baugenehmigung durch die Behörde die Unterschrift des privaten Architekten für die Zulässigkeit des Bauvorhabens. Erwogen wird weiterhin, Prüfungen durch Versicherungen bei Übernahme des Haftungsrisikos teilweise an die Stelle staatlicher Genehmigungen treten zu lassen. Die private Eigenverantwortung von Unternehmen wird etwa im Rahmen des sogenannten Öko-Audits genutzt.

Damit die Vorteile von Eigenverantwortung und Eigenkomplexität andererseits nicht zur Betriebsblindheit führen, sind Systemvergleiche und Wettbewerbe (Benchmarking) erforderlich. Solche finden zunehmend auch im öffentlichen Sektor, etwa bei interkommunalen Leistungsvergleichen, statt. Die von der Hochschule für Verwaltungswissenschaften Speyer durchgeführten Qualitätswettbewerbe und Innovationsringe dienen ebenfalls dem Leistungsvergleich und Erfahrungsaustausch von Behörden. Öffentliche Ausschreibungen und befristete Vergaben von Aufgabenwahrnehmungen lassen ebenfalls Vergleiche sowie einen Wechsel der Bearbeitung und damit auch der Problemsicht zu.

## Rechts- und Handlungsformen

Das Streben des Rechts nach Ordnung und Übersichtlichkeit hat immer wieder dazu geführt, Rechtsmaterien in Kodifikationen zusammenzufassen. Mancher dieser Versuche ist wegen der Komplexität der Sach- und Interessenlage gescheitert, wie etwa das Vorhaben einer einheitlichen Verwaltungsprozeßordnung für alle öffentlichrechtlichen Gerichtsbarkeiten oder eines Arbeitsgesetzbuches, das die individuellen und kollektiven Rechte der Arbeitgeber und Arbeitnehmer zusammenfassen sollte. Andere Vorhaben waren mehr oder weniger erfolgreich, wie etwa das Baugesetzbuch oder das Sozialgesetzbuch, auch wenn wegen des Wandels der Sach- oder Rechtslage immer wieder Verbesserungen oder Ergänzungen erforderlich sind. Neuerdings wird in mehrjähriger Arbeit versucht, das Umweltrecht, das im Laufe der Zeit wie ein Flickenteppich gewachsen ist, in einem einheitlichen Umweltgesetzbuch zu kodifizieren und damit die Rechtsanwendung und Rechtsbefolgung zu erleichtern.

Klassische Rechtsnormen sind regulativ, das heißt sie beinhalten Gebote und Verbote. Beides kann umgangen werden, erfordert daher ständige Kontrolle und Überwachung. Hinzu kommt, daß leicht der Eindruck entsteht, alles was nicht verboten sei, sei erlaubt, sowie umgekehrt, es müsse nicht mehr getan werden, als das, was geboten sei. Neuere Ansätze versuchen, an die Stelle von regulativer Politik finale Lösungen als Attraktor zu setzen und diese mit Optimierungsanreizen zu verbinden. Dies findet sich sowohl im Verhältnis Staat/Bürger als auch innerhalb der Verwaltung, etwa bei Leistungsanreizen.

Im Laufe der Entwicklung werden indes die Anreizstrukturen auch immer ausdifferenzierter und komplexer. Die Mithilfe des Adressaten soll daher dazu dienen, diese Komplexität wieder zu reduzieren. In Cafeteria-Systemen kann sich der Betroffene sein Anreizsystem selbst zusammenstellen. In der Figur des polizeilichen Austauschmittels kann der Störer der öffentlichen Sicherheit ein anderes Mittel an die Stelle des von der Polizei gewählten setzen, das genausogut geeignet ist, die Gefahr zu beseitigen, ihn aber weniger beeinträchtigt. In ähnlicher Weise ist es in anderen Fällen rechtlich möglich, eine Handlung zu wählen, die den gesetzlich bestimmten Zweck auf andere Weise ebenso gut erreicht. Damit werden die Mitwirkung und die Lösungskompetenzen des Bürgers zur Bewältigung komplexer Probleme produktiv genutzt.

Die klassische Handlungsform der Verwaltung ist der Verwaltungsakt, der eine verbindliche Regelung eines Einzelfalls gegenüber einem Außenstehenden darstellt. In der Regel ergeht er aufgrund einer Konditionalnorm, das heißt wenn ein bestimmter Sachverhalt vorliegt, dann ist eine bestimmte Entscheidung zu treffen (sogenannte gebundene Entscheidung). Diese Entscheidung klärt eine komplexe Rechtslage, entfaltet Bindungen und erwächst in Bestandskraft. Damit beendet sie einen Entwicklungs- und Reifeprozeß, schneidet vorerst weitere Entwicklungen ab, befreit und entlastet aber auch von diesen.

Die gebundene Entscheidung, die bei gegebenem Sachverhalt nur eine bestimmte Rechtsfolge zuläßt, wird indes häufig der Vielfalt der Sach- und Interessenlage nicht gerecht. In vielen Fällen hat daher der Gesetzgeber auf der Rechtsfolgeseite sogenannte Ermessen eingeräumt. Danach darf die handelnde Verwaltung bei gegebenem Sachverhalt unter verschiedenen zulässigen Rechtsfolgen diejenige auswählen, die geeignet, erforderlich und verhältnismäßig ist. Damit kann sie eine situative Anpassung ihrer Entscheidung vornehmen. In ähnlicher Weise wirken Abwägungsentscheidungen bei Planungen. Hier sind verschiedene Belange zu ermitteln, zu gewichten, gegeneinander abzuwägen und daraus eine planerische Entscheidung zu entwickeln.

Eine umfassende Kodifikation des allgemeinen Verwaltungsrechts ist bisher in Deutschland nicht gelungen. Im 1977 erlassenen Verwaltungsverfahrensgesetz ist neben dem Verwaltungsakt als einseitige Entscheidung lediglich noch mit wenigen Regelungen der öffentlich-rechtliche Vertrag enthalten. Diese zweiseitige Entscheidung hat sich in den Jahren nach Erlaß dieses Gesetzes in der Praxis weit verbreitet, allerdings nicht unbedingt in der Form des formellen Vertrags, sondern als Vereinbarung oder Absprache. Vielfach ist deshalb vom verhandelnden Staat oder vom kooperativen Verwaltungshandeln gesprochen worden. Neuerdings werden auch im Binnenbereich der öffentlichen Verwaltung sogenannte Zielvereinbarungen entwickelt. Verabredungen und Übereinkünfte haben gerade bei komplexen Sach- und Rechtslagen den Vorteil, daß sie verschiedene Wahrnehmungen in die Lösung einbringen und versuchen, eine intersubjektive Problemsicht und Kohärenz der Entscheidungsfindung zu schaffen.

Auch im Bereich der Verträge und Vereinbarungen vollzieht sich inzwischen eine weitere Ausdifferenzierung nach verschiedenen Typen. Durch Austauschbarkeit von Handlungstypen versucht man weitere Flexibilität zu schaffen. So kann etwa die Straßenplanung in bestimmten Fällen sowohl durch den Planfeststellungsbeschluß als Verwaltungsakt als auch durch den Bebauungsplan als Rechtsnorm erfolgen. Auch bei den Rechtsfolgen finden sich Überlagerungen. So sind etwa die Folgen von Verfahrensfehlern bei der Rechtsnorm Bebauungsplan an jene beim Verwaltungsakt angenähert. Daneben sind in den letzten Jahren vielfältige neue Rechts- und Handlungsformen entwickelt worden. An die Stelle des rechtsverbindlichen Plans sind teilweise flexiblere, entwicklungsfähige und ganzheitliche Konzepte getreten. In Projekten wird versucht, einen Fall umfassend zu bearbeiten. Gesetzlich zugelassene Experimente, etwa im kommunalen Haushaltsrecht, dienen dazu, neue Lösungswege zu erproben.

Trotz dieser Formenvielfalt und teilweisen Informalität reicht die Varietät des Systems der Rechts- und Handlungsformen nicht aus, die Vielfalt und Komplexität der Sachlagen zu ordnen. Deshalb werden zunehmend ganzheitliche Systemansätze entwickelt, so etwa die Figur eines übergreifenden Rechtsverhältnisses, in das statt eines einzelnen Anspruchs vielfältige Rechte, Pflichten und Handlungsmöglichkeiten Eingang finden können. Die schon erwähnten Qualitätsmanagementkonzepte stellen einen ähnlichen übergreifenden Systemansatz dar.

## Form und Verfahren

Die Ambivalenz der Form beziehungsweise des formalen Verfahrens für die Bewältigung von Komplexität und Veränderung liegt auf der Hand: Einerseits gibt die Form Sicherheit, ein bekanntes Juristenwort lautet: Die Form ist die Zwillingsschwester der Freiheit (Jhering), andererseits wirkt das „in Form gegossene" zu statisch und schwer veränderbar. Insofern hat sich in den letzten Jahren ein großer Bereich sogenannten informalen Verwaltungshandelns herausgebildet, der neben oder im Vorfeld förmlicher Entscheidung oder Vereinbarung nach Lösungsmöglichkeiten zur Bewältigung komplexer Probleme sucht.

Gerade das Verfahren kennt eine Vielzahl von Varianten der Komplexitätsreduktion sowie der Komplexitätserweiterung. Bei komplexen Genehmigungsverfahren versucht man, durch einzelne Teilentscheidungen (Vorbescheid, Teilgenehmigung) eine Abschichtung komplexer Problemlagen zu erzielen, eine vorausgehende Konzeptgenehmigung soll dabei gewissermaßen den Mantel um die Einzelentscheidungen legen. Die Entwicklung verschiedener Verfahrensarten (etwa einfaches Verfahren, förmliches Verfahren, Planfeststellungsverfahren) versucht Komplexität zu reduzieren, die Möglichkeit, zwischen verschiedenen Verfahrensarten zu wählen (Verfahrensartermessen) sowie die Möglichkeit innerhalb eines Verfahrens den Ablauf verschieden zu gestalten (Verfahrensermessen) wirkt dem wieder entgegen und bringt neuen Spielraum für situationsgerechte Anpassungen.

Neuere Versuche, Genehmigungsverfahren am Standort Deutschland zu beschleunigen, dienen der Komplexitätsreduzierung. Der damit gleichzeitig verbundene Ansatz, nachfragegerecht zu handeln, das heißt vereinfacht dem Antragsteller die Wahl zwischen mehr Rechtssicherheit und damit längere Verfahrensdauer oder schnellerer behördlicher Entscheidung und größerer Eigenverantwortung zu lassen, erfordert weitere Verhandlungen und Absprachen zwischen Behörde und Antragsteller und schafft damit wiederum neue Komplexität. Ein Versuch, Komplexität aus anderer Perspektive zu betrachten und damit weitere Zugänge und Lösungswege zu finden, stellt das Konfliktmittlungsverfahren (Mediation) dar. Ein neutraler Dritter soll hier verhärtete Fronten und verfahrene Verfahren auflösen und mithelfen, neue Wege zur Bewältigung komplexer Problemlagen zu finden. Bei sogenannten runden Tischen wird darüberhinaus versucht, durch Einbringung der Perspektive verschiedener Akteure unterschiedliche Problemsichten zu erkennen und sie einer gemeinsamen Lösung zuzuführen.

Neuerdings wird bei vielen Verfahren auch die Systemsicht beziehungsweise der Kreislauf der Entscheidung stärker betont. Gesetzgebung wird etwa als Steuerungskreislauf gesehen, der nicht mit der Verabschiedung des Gesetzes endet, sondern einer Rückkopplung des Vollzugswissens sowie des Kontrollwissens der Gerichte bedarf, um mit diesem Wissen neue verbesserte oder erweiterte Entscheidungen zu treffen. Diskussionen über Befristung von Gesetzen (sunset legislation) versuchen, endgültige Lösungen zu vermeiden und Reversibilität zuzulassen. Neben oder vor harten Entscheidungsverfahren werden sogenennte weiche Verfahren der Abschätzung, etwa Umweltverträglichkeitsprüfung, Sozialverträglichkeitsprüfung, Technologiefolgenabschätzung gesucht, um sorgfältigere Reflexionen zu ermöglichen.

## Steuerung und Information

In der Informationsgesellschaft wird die Bedeutung von Informationen auch im staatlichen Bereich immer bewußter. Statt das Verhalten der Bürger durch staatliche Entscheidungen zu beeinflussen, versucht der Staat immer häufiger, durch Warnungen, Hinweise und Empfehlungen, etwa bei jugendgefährdenden Sekten, im Umweltschutz oder im Lebensmittelbereich, Informationen zu liefern, die dem Bürger eigenes Handeln und Entscheiden ermöglichen. Das Umweltinformationsgesetz gibt dem Bürger sogar einen Anspruch darauf, Einsicht in Umweltakten zu nehmen.

Lange Zeit war die Informationstätigkeit des Staates noch darauf ausgerichtet, etwa im Rahmen von Bürgerbeteiligung an Planungen, frühzeitig Informationen zu liefern oder lediglich umfassendere Informationen bereitzustellen. Zunehmend wird jedoch erkannt, daß es angesichts der allgemeinen Informationsflut nicht darum gehen kann, immer „mehr von demselben" (Watzlawick) zu liefern, sondern daß die relevante Information benötigt wird. Es geht also um eine systematische Aufbereitung und ein entsprechendes Design der Informationswelt. Geschäftsberichte von Kommunen, Umwelt- und Gesundheitsberichte oder ganze Konzepte über Stadt- oder Regionalmarketing versuchen, diesem systematischen Ansatz gerecht zu werden und dem Nutzer der Informationen eine Einordnung in den Kontext zu ermöglichen.

Einen Schritt weiter gehen moderne technische Systeme, die auf Interaktivität ausgerichtet sind. Multimedia oder Hypermedia schaffen auf diese Weise eine Komplexitätserweiterung und einen Komplexitätsgewinn, indem sie verschiedene, auch vertiefende individuelle

Sichtweisen zulassen. Data Warehouse- oder Data Mining-Systeme helfen, entsprechende Suchprozesse zu gestalten.

Ebenso wie im Außenverhältnis zum Bürger lassen sich in letzter Zeit auch im Binnenverhältnis der öffentlichen Verwaltung Ansätze einer Steuerung durch Information erkennen. Im Rahmen des sogenennten neuen Steuerungsmodells, das vor allem in Kommunalverwaltungen, aber auch zunehmend in Landesverwaltungen eingeführt wird, wird eine Steuerung der Verwaltungsleistungen über Zielvereinbarungen versucht. Diese orientieren sich an vereinbarten Ergebnissen (outputs) beziehungsweise Wirkungen des Verwaltungshandelns und beginnen, dafür Kennzahlen beziehungsweise Indikatoren zu ermitteln. Darin liegt zugleich ein Versuch, die Komplexität der bisherigen inputorientierten Steuerung über Einzelanweisungen, Hierarchie, Stellenpläne und Zuweisung von Sachmitteln zu überwinden. Inzwischen zeigt sich aber, daß auch die Komplexität der neuen Steuerung zunimmt und zunehmend ausdifferenziertere Produktkataloge und Kennzahlen entwickelt werden. Hingewiesen wird zudem auf die Gefahr, daß „plausible Indikatoren" die Komplexitätssituation ungenügend abbilden und zu Fehlsteuerungen führen können.

Ansatzpunkte zur Lösung lassen sich wohl nur in effektiven Controllingsystemen und Evaluationen finden. Dadurch wird wiederum ein Kreislaufdenken und vor allem vermehrte Kommunikation erforderlich. Die den Zielvereinbarungen korrespondierenden Berichte dürfen sich nicht nur auf vordergründig komplexitätsreduzierende Zahlenwerke beschränken, sondern müssen vielmehr ein Gesamtniveau bewerten, das qualitative Ansätze sowie unterschiedliche Kommentare und Sichtweisen einbezieht. Gemeinsame Reflexionen über Wirkungsweisen und Alternativen sind dazu erforderlich.

In ähnlicher Hinsicht wie die dargestellte operative Erstellung von Verwaltungsleistungen bedarf die strategische politische Steuerung durch Gesetze und Programme einer Neukonzeption in Richtung eines kreislauf- beziehungsweise spiralförmigen selbstreflektierenden Denkens. Das Management komplexer Informationen zur Entwicklung strategischer Entscheidungen ist bisher noch unzureichend entwickelt. Herkömmliche Institutionen, wie wissenschaftliche Beratung der Politik, Enquetekommissionen der Parlamente, Think tanks oder Denkfabriken in Staatskanzleien reichen dazu nicht aus. Die Ereignisse der vergangenen Jahre, etwa Deutsche Einheit, Wanderungsbewegungen und Bevölkerungsentwicklung, haben gezeigt, daß der Staat vielfach unvorbereitet neuen Entwicklungen, die weitreichende Auswirkungen für staatliche Planungen haben, gegenübersteht.

Erforderlich ist daher die Einrichtung eines integrierten Früherkennungssystems, das relevante Themen (Issues) und Trends identifiziert und dazu dient, vertiefte Einsichten hierzu und Folgerungen hieraus zu gewinnen. Wir brauchen daher ein governmental intelligence- und ein govermental controlling-System, das solche Erkenntnisse aufgreift, über die Fachperspektiven der Ressorts hinaus Verbindungen und Zusammenhänge schafft und sie in Planungs- und Entscheidungsprozesse des Staates einbezieht.

## Menschen und zwischenmenschliche Beziehungen

Bei Diskussionen über Komplexität wird häufig übersehen, daß zwar Strukturen, Verfahren, Handlungen und Entscheidungen Verflechtungen und Systeme schaffen, die Komplexität herstellen oder auch reduzieren, daß aber letztlich entscheidend für die Schaffung beziehungsweise Wahrnehmung und den Umgang mit Komplexität die menschlichen Beobachter und Akteure sind. Sowohl im Rahmen von Managementüberlegungen als auch im Rahmen von Neugestaltungs- und Lernprozessen ist daher die Beschäftigung mit dem Subjekt, seine Qualifikation und fortlaufende Schulung, unverzichtbar. So ist es etwa bei der Optimierung von Geschäftsprozessen nicht ausreichend, sich nur um eine Neugestaltung der äußeren Abläufe zu kümmern, vielmehr ist entscheidend für den Erfolg der Prozeß, der im Kopf des Mitarbeiters abläuft. Erforderlich ist eine laufende Information und Reflexion jedes Mitarbeiters über den Prozeßstand, den eigenen Standort und Beitrag sowie die Leistung und Rolle anderer Prozeßteilnehmer und das jeweilige Zusammenwirken.

Bei Veränderungsprozessen (change management) ist insbesondere die organisationskulturelle Komplexität zu beachten. Soziale oder emotionale Barrieren, die sich etwa durch „Untergrund-Botschaften" aufbauen, können stärkere Wände darstellen als etwa Abteilungsgrenzen. Erforderlich ist daher, wie auch Erfahrungen in öffentlichen Verwaltungen zeigen, ein umfassender Organisationsentwicklungsprozeß, der alle Beteiligte von Anfang an einbezieht und auch versucht, Trägheiten, Ängste und Widerstände bewußt zu machen, Kompensationen für Verluste von Macht und Einfluß zu entwickeln sowie Vorteile und Chancen der neuen Lösung aufzuzeigen. Gerade neue Ordnungen lassen sich nicht durch Bombenwurf etablieren, sondern bedürfen einer schrittweisen und gemeinsamen Heranführung und Entwicklung der neuen Komplexität.

# Souveränität auf der Meta-Ebene

## Methoden des Umgangs mit Komplexität

Die bisher dargestellten Ansatzpunkte eines Komplexitätsmanagements im öffentlichen Sektor lassen sich wie folgt zusammenfassen:

- Traditionelle Methoden der Arbeitsteilung bürokratischer Organisationen sind von dem Versuch bestimmt, Komplexität zu reduzieren. Durch immer weitergehende Ausdifferenzierungen wird indes im Ergebnis das Gegenteil bewirkt.

- Versuche, Komplexität in Organisationsstrukturen oder Kennzahlen lediglich abzubilden, schlagen fehl, wenn sie Wechselwirkungen und Austauschprozesse, Hintergründe und Zusammenhänge in ihrer dynamischen Entwicklung nicht berücksichtigen.

- Versuche, die Varietät des steuernden Systems größer zu gestalten als die des zu steuernden Systems, überfordern jede Organisation und übersehen die chaotische Vielgestaltigkeit und Schnelligkeit tatsächlicher Entwicklungen.

- Versuche, die Erfüllung von Teilaufgaben auszulagern oder einzelne Prozesse abzutrennen, sind nur dann erfolgreich, wenn die Transaktions- und Koordinationskosten die Kosten die Selbsterfüllung nicht überwiegen.

• Komplexitätsbewältigung durch Kommunikation und Dialoge sowie Austausch- und Verschränkungsprozesse ist ein geeigneter Ansatz, um die Vielfalt der Perspektiven zu erweitern, erfordert indes hohen organisatorischen und zeitlichen Aufwand.

• Die Bereitstellung verschiedener Strategien und Optionen in Form eines Baukastens beziehungsweise Instrumentensets scheint als geeigneter Ansatz, wenn es gelingt, Kompetenz und Souveränität beim Umschalten beziehungsweise bei der Auswahl des einen oder anderen Ansatzes zu entwickeln. Dies kann je nach Situation zu einer bewußten Reduktion oder bewußten Erhöhung von Komplexität führen.

• Aus systematischer Sicht ist eine Reflexionsspirale zu entwickeln, die von einem leitbildartigen Attraktor ausgeht, die daraus abgeleiteten Ziele in Projekten und Experimenten umsetzt und anhand der dabei gewonnenen Erfahrungen eigene reflektierte Lernprozesse in Gang setzt.

## Management der Komplexität als Lernvorgang

Alles, was Komplexität abbaut, schafft auch neue Komplexität. Jede Aktion führt zu vielfältigen neuen Folgen und Verflechtungen. Aktivitäten sind indes Lebensmerkmal menschlichen Lebens. Insofern sollte das Bewußtsein von Komplexität nicht beunruhigen, sondern als Spiegelbild des Lebens aufgefaßt werden. Leben ist indes auch Lernen, insofern erfordert der Umgang mit Komplexität auch ständiges Lernen. Mittel und Wege zum Lernen sollen noch einmal kurz dargestellt werden:

Ein erster Ansatz stellt die Erweiterung des Möglichkeitsraums im Sinne eines virtuellen Lernens dar. Leitbilder als Abbilder einer noch nicht Realität gewordenen Zukunft, Szenarien als Übungsräume oder Simulationen über zukünftige Entwicklungen sowie Metaphern, Märchen oder Geschichten, die Wirklichkeits- und Bewußtseinsgrenzen überspringen, Assoziationen und Analogien anregen und damit neue Denk- und Handlungsräume schaffen, gehören zu diesem Lernansatz. Der Wechsel von Perspektiven, etwa indem

eine Organisation aus der Sicht des Kunden von außen nach innen
gedacht wird, indem ein Sachverhalt verfremdet, relativiert oder
neu konfiguriert wird, erlauben gewissermaßen ein „Heraustreten
aus dem System" und gewähren mit dem Überblick auch Einblick.
Die Zulassung verschiedener Interpretationen verleiht Ereignissen
und Sachverhalten eine neue Bedeutung. Gelingt es darüber hinaus, sich konkret Gegebenes auch anders vorzustellen, so erweitert
dieses Bewußtsein der Alternativität ebenfalls das Gesichtsfeld.
Diese Offenheit für Vielfalt und Kontingenz verhindert eine dog-
matische Verengung und Beschränkung auf eine one way-Situati-
on. Alle diese Varianten dienen letztlich dazu, vorbereitet zu sein
für möglichst viele Situationen. Angesichts der Tatsache, daß es
immer mehr Situationen gibt, die man nicht vorausgesehen hat und
auch nicht versteht, erhöht diese Erweiterung des Möglichkeitsraums den Beschreibungs- und Deutungsvorrat und damit das
Handlungspotential auch für unbekannte Situationen. Die dadurch
erworbene Überschußkompetenz stärkt sowohl die Sicherheit als
auch die Flexibilität beim Umgang mit neuen komplexen Situationen.

Ein zweiter Ansatz liegt im Lernen durch und im Verfahren. Das
harmonische, emergente Mitwachsen mit der Organisation und
ihren Problemen im Sinne eines Entwicklungslernens kann die Resonanz zwischen System und Beobachter fördern. Gelegentlich sind
indessen auch Überraschungen und Provokationen erforderlich, um
als Störfaktoren wachzurütteln. Manche Verwaltungen gehen dazu
über, ebenso wie Wirtschaftsunternehmen, ein aktives Beschwerdemanagement einzurichten, um solche Störungen nicht nur zuzulassen, sondern auch positiv aufzugreifen. Bekanntlich entsteht Information aus der Wahrnehmung von Unterschieden. Erforderlich
ist daher die Schulung einer Sensibilität und habituellen Wachsam-
keit im Hinblick auf Abweichungen. Auch wenn diese zunächst
noch nicht erkennbar sind, wachsen sie irgendwann zusammen und
formen ein neues Weltbild.

Neben der Organisation eines Prozesses ist es erforderlich, diesen
auch ständig zu reflektieren. Gerade weil angesichts der rapiden Beschleunigung Entscheidungen und Handlungen nicht nacheinander

erfolgen, sondern Entscheidungen parallel prozessiert werden, bedarf es auch der Kommunikation über die Entscheidung.

Diese reflexive und kommunikative Prozeßorientierung verschafft nicht nur das Wissen, wie Ergebnisse produziert werden, sondern – da die Entscheidung auch anders hätte ausfallen können – wird gleichzeitig auch alternatives Wissen mitkommuniziert. Dies schafft wiederum Optionen für neue Entscheidungssituationen. Ein dritter Lernansatz entsteht aus und in Beziehungen. Wenn eine Organisation als Inbegriff ihrer inneren und äußeren Beziehung definiert werden kann, die im wesentlichen durch Informations- und Kommunikationsprozesse gestaltet sind, dann ist die Pflege dieser Beziehungen von grundlegender Bedeutung. Das Management der Schnittstellen und Brüche, aber auch die Erkenntnisse von Ähnlichkeiten und Abweichungen erfordern Dialoge und Kooperationen. Die dabei entstehenden Lernpartnerschaften führen zum wechselseitigen Nutzen komplementärer Kompetenzen und damit zum gemeinsamen Lerngewinn.

Ein vierter Ansatz liegt im Systemlernen. Wichtig erscheint es dabei, gemeinsame Bezugs- und Referenzsysteme zu entwickeln, die als Orientierung und Leitplanken für Offenheit und Entwicklung dienen können. Das Sichtbarmachen von Unterschieden gibt im Sinne einer Problemmorphologie dem Problem Gestalt. Damit sowie mit der Erforschung von Umfeld und Kontext lassen sich Entwicklungen besser einordnen und Verknüpfungen herstellen. Dies verleiht den Beobachtern und Akteuren System- und Kontextfitness und hilft ihnen so bei der Bewältigung komplexer Probleme. Controlling und Management-Audits dienen dazu, die systematische Perspektive noch zu verstärken und das System lebendig zu erhalten. Ein fünfter Ansatz zeigt das Vergleichslernen. Als Folge von Dezentralisierung, Fragmentierung und dynamischer Entwicklung verlieren allgemein gültige Normen und Lösungsmodelle immer mehr an Wert. Auch ihr Lerneffekt nimmt damit ab. Statt dessen gewinnen Vergleich und Abstimmung an Bedeutung. Dies darf indessen nicht zu einem blinden Übertragen von Lösungsstrategien führen, die sich in anderen Fällen unter anderen Umständen bewährt haben. Vielmehr sollen sie reale Beispiele für eine Erweiterung des Möglichkeitsraumes darstellen.

# Komplexität und Option

*von Peter Gross*

## An Komplexität verzweifeln

Einem Wort von Sören Kierkegaard zufolge wird eine fraglose Existenz des Menschen überschattet von zwei Formen der Verzweiflung. Entweder ermüdet er in den aufgegebenen Notwendigkeiten oder er irrt umher in immer neuen Möglichkeiten. Beide Formen sind in der Moderne in einer besonderen Weise virulent. Die Organisationsgesellschaft zwingt in ein Korsett von Notwendigkeiten und die offene Gesellschaft generiert immer mehr Möglichkeiten, in deren Verlockungen sich der Mensch verliert und wo ihm andauernd Entscheidungen abverlangt werden.

Das Sich-Abstrampeln und Müde-Strampeln in Möglichkeiten erscheint sogar, obwohl beide Formen der Verzweiflung miteinander verknüpft sind, als besonders modern. „Überrennt… die Möglichkeit die Notwendigkeit, sodaß es kein Notwendiges hat, wohin es zurück soll, dann ist dies die Verzweiflung der Möglichkeit" (Kierkegaard). Die Verzweiflung ob zu vieler und unvertrauter Möglichkeiten resultiert aus einer Zustandsbeschreibung der modernen Gesellschaft, die mit dem Begriff „Komplexität" operiert.

Es gibt verschiedene Verständnisse von Komplexität, aber alle von ihnen zehren in irgendeiner Form vom Begriff der Möglichkeit. Erachtet man den Begriff der Option und den Prozeß der Optionierung als entscheidend für die Beschreibung der modernen Gesellschaft, so ist Komplexität eine Art fotografische, schon im nächsten Augenblick überholte Beschreibung eines Zustandes. Moderne Gesellschaften, die durch ein steigendes Maß an Komplexität gezeichnet sind, befinden sich in einem Zustand der Vielschichtigkeit, der Polyvalenz, des In- und Übereinanders von Möglichkeiten, die sich dynamisch verändern, steigern und je nach Perspektive zeigen oder verbergen. Und zwar gilt dies für alle Seinsbereiche, in die sich die Lebenswirklichkeit ausdifferenzieren läßt.

Gemäß der überkommenen Systemtheorie sind diese autonom und autopoietisch, gemäß ihrer ebenfalls je eigenen binären Kodierung. Vielleicht ist es klüger, davon abzugehen und die Moderne anders zu beschreiben, nämlich durch eine hochgradige Überlappung, Unterschichtung, Durchdringung und Vernetzung der Subsysteme oder Seinsphären. Nicht nur diese weicht binäre Kodierungen wie gut/schlecht, gesund/krank, Macht/Ohnmacht oder Geldwert/Nicht-Geldwert auf, sondern die immanente, auf Steigerung der Wahlmöglichkeiten hinauslaufende Fortschrittsprogrammatik drängt auf Ersatz der alttestamentarischen Binarität durch multiple Optionen.

Die multiple, die inkommensurablen Weltsichten aufweichende Kodierung der Seinsbereiche ist universell und gilt auch für die Beobachtung der beobachteten multiplen Kodierung. Auch diese könnte anders ausfallen (was ungute Konsequenzen für eine Theorie hat, welche für die Wissenschaft eine ausschließlich binäre Kodierung (wahr/falsch) behauptet). Vielleicht setzt sich ironischerweise in allen Seinsbereichen jene Kodierung durch, die für die Lebenspraxis (oder Lebenswelt) behauptet wird, nämlich die von vertraut/unvertraut (man könnte auch sagen von anschlussfähig/nicht anschlussfähig an die jeweils vorhandenen Lebenserfahrungen), mit der zusätzlichen Annahme, daß das (frühere) Meer des Vertrauten mehr und mehr einem (modernen) Meer des Unvertrauten weicht und die letzten Inseln der Vertrautheit dem fortschrittsbeseelten Mensch fortschrittspolitisch unkorrekt erscheinen und er sie deshalb im Namen der Emanzipation aushebelt.

Darüber hinaus nimmt, auch wenn man die Brille oder Perspektive nicht wechselt und lediglich die Dynamik bedenkt, in einer komplexen Situation diese laufend neue und schwer voraussagbare Zustände an, wie beim Schütteln eines Kaleidoskops, bei dem zwar Zustände herbeigeschüttelt werden können, aber nicht bestimmte oder diese nur nach endlosem Probieren. Komplexität ist demnach vom agierenden Individuum her gesehen, ein Zustand des Probierens und Strampelns in Möglichkeiten, ein spezifisch moderner Schwebezustand und das Ich eine Art Sonde, die sich selber einführt, mit dem Wissen, daß es nicht weiß, was es bewirkt. Es ist deshalb, einem dynamischen Verständnis zufolge nicht gesagt, daß Komplexität von Anfang an und in jedem Fall ein Problem darstellt, dem man mit Problemlösungen entgegentreten muß. Dies scheinen die meisten Überlegungen, gerade aus betriebswirtschaftlicher Sicht, zu suggerieren. Nicht nur die Kinder erfreuen sich, wenn sie mit dem Kaleidoskop spielen, oder sich in eine Situation begeben, die instabil, unvoraussehbar, eben komplex ist. Auch Krimiautoren tun dies, und das Management tut gut daran, Komplexität gelegentlich nicht nur zu belassen, sondern bewußt zu steigern. In der Psychologie ist der Komplex eine affektbesetzte Vorstellung, die nach der Verdrängung aus dem Bewußtsein Zwangshandlungen und -vorstellungen und häufig auch Fehlleistungen auslöst. Daß man die Komplexität bekämpfen müsse, ist eine Art Komplex der Betriebswirtschaftslehre und daß ihre Unterbeleuchtung zu Fehlleistungen führe, ein Komplex jener Psychologie, die Mißlingen aufklärerisch auf ein ungenügendes Verständnis einer komplexen Situation rückführt, und deshalb zwanghaft mit der Vorstellung „es werde Licht" agiert, obwohl das genauere Eindringen in komplexe Situationen häufig genug zum Gegenteil führt. Denn gerade wenn man sich zum Beispiel nicht auf Ausschnitte beschränkt, keine einseitigen Schwerpunkte bildet, keiner Tendenz zu autoritärem Handeln folgt und darüber hinaus unbeachtete Nebenwirkungen zu beachten hat, strampelt man sich in Parametern ab und stellt ein Dispositiv auf, daß angesichts der hohen Volatilität der Gesellschaft schon morgen wieder von gestern sein kann, aber gnadenlos bindet.

Zur Verzweiflung ob der vielen und immer neuen Möglichkeiten tritt, so könnte man, Kierkegaard ergänzend, drittens feststellen, die Verzweiflung, daß, selbst wenn man sich für eine Möglichkeit und gegen das Abstrampeln in vielen entscheidet, die Entscheidung, trotz Entscheidungstheorien und Theorien über Entscheidungstheorien, nicht anders als suboptimal ausfallen muß. Gerade dann, wenn die Notwendigkeiten nicht mehr maßgebend sind für Entscheidungen, deren Freiheit gegeben ist, wird nämlich eine Entscheidung prinzipiell riskant. Die Welt verändert sich und die Entscheidung

wirkt ebenso schnell falsch. Entscheiden ist, einem durch das Theo-
rem der Komplexität geschärften Verständnis nach, gegenüber dem
Ausführen eines Befehls oder tradiertem Handeln prinzipiell riskant
(und keineswegs nur, wie es etwa die Diskussion über die Risikogesellschaft suggeriert, nicht beherrschbare Techniken). Strategien,
die (sofern man nicht das Glück im Strampeln in Möglichkeiten
sucht) helfen, mit der Komplexität zu Rande zu kommen wie Systemtheorie und Kybernetik, das vernetzte Denken oder das Vester'sche Sensitivitätsmodell. Auch Entscheidungstheorien und Or-
ganisationsmodelle, die Umschaltung von der Sachlogik auf die Prozeßlogik oder die ganzheitliche Problemlösungsmethodik sind
hochkomplexe Lösungstechniken unterschiedlichen Zuschnitts –
die Verzweiflung ob der Möglichkeiten stellt sich aber auch auf dieser Ebene postwendend ein. Stellt sich in einer ausdifferenzierten
Mehrebenenwelt auf jeder Ebene und in jedem Subsystem der gleiche, kontingente Zustand andauernd her, wird die Differenz zwischen Systemen und Ebenen wieder aufgehoben. Um zu sehen, wie
mit solchen Zuständen umgegangen wird, kann man versuchen zu
beobachten, wie in lebenspraktischen Situationen mit Komplexität
umgegangen wird, zum Beispiel im Supermarkt, am Buffet, beim
Kauf eines Buches. Auch die Aufzeigung und Verhöhnung, was
falsch gemacht wurde, beruhte zunächst auf Beobachtungen, was

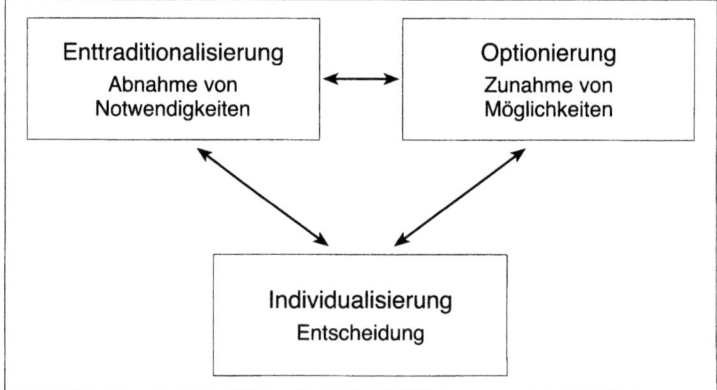

Abbildung 25: Dynamik der Moderne als Wachstum freier Entscheidungen

überhaupt in derartigen Situationen gemacht wird und wie beobachtet wird. Vielleicht sind die immer wieder gefundenen Fehler beim Versuch Komplexität zu reduzieren und zu managen, selber mehr oder weniger erfolgreiche Versuche der Reduktion von Komplexität (Abbildung 25).

## Die Multioptionsgesellschaft und ihr Preis

Die breite Rezeption und Akzeptanz des Komplexitätsbegriffes zeigt zunächst, daß er Beobachtungen und Selbstbeobachtungen aufsaugt, die eine problemlose Rückübersetzung im Alltag ermöglichen, wenn auch wiederum in umgenutzter Form. Als „komplex" wird in der Lebenspraxis eine Sache dann bezeichnet, wenn soviel zusammenkommt an Dimensionen, Perspektiven und Handlungsmöglichkeiten, daß eine Entscheidung für eine Sichtweise oder eine Option von Anfang an den Charakter des Zufälligen annimmt. Das heißt, das entscheidende Subjekt selber bestätigt bei Nachfrage, daß die Entscheidung durchaus hätte anders ausfallen können und daß es angesichts einer hochvolatilen Gesellschaft auch darum keine optimalen Entscheide mehr geben könne, weil sich die Gesellschaft und deren Bedingungen, aufgrund derer man eine bestimmte Entscheidung getroffen hat, auch immer schneller wandle.

Prototypisch etwa ist die buffetäre Entscheidungssituation: verschiedenartigste Speisen und Getränke, der Gast hat sich selbst zu bedienen. Zwar ist es nicht so, daß man alles nicht kennt, aber einiges ist, zum Beispiel in einem Hotel in New Orleans oder in Hongkong, doch unbekannt; lange zerbrechliche weiße Knöchelchen mit etwas Fleisch daran; knollenartige gelbe, weich aussehende in einer gelblichen Sauce schwimmende Brocken; nie gesehene gekrauste Pflanzenblätter, von denen man nicht recht weiß, ob sie dem Verzehr oder der Verzierung dienen. Gewiß könnte man auf das Essen und Trinken verzichten, aber nicht für allemal, vielleicht nicht einmal bis zum Rückflug in die Gewißheitsgesellschaft, zu Bratwurst und Rösti nach St. Gallen. Aber auf die Dauer ist die fundamentalistische Devise „Was der Bauer nicht kennt, frißt er nicht" sowohl am

Buffet wie auch im Leben nicht besonders hilfreich, zumal auch Situationen denkbar sind, ja immer häufiger werden, wo man nicht nur einiges, sondern alles, was man zur Kenntnis nehmen, realisieren, konsumieren oder verspeisen soll, nicht kennt. Die neue Unübersichtlichkeit ist auch auf dem zeitgemäßen Frühstücksbuffet der Fall, ganz zu schweigen von all jenen Situationen, die gerade davon leben, daß sie Neuigkeiten anbieten: die Zeitung, das Fernsehen, die Erfindermesse, die Frankfurter Buchmesse mit hunderttausend Neuerscheinungen, die jedes Jahr neu auf den Markt gelangenden Prothesen und Medikamente, lauter Steigerungsvorgänge.

Ganz zweifellos produziert die sich selber fortproduzierende und ausdifferenzierende Multioptionsgesellschaft auch Ermüdungserscheinungen (so sollen, nach einem Hinweis von Helmuth Schäuble, die Ermüdungskrankheiten im allgemeinen zunehmen), welche zu Verteidigungsstrategien des Überkommen führen, aber die Parallelen lassen sich nur partiell oder punktuell ertragen, nämlich bis zu dem Moment, in dem man wieder selbst entscheiden muß, sei es für das abendliche Fernsehprogramm oder die morgendliche Kravatte. Und ebenso zweifellos läßt sich der „Don Juanismus", dessen Antwort auf die vielen Optionen „alles" lautet, angesichts beschränkter Zeit, beschränkten Platzes, beschränkter finanzieller Mittel und bezüglich des Buffets eines einzigen, schnell satten Bauches nur bezüglich sehr spezieller Angelegenheiten durchführen.

Ob die Alles- oder Nichts-Strategien bezüglich komplexer Situationen, also von offenen Situationen mit vielen Möglichkeiten und wenigen oder keinen Gewißheiten, nun Fehler sind oder Problemlösungen, ist im Einzelfall schwer zu entscheiden. Aber in der Lebenspraxis sind diese Strategien doch eher ungewöhnlich und im Falle des Don Juanismus auch ungesund. Weltsucht und Weltflucht, wie man diese beiden Umgänge mit komplexen Situationen nennen könnte, entsprechen auch nicht jener Vorstellung von einem verantwortlichen, bewußten, vernünftigen Umgang mit solchen Situationen nach der modernen Devise, daß man einen beträchtlichen Teil der modernen Probleme zwar nicht lösen, aber einen vernünftigen Umgang mit ihnen erlernen könne. Zu einem vernünftigen Umgang mit komplexen Problemen gehören jedenfalls, und in diesem Fall ist

Beobachtung auch Selbstbeobachtung, Einsicht in und Bewußtsein von der Notwendigkeit des Verzichts, der unaufhaltbaren Riskanz und der schwerer als bislang externalisierbaren Schuld.

## Verzicht

Daß man nicht alles haben kann, scheint so einleuchtend zu sein, daß sich eine Erörterung erübrigt. Ob Buffet, Einkauf, Schreiben eines Aufsatzes über Komplexitätsmanagement oder ganzheitliche Problemlösung: die Aufnahmefähigkeit des Bauches, der Tasche, des Kopfes, des Papiers ist, wie auch die Zeit, knapp. Gleichwohl ist zu bedenken, daß der Entscheid, das gilt vom gewählten Gericht bis zur Entscheidung, eine Ehe einzugehen, in die Zukunft hineinreicht, etwas aushalten muß, vielleicht sogar, wie im Falle der monogamen, auf dreißig oder vierzig oder gar fünfzig Jahre angelegten Ehe, in völlig veränderten Konstellationen bestehen muß.

Dies bedeutet zweierlei: erstens muß man sich einen Überblick über das Angebot zu verschaffen versuchen, zweitens hat man den der Heirat folgenden Ehealltag zu kalkulieren. Gesetzt der Fall, die Entscheidung bedeutet nicht Entscheidung für einen besten Weg, sondern für ein Portfolio von Möglichkeiten, so rechnet diese Denkfigur mit der Instabilität und Uneinsehbarkeit der Zukunft und wappnet sich gegen sie mit einem Set von Maßnahmen, Werkzeugen, Umschaltmöglichkeiten für alle oder die wahrscheinlich eintretenden Möglich- beziehungsweise Schwierigkeiten. Wer sich zum Beispiel für Ferien in Schottland im September entscheidet, tut gut daran, neben dem Regenschirm auch Winterjacke und Handschuhe mitzunehmen. Gesetzt der Fall, die Umstände verbieten ein Portfolio, sei es, weil der Stauraum oder die Zeit oder das Portemonnaie dies nicht ermöglichen; oder wie in der überkommenen Konstruktion der Ehe, die Polygamie oder Polyandrie (noch) nicht legalisiert ist, muß eben die Beweglichkeit und Anpassungsfähigkeit gesteigert werden. Wenn nichts so gewiß ist, um Luhmann zu paraphrasieren, daß nichts gewiß ist, dann muß man sich auf die Ungewißheit einstellen und damit auch darauf, daß die Vorstellungen, die bei der Entscheidung maßgeblichen Erwartungen vielleicht erst in the long run er-

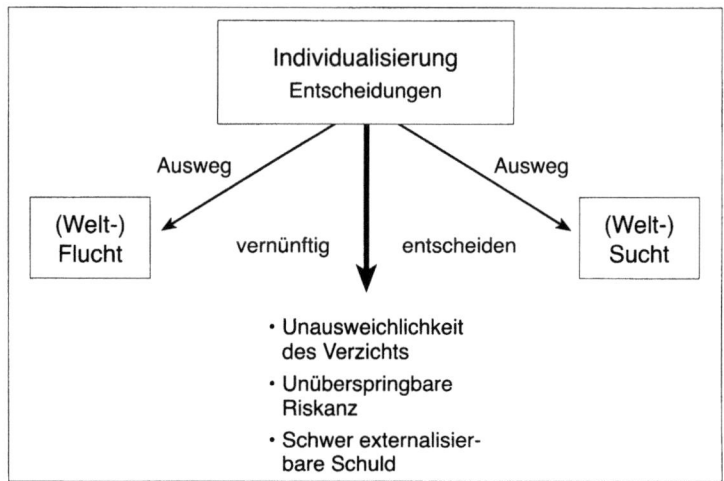

Abbildung 26: Rationale Bewirtschaftung von Optionen und irratio-
naler Auswege

füllt werden, momentan reduziert, besser umgestellt werden müssen. Denn es geht, wiederum nach einem Diktum von Luhmann, nur
gut, solange es gut geht (Abbildung 26).

## Riskanz

Entscheidungen, die man getroffen hat, kann man, da man mit ihnen
leben muß, bereuen. Insofern man in einer Moderne mit andauernd
gesteigerten Wahlmöglichkeiten und dem progressiven Abbau von
Verbindlichkeiten und Selbstverständlichkeiten immer mehr Entscheidungen treffen muß, nehmen auch die Risiken zu. Denn Risiko
resultiert aus der Freisetzung von bislang gewissem oder auch be-
fohlenem Verhalten. In dem Maße, wie Heirat, die Namengebung,
und über die Reproduktionstechniken auch das Wie der Zeugung
und Austragung von Kindern, den kulturellen oder biologischen Gewißheiten entschwunden und in den Modus von Optionen überge-
führt wird, wird Zeugung auf dem Tisch des Gynäkologen wie mit
dem Partner im Bett gleichermaßen riskant. Denn die Abweichung

von Erwartetem tritt nun ebenfalls nicht mehr als Schicksal, sondern als Risiko auf. Eine Moderne, in der die entscheidungsoffenen Spielräume zu-, die entscheidungsverschlossenen hingegen abnehmen, indes also mehr als je der freien Entscheidung unterliegt, wird prinzipiell riskant. Nun kann man zwar beobachten, daß die Reueminimierungsprogramme ebenfalls zahlreicher werden.

Insbesondere nehmen die Absprungprogramme von einmal gefaßten Beschlüssen und entsprechende Rechtfertigungen zu. Insofern Entscheidung immer Möglichkeiten ausschließt und zum Nichtleben verurteilt (mit Reueminimierungsprogrammen inversen Beruhigungs- und Beschwichtigungsformeln) und diese gewissermaßen nur mehr als Tote erträgt (Heintel), die freilich beim ersten Anschein von Problemen mit der getroffenen Entscheidung von den Toten auferstehen und uns sie beweinen lassen, werden die ausgeschlossenen Varianten gleichsam auf Abruf gefüttert, zumindest nicht getötet, gewissermaßen auf Vorrat gehalten. Wir geben zu, daß diese Vorratshaltung zum Beispiel im Falle von Partnerschaften unhöflich und unfair ist, aber es gleichwohl ganz selbstverständlich scheint, daß man sich, selbst in diesem delikaten Feld, Optionenkorridore, gewissermaßen Couloirs offenhält, die einen Seitenwechsel gestatten. Schon im Wissen darum, daß es, sobald Optionen vorhanden sind, in einer dynamischen, den Wetterumschlag einbeziehenden Betrachtung keinen „one best way" mehr gibt, dieser am ehesten noch darin besteht, daß man verschiedene Routen plant und sich fehlerfreundlich und mit offenen Augen für einen Wechsel auf die andere Seite oder gar für eine Umkehr entschließt (und für diese Flexibilität Regeln entwickelt).

## Schuld

In dem Maße als die Gesellschaft andauernd Entscheidungen verlangt, werden Glück und Unglück auch immer mehr individuellen Entscheidungen zugerechnet. Getroffene Entscheidungen können, wie immer man Optionenkorridore offenhält oder Portfolios mitschleppt, gegenüber den Zielen oder Sollwerten gänzlich abfallen, die ganze Richtung kann falsch gewählt sein; statt nach Norden hat man sich für den Süden zu entscheiden, statt für den Fonds A für Fonds B. Insofern man in einer Zeit der Entscheidung selber entschieden hat, fällt es schwer, individuell zugerechnete Schuld zu externalisieren. Gewiß gibt es in einer gesellschaftswissenschaftlichen Betrachtungsweise Absolutionsmöglichkeiten; als Absolutionsdisziplinen haben schließlich die Gesellschaftswissenschaften auch am stärksten reüssiert, indem man etwa die Umwelt, die Mitwelt, oder gar sein verborgenes Ich für das Debakel verantwortlich macht.

Aber in der Lebenspraxis ist die Selbstverantwortlichkeit noch häufig unangetastet und gehören freie Entscheidung und Verantwortung für den Entscheid nicht nur bei der Wahl des Mittagessens zum anerzogenen und durchgesetzten Standard. Das im wörtlichen Sinne gnaden- und ablaßlose Ertragen und Ausbaden einer Entscheidung, die sich im Nachhinein als völlig, also in der ganzen Richtung falsch erwiesen hat, wird in der Lebenspraxis gemeinhin durch kooperatives Entscheiden (oder Akteurkopplung) erträglich gemacht.

Indem man die Richtung des Entscheides mit anderen, etwa in einem Team bespricht und abfedert, läßt sich, wie die Erfahrung zeigt, die mit dem Entscheiden-Müssen einhergehende Verantwortlichkeit für die Entscheidung zwar nicht externalisieren (wie in einer Befehlskultur, wo der Befehl gerade der Vermeidung von Riskanz dient und auch nicht in einer Gewißheitskultur, wo die Riskanz gar nicht auftreten kann, weil gewisses und selbstverständliches Tun und Lassen begründungslos erfolgen kann), aber für den Fall auftretender Probleme auf mehrere Schultern verteilen. Wer fragt, führt.

## Management von Optionen

Insofern Komplexität ein Problem darstellt, mit dem man fertig werden will und an dem man sich nicht einfach wie ein Kind am Strudeln des Bergbaches erfreut, lassen sich also aus der Beobachtung (und Selbstbeobachtung), wie das zeitgemäße, andauerndem Entscheidungsdruck ausgesetzte Ich mit der Komplexität umgeht, Regeln für das Management der Komplexität gewinnen, verallgemeinern. Man begegnet der Varietät von Optionen erstens mit einer Varietät, man könnte auch sagen, mit einem Portfolio von Verhaltensmöglichkeiten und nicht mit einer einzigen. Man begegnet einer unsicheren, nicht feststehenden Zukunft mit Optionenkorridoren und Überlegungen, wie man auf neue Zustände reagieren kann. Man entwickelt dafür die Gabe der Fehlerfreundlichkeit und Korrekturfähigkeit. Schließlich entledigt man sich der gnadenlosen Zurechnung einer irreparabel falschen Entscheidung durch Akteurkopplung, durch die präventive Organisation eines Teams, die Verteilung der Last auf mehr als eine Schulter.

Der Beobachter zweiter Ordnung sieht, wie es Luhmann formuliert, „wie der Beobachter erster Ordnung sieht, was er sieht". Der Beobachter erster Ordnung, der hier beobachtet wurde, richtet sich intuitiv in der Komplexität ein und versucht, ihr auf seine Weise zu begegnen. Wie eingangs bemerkt, kann seine Strategie auch darauf hinauslaufen, sich in den Strudel der Komplexität hineinziehen zu lassen (Csikzentmihaly würde das vielleicht „Flow" nennen) oder sich der Komplexität durch Selbstausgrenzung oder Askese zu ent-

| Kennzeichen der Moderne | Antwortversuche |
|---|---|
| Komplex | Felder- und Netzwerkdenken Virtualisierung |
| Dynamisch | Optionenkorridore Rotationskultur |
| Riskant | Anlagephilosophie Portfolios Revisionspotential |

Abbildung 27: Kennzeichen der Moderne und Antwortversuche

ziehen. Der Beobachter zweiter Ordnung kann versuchen, nicht nur den normalen, lebenspraktischen Umgang mit Komplexität zu generalisieren, sondern ihn für Organisationen ins Berechenbare zu bringen (was ja die gewollte Aufgabe der Betriebswirtschaftslehre darstellt) (Abbildung 27).

Die üblichen Überlegungen zum unternehmerischen Umgang mit komplexen Problemen wie das vernetzte Denken, der Flexibilisierungsimperativ, die Priorität des Themas und der Selbstorganisation scheinen den extrahierten Merkmalen lebenspraktisch-intuitiver Strategien zwar in hohem Maße zu entsprechen. Aber in dreierlei Hinsicht sind sie möglicherweise zu eng. Erstens in der Annahme, daß es, obwohl es keinen besten Weg mehr gibt, einen besten Weg oder eine beste Strategie oder eine optimale Entscheidung dennoch gebe. Zweitens in der Hintanstellung der Dynamik und damit der Persistenz der Entscheidung.

Während die Vereinbarung von Zielen über die Zeit halten muß, sind die vereinbarten Mittel in hohem Maße abhängig davon, was unterwegs passiert. Es gibt keine invarianten Präferenzen außer der, daß es keine invarianten Präferenzen gibt. Die Verhältnisse unterwegs, in der Zukunft, sind nur sehr beschränkt voraussagbar. Sicher ist nur, daß dem globalen Fortschrittsprogramm gemäß die Voraussagbarkeit kleiner wird. Damit muß die Fehlerfreundlichkeit und Manövrierfähigkeit für unterwegs gesteigert werden. Schließlich und endlich gerät in der ganzen Diskussion die Voraussetzung dieser Diskussion nicht in den Blick: die Vorgabe nämlich, daß unsere Bestimmung oder Vorbestimmung zur Freiheit, die Bedingung der Möglichkeit von Komplexität nur durch eine entsprechende Steigerung der Komplexität der Strategie erfüllt werden könne.

Auch das Umgekehrte ist in der Möglichkeitsgesellschaft möglich: die Wiedereinführung von Vereinfachungen, Autoritäten, Gewißheiten, die Einschränkung der Wahlmöglichkeiten und die partielle oder radikale und damit „transzendentale" (Heintel) Entscheidung gegen die schicksalhafte Vorbestimmung (man könnte auch sagen: die Bedingung der Möglichkeit der Möglichkeit!), frei sein zu müssen. Doch diese Option ist modernitätsgemäß tabu.

*Literatur*

Csikzentmihaly, M. (1990): Flow. The Psychology of Optimal Experience. Harper and Row. New York: de Gruyter

Dörner, D. (1989): Die Logik des Mißlingens. Reinbek: Rowohlt.

Gomez, P., G. Probst (1995): Die Praxis des ganzeitlichen Problemlösens. Bern, Stuttgart, Wien: Paul Haupt

Gross, P. (1994): Die Multioptionsgesellschaft. Frankfurt a. M.: Suhrkamp.

Heintel, P. (1986): Über Entscheidung. In: Wiener Jahrbuch für Philosophie. Band XVIII.

Kierkegaard, S. (1962): Die Krankheit zum Tode. Reinbek: Rohwolt.

Luhmann, N. (1991): Soziologie des Risikos. Berlin, New York: de Gruyter.

Malik, F. (1992): Strategie des Managements komplexer Systeme. Ein Beitrag zur Management-Kybernetik evolutionärer Systeme. 4. Aufl. Bern, Stuttgart, Wien: Paul Haupt.

Scholz, C. (1997): Strategische Organisation: Prinzipien zur Vitalisierung und Virtualisierung. Landsberg: Verlag Moderne Industrie.

Vester, F., A. Hessler (1980): Sensitivitätsmodell. Frankfurt a. M.: Umlandverband.

# 6. Kapitel

## Komplexitätsmanagement und die Zukunft

*Je komplexer unsere Welt wird, desto dringlicher wird die Gestaltung der Schnittstellen von Mensch und System. Gewiß ist, daß das Unerwartete geschehen wird. Deshalb brauchen Manager Opportunismus: Sinn für die günstige Gelegenheit. Und das heißt eben eine Spürnase für Trends. Im Chaos der Bedürfnisse und Wünsche, Ideologien und Sinnformen wirkt ein Trend wie ein seltsamer Attraktor, der zumindest im Raum des Marktes ein Organisationsmuster produziert. In den Trends übt die Gesellschaft ihre eigene Zukunft. Das Verfahren, das hilft, die Zukunft mit ihrer Komplexität und Unsicherheit in den Griff zu bekommen, ist die Szenario-Technik.*

# Die gesellschaftlichen Attraktoren der Jahrtausendwende

*von Christian Lutz*

Die Wechselwirkung zwischen einer Informationstechnologie, die ihre Leistungsfähigkeit seit 45 Jahren alle 18 Monate verdoppelt, und den gesellschaftlichen und wirtschaftlichen Veränderungen hält eine Komplexitätsspirale in Gang, die in der Einführung zur vorliegenden Aufsatzsammlung umrissen ist: Eine Beschleunigung der Veränderung, die immer neue Beschleunigungen bewirkt, schaukelt sich hoch mit einer zunehmend intransparenten Vernetzung, die immer neue intransparente Vernetzungen schafft, und mit einer Ausdifferenzierung der Güter- und Dienstleistungsangebote, die zu immer neuen Ausdifferenzierungen der Nachfrage und damit wiederum der Angebote führt. Lauter Lösungen, die Probleme erzeugen, die wieder Lösungen herbeiführen, die neue Probleme erzeugen – ein chaotischer Prozeß, der wie alle chaotischen Prozesse dazu neigt, „Attraktoren" aufzuspüren: Neue Gestalten, die einem komplexen dynamischen System das Überleben im erhöhten Komplexitätsstreß ermöglichen.

Die Frage, wie solche Gestalten aussehen könnten, verspricht Aufschlüsse über mögliche künftige Entwicklungen unserer Gesellschaft. Sie sind nicht als Prognosen zu verstehen, sondern als Hinweise auf den Möglichkeitsraum, in dem sich unsere Zukünfte bewegen könnten. Erleichtert wird die Suche dadurch, daß wir uns an der Schwelle zum dritten Jahrtausend inmitten einer gesellschaftlichen Wende befinden, in der sich gewisse Attraktoren bereits bemerkbar machen.

## Der Paradigmenwechsel

Einer von ihnen ist der Umbruch des vorherrschenden Wirklichkeitsmodells, der sogenannte Paradigmenwechsel. Die Newton'sche

Maschinenwelt, die beherrscht wird durch einen außerhalb stehenden, von ihr unabhängigen cartesianischen Verstand – dieses Paradigma hat während Jahrhunderten unser Welt- und Menschenbild beherrscht, lag unserer Technik und unseren Organisationsstrukturen zugrunde und begründete die Möglichkeit einer objektiven Wahrheit. Heute ist es zum Spezialfall geworden, der freilich noch nützliche Dienste leistet, etwa in der Architektur, im Motorenbau oder in der Massenfabrikation. Gewiß, das ist inzwischen ein alter Hut, aber die Folgen der Komplexitätsspirale eröffnen uns heute einen empirischen, erlebnisnahen Zugang zum postindustriellen Paradigma, der seine gesellschaftlichen Konsequenzen unmittelbar faßbar werden läßt.

Der Ansatzpunkt liegt vor allem in den jüngsten Drehungen der Ausdifferenzierungsspirale. Sie hat sich naheliegenderweise zunehmend auf jenen Bereich verlagert, in dem ihr am wenigsten Grenzen gesetzt sind, nämlich auf die virtuellen Welten. Offenkundig erleben wir gerade erst die Anfänge jener multimedialen Explosion von Erlebniswelten, Organisationen und Produkten, die scheinbar losgelöst von den physischen Bedingtheiten wie Raum, Zeit und Materie die wahrgenommene Wirklichkeit bevölkern. Da die menschliche Kapazität der Wahrnehmung und mehr noch der Verarbeitung, gar nicht zu reden von der Speicherung von Informationen, auf naturgegebene Grenzen stößt, kann es nicht ausbleiben, daß virtuelle, künstliche, kulturelle Welten die sogenannte Wirklichkeit aus erster Hand, die „Primärerfahrungen" zunehmend verdrängen. Wie der Trendforscher Peter Wippermann kürzlich an einem des Gottlieb Duttweiler Instituts-Seminar berichtete, sollten bayrische Schulkinder kürzlich in einem Wettbewerb Kühe malen. 40 Prozent von ihnen waren lila.

Das führt natürlich flugs zur Frage, was denn nun Wirklichkeit sei und was Fiktion. Die Antwort lautet: Die Fiktion ist die Frage. Es gibt eben keine Möglichkeit, Fiktion und Wirklichkeit zu unterscheiden beziehungsweise jede Fiktion ist Wirklichkeit. Wir vermögen nicht zu sagen, was da draußen wirklich ist, sondern nur in begrenztem Masse, was da drinnen ankommt. Was wir davon als „wirklich wahr" betrachten, hängt von unseren Hypothesen über die

Welt da draußen und über uns selbst ab. Diese können sich als mehr oder weniger stabil erweisen und damit eine Wahrheitsvermutung mehr oder weniger verläßlich begründen, aber das ändert nichts an ihrem hypothetischen Charakter: Was wir als Wirklichkeit oder als Wahrheit wahrnehmen, hängt von unserem inneren Wirklichkeitsmodell ab, und dieses fungiert als Wahrnehmungsfilter. Anders ausgedrückt: Als lebende Organisationsverarbeitungssysteme entwickeln wir einen Code in Gestalt eines Wirklichkeitsmodells, der uns sagt, was relevante Informationen sind und wie wir sie verarbeiten. Gregory Bateson hat es unübertrefflich lapidar formuliert: Information ist ein Unterschied, der einen Unterschied macht. Wir fragen uns ständig, bewußt oder unbewußt, was, gemessen an unserem Wirklichkeitsmodell, einen Unterschied macht, und wenn etwas einen Unterschied macht, dann macht es einen Unterschied, das heißt es verändert unser Wirklichkeitsmodell.

So leistet der Code eines lebenden Informationsverarbeitungssystems dreierlei: Er ermöglicht ihm erstens, sein Wirklichkeitsmodell den Veränderungen ständig anzupassen, zweitens dabei seine Identität und Autonomie aufrecht zu erhalten, die in einer bestimmten Vorstellung darüber wurzelt, was den Unterschied zwischen ihm selbst und seinem Umfeld ausmacht, und drittens daraus einen Wahrnehmungsfilter zu gewinnen, der es vor der Informationsüberflutung bewahrt. Dieser Code enthält zum Teil relativ stabile Vorgaben aus der biologischen Evolution: Frei nach Konrad Lorenz sind unsere Sinnesorgane und Instinkte Gestalt gewordene Hypothesen über die Beschaffenheit der Wirklichkeit und die sinnvolle Art, sich darin zu bewegen. Im Verlauf der individuellen Biographie aber wird der Code dann zunehmend angereichert und geprägt durch die täglichen Lernerfahrungen. Wenn es eine Möglichkeit gibt, zwischen primärer und sekundärer Lebenserfahrung zu unterscheiden, so liegt sie allenfalls in dieser unterschiedlichen Entstehungsgeschichte der verschiedenen Code-Elemente. Im täglichen Erleben aber sind diese so unentwirrbar miteinander verschränkt, daß eben virtuelle Welten an Urinstinkte appellieren können, während ein „unmittelbares" Landschafts- oder Liebeserlebnis geprägt ist durch alles, was wir an Kulturprodukten gespeichert haben.

Die Ausdifferenzierungsspirale, deren multimediale Potenz wir heute erst erahnen können, schaukelt sich nun zwangsläufig hoch mit einer Spirale der Ausdifferenzierung unserer Wahrnehmungsfilter, da von irgendwelchen Autoritäten vorgegebene Wirklichkeitsmodelle, Wertestrukturen, Lebensmuster und Berufsbilder der neuen Komplexität nicht mehr standhalten. Die Individualisierung erfaßt die Selektionscodes selbst – mehr noch, sie hat bereits angefangen, das angebliche Individuum aufzusplittern: Die gehirnphysiologisch inspirierte Psychologie ist im Begriff, von der Fiktion des zentral gesteuerten Geistes Abschied zu nehmen. Der moderne „Multimind" vereinigt eine ganze Bevölkerung von Geistern mit ihren je eigenen Codes, die untereinander ein relativ lockeres Beziehungsnetz bilden und die konsequenterweise mit unterschiedlichen Wirklichkeiten interagieren. Der heutigen Jugend fällt das Surfen zwischen ihnen und das blitzschnelle Knacken ihrer kulturellen Codes bekanntlich bereits sehr viel leichter als uns Älteren, die noch von Freuds kategorischem Imperativ „wo Es war, muß Ich werden" geprägt sind.

Wenn sich nun die ganze Komplexitätsspirale auf die Ebene der Wirklichkeitsmodelle und Wahrnehmungsfilter überträgt, so hat das mehrere Konsequenzen:

• Erstens sind wir bei der Suche nach tauglichen Wahrnehmungsfiltern und Selektionsstrategien radikal auf uns selbst – wer immer das sein möge – zurückgeworfen.

• Zweitens ergibt sich daraus ein immenses Potential an Verständigungsschwierigkeiten und Mißverständnissen.

• Drittens führt dieses zur Suche nach Werten, Verhaltensmustern und strukturellen Kopplungsmedien, die ein Zusammenleben dennoch ermöglichen: Meta-Konventionen wie Offenheit, Toleranz, Empathie, kommunikative Kompetenz, Synergie- statt Null-Summen-Spiele; Resonanzbildungen in Szenen, Bewegungen, Organisationskulturen, innerhalb derer „man" sich versteht (wobei Multiminds natürlich ganz unterschiedlichen Kulturen gleichzeitig angehören können); neue Sprach- und Medienkulturen, von Popmusik bis Cyberspace, mit den zugehörigen neuen Vorstellungen von „Literacy".

Insgesamt bedeutet der Abschied von allgemein verbindlichen Vorgaben für die Wertehaltungen und Lebensmuster somit keineswegs zwangsläufig einen Werteverlust, sondern eine Wertebildung von unten her, die auch neue Gemeinsamkeiten und Verständigungsmöglichkeiten auf der Basis ähnlicher Lebenserfahrungen mit sich bringt. Hierin liegt eine erste Verbindung zum „Projekt Moderne", jedenfalls, wenn wir dieses verstehen als die Suche nach der Erfüllung des alten abendländischen Traums, daß jeder Mensch Subjekt seines Handelns werden könne (Klages).

## Das neue Organisationsmodell

Auch der seit langem zu beobachtende organisatorische Paradigmenwechsel in unserer Gesellschaft kann vor diesem Hintergrund eingängig beschrieben werden: Die Industrialisierung war geprägt von Newton'schen Organisationsmaschinen. Souveräne Planer analysierten die Wertschöpfungsprozesse bis in ihre letzten Einzelheiten, um sie dann zu optimieren und zu multiplizieren. Das Gesetz der Stückkostendegression war geboren. Wann immer neue Technologien, Produkte oder Märkte es geboten, wurde der Vorgang unter dem Druck des Wettbewerbs wiederholt. Die Konsequenz war eine nie zuvor erlebte Dynamik der Wirtschaft und Gesellschaft. Nach dem Zweiten Weltkrieg eröffnete die Informationstechnologie den Weg zur Industrialisierung des tertiären Sektors, die heute noch in vollem Gange ist. Sie wurde beschleunigt durch die diversen Wellen der Globalisierung, die den alten Industriestandorten in Europa heute so zu schaffen macht.

In diesen Schwierigkeiten zeigt sich die Rückseite der Medaille: Das industrielle Modell verlor zwangsläufig den Wettlauf mit der von ihm selbst erzeugten Komplexität. Am spektakulärsten trat dies zutage im Kollaps des Sowjetimperiums, das ja nichts anderes als ein Versuch war, die ganze Welt als zentral gesteuerte Newton'sche Maschine zu organisieren. Aber die Beinahe-Katastrophen von Weltkonzernen wie General Motors, Philips, IBM und Daimler-Benz – um nur einige zu nennen und die noch zu erwartenden Havarien mildtätig zu verschweigen – sollten unseren Blick dafür geschärft haben, daß die Götterdämmerung der Dinosaurier auch im Westen in vollem Gange ist.

Es sind im wesentlichen zwei entgegengesetzte Entwicklungen, die den traditionellen Monolithen zusetzen: Mit Hilfe der Informationstechnologie können sie über lange Strecken ihre Anschlußfähigkeit an das immer komplexere Umfeld aufrecht erhalten, aber irgendwann führt das zu einem Grad an innerer Komplexität, der sie entscheidungs- und handlungsunfähig macht. Oder der Versuch, handlungsfähig zu bleiben, verführt sie zu einer radikalen Vereinfachung der Strukturen, nach dem treffend so benannten KISS-Prinzip („Keep it simple and stupid"), das sie folgerichtig blind macht für gewisse Umfeldentwicklungen, indem es vor allem kulturelle Antennen und informelle Innovationsquellen kappt.

Doch: „Das Alte stürzt, es ändert sich die Zeit, und neues Leben blüht aus den Ruinen" (Schiller, Wilhelm Tell). Was ist das Alte, das da stürzt, und das neue Leben, das erblüht? Auch Organisationen verstehen wir im Informationszeitalter – das durch die Götterdämmerung der Dinosaurier in eine industrielle und eine nachindustrielle Phase unterteilt wird – sinnvollerweise als Informationsverarbeitungssysteme. Das Maschinenmodell des Industriezeitalters verfügt über einen Code, der von außen – von den souveränen cartesianischen Subjekten – vorgegeben ist und nur von außen geändert werden kann. Deshalb vermögen sie den Komplexitätswettlauf nicht zu überleben. Das postindustrielle Modell orientiert sich demgegenüber an lebenden Organismen, die ihren Code im ständigen Austausch mit ihrem Umfeld ständig selbst weiter und damit eine Selektionsstrategie zu entwickeln vermögen, die ihrer ganz spezifischen jeweiligen Identität entspricht. Das ist laut Niklas Luhmann eine sinnvolle Selektionsstrategie, denn Sinn erschließt sich, indem wir unter mehreren Möglichkeiten jene wählen, die unserer Selbstbeschreibung entspricht (wobei Selbstbeschreibung natürlich immer an der Differenz zur Umwelt anknüpft und auch die Möglichkeiten der Selbsterfindung mit beinhaltet). Die Selbstbeschreibung einer Organisation ist ihre Kultur, das heißt die Vorstellung dessen, was sie in den Augen der Betroffenen und Beteiligten von ihrem Umfeld unterscheidet.

Ist das schon der ganze organisatorische Paradigmenwechsel: Der Übergang vom Maschinencode zur kulturellen Steuerung durch einen sich selbst entwickelnden Code? Ich denke ja. Aber es lohnt sich, sich über die Implikationen noch etwas konkretere Gedanken zu machen. Zunächst einmal heißt das: Kleine und prozeßhafte, das heißt unternehmerisch eigenständige Teams, die sich auf ein Umfeld beschränken, an das sie voll anschlußfähig bleiben können, und die flexibel genug sind, um im Komplexitätsgebrodel mitzuschwimmen – intelligente Amöben statt Dinosaurier sozusagen. Den Extremfall, der gleichzeitig einen absehbaren Megatrend bezeichnet, nenne ich das „neue Handwerk", das heißt das Wiedererstehen des vorindustriellen Grundmusters der maßgeschneiderten Produktentwicklung im individuellen Dialog mit dem Kunden, das mit Hilfe neuer Technologien und Organisationsformen sowie sich individualisierender Kundenbedürfnisse wieder wirtschaftlich wird. Wer Augen hat, zu sehen, kann diese Tendenz schon heute in zahlreichen Güter- und Dienstleistungsmärkten erkennen.

Aber was wird aus der industriellen Stückkostendegression? Die Frage hat der amerikanische Autor Arthur Pine mit dem scheinbaren paradoxen Ausdruck „maßgeschneiderte Massenproduktion" beantwortet: Die neuen Handwerkerteams konzentrieren sich auf die Unterschiede, die für sie und ihre Kunden einen Unterschied machen, das heißt einen im Dialog ermittelten Bereich der Resonanz der Identitäten: Kernkompetenzen und Unique Selling Propositions (USP) auf der einen Seite, Bedürfnisse und Prioritäten auf der anderen. Bei den Konsumenten handelt es sich dabei immer häufiger um kulturelle Unterschiede, die den entscheidenden Unterschied machen: Die Zugehörigkeit zu bestimmten Szenen mit ihren Kulten und Ritualen, die Selbstbeschreibung, Selbsterfindung und Selbstinszenierung.

Was nicht zu diesen entscheidenden Unterschieden gehört, wird an die Technik oder an Zulieferer delegiert: Vorprodukte, Maschinen, Rechnungswesen, was auch immer. So entstehen komplexe, sich selbst entwickelnde Netzwerke aus Beziehungen zwischen kleinen, unternehmerisch autonomen Zellen, die frappant an die Struktur des Multimind erinnern. Solche Zellen befinden sich nicht nur an der

Verbindungsstelle (in Maschinenorganisationen nannte man sie „Schnittstellen") zum Konsumenten, sondern auch innerhalb der Wertschöpfungsnetzwerke, und auch hier sind die Beziehungen nach dem Muster des neuen Handwerks organisiert. Da alles, was routinisierbar ist, an die Technik delegiert wird, tun diese Netzwerke der Stückkostendegression keinerlei Abbruch, im Gegenteil: Sie bieten Gewähr, daß sie überall dort und nur dort zum Zuge kommt, wo sie ihren Platz hat, und das heißt grundsätzlich nicht dort, wo Menschen arbeiten, denn die haben bekanntlich andere Stärken als Maschinen.

Komplexe Wertschöpfungsnetzwerke sind nicht notwendigerweise hierarchiefrei, aber oft ist es schwierig, zwischen oben und unten zu unterscheiden. Sie können von oben her entstehen wie im Fall der ABB, die nach der Fusion von ASEA und BBC 5 000 autonome Profit Centers geschaffen hat, unter ihnen auch die ehemaligen Stabsabteilungen. Sie können von unten her entstehen wie in der italienischen Textilindustrie, wo Hunderte kleiner Familienbetriebe ihr gemeinsames Netz von zentralen Diensten aufgebaut haben, oder von beiden Seiten wie im Fall der schwedischen Warenhausgruppe, die sich aus dem Einzelhandel zurückzog und Hunderte selbständiger Händler bei sich einquartierte und mit Zentralen Dienstleistungen versorgte. Solche Netzwerke können mit einer Zentrale oder mit einer Vielfalt von Zentralen Diensten funktionieren. Die Gesamtstrategie etwa kann von einem Top-Management ausgehen oder von einem Beraterteam, das die Meinungsbildung geschickt koordiniert. Es kann sich um ein Filialsystem oder ein Franchising-System handeln, oder die Filialen können ihrerseits diejenigen sein, welche die Zentralen Dienste gemeinsam besitzen. Nicht nur die Unterscheidung zwischen oben und unten, auch jene zwischen innen und aussen gerät in Fluß, und wird im Lauf eines kulturellen Prozeßes vielleicht einmal so, einmal anders definiert.

Management ist in solchen Organisationen ein permanenter und allgegenwärtiger Prozeß, an dem praktisch alle Arbeitskräfte mehr oder weniger beteiligt sind, und an die Stelle des Maschinen-Viertakts „Planen, Entscheiden, Anweisen, Kontrollieren", tritt der Vierspänner „Katalysator, Animator, Fazilitator, Kommunikator". Es handelt sich um intelligente Organisationen, die Wissen, Erfahrung, Energien und Emotionen aus dem Umfeld und in ihrem Inneren rasch in Kundennutzen umzusetzen vermögen, weil sie auf informelle Prozesse, Spontaneität, Vertrauen, gute zwischenmenschliche Beziehungen, Synergiespiele und Selbstverantwortung aufbauen. Zentrales Koordinationsinstrument ist die Organisationskultur, das heißt das gemeinsame Verständnis dessen, was man ist, was man tut, was man unter Erfolg versteht und wo man hin will. Im Wertschöpfungsnetz entwickeln sich Elemente einer übergreifenden Kultur, in der eine Vielfalt von Einzelkulturen der unternehmerischen Zellen und gewisser Teilverbände Platz hat.

Immer öfters handelt es sich um virtuelle Organisationen, ohne physische Zentrale, in denen die Möglichkeiten, Transport durch Telekommunikation zu ersetzen, genutzt werden, wo immer es den Interessen der Betroffenen und Beteiligten entspricht und damit profitabel ist: Von den globalen Entwicklungsteams über die wohnortnahen Arbeitsplätze bis zur Verlagerung der Produktion in die individuell steuerbaren Kleinstautomaten im Einkaufszentrum oder im eigenen Heim.

## Vom Arbeitnehmer zur Lebensunternehmerin

Mit dem industriellen Organisationsmodell verschwindet auch der Arbeitnehmer. Leitfigur des nachindustriellen Zeitalters ist die Lebensunternehmerin, also der Mensch, der sein Leben ähnlich wie ein Unternehmen führt. Dafür sorgt natürlich die Komplexitätsspirale: Die Optionenflut, die nicht nur anschwillt, sondern auch immer rascher ihre Gesamtgestalt ändert, macht, wie schon gesagt, vorgegebene Lebensmuster, Berufsmodelle und Werthaltungen obsolet.

Die einzige sinnvolle Selektionsstrategie in der täglichen Qual der Wahl knüpft an der eigenen Selbstbeschreibung an: Was sind meine Stärken, Vorlieben und Beziehungspotentiale? Was sind die Möglichkeiten, die mir das Umfeld eröffnet? Was will und kann ich daraus machen? Indem ich mir diese Fragen immer wieder stelle, entwickelt sich mein ganz persönlicher Lebenspfad, der sich in ganz eigener Weise hinschlängelt durch das Gebrodel der nachindustriellen Welt.

An die Stelle einer Berufsausbildung, die mich auf eine lebenslange Schiene setzt, tritt eine lebenslange Entwicklung, die wohl Peter Gross am treffendsten charakterisiert hat als „Tätigkeitenportfolio", eine maßgeschneiderte Kombination aus verschiedenen Erwerbs- und Nichterwerbstätigkeiten, die sich im Lauf des Lebenspfades immer wieder verändert. Ihr entspricht ein differenziertes Beziehungsportfolio aus Familie, Freunden, Hausgenossen, Nachbarn, Berufskollegen, Politik, Kultur, Hobby, Fachkreisen etc., denn Lebensunternehmer wissen aus Erfahrung, daß nicht die Null-Summen-Spiele, sondern die Synergie-Spiele am erfolgreichsten sind. Ihre Selbstverantwortung bedeutet daher in der Regel auch Mitver-antwortung, das heißt sie antworten auf die Erwartungen des Umfeldes, oder um es mit den Worten des Schweizer Wirtschaftspioniers Gottlieb Duttweiler zu sagen: „Der Egoismus ist…der mächtigste Motor des Menschen. Wenn dieser…nur weitsichtig gestaltet werden kann, so gleicht er schon verzweifelt dem Altruismus…".

Erwerbstätige sind Lebensunternehmer, Kleinunternehmer, Mitunternehmer, Auftragnehmer, allenfalls „Intrapreneurs" (Naisbitt), aber immer seltener Angestellte. Der Arbeitsmarkt löst sich auf im Güter- und Dienstleistungsmarkt. Ort, Zeit und Organisation der Arbeit wird Gegenstand der Selbstbestimmung oder der Aushandlung mit Kollegen und Auftraggebern. Honorare werden für Erfolge, Leistungen oder einfach für die Verfügbarkeit von Kenntnissen und Beziehungspotentialen bezahlt, und nur dort, wo es wirklich darauf ankommt – zum Beispiel bei Nachtwächtern – für Präsenzzeiten.

Das nachindustrielle Zeitalter wird weiblich geprägt sein. Seit dem Abschied von den traditionellen Geschlechterrollen haben die Frauen nolens volens das Lebensunternehmermuster eingeübt. Die neue Flexibilität ist für sie eine Erleichterung, für die Männer aber eine Komplikation. Außerdem haben sie sich das breite Spektrum von Fähigkeiten, das jedem Menschen in die Wiege gelegt ist, bewahrt, während die Männer alles wegrationalisiert haben, was in ihren eindimensionalen Laufbahnen nicht zum Erfolg beitrug. Deshalb werden die Frauen zunehmend die Führungsrollen übernehmen. Auch dafür gibt es bereits heute erste Anzeichen.

# Von der „neuen Polis" zum „virtuellen Staat"

Auch die Staatsstrukturen bleiben von der Komplexitätsspirale nicht verschont. Auch hier herrschen mechanistische, zentral gesteuerte, wenngleich mehr oder weniger demokratisch kontrollierte Apparate vor, die unter dem Druck sich immer rascher verändernder Anforderungen und eigener Unbeweglichkeit immer tiefer in strukturelle Defizite geraten und vor ihrer Handlungsunfähigkeit in symbolische Politikrituale fliehen.

Unter der scheinbar bewegungslosen Oberfläche aber tut sich einiges. Das „Subsidiaritätsprinzip", das nicht von ungefähr so groß in Mode gekommen ist, setzt sich zunehmend durch: Nach dem Gebot „So hoch oben wie nötig, so tief unten wie möglich" wandern immer mehr Entscheidungen von den heutigen Nationalstaaten ab – nach oben zur EU, OSZE, UNO etc., aber mehr noch nach unten, in die Regionen und Gemeinden. Gleichzeitig wandern nach den beiden anderen Subsidiaritätsgeboten – „So staatlich wie nötig, so privat wie möglich" und „So formell wie nötig, so informell wie möglich" – immer mehr Kompetenzen ab in die Privatsphäre, zu den multinationalen Firmen, in die Privatisierung und Deregulierung, und jene Leistungen, die beim Staat verbleiben, werden nach den Prinzipien des „New public management" gewissermaßen funktional entstaatlicht.

In der Fortschreibung dieser Tendenzen tauchen zwei Gestalten auf, die mir zum nachindustriellen Paradigma zu passen scheinen, die „neue Polis" und der „virtuelle Staat". Die neue Polis ergibt sich aus drei Kräften, die direkt oder indirekt ihrerseits Konsequenz der Komplexitätsspirale sind:

1. Aus der Notwendigkeit, den definitiven Verkehrs- und Umweltkollaps zu verhüten, indem der Trend zur großräumigen Arbeitsteilung in der Weltwirtschaft, auf den Kontinenten und in den

Großstadtagglomerationen umgedreht wird. Er beruht auf Verkehrs- und Energiepreisen, die nicht die langfristigen gesellschaftlichen Gesamtkosten spiegeln.

2. Dem Bedürfnis der Menschen, in überschaubaren, persönlich gestaltbaren Verhältnissen zu wohnen und zu arbeiten, ohne täglichen Pendlerstreß, unter vertrauten Menschen, in gesunder Atmosphäre, mit Produkten aus vertrauter Umgebung.

3. Der Möglichkeit, diesen Notwendigkeiten und Bedürfnissen Rechnung zu tragen durch dezentrale, flexible Organisationen und Multimedia-Telekommunikation.

Die Konsequenz ist ein Megatrend in Richtung „dezentraler Verdichtung", das heißt der Verlagerung auf regionale Kreisläufe und des Zusammenrückens von Wohnen, Arbeiten, Einkaufen, Geselligkeit etc. in den Dörfern, Kleinstädten und sich verselbständigenden Stadtquartieren. In dem Maße, wie dort wieder eigentliche Lebenszentren entstehen, wird auch das demokratische Engagement eine Renaissance erleben. Gleichzeitig verhindert der Anschluß an die „Global virtual city", daß Dorf Provinz bedeutet. In der neuen Polis, die offenkundig demselben Strickmuster angehört wie die künftige Organisation und die Lebensunternehmerin, liegt somit die Keimzelle künftiger Staatsgebilde.

Oben dran aber könnten sich mit der Zeit Netzwerke entwickeln, die sich zunehmend von der territorialen Bindung heutiger Staaten emanzipieren und deshalb so etwas wie „virtuelle Staaten" genannt werden könnten: Produzenten gewisser Bündel staatlicher Dienstleistungen, die auf verschiedenen Ebenen angesiedelt sind und sich territorial überschneiden und konkurrenzieren können. Grenzüberschreitende Regionalverbände, spezialisierte kontinentale oder globale Organisationen, Koordinationsinstrumente gewisser Staatengruppen, Kontrollinstitutionen gewisser Wirtschaftssektoren etc. Auch hierzu sind die Ansätze bereits zu erkennen. Eines Tages wird unsere Lebensunternehmerin in ihrer Handtasche nicht nur ein Portefeuille von Kredit- und Zahlkarten mit sich tragen, sondern auch eines ihren Bedürfnissen und Lebenshaltungen entsprechender Staatsbürgerschaften.

# Das kulturelle Zeitalter

Das postindustrielle Zeitalter verspricht ein kulturelles zu werden. Weshalb?

1. Die Lebensunternehmer von morgen werden ihren Einkaufskorb mit anderen Gütern und Dienstleistungen füllen als die Arbeitnehmer von heute. Die Entscheidung zwischen verschiedenen Anbietern und Produkten wird zunehmend von ihren kulturellen Qualitäten abhängen. Kulturelle Dienstleistungen, die bei der Selbst(er-)findung, Selbstinszenierung, Weiterentwicklung, Orientierung, Animation etc. helfen, werden einen wachsenden Platz beanspruchen.

2. Da die Routine konsequent an die Technik delegiert wird, konzentrieren sich die Menschen im Wertschöpfungsnetzwerk zunehmend auf kulturelle Tätigkeiten: Innovation, Kreativität, Animation, Design, Inszenierung, Kommunikation, Synergieproduktion...

3. Das gemeinsame Kulturverständnis wird zum zentralen Koordinationsinstrument, und der interkulturelle Dialog innerhalb einzelner Wertschöpfungsnetzwerke, aber auch über ihre Grenzen hinweg sowie zwischen verschiedenen Regionen wird zur Hauptquelle der wirtschaftlichen und gesellschaftlichen Synergie.

4. Der kulturelle Sektor im traditionellen Sinn – die Künste, die Bildung, die Medien, die Wissenschaften, das Design – wird zum wichtigsten wirtschaftlichen Wachstumssektor (genau besehen ist er es schon heute), als Zulieferer der Wertschöpfungsnetze und als Anbieter von Gütern und Dienstleistungen für den Konsumenten. Er spielt eine zentrale Rolle bei der Entwicklung der neuen Kopplungsmedien.

5. Die fortschreitende Entmaterialisierung der Wertschöpfung, die schon mit der Hyperindustrialisierung eingesetzt hatte, indem natürliche Ressourcen zunehmend durch Informationsverarbeitungsleistungen ersetzt wurden – „intelligente" Materialien, Prozesse, Strukturen und Produkte nannte man dies damals –, setzt sich beschleunigt fort, einerseits durch die Virtualisierung der

Netzwerke, anderseits durch die Verlagerung der Nachfrage auf kulturelle Qualitäten. Das ist natürlich gleichzeitig auch die Bedingung dafür, daß wir es mit einem nachhaltigen Szenario zu tun haben: Das nachindustrielle Zeitalter wird entweder ein kulturelles Zeitalter sein oder gänzlich scheitern.

## Die Chancen und Risiken des Projekts Moderne

Es wird ohne weiteres einleuchten, daß wir es soweit mit einem Szenario zu tun haben, das mit noch nie dagewesenen Chancen für das Projekt Moderne verbunden ist, wonach jeder Mensch zum Subjekt seines Handelns werden können soll. Das ist auf den ersten Blick paradoxerweise gerade deshalb der Fall, weil es sich verabschiedet von der cartesianischen Fiktion des souveränen Subjekts, das mittels seines außerhalb stehenden Verstandes die Weltmechanismen zu beherrschen vermag. Bekanntlich führte diese Fiktion – getreu der mephistophelischen Erkenntnis „Du glaubst zu schieben, und Du wirst geschoben" – in Tat und Wahrheit dazu, daß die Menschen insgesamt zunehmend zu Knechten der Maschine, zu fremdbestimmten Rädchen im Mechanismus wurden. Gerade dadurch, daß der Mensch sich versteht als Lebewesen, das eingespannt ist in das ewige Spiel von Einfluß nehmen und beeinflußt werden, aus dem die Evolution, die Geschichte und die Biographie besteht, gewinnt er die entscheidende Souveränität, nämlich jene, in diesem Spiel nach der ihm entsprechenden Selektionsstrategie zu suchen und damit seine Identität zu bewahren, weiter zu entwickeln und ihr entsprechend, das heißt sinnvoll zu leben.

Paradox mag auch anmuten, daß wir mit der Komplexität gerade dadurch sinnvoll umzugehen vermögen, daß wir sie durch sinnorientierte Selektionsstrategien vom Gesamtsystem aus betrachtet erhöhen, statt sie durch zentral gesteuerte Interventionen zu reduzieren. Genau diese Paradoxie aber führt zu den Risiken, welche die Komplexitätsspirale für das Projekt Moderne ebenfalls beinhaltet: Nicht nur ist die Paradoxie schwer zu begreifen, sondern die nachindustriellen Lebens- und Organisationsmuster, die auf sinngesteuerten Selektionsstrategien beruhen, bedeuten auch Überforderungen für viele, besonders für jene Menschen, die diese Paradoxie nicht begreifen können, weil sie durch industrielle Organisations- und Lebensmuster geprägt sind, das heißt gewöhnt sind, nach von außen vorgegebenen Mustern zu handeln.

Damit will ich auch sagen, daß die postindustriellen Muster nicht an sich eine Überforderung darstellen, denn sie stellen Anforderungen, die dem breitem Spektrum allgemein menschlicher Qualitäten wie Flexibilität, Lernfähigkeit, Initiative, Neugier, soziale und kommunikative Kompetenz, Intuition, praktische Vernunft etc. entspricht. Sie erfordern gerade nicht besondere intellektuelle Brillanz oder hochgezüchtetes Spezialistenwissen oder Universalgenies – letzteres umso weniger, als sich in den nachindustriellen Wertschöpfungsnetzwerken die Dienstleistungen entwickeln werden, die dem einzelnen Lebensunternehmer erlauben, sich auf seine besonderen Stärken zu konzentrieren.

So liegen die Überforderungen voraussichtlich eher im Generationen- und Kulturenwechsel: Die Produkte einer dequalifizierenden Erziehung und Ausbildung, eindimensionaler Erfolgsmuster, auf Fremdbestimmung beruhender Organisationen, autoritärer Regimes, entmündigender Kulturen, einer defizienten Sozialisation oder einfach einer ungenügenden Grundbildung sind von der Überforderung bedroht. Mehr noch: Das Wesen dieser Bedrohung, eben die Komplexitätsspirale, macht sie besonders anfällig für einen Teufelskreis, der das Szenario des kulturellen Zeitalters insgesamt bedroht, nämlich für den Fundamentalismus.

Fundamentalismus ist ja nichts anderes als die entgegengesetzte Selektionsstrategie: Statt aus der persönlichen Biographie heraus die passenden Wahrnehmungsfilter zu entwickeln, unterzieht man sich einer autoritären Komplexitätsreduktion durch festgefügte Weltbilder und Wertsysteme, die von charismatischen Führern oder durch Gehirnwäsche gesetzt und mit der Geborgenheit in einer Szene Gleichgesinnter und klarer Orientierungen belohnt werden. Der Preis ist freilich die Abschottung, die erzwungene Lernblockade, die fortschreitende Dequalifizierung, die Kommunikationsunfähigkeit, die Radikalisierung, und dieser Preis steigt ständig, weil sich die Welt außenherum ja weiter verändert. Es kommt zur fortschreitenden Marginalisierung, Perspektivlosigkeit und Verarmung.

Unterstützt wird dieser Teufelskreis durch die wohlfahrtsstaatlichen Systeme, die als Falle wirken, der kaum mehr zu entrinnen ist: Will man etwas hinzuverdienen, macht man sich strafbar oder verliert die Unterstützung. Außerdem entläßt die Sozialarbeiterszene ihre Kunden nur ungerne in die freie Wildbahn. Da aber gleichzeitig die wohlfahrtsstaatlichen Netze immer löchriger werden, fängt immer häufiger die Mafia jene auf, die durch die Maschen gefallen sind. Bedrohlich wird diese Entwicklung nicht zuletzt dadurch, daß die besonders gefährdeten Gruppen statistisch alle im Zunehmen begriffen sind: Ausgesteuerte, Immigranten, unterqualifizierte Jugendliche, unbeweglich gewordene Ältere, Alleinerziehende (wobei im letztgenannten Fall häufig nicht ein Mangel an Flexibilität und an breiten Qualifikationen, sondern ganz einfach die Kumulation schwieriger Umstände Wurzel der Überforderung ist).

So entsteht das Bild einer neuartigen, auseinander driftenden Zweiklassengesellschaft: Hier die LebensunternehmerInnen in den glücklichen Dörfern, dort die Perspektivlosen der großstädtischen Armenghettos, und als einzige Brücke dazwischen die Rotlichtviertel und die wieder erschwinglichen Dienstboten.

Die Chancen des Projekts Moderne im nachindustriellen Zeitalter hängen deshalb entscheidend davon ab, daß wir, namentlich in Europa, den Weg finden zu einem Umbau des Wohlfahrtstaates und der Bildungspolitik, der folgende Quadratur des Kreises bewältigt: Einerseits muß die unternehmerische Haltung dem eigenen Leben gegenüber, die Suche nach dem maßgeschneiderten Lebenspfad in einem Prozeß lebenslangen Lernens, auf der Basis der Selbst- und Mitverantwortung, unterstützt werden. Anderseits muß durch Annäherung der Startchancen, Hilfe zur Selbsthilfe und ein minimales soziales Auffangnetz dafür gesorgt werden, daß alle eine Chance zum Lebensunternehmertum erhalten und Abstürze nicht ins Bodenlose führen.

Verpassen wir diese Weichenstellung, provozieren wir damit die Gefahr, daß die Komplexitätsspirale in ein ganz anderes Szenario umkippt: Jenes einer autoritären, faschistoiden Komplexitätsreduktion, in der die Chance eines kulturellen Zeitalters untergeht, und mit ihr jene eines gewaltigen Sprungs in Richtung des abendländischen Traums, daß die Menschen Subjekte ihres Handelns werden. Daß ein solches Szenario auch die Chancen einer nachhaltigen, weil sich zunehmend von den ökologischen Restriktionen abkoppelnden Entwicklung zerstören und infolgedessen in einen Teufelskreis des wirtschaftlichen Niedergangs führen würde – gewissermaßen zur „DDRisierung" von Wirtschaft und Gesellschaft –, sei nur nebenbei erwähnt.

Diese europäische Weichenstellung ist gleichzeitig eine globale. Weltweit ist die Gefährdung eines Umkippens in autoritäre Modelle noch erheblich akuter. Gleichzeitig aber ist Verlaß darauf, daß gerade wirtschaftlich weniger entwickelte und von ihrer Altersstruktur her junge Bevölkerungen dem nacheifern werden, was sie als „modern" wahrnehmen. Wir wissen heute, daß die Lösung der Nord-Süd-Problematik nicht über Finanzspritzen und Großinvestitionen führt, sondern über die Herausbildung politischer und wirtschaftlicher Kulturen, die an den jeweiligen Traditionen anknüpfen, soweit diese nicht rettungslos verschüttet sind, und aus den interkulturellen Unterschieden Synergien gewinnen. Wenn es eine globale Verantwortung Europas gibt, so besteht sie darin, dieses Potential mit Hilfe des eigenen Aufbruchs in eine kulturelle Moderne zu mobilisieren.

*Literatur*

Bateson, G. (1982): Geist und Natur, S. 274. Frankfurt a. M.: Surkamp.

Gergen, K.J. (1991): The Saturated Self. Dilemmas of Identity in contemporary Life. New York: Basic Books, A Division of Harper Collins Publishers.

Gross, P. (1994): Die Multioptionsgesellschaft. Frankfurt a. M: Suhrkamp.

Klages, H. (1992): Traditionsbruch und Modernisierung. Perspektiven der Wertewandelsgesellschaft. Frankfurt a. M., New York: Campus.

Lutz C. (1995): Leben und Arbeiten in der Zukunft, 2. Auflage. München: Langen Müller/Herbig.

Naisbitt, J. (1982): Megatrends: Ten New Directions Transforming Our Lives. New York: Warner Books.

Ornstein, R., L. Carstensen (1991): Psychology: The Study of Human Experience, 3. Auflage. San Diego, New York, Chicago u.a.: Harcourt Brace Jovanovich, Publishers.

Pine, A (1994): Maßgeschneiderte Massenfertigung. Wien: Ueberreuther.

Waldrop, M.M. (1996): Inseln im Chaos. Die Erforschung komplexer Systeme. Hamburg: Rowohlt.

# Komplexität und Trendmagie

*von Norbert Bolz*

Alle, die „machen" und „gestalten" wollen, haben heute dasselbe Problem. Bei der Ding-Gestaltung zeigt sich, daß die Form nicht mehr der Funktion folgt – die Designer haben deshalb längst Abschied vom Funktionalismus der Neuen Sachlichkeit genommen. Bei der politischen Gestaltung stellt sich das Problem der Unplanbarkeit – und auch hier gilt heute, was Philosophen schon seit Jahrzehnten verkünden: das Ende der Großen Erzählungen. Ideologie, das grand design der Politik, wird nur noch von sektiererischen Außenseitern formuliert. Daß keiner das Patentrezept hat, ist heute politische Selbstverständlichkeit. Und bei der Selbst-Gestaltung lautet das Problem: Krise der Identität – das gilt allen Beschwörungen eines neuen Individualismus zum Trotz.

Der gemeinsame Nenner dieser Gestaltungsprobleme lautet: Komplexität. Doch was heißt das? Zunächst einmal besteht Einigkeit darüber, daß unsere Welt hochkomplex ist. Doch das heißt nicht einfach: nicht einfach. Einfachheit ist nicht der Gegensatz von Komplexität – das wäre ein zu einfacher Begriff von Komplexität. Das Problem der Komplexität taucht also schon in ihrem Begriff auf. Und man bekommt leicht den Eindruck: Komplexität ist zu komplex, um definiert werden zu können. Wir schlagen deshalb zunächst einmal ein ganz bescheidenes Kriterium für den sinnvollen Gebrauch dieses Begriffs vor: Ein System ist komplex, wenn man mehrere Beschreibungen dafür braucht.

Für diesen Begriff von Komplexität gibt es ein einfaches Modell: die allen noch aus dem Physikunterricht vertraute, erstaunliche Tatsache, daß man zur Beschreibung des Lichts zwei ganz unterschiedliche Konzepte braucht: die Korpuskular- und die Wellentheorie. Oder denken Sie an das System der Wirtschaft. Hartnäckig halten sich die unterschiedlichsten, ja feindlichsten Theorieansätze. Sie reihen sich keineswegs als vorläufige Stationen auf dem Weg zur Wahrheit aneinander, sondern alle sind „irgendwie richtig". Auch ein Kunstwerk ist ein hochkomplexes System – und das zeigt sich eben an der Vielzahl der Interpretationen, die sinnvoll möglich sind.

## Chaos und Black Box

Komplex heißt für uns meist: zu komplex – nämlich für unser vertrautes lineares Denken. Wenn sich dieses lineare Denken eine Vorstellung von Komplexität macht, ergeben sich immer wieder zwei Grundformen: das Chaos und die Black Box. Unfaßbare Komplexität erscheint als Unordnung, erzeugt den Anschein von Chaos – man spricht dann gerne von der „neuen Unübersichtlichkeit". Das betrifft vor allem Großsysteme, die „irgendwie" funktionieren – die Börse etwa. Zum andern treffen wir immer wieder auf komplexe Sachverhalte, die wir „beherrschen" ohne sie zu verstehen – zum Beispiel den CD-Player. Hier sprechen wir von Black Boxes, deren Magie ganz schlicht darin besteht, daß sie einfach funktionieren, aber eine hochkomplexe Struktur haben.

Wenn man sich das klar macht, wird erstens verständlich, warum die Chaostheorie und die Theorie des Fraktalen auch Menschen faszinieren, die von Mathematik keine Ahnung haben. Man denke nur an das sogenannte Chaos-Management und die Fraktale Marke. Das Heilsversprechen lautet: Orientierung im Unübersichtlichen, Mustererkennung im Regellosen, Sinn im kaleidoskopischen Wechsel. Verständlich wird damit aber auch, zweitens, das unaufhaltsame Vordringen des Designs in alle Lebensbereiche. „Alles Design" lautete ein ironisch gemeinter Titel des kritischen Bewußtseinsmagazins Kursbuch. Und das trifft ganz schlicht zu. Denn Design ist die Gestaltung von Benutzeroberflächen, die uns die Angst vor dem Umgang mit Black Boxes nehmen sollen. Je komplexer unsere Welt wird, desto dringlicher wird die Gestaltung der Schnittstelle von Menschen und Systemen, zu Deutsch: Interface-Design.

Designer sind die Meister der Vereinfachung. Ihre Aufgabe lautet stets: Reduktion von Komplexität – und zwar so, daß die Oberfläche des Gebrauchs ein sinnvolles Bild, ein Bild des Sinns anbietet.

Schalte deinen Computer ein, und auf dem Bildschirm empfängt dich nicht die gefährliche logische Tiefe des Digitalen, sondern ein Schema wohlvertrauter Icons, das dir suggeriert, nach wie vor in der Menschenwelt des Analogen zu operieren. Ist das nun eine schreckliche oder eine wohltuende Simplifikation? Vielleicht gibt es schreckliche Simplifikationen überhaupt nur für den Aufklärer, der Oberflächen prinzipiell mißtraut. Der Designer dagegen will zum Gebrauch verführen und deshalb muß er die Angst der Menschen vor der Technik, den opaken Gadgets, wegarbeiten. Design zielt heute nicht mehr auf funktionalistisch-sachliche Transparenz, sondern auf Sicherheit und Weltvertrauen – und steht damit eher auf Seiten der Religion als der Aufklärung.

Das kann man sich an einem der Schlüsselwörter unserer Gegenwart deutlich machen: Benutzerfreundlichkeit. Damit ist ja nicht gemeint, daß der „User" verstehen soll, was er tut, sondern daß man ihm jede Irritation erspart. Ein benutzerfreundlicher Computer läßt mich vergessen, daß ich es mit einem Rechner zu tun habe; sein Interface-Design schirmt mich ab gegen die posthumane Technologie des Digitalen. Benutzerfreundlichkeit ist also genau das, was der Soziologe Schelsky einmal als „Vertrautheitsselbsttäuschung" bezeichnet hat.

## Drei Welten

Doch ob Chaos oder Black Boxes: Komplexität ist unser postmodernes Schicksal. Und gerade deshalb haben die Verheißungen von Einfachheit, Echtheit und Glaubwürdigkeit heute Hochkonjunktur. Unser aller Problem ist nämlich, daß wir nur simplifizierend auf die Komplexitäten unserer Welt antworten können. Politiker haben längst von der Illusion eingreifenden, geplanten Handelns Abschied genommen und rechnen mit dem Geschehen „statt dessen". Das Provisorische wird zum Dauerzustand, und nichts ist heute stabiler als die Funktion „bis auf weiteres". Aus Überkomplexität folgt gerade für die Politik ein Vorrang der Praxis. Jeder Politiker entscheidet nämlich unter dem Zwang zur Verkürzung – als ob er eine

Sicherheit hätte. Und deshalb darf er es „so genau" gar nicht wissen wollen. Selbst die Philosophen scheinen endlich einzusehen, daß es keine Prinzipien und Letztbegründungen gibt, sondern daß wir es immer mit Als-ob-Konstruktionen zu tun haben; daß im Zentrum jeder Theorie eine Metapher steht, die sich nicht in Begriffe auflösen läßt. Das sind nur einige wenige Beispiele für die Kompensationen und Hilfskonstruktionen, mit denen wir das Chaos des Alltags lebbar machen.

Als ob, statt dessen, bis auf weiteres – das soll besagen: Man hat nie genug Eigenkomplexität, um auf die Umwelt angemessen zu reagieren; deshalb braucht man Reduktionen und Kompensationen. Und hier gibt es drei große Strategien, die mich von den drei Welten des Komplexitätsmanagements sprechen lassen:

•   die Welt des Chaos,

•   die Welt mittlerer Komplexität,

•   die Welt der Einfachheit.

Ich gebe zunächst eine Ultrakurzcharakteristik dieser drei Welten, indem ich sie auf die verschiedenen Ebenen des Mediums Computer beziehe.

1. Die Welt des Chaos fordert den Mut zum Blindflug. Die hier entscheidende Leistung ist das, was Friedrich von Hayek die „Anpassung an das Unvorhersehbare" genannt hat. Chaospiloten steuern in der Datenflut. Technisch konkret ist es die Welt der Netzwerke, der Cyberspace. Diese Welt kann man nicht lesen oder sonstwie linear erschließen – hier muß man navigieren und surfen.

2. Das Level der mittleren Komplexität fordert Medienkompetenz. Hier steht der Computer als Universalmaschine im Zentrum, weil er die goldene Mitte, genauer, die goldene Brücke zwischen der funktionellen Klarheit älterer Technologien (etwa Uhren) und der unnachvollziehbaren Komplexität – sei es der Weltgesellschaft, sei es des Menschenhirns – darstellt. Programmierer entwickeln in diesem Bewußtsein neue Werkzeuge des Wissensdesigns – Stichwort: Hypertext.

3. Das Reich der Einfachheit verspricht Sinn und Orientierung. Hier herrschen die Trends, die als Kurzzeitreligionen das Wertevakuum füllen – man könnte von einem Ideenrecycling sprechen. In diese Welt paßt der User, der mit seinen CD-ROMs im Multimedia-Wunderland abtaucht.

## Schwierigkeiten mit dem Einfachen

Das sind die drei fundamentalen Strategien des Umgangs mit Komplexität. Doch noch ist die Frage unbeantwortet: Was heißt Komplexität? Offenbar handelt es sich um einen autologischen Begriff, das heißt einen Begriff, den man sinnvoller Weise auf sich selbst anwenden kann. Der Begriff Komplexität ist selbst komplex. Das zeigt sich daran, daß Komplexität nicht einfach das Gegenteil von Einfachheit ist. Und Komplexität heißt auch nicht Kompliziertheit. Deshalb muß eine Darstellung des Komplexitätsbegriffs nicht schwer verständlich sein. Versuchen wir es also – so einfach wie möglich.

Wenn man ein System komplex nennt, ist immer mitgemeint, daß wir es mit Verknüpfungen von Fall zu Fall zu tun haben. Das kann man sich gut an Netzwerken wie dem Internet verdeutlichen. Diese Verknüpfungen von Fall zu Fall schließen aber jede strukturelle Eindeutigkeit aus; es gibt kein Flußdiagramm des Komplexen. Komplexität heißt demnach immer: Es fehlen Informationen, um sicher zu rechnen. Auf organisatorischer Ebene – also etwa für Firmen oder Regierungen – bedeutet das aber: Je komplexer ein System ist, desto wahrscheinlicher ist die Fehlentscheidung. Und auf der Steuerebene der Algorithmen – zum Beispiel im Software-Design – bedeutet es: Kein komplexes Programm ist fehlerfrei; es gibt kein Ende des Debugging.

So kommt der Zufall ins Spiel. Man könnte geradezu sagen: Komplexität ist ein Maß für den Zufall – und zwingt Systeme, sich auf Zufall einzustellen. In unserer sozialen Erfahrung zeigt sich das im Schwinden des Konformismus, in der Unverbindlichkeit der Tradition und an der Unvorhersehbarkeit der Karriere. Konstant ist nur der Eindruck: das war nicht zu erwarten. Je komplexer eine Gesell-

schaft ist, desto wahrscheinlicher wird abweichendes Verhalten.
Und so können wir uns komplexe Gesellschaften als Zufallsgenera-
toren modellieren. Die Börsenkurse, die Karrierechancen, die Prognosen der Wissenschaftler – wahrscheinlich ist nur: morgen ist es
anders! Und niemand kann einem in der Informationsflut und der
Fülle von Optionen auf dem Markt auf die Frage antworten: Was ist
wichtig? Weil alles, was ist, auch anders möglich wäre, und niemand
verbindlich sagen kann, was wichtig ist, ist alles Handeln eine Ver-
kettung von kontingenten und deshalb riskanten Selektionen.

Kein Mensch und kein System könnte unter dem Trommelfeuer der
Daten und Optionen existieren. Es geht nicht ohne Reizschutz beziehungsweise Ignoranz. Ein Filter reduziert Komplexität, indem er
eine gewisse Informationsmenge als „Noise" disqualifiziert. So
funktioniert das Bewußtsein als Reizschutz; aber so funktioniert
auch das Ohr als – mit den unnachahmlich präzisen Worten Norbert
Wieners: frequenzbandbeschneidender Empfänger. So funktionieren die Massenmedien mit ihrem Filter der Sensation. Das Problem
ist nur: Die Reduktion der Komplexität außen steigert die Komplexität innen. Das klingt kompliziert, ist aber ganz einfach zu verstehen. Die Politik etwa bezieht sich auf eine Umwelt, die aus extrem
unterschiedlichen Individuen besteht: unterschiedlich in Begabung,
Einkommen, Risikobereitschaft und Initiative. Um nun diese Menschen „gleich" zu behandeln, die Unterschiede also zu reduzieren,
bedarf es einer ungeheuer komplexen Sozial- und Steuerpolitik. Und
jeder, der einmal an einer Universität war, weiß: Mehr Demokratie
wagen, heißt, die Bürokratie vermehren.

Und so gilt überall: Eine Organisation, die Komplexität reduziert
und Übersichtlichkeit schafft, wird im selben Maße selbst komplex.
Wenn es sich um die Komplexität des gesellschaftlichen Lebens
handelt, resultieren zwangsläufig Kafkasche Verhältnisse. Jeder, der
einmal in der Verwaltung tätig war oder auch nur vorstellig geworden ist, kennt Josef K.s Prozeß aus eigener Erfahrung. Und wir verstehen jetzt, warum es nicht anders sein kann.

Daß Einfachheit nicht das Gegenteil von Komplexität ist, zeigt sich
auch daran, daß es komplexe Vereinfachungen gibt; und die sind

gerade für moderne Systeme „fundamental". Denn moderne Systeme produzieren die Elemente, aus denen sie bestehen, selbst. Auch das ist eine Technik der organisierten Ignoranz – höflicher gesagt: der Körnung. Das Elementare eines Systems ist Resultat einer sehr komplexen Selbstsimplifikation. So abstrahiert das System, erstens, von allem, was „unterhalb" seiner Körnung liegt – zum Beispiel abstrahiert die Politik von einzelnen Menschen. Und es abstrahiert, zweitens, von der Evolution, der es unterliegt – als ob es so bleiben dürfte, wie es ist. Deshalb nennt man komplexe Systeme metastabil, das heißt sie existieren in einer Zeitspanne verzögerter Evolution.

## Humanismus und Aufklärung als Problemerkennungswiderstand

In Anlehnung an eine berühmte Bibelstelle könnte man sagen: Komplexe Systeme sind ein Skandal für den Humanismus und ein Ärgernis für die Aufklärung. Denn sie lassen wenig Raum für planende Vernunft, souveräne Subjekte und progressive Ideen. Je komplexer ein System nämlich ist, desto weniger kann man es durch Befehle steuern. Und es läßt sich nicht einmal zentral überwachen. Komplexität zwingt zur Arbeitsteilung der Kontrolle. Die Patentrezepte der Gurus sind deshalb so sinnlos wie die Reformprogramme der Meisterdenker. Komplexität schließt Rezepte aus. Und sie bürdet alle Beweislast den Veränderern auf. So plädiert der Soziologe Niklas Luhmann mit den besten Argumenten für einen „Konservativismus aus Komplexität". Daraus folgt wohl im Umkehrschluß, daß linkes Reformbewußtsein sich aus Heilsversprechen aus jenem Reich der Einfachheit nährt.

Die Aufklärung hat bekanntlich das Selbstdenken, den mündigen Bürger und die bewußt gestaltete Geschichte propagiert – und sie hat damit das Komplexitätsproblem unterschätzt. Deshalb entstand in den Köpfen die Sinnkrise. Erst heute, nach der Abklärung der Aufklärung, zeichnen sich Auswege aus der Sackgasse des Sinnproblems ab. Ich schlage vor, das Wort Sinnkrise in seine Bestandteile

zu zerlegen und sie auf unser Problem Komplexität zu beziehen –
dann ergibt sich nämlich zweierlei:

- Mit dem Wort „Krise" simplifiziert und politisiert man hohe
  Komplexität. Das heißt im Klartext: Die Krise ist nicht Ausnah-
  mezustand, sondern Normalform unserer modernen Existenz.

- Sinn ist die Selbstbeschreibung von Komplexität. Und daraus
  folgt: Es gibt in unserer Welt keinen Mangel an Sinn, sondern nur
  einen Mangel an Aufmerksamkeit für die Eigenwerte der Systeme, in denen wir leben. Und da es viele Systeme sind, die um unsere Aufmerksamkeit werben, gibt es auch mehrere Beschreibungen der Gesellschaft.

Auch der Humanismus verdeckt das Komplexitätsproblem. Seine
Menschenfreundlichkeit besteht ja darin, die Welt am Maß des Menschen zu messen – und das heißt dann eben: den Menschen für das,
was geschieht, verantwortlich zu machen. Komplexität heißt aber
gerade nicht Zurechnungsfähigkeit oder Zurechenbarkeit. Wenn ein
Manager wegen spektakulärer Fehlinvestitionen entlassen wird,
oder ein Innenminister wegen einiger Übergriffe der Polizei den Hut
nimmt, dann wird auf einzelne zugerechnet, was sich „systemisch"
ergeben hat. Daß derart einzelne „die Verantwortung übernehmen",
ist zwar nicht mehr als ein großes Als-ob, erfüllt aber das Bedürfnis
nach Reduktion der Komplexität – man personalisiert das Problem.

Und genau das tun auch die Warner und Mahner, die Betroffen-
heitsdarsteller und Bedenkenträger. Sie reduzieren Komplexität, indem sie Theorieprobleme in Moralprobleme verwandeln. Man muß
befürchten: Dagegen ist kein Kraut gewachsen. Denn was könnte
man gegen die bunte Personalisierung und pathetische Moralisie-
rung der Probleme anderes ins Feld führen als – spröde Begriffe,
graue Theorie. Wer in Diskussionen etwa auf Komplexität verweist,
muß dann erfahren, daß er die ganze Last der Komplexität zu tragen
hat und deshalb von jedem „Betroffenen" zum Schweigen gebracht
werden kann. Und nicht nur weil sie mediengerecht sind, setzen sich
die Moralisierer in der Öffentlichkeit durch. Sie haben auch die Psychologie auf ihrer Seite. Denn ein neues Denken hat gerade dann
keine Realisierungschancen, wenn man es am dringendsten braucht.

Unter Streß-Bedingungen greift man auf altvertraute Praktiken zurück – deshalb bleiben komplexe Ideen zumeist folgenlos.

## Zukunft oder Statistik

Den diskreten Charme komplexer Begriffe wissen eigentlich nur Wissenschaftler zu schätzen. Und es ist gewiß nicht nur Benoit Mandelbrots lustigen Apfelmännchen, sondern auch dem Sexappeal des Wortes Chaos zu verdanken, daß die computergestützte Erforschung nichtlinearer Dynamiken so breitenwirksam vermarktet werden konnte. Im allgemeinen will der gesunde Menschenverstand nämlich nichts von Komplexität hören. Um so beliebter ist die Statistik. Und man muß einmal fragen: Warum? Ich meine, Statistiken sind einfach deshalb so beliebt, weil sie suggerieren, man könnte komplexe Zusammenhänge ohne strukturelle Einsicht, einfach durch Zahlenvergleiche verstehen.

Um es auf eine spröde Formel zu bringen: Jede Statistik entorganisiert Komplexität und neutralisiert Interdependenzen. Damit ist Statistik ein ideales Werkzeug für den öffentlichen Umgang mit der Zukunft. Man könnte auch sagen: Die Statistik ist die wissenschaftliche Rhetorik des Vertrauens. Als Grundlage der Risikokommunikation tritt die Statistik gleichwertig neben die bereits erwähnte Angstrhetorik der Warner und Mahner. Auf die Frage: Wie geht man öffentlich mit Zukunft um? müßten wir also antworten: apokalyptisch und zugleich statistisch.

Nicht nur die Existenz von Zukunftsforschern und die ungebrochene Faszination von Science Fiction, sondern auch der Sehnsuchtsruf jedes Manager-Seminars: Visionen für das nächste Jahrhundert, machen deutlich, daß sich die Zukunft schon längst nicht mehr von selbst versteht. Der Fortschritt ist veraltet. Die Zukunft ereilt deshalb ein doppeltes Schicksal. Zum einen verschwindet sie in der Gegenwart selbst – schon vor Jahrzehnten hat Marshall McLuhan von einer „all-inclusive nowness" gesprochen. Zum andern verwandelt sich die Zukunft in das Risiko schlechthin. Mit anderen Worten: In einer riskanten Welt ist die Zukunft das Ganz Andere.

Man könnte auch sagen: In der Frage nach der Zukunft zeigt sich unsere riskante Welt von sich selbst fasziniert. Das Thema Zukunft fasziniert, weil sie das Unbekannte, Ungewisse ist. Sicher ist nur, daß man
sie nicht aus der Vergangenheit heraus wird verstehen können. Und
das bedeutet, daß die Erfahrung dramatisch an Wert verliert. So tritt
die Zukunft für jeden einzelnen in entschiedenen Gegensatz zu seiner Herkunft. Damit wird aber auch die eigene Vergangenheit zum
ganz Anderen. Statt der Erfahrung zu trauen, tastet man heute
Trends ab. Und ich meine, Erfahrungsarmut und Trendorientierung
gehören wie zwei Seiten einer Münze zusammen.

## Die Splitter des Zeitpfeils

Ich sagte gerade, daß der Fortschritt veraltet ist. Man könnte auch sagen: Der Zeitpfeil ist zerbrochen – und deshalb haben wir heute
Zukünfte im Plural. Das spiegelt sich in den Begriffen Trend und Zeitgeist. Die neue Zeitlichkeit, in der wir leben, hat nichts mehr mit dem
linearen Fortschritt der Geschichte zu tun. Zeit, so empfinden wir heute, ist kein Pfeil, der in eine bessere Zukunft weist, sondern eine selt-
same Schleife, in der Gleiches wiederkehrt. Fraktale Selbstähnlichkeit, der zentrale Begriff aus Benoit Mandelbrots Chaos-Theorie, eig-
net sich durchaus als absolute Metapher unserer neuen Zeiterfahrung:

*   die Weltgesellschaft verwirklicht den Traum vom globalen Dorf
    in einer Gleichzeitigkeit des Ungleichzeitigen, in der dann alles
    instantan und synchron geschieht;

*   Regionen und Individualkulturen entwickeln sich auf Zeitinseln;

*   die Märkte fordern heute eine Produktion just in time;

*   die computergestützten Kommunikationstechnologien setzen
    den neuen Standard eines Data-processing in Echtzeit;

*   die Multioptionalität der Massenmedien provoziert den neuen
    Wahrnehmungsstil des Zapping;

*   Prioritäten und Wertdifferenzen werden in Warteschleifen gere-
    gelt;

• Individuen realisieren ihr Programm der „Selbstverwirklichung"
in einer Eigenzeit.

Das sind nur einige Splitter des zerbrochenen Zeitpfeils. Doch wird
deutlich geworden sein, daß auch unsere Zeiterfahrung kein Schema
der Beruhigung und Orientierung mehr bietet, sondern unmittelbar
mit dem Problem der Komplexität konfrontiert. Wir müssen lernen,
ohne die Sinnfiguren erfüllter Zeit auszukommen: ohne ein Ziel oder
Ende der Geschichte, ohne Heilsgeschehen oder Fortschritt, ohne
das Leitbild der Tradition, ohne das Fundament der Erfahrung und
das Rückgrat der Herkunft.

## Das Geheimnis der Sinnkrise

Jede Kultur beruht auf gewissen Regeln der Sinnverarbeitung. Und
wenn diese semantische Apparatur einer Gesellschaft zerbricht, entstehen Sinnprobleme. Die sogenannte Sinnkrise ist also zunächst
einmal nur ein Hinweis darauf, daß wir unsere Gegenwart mit den
alten Begriffen nicht mehr zureichend beschreiben können. Die uns
vertraute Semantik, die aus dem 19. Jahrhundert stammt, taugt nicht
mehr zur Weltbeschreibung. Darauf reagieren die meisten so, daß
sie die Untauglichkeit der alten Theorien als Widerspruch auf die
Welt projizieren – so entsteht dann „kritisches Bewußtsein".

Stattdessen wäre es viel sinnvoller, mit anderen Unterscheidungen
zu operieren. Und in diesem Zusammenhang macht auch der Begriff
„Postmoderne" Sinn. Die Postmoderne ist keine neue Epoche, sondern eine semantische Katastrophe. Und der Zusammenbruch der
vertrauten Begriffsarchitektur zeigt an, daß wir unter neue Stabi-
litätsbedingungen treten. Ich will versuchen, das an den wichtigsten
Begriffen deutlich zu machen, und zugleich zeigen, daß diese semantische Katastrophe auch als Befreiung verstanden werden kann.
Wir leben nämlich im Gefängnis von Kollektivsingularen, das heißt
von Begriffen, die Sachverhalte, die es eigentlich nur als Vielzahl
gibt, wie Einheiten präsentieren. Das ist rasch erklärt. Es handelt
sich im wesentlichen um drei Kollektivsingulare, von denen wir uns
heute befreien müssen:

- Die Geschichte: Nach dem Untergang des Kommunismus haben Geschichtsphilosophie und Fortschrittsidee endgültig abgedankt, und die Geschichte zerfällt wieder in viele Geschichten, Zeitinseln.

- Die Wirklichkeit: In den fortgeschrittensten Wissenschaften ist heute unstrittig, daß die Wirklichkeit immer nur ein Konstrukt ist, das nicht wahr oder falsch ist, sondern mehr oder weniger gut paßt. Zugleich offerieren Computersimulationen konsistente „andere mögliche Welten".

- Der Mensch: Wir nehmen heute Abschied vom literarischen Humanismus und können nun erkennen, daß er mit seinem Modell des Menschen nicht nur die wissenschaftliche Einsicht ins Funktionieren sozialer Systeme, sondern auch den Weg zur bunten Mannigfaltigkeit von freien Individuen blockiert hat.

Dieser Abschied, natürlich, fällt schwer. Jemandem die vertrauten Begriffe aus der Hand zu schlagen heißt, einem Kind seinen Teddybären wegzunehmen. Die semantische Katastrophe macht viele sprachlos. Und viele wollen auch gar nicht befreit werden. Deshalb muß unsere Kultur den Menschen die Undurchschaubarkeit ihrer Welt durch Sinnangebote versüßen und Sprachprothesen bereitstellen.

## Schlüsselideen

Ideen sind die Institutionen des Denkens; sie geben der Weltbetrachtung einen Außenhalt. Und es wäre ruinös, auf Ideen der Weltbeschreibung verzichten zu wollen, nur weil die vertrauten Ideen veraltet sind. Wir brauchen also neue, klare Begriffe – aber in dem Bewußtsein, daß es sich um Hilfskonstruktionen handelt. Ein Psychoanalytiker würde vielleicht sagen: Klare Begriffe funktionieren als geistige Übergangsobjekte (transitional objects), die den Übergang in eine neue Welt erträglich machen.

Alle fordern heute Visionen, aber die entstehen nicht aus dem Bauch. Visionen kann man nur durch eine Revision unserer Denkfiguren bekommen. Gurus, die sich auch gerne Trendscouts, Zukunftsforscher oder Unternehmensberater nennen, treten oft mit dem Pathos des Namengebers auf, der die Schlüsselbegriffe des 21. Jahrhunderts prägt. Doch was so entsteht, sind Placebos, nicht neue Denkfiguren. Die können sich nämlich nur in einer Art Ideen-Spin-Off bilden – gleichsam als unvorhergesehene Nebenprodukte konkreter theoretischer Arbeit. Was nicht heißen soll: Philosophie. Philosophen und Soziologen haben ja das Problem der Eule der Minerva, immer zu spät zu kommen. Doch das „schneller Formulieren" ist zugleich auch das unlösbare Problem des Trendgurus und „Zukunftsforschers" – um wirklich aktuell zu sein, muß er sich überstürzen. Operations Research spricht in diesem Zusammenhang von organisierter Ignoranz: alles auf einmal anpacken! Früher hieß das „docta ignorantia", gelehrte Unwissenheit.

Auch wenn's wehtut: Es geht nicht ohne Theorie – und ohne Hierarchie. Das Bedürfnis nach Visionen hängt nämlich eng mit dem neuen Heilsversprechen „Lean Management", der Vernetzung von Betrieben und der Abflachung von Hierarchien zusammen. Vision setzt Hierarchie voraus. In Organisationen mit flachen Hierarchien schwinden die Visionen. Wenn sich die Hierarchien abflachen, gibt es eben keine Positionen mehr, von denen aus man den Überblick hat. Mit anderen Worten: Man kann nicht Visionen wollen und zugleich den Hierarchien abschwören. Visionen wären Schlüsselideen, mit denen man die Black Box der Zukunft öffnen kann.

Und schon hier geht es nicht ohne Theorie. Denn „Schlüsselidee" ist ein autologischer Begriff, das heißt ein Begriff, der auf sich selbst angewandt werden kann und muß. Das heißt im Klartext, in dem Begriff Schlüsselidee steckt selbst eine Schlüsselidee: daß nämlich Ideen, Begriffe, Theorien als Schlüssel funktionieren. Wenn wir von Schlüsselideen sprechen, verzichten wir also auf „Wahrheit" und begnügen uns mit „Viabilität". Was heißt das? Begriffe sind okay, wenn sie passen, wenn sie nicht mit der Realität kollidieren, wenn sie den Weg freimachen, wenn sie schwarze Schachteln öffnen. Und das ist in den ernstzunehmenden Wissenschaften unserer Tage durchaus State of the Art: Anschlußfähigkeit und Viabilität sind die einzigen Beweise für die Realitätsgerechtigkeit einer Theorie. Mit anderen Worten: Begriffe, Ideen und Theorien sind nicht selber der Schatz, sondern nur Schlüssel zur Schatzkammer. So hat schon vor

einem Menschenalter der große Kunsthistoriker Aby Warburg von
den „Trüffelschweindiensten" der leitenden „Formalideen" gesprochen. Und ich meine, das ist auch der Sinn der Skandalparole des Er-
kenntnistheoretikers Paul Feyerabend: „anything goes". Alles geht,
was hilft, daß es weitergeht!

## Lob des Opportunismus

Und was heißt das für die Wirtschaft? Opportunismus gilt vielen als
Schimpfwort; aber hier müssen wir umlernen, umwerten. Denn es
geht nicht ohne. Man kann die Marktentwicklungen nicht vorweg-
nehmen, muß ihnen aber in „Echtzeit" gewachsen sein. Das bedeutet jedoch, daß die Anpassungsfähigkeit größer sein muß als die planende Vernunft. Im Klartext: Ein Management muß sich an Situationen anpassen können, die es nicht vorausgesehen hat und nicht
versteht. Das ist übrigens eine Leistung, die die moderne Gesellschaft tagtäglich von uns allen erwartet: daß wir mit Situationen umzugehen lernen, die wir gar nicht begreifen.

Jedes Unternehmen ist eine Art Blindflug durchs Wirtschaftschaos.
Damit der Blindflug nicht mit einem „crash landing" endet, muß der
Manager zum Virtuosen der „Anpassung an das Unvorhersehbare"
(Hayek) werden. Gewiß ist nur, daß das Unerwartete geschehen
wird. Deshalb brauchen Manager Opportunismus: Sinn für die gün-
stige Gelegenheit. Und das heißt eben auch: eine Spürnase für
Trends. Opportunismus ist der Sinn für nicht-lineare Dynamiken des
Marktes.

Mittlerweile haben sich die Marktnischen so verkleinert, daß nur
noch der Erste sie effektiv nutzen kann. Geschäftsleute sind deshalb
existentiell auf die Früherkennung von Trends angewiesen. Schon
von berufswegen ersparen sie sich die Illusionen von Logik und
Ethik. Wenn ein ironisches Zitat erlaubt ist: Sie wissen es nicht, aber
sie tun es. Geschäftsleute werden opportunistisch, denn sie erfahren
immer wieder, daß Konsequenz heute nur noch in Sackgassen führt.
Hier ist eine Umwertung der Werte nötig: Opportun ist, was angebracht ist und „paßt". Das ist ja auch die Schlüsselattitüde der aktu-

ellsten Erkenntnistheorie, des sogenannten Radikalen Konstruktivismus: Wir verzichten auf den „wahren Weg" und begnügen uns mit dem, was paßt – Stichwort „Viabilität". Opportunismus ist der Sinn für die soziale und wirtschaftliche Nische – nicht festgelegt sein; immer „offen für…"

Wir stoßen hier auf das Paradox der Kontrolle. Wir sind immerhin gewohnt, die Fähigkeit der Kontrolle mit Hierarchie, Befehlsfluß, Plan und struktureller Konzeption zu assoziieren. Das war und ist ein Mißverständnis. H.C.White und R.G.Eccles bemerken sehr schön: „Control is and must be opportunism riding the shoulders of structure" – gerade der Opportunist hat als Parasit der Struktur die Kontrolle. Diese Formel macht nicht nur deutlich, wie man sich erfolgreich auf dem Markt bewegt, sondern eben auch, welche Innovationen Überlebenschancen haben. Die Evolution unserer Kultur ist opportunistisch. Daraus folgt, daß langfristig erfolgreiche Trends adaptiv sein müssen. Das heißt, sie müssen sich an unvorhergesehene Veränderungen des Marktes anpassen können – sie müssen stoppen und die Richtung ändern, wenn es die Umwelt erfordert. Trends kontrollieren den Markt also kraft ihres Opportunismus.

## Trendforschung

Was immer auch Trend heißen mag – Forschung impliziert Wissenschaft. Und eine Wissenschaft von der Zukunft gibt es nicht. Trendforschung ist also keine Futurologie. Man wird aber auch nicht zum Trendforscher, wenn man BWL studiert oder Statistiken liest. Denn Betriebswirtschaftslehre und Marktforschung verpassen die Emergenz des Neuen. Verbrauchsstatistiken, Umfragen über die Bedürfnisse der Kunden, Visionen des 21. Jahrhunderts – all das hat mit Trends nichts zu tun. Es geht vielmehr darum, den Spitzen der kulturellen Evolution zu folgen und ihren Diskurs zu analysieren. Das Ideal der Trendforschung ist also Echtzeitanalyse: im Augenblick der Emergenz des Neuen dabeisein und ihm einen Namen geben. Es wäre eigentlich nur konsequent, die gesam-

te Marktforschung in Diskursanalyse aufzuheben. Denn eine Ware
auf dem Markt zu positionieren, das heißt ihr einen Platz zu schaffen – das geht nur durch einen Diskurs.

Von Soziologen weiß man seit langem: Über den Wert einer Innovation entscheidet das Schicksal ihrer Diffusion. Die Innovation
der Wissenschaft sinkt zunächst ins Wissensdesign der Philosophie ab; die Innovation der „Szene" sinkt zum Life-Style ab. Dann
werden die Neuerungen in den Medien gespiegelt. Massenmedien
konsumieren Trends, das heißt sie verstärken sie und fackeln sie
ab. Und meist erst dann bestimmen sie die Praxis der Unternehmen. Trendforschung versucht nun, die Diffusionsverluste eines
neuen Wissens zu reduzieren. Denn es ist ja klar, daß sich das Neue
auf seinem langen Weg vom Schauplatz seiner Erfindung bis zum
Marktplatz abschleift; daß es an Dynamik, Energie und Leucht-
kraft verliert – das ist eben das Schicksal der Diffusion. Um dieses
Schicksal zu sabotieren, um also die Frische einer Innovation zu
retten, müssen Trendforscher sehr schnell sein. Der Trendforscher
überholt sich selbst, und nichts ist ihm fremder als sein Geschwätz
von gestern.

Und das ist durchaus in Ordnung, denn der Trendforscher darf den
langen Atem des Philosophen gar nicht haben. Der größte aller Philosophen, G.W.F.Hegel, hat ja bemerkt, daß die Eule der Minerva
erst in der Dämmerung ihren Flug beginnt. Weniger blumig ausgedrückt heißt das: Die Philosophie kann ihre Begriffe erst anbringen,
wenn alles vorbei ist; wenn geschehen ist, was geschehen ist.

Genau das wäre natürlich für die Namengeber der Trends tödlich.
Sie formulieren nicht rückblickend, sondern gleichzeitig (echtzei-
tig). Trendforschung ist deshalb zwangsläufig eine Art Frühgeburt
der Begriffe – der Take-off der philosophischen Eule käme für den
Markt immer zu spät. Es ist deshalb ganz folgerichtig, daß Wissenschaftler, diese Polizisten des Geistes, den Trendforschern immer
wieder Strafzettel wegen Denkgeschwindigkeitsüberschreitung aus-
stellen. Aber gerade Unternehmen, die die Zukunft prägen wollen,
können sich eben nicht immer an die Straßenverkehrsordnung des
Geistes halten.

# Trendmagie

Trends sind übertragbare autopoietische kulturelle Patterns. Ähnlich wie Mythos, Legende und Ideologie wirkt ein Mega-Trend als „idée directrice", als Führungsidee, wie man den prägnanten Begriff von Claude Bernard vielleicht übersetzen könnte. Der Soziologe und Anthropologe Arnold Gehlen hat die Funktion solcher Führungsideen in seinem Werk „Urmensch und Spätkultur" sehr genau beschrieben: „Eine idée directrice muß anschaulich symbolisierbar sein, in Handlung entwickelbar, sie muß teilindeterminiert sein und nur im sozialen Zusammenhang evident, 'subjektiv' gar nicht echt vollziehbar. Und sie muß einen 'Endgültigkeitston' haben, also einen reellen oder auch nur ersehnten Stabilisierungseffekt."

Es lohnt sich, diese Funktionselemente im Blick auf den Trendbegriff noch einmal zu reformulieren. Trends müssen:

* symbolisch verdichtet werden;

* inszeniert werden;

* unbestimmt genug sein; sie dürfen also kein Programm enthalten;

* gesellschaftliche, also kommunikative Vollzüge sein; sie sind also keine Erfindung eines einzelnen;

* definitiv wirken; das unterscheidet den Trend von der Mode.

Im Chaos der Bedürfnisse und Wünsche, Ideologien und Sinnformen wirkt ein Trend wie ein „seltsamer Attraktor", der zumindest im Raum des Marktes ein Ordnungsmuster produziert. Man kann es aber auch viel einfacher sagen: Trends sind Rituale der Zivilisation. Es ist wichtig, hier gleich eine Paradoxie herauszuhören, denn unsere Zivilisation ist auf die antimagischen Kräfte von Wissenschaft und Technik gegründet. Es war ja der Stolz der westlichen Zivilisation, die magische Welt von Kult, Ritual und Fetisch ausgelöscht zu haben. Und nun sprechen wir ganz selbstverständlich von Ritualen der Zivilisation! Wir können demnach festhalten: In den Trends kehrt die verdrängte Magie inmitten der Zivilisation wieder. Und diese Trendmagie ist das Medium, in dem wir uns auf die Zukunft

einlassen. Jeder Trend fordert uns heraus, neue soziale Patterns auszuprobieren. Man könnte sagen: In den Trends übt die Gesellschaft
ihre eigene Zukunft.

Der Begriff Trend ist selbstbezüglich, autologisch, das heißt er kann
auf sich selbst angewandt werden. Übrigens sind auch Begriffe wie
Management und Organisation autologisch. Trend des Trends heißt
ganz einfach: Es gibt den Trend, sich an Trends zu orientieren. Das
zwingt nun wiederum Unternehmen dazu, sich Trendforscher zu
halten, Szene-Scouts, Spione des Zeitgeistes. Sobald der Markt aber
ganz und gar trendorientiert ist, gibt es kein Jenseits des Trends
mehr. Man kann sich nicht mehr heraushalten, einfach sachlich bleiben und darauf vertrauen daß „production matters". Ja, es ist für ein
Unternehmen nichts gefährlicher, als über Trendnasen die Nase zu
rümpfen. Wir müssen begreifen: Gegen einen Trend steht nicht die
Freiheit vom Zeitgeist, sondern allenfalls ein anderer Trend. Wohlgemerkt: Das heißt gerade nicht, dem Zeitgeist hinterherzulaufen –
das ist so tödlich wie das Naserümpfen. Wer aus Angst, den Zeitgeist zu verpassen, ihn verzweifelt umarmt, wird zum Modetrottel.
Diese Gefahr droht nicht nur Kunden und Unternehmen, sondern
auch ihren Beratern. Gerade ein Trendforscher darf kein Sklave des
Zeitgeistes sein – aber natürlich auch kein Sklave der Furcht vor dem
Zeitgeist!

Der Trend des Trends, also die Tatsache, daß sich der Markt insgesamt an Trends orientiert, ist neu. Ganz und gar nicht neu ist jedoch
die Aufmerksamkeit für die Dynamik des Zeitgeistes. Der geniale
Frühromantiker Friedrich Schlegel war wohl der erste Trendforscher. So bestimmt er in dem berühmt gewordenen Athenäum-
Fragment 216 die „Tendenzen des Zeitalters". Interessant ist der
Plural: Tendenzen. Der Eine Fortschritt einer linearen Geschichte
hat sich zerfasert in – Trends. Geschichte pluralisiert sich in einer
nichtlinearen Dynamik. Der Trendforscher ersetzt den Geschichtsphilosophen. Man könnte sagen: Trends sind das Kleingeld des
„Fortschritts". Ein Trend ist ein Orakelspruch, den nur derjenige
deuten kann, der die Vergangenheit kennt. Deshalb hat sich Friedrich Schlegel als rückwärts gewandten Propheten gezeichnet –
nicht die schlechteste Definition des Trendforschers.

Der Trendforscher leistet Echtzeitanalyse. Das erscheint dann denen, die noch im Vorgestern leben, als magisches Wissen von der Zukunft. Die Zukunft kann man aber nicht prognostizieren, auch nicht erfinden, sondern nur provozieren. Auch der Trendforscher bleibt ein Zeitgenosse; es gibt eben keine Futurologie. Aber er sieht, was wir gerade als Bewußtsein und Technik ausbilden – so wie man es in 100 Jahren sehen wird.

Trendforscher registrieren den veränderten Geschmack, nicht die Meinungen und Rationalisierungen. Was Menschen über ihr Begehren meinen, ist allenfalls ein Symptom ihres Begehrens. Hier müssen Marketing-Leute von der Psychoanalyse lernen. Sie müssen lernen, die Entstellungen, Verschiebungen und Verdichtungen zu durchdringen, die das große Begehren von seinen kleinen Erfüllungen trennt.

Trendforscher sind die Ethnologen der eigenen Kultur. Sie betrachten unsere Gegenwart, als ob Aufklärung, Entzauberung der Welt und Verwissenschaftlichung niemals stattgefunden hätten. Kult, Ritual und Fetisch erscheinen wieder als Grundbegriffe des gesellschaftlichen Lebens. Doch Trendforscher sind glückliche Ethnologen. Was der klassischen Ethnologie zur Falle geworden ist, der Participant Observer, ist das Erfolgsgeheimnis des Szene-Marketing: Der Beobachter verändert das Beobachtete. Es war ja das Paradoxon der Ethnologie, daß sie ihren Forschungsgegenstand nicht beobachten konnte, ohne ihn eben dadurch zu zerstören. Die von jeder Zivilisation unberührten Wilden waren als von Ethnologen beobachtete eben keine von jeder Zivilisation unberührten Wilden mehr. Genau das aber ist der wünschenswerte Effekt des Szene-Monitoring: Indem ein neuer Trend beobachtet wird, ist er schon Teil des Marktsystems, von dem er sich einmal abgesetzt hat – Punk und Grunge sind dafür deutliche Beispiele.

Diese Unschärferelation zwischen Szene und Beobachter gilt aber auch in anderer Weise. Im reflexiven, ironischen, doppelt codierten Konsum erweist sich der Kunde als „moving target"; bis man ihn ins Visier der Marktforschung genommen hat, ist er schon anderswo. Deshalb muß das Augenmerk des Marketing statt auf Zielgruppen (also unbewegliche Ziele) auf die Evolution der Szenen gerichtet sein. Die beobachtete und dadurch als Marktelement etablierte Szene vermittelt zwischen Konsum und Kultur. Ursprünglich sind Szenen nichts anderes als gelebte Fiktionen. Das Marketing hat dann die Aufgabe, diese Fiktionen so weiter zu erzählen, daß eine Grammatik des Neuen erkennbar wird. Trends und Marken-Mythen kann man also nicht erfinden, sondern nur „aufschaukeln". Hier gilt das Gesetz von trial and error – und das ist ein Gesetz der Rückkopplung.

*Literatur*

Bolz, N. (1994): Das kontrollierte Chaos. Düsseldorf: Econ.

Bolz, N. (1997): Die Sinngesellschaft. Düsseldorf: Econ.

Bolz, N., D. Bosshart (1995): Kulturmarketing. Düsseldorf: Econ.

Gehlen, A. (1975): Urmensch und Spätkultur. Frankfurt a. M.: Athenaion.

Glasersfeld, E. v. (1996): Radikaler Konstruktivismus. Frankfurt a. M.: Suhrkamp.

Hayek, F.A. v. (1968): Der Wettbewerb als Entdeckungsverfahren. Kieler Vorträge, N. F. Tübingen: Mohr.

Hegel, G.W.F. (1961): Vorlesungen über die Philosophie der Geschichte. Stuttgart: Reclam.

Lübbe, H. (1992): Im Zug der Zeit. Berlin: Springer.

Luhmann, N. (1997): Die Gesellschaft der Gesellschaft. Frankfurt a. M.: Suhrkamp.

Mandelbrot, B. (1987): Fraktale Geometrie der Natur. Basel: Birkenhäuser.

Marquard, O. (1994): Skepsis und Zustimmung. Stuttart: Reclam.

Schlegel, F., A.W. Schlegel (1969): Athenäum. Hamburg: Rowohlt.

# Komplexitätsmanagement in Zukunftsforschung und Zukunftsplanung

*von Ute von Reibnitz*

## Mit Szenarien die Komplexität der Zukunft bewältigen

### Von der Komplexität der Gegenwart zur Komplexität der Zukunft

Die Komplexität in der Gegenwart bereitet vielen Menschen und Organisationen Schwierigkeiten, da man mit einer Vielzahl von Faktoren, externer und interner Art „jonglieren" muß, ohne den Überblick zu verlieren. Erschwerend kommt noch hinzu, daß diese Faktoren sich wechselseitig beeinflußen und dann oft Effekte zutage treten, die weder gewollt, noch wünschenswert sind. Trotzdem hat die Komplexität der Gegenwart einen entscheidenden Vorteil: sie beschäftigt sich mit dem, was heute vorhanden ist, also dem Faktischen und eventuell Ideen, die aber bereits skizziert oder in ihren Umrissen erkennbar sind.

Komplexität im Hinblick auf Zukunft wird erst wirklich zu dem, was der Begriff beeinhaltet, nämlich „komplex".

Beschäftigt man sich mit Zukunft, unabhängig davon, ob es sich um ein Unternehmen, eine Branche, eine Region, ein Produkt oder ein Individuum handelt, dann wird man sehr schnell mit Komplexität und Unsicherheit konfrontiert. Unsicherheit deshalb, weil wir trotz modernster Management- und Planungsmethoden noch nicht in der Lage sind zu sagen, was morgen sein wird. Weil wir das Spektrum

der Verknüpfungen und Wechselwirkungen der heutigen Akteure
eventuell durchschauen, aber nicht wissen, welche Akteure es morgen geben wird und wie sie sich verhalten werden.

Trotzdem bleibt es jedem verantwortlichen Menschen nicht erspart,
sich mit den möglichen Zukünften – die Zukunft gibt es nicht, da sie
sich nicht determinieren läßt – gedanklich und planerisch auseinanderzusetzen. Befragt man Menschen nach ihrer Erwartung, ihren
Gedanken zur Zukunft, dann schwanken die Aussagen zwischen
Ängsten, Skepsis, verhaltenem Optimismus und seltener Freude auf
die Zukunft. Dabei vergessen die meisten, daß im Sinne von Karl
Jaspers „die Zukunft als Raum unserer Freiheit auch immer der
Raum unserer Möglichkeiten ist". Wir wissen, daß wir – einmal abgesehen von den Versuchen der Historiker, die Fakten der Vergangenheit anders zu interpretieren – die Vergangenheit nicht mehr ändern können. Dort, wo wir gestalten können – nämlich im heute und
noch mehr im morgen – sollten wir unsere größte Energie und Kreativität aufwenden. Das Problem dabei ist allerdings die schon vorher
erwähnte Unsicherheit. Die Frage, die sich jeder Verantwortliche
stellt, lautet „Wie kann man Unsicherheiten eventuell reduzieren
und wenn sie nicht reduzierbar sind, wie kann man sie in den Griff
bekommen oder wenigstens damit besser umgehen lernen. Die Antwort hierauf gibt Ihnen ein bewährtes Planungsinstrument – die
Szenario-Technik.

## Die Szenario-Technik als Instrument der heutigen und künftigen Komplexitätsbewaltigung

*Umfelder analysieren und vordenken*

Die Szenario-Methode hilft, die „Bühnenbilder" zu entwickeln, auf
denen künftig Unternehmen oder Individuen eine Rolle spielen. Was
kann man in diesem Fall unter Bühnenbildern verstehen? Sie sind
die Umfelder eines Unternehmens, einer Branche oder eines Individuums, das heißt also zum Beispiel Märkte, Wettbewerb, Technologie, Wirtschaft, Gesellschaft, Politik und Gesetzgebung. Es gibt ein

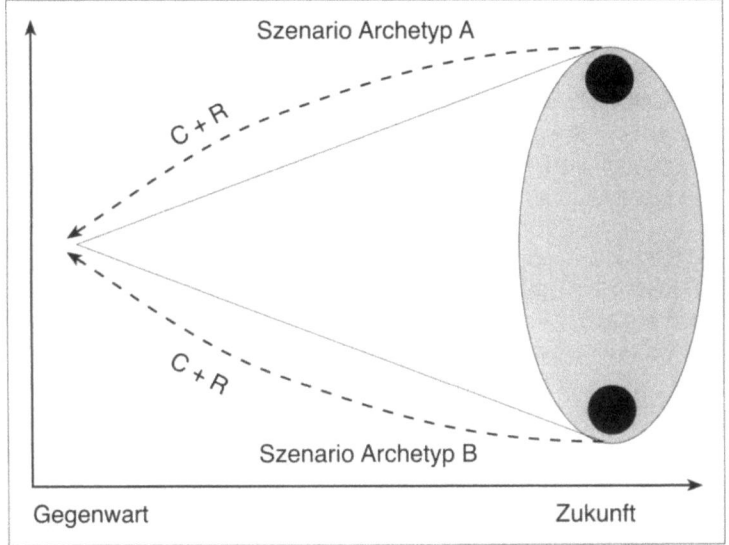

Abbildung 28: Das Denkmodell zur Darstellung von Szenarien

heutiges Umfeld, daß den meisten bekannt und vertraut ist. Die entscheidende Frage aber lautet: Wie wird sich dieses Bühnenbild des Umfeldes in der Zukunft verändern, was wird bestehen bleiben und was wird morgen wie aussehen?

Daher entwickelt die Szenario-Methode Alternativen im Falle von Unsicherheit über Zukunftsentwicklungen und fügt diese zu konsistenten, stimmigen Zukunftsbildern (Szenarien) zusammen. Diese Szenarien, die Beschreibungen der künftigen Umwelt sind, erfassen eine Bandbreite von sehr unterschiedlichen Entwicklungen. Aus diesen Zukünften werden dann die Chancen und Risiken abgeleitet, mit denen man morgen zu tun haben wird (Abbildung 28).

Anschließend werden Strategien entwickelt, die zukünftige Chancen so früh und so gut wie möglich nutzen und Risiken in Chancen umwandeln. Damit jeder Verantwortliche in der Lage ist, die unterschiedlichen Herausforderungen der Zukunft besser zu meistern, werden die Strategien in eine sogenannte Leitlinie integriert, die unter unterschiedlichen externen Rahmenbedingungen (Szenarien) zukunftsfähig ist und zum Erfolg führt.

Eine weitere Besonderheit der Szenario-Technik ist die Berücksichtigung von Störereignissen wie zum Beispiel einem technischen Durchbruch auf einem bestimmten Gebiet, eine Umweltkatastrophe oder ähnliches.

Die Szenario-Technik hilft zu erkennen, welche Störereignisse möglich sind, wie sie ein Unternehmen/ein Thema beeinflussen und welche Präventivmaßnahmen entwickelt werden müssen, um sich vor den Auswirkungen der Störereignisse zu schützen.

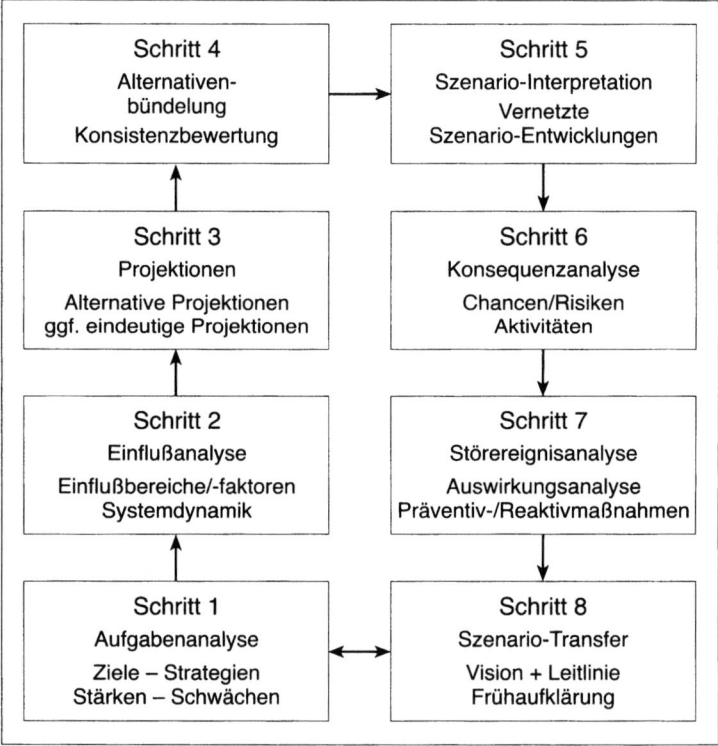

Abbildung 29: Die acht Stufen des Szenario-Prozesses

*Der Prozess der Szenarioentwicklung und -umsetzung*

Um alternative Szenarien vorzudenken und aus ihnen Konsequenzen zu ziehen und diese erfolgreich in die Praxis umzusetzen, muß man den folgenden achtstufigen Prozeß durchlaufen (Abbildung 29).

Schritt 1: Aufgabenanalyse

Ziel dieses Schrittes ist es, die Struktur, die vorhandenen Ziele und Strategien sowie die Stärken und Schwächen des Untersuchungsthemas zu analysieren. Untersuchungsthema kann sein: ein Unternehmen, eine strategische Geschäftseinheit, eine Produktgruppe, ein Produkt beziehungsweise ein Thema außerhalb einer Organisation (Issue-Szenario) oder ein Mensch, der seine persönliche Berufs-, Lebens- und Karriereplanung entwickeln will.

Schritt 2: Einflußanalyse

Hier geht es darum, die externen Einflußbereiche – wie zum Beispiel Kunden, Märkte, Wettbewerb, Politik, Gesetzgebung, Infrastruktur, Wirtschaft, Gesellschaft, Technologie – und die in ihnen wirkenden Einflußfaktoren auf das Thema zu erfassen und deren Vernetzungen und Systemverhalten zu erkennen. Daraus läßt sich ableiten, welche Bereiche treibende und welche getriebene Kräfte sind und wie sie behandelt werden müssen, um die größte Hebelwirkung im System zu erzielen.

Schritt 3: Projektionen

In diesem Schritt werden Zukunftsentwicklungen der Einflußfaktoren vorgedacht. Überall dort, wo aus heutiger Sicht Unsicherheit über die Zukunft besteht, müssen Alternativen inklusive Begründungen erarbeitet werden; diese bilden die Bausteine der später zu formulierenden Szenarien.

Schritt 4: Alternativenbündelung

Ziel dieses Schrittes ist es, die verschiedenen Alternativen entsprechend ihrer Konsistenz zu logischen und plausiblen zukünftigen Szenario-Strukturen zusammenzufügen. Dies kann intuitiv-ganzheitlich bei einer geringeren Menge von Fakroren oder systematisch-analytisch bei mehr als 15 Faktoren mit Software-Unterstützung C.A.S.C.A.L. ( Computer Aided Scenario Calculation) erfolgen.

Schritt 5: Szenario-Interpretation

Hier geht es darum, in sich hochkonsistente, aber untereinander extrem unterschiedliche Szenarien, ihre Dynamik und ihre Veränderungen in der Zukunft so plastisch zu beschreiben, daß jeder der Beteiligten sich diese Zukünfte vorstellen und damit arbeiten kann. Um die Komplexität solcher Szenarien greifbar und begreifbar zu machen, arbeiten die Teilnehmer nicht nur mit Texten, sondern auch mit Bildern, die in einer analogen Form die wesentlichen Strukturmerkmale der Szenarien verdichten.

Schritt 6: Konsequenzanalyse

Jetzt wird der Brückenschlag vom Szenario zum Thema hergestellt. In diesem Schritt werden die zukünftigen Chancen und Risiken in beiden Szenarien analysiert und hierauf aufbauend geeignete Ideen entwickelt, um Chancen zu nutzen und Risiken nicht nur zu minimieren, sondern in Chancen umzuwandeln. In dieser Phase ist viel Kreativität und das Loslassen von Vergangenheitsideen und -konzepten gefragt.

Schritt 7: Störereignisanalyse

Dieser Schritt dient dazu, mögliche Störereignisse zu identifizieren, ihre Auswirkungen auf die Szenarien und das Thema zu analysieren und geeignete Präventiv- und Reaktivmaßnahmen zu entwickeln. Präventiv bedeutet hier nicht nur die Verhinderung eines Ereignisses, sondern vor allem die eigene Immunisierung gegen solche Fälle, in denen man nichts verhindern kann wie zum Beispiel bei globalen Störereignissen.

Schritt 8: Szenario-Transfer

Ziel dieses Schrittes ist es, eine Leitlinie zu konzipieren, die unter beiden Szenario-Rahmenbedingungen greift. Die Leitlinie beinhaltet eine Synthese aus den Aktivitäten zu Szenario A und B, und umfaßt rund 60–80 Prozent der Ideen zu beiden Szenarien. Die übrigen 20–40 Prozent sind Spielraum für die Feinjustierung und werden den Alternativempfehlungen A und B zugeordnet. Das besondere Merkmal einer Leitlinie ist, daß sie nicht nur gleichartige Aktivitäten beider Szenarien vereint, sondern auch innovative, weiterentwickelte und modifizierte Aktivitäten aus Szenario A und B berücksichtigt. Die Leitlinie umfaßt zum Beispiel neue Produkte und Dienstleistungen, eine verbesserte Kunden-Kommunikation, neue Vertriebswege und Organisationsformen, den Personalbereich, Forschung und Entwicklung sowie Diversifikationsansätze und Strategische Allianzen. Die Aktivitäten der Leitlinie werden in kurz-, mittel- und langfristig unterteilt, um hier die Komplexität nicht nur zu reduzieren, sondern auch die Umsetzung zu erleichtern. Desweiteren wird ein Frühaufklärungssystem eingerichtet, das die einflußstärksten externen Faktoren permanent in systematischer und systemischer Art und Weise beobachtet. Hierdurch ist eine gezielte Überwachung und Anpassung der Leitlinie realisierbar und die größtmögliche Flexibilität im strategischen Handeln gegeben.

# Wie setzt man die Komplexität eines Szenario-Ansatzes in die Praxis um?

## Wie soll das Management in die Szenario-Planung einbezogen werden?

Wer beabsichtigt, die Szenario-Technik zu implementieren, muß das Top- und Mittelmanagement in allen Ansätzen involvieren. Bevor ein Szenario-Projekt beginnt, muß der verantwortliche Szenario-Experte ein Team zusammensetzen, das den Planungsbedürfnissen und den Ressourcen des jeweiligen Unternehmens entspricht. Ein Szenario-Team besteht in der Regel aus 12 bis maximal 16 Teammitgliedern aus dem oberen Management einer Organisation oder einer Strategischen Geschäftseinheit. Damit alle internen und externen Faktoren im Szenario-Prozeß entsprechend berücksichtigt und mit Know-how vertreten sind, sollte das Szenario-Team fachlich heterogen sein. Dies bedeutet, daß das Management aus strategischer

Planung, Controlling, Forschung und Entwicklung, Produktion, Marketing, Vertrieb, Kommunikation und Personalbereich involviert werden muß. Weiterhin hat es sich für die Qualität der Alternativenbildung in Schritt 3 und für die kreativen Phasen in Schritt 6 und 7 bewährt, ein solches Team auch altersmäßig heterogen zusammenzustellen.

Die Flexibilität des Szeanrio-Ansatzes zeigt sich auch darin, daß es rund fünf Grundansätze von Szenariovorhaben gibt – dies reicht vom Workshop für ein Kleinunternehmen, über Mini-Projekt und Intensiv-Projekt mit unterschiedlicher Ausprägung bis zum Großprojekt für hochkomplexe Themen. Die Methode kann den individuellen Planungsproblemen und -wünschen eines Unternehmens daher optimal angepaßt werden.

Das Szenario-Team arbeitet in allen Workshops unter der methodischen Anleitung des Szenario-Experten und entwickelt sowohl die Szenarien als auch alle Strategien. Hierdurch kann der sogenannte „not invented here"-Effekt vermieden werden. Ein weiterer Vorteil ist, daß das Management ein besseres Verständnis von Zukunftsplanungen, Veränderungen und Herausforderungen gewinnt und vor allem lernt, wie es mit Komplexität und Unsicherheiten umgehen muß.

## Wie überzeugt man das Management und alle Betroffenen ?

Nun liegen also überzeugende, konsistente, Szenarien und eine zukunftsfähige Leitlinie vor. Diese umfaßt Ansätze wie zum Beispiel: Wie müssen wir uns auf veränderte Zukünfte einstellen, was müssen wir morgen anders machen, wo sind unsere zukünftigen Märkte, welche neuen Produkte und Services müssen wir auf veränderte Bedürfnisse und Kunden zugeschnitten anbieten, und so weiter.

Jetzt kommt der entscheidende Punkt: Um diese zukunftsweisenden Strategien umsetzen zu können, benötigt man Geldmittel. Diese erhält man jedoch nur, wenn es gelingt, das Top-Management zu überzeugen. Aber man braucht nicht nur das OK von oben. Was benötigt wird, sind auch Mitspieler, Menschen, die bereit sind, das Gedankengut, das in einem kleinen Team von rund 12 bis 16 Personen erarbeitet wurde, mit Begeisterung, Konsequenz, Durchsetzungsvermögen und Durchhaltevermögen umzusetzen.

Welche Möglichkeiten gibt es, einen solchen Umsetzungsprozeß so erfolgreich, effizient, bereichernd, interessant, spannend und motivierend wie möglich für alle Beteiligten durchzuführen ?

*Das Projekt braucht „Paten" oder „Sponsoren"*

Jedes Projekt lebt von Menschen, die bereit sind, ein solches Vorhaben zu tragen und auch in schwierigen Stunden nicht den Mut verlieren. Daher sollte ein Verantwortlicher, der die fachliche Leitung der Szenario-Umsetzung betreut, benannt werden. Ihm wird ein „Pate" zur Seite gestellt, der möglichst in der Geschäftsführung angesiedelt ist. Dieses „Paar", das sowohl fachlich als auch hierarchisch das Projekt leitet, bietet, zusammen mit einem kompetenten Team, eine hohe Erfolgsgarantie in der Umsetzung.

*Ohne überzeugende und motivierende Visualisierung läuft nichts*

Die Komplexität eines Szenariovorhabens stellt die Bearbeiter in der Umsetzungsphase immer wieder vor eine gewaltige Herausforderung, besonders, wenn es darum geht, daß andere, die den eigentlichen Szenario-Prozeß nicht miterlebt haben, ihn genauso verstehen, nachempfinden und damit umsetzen können.

Dem Prinzip „Ein Bild sagt mehr als 1000 Worte" folgt die Implementierung in Form eines visuellen Mediums, das die im Bericht vorhandenen, für einen Außenstehenden teilweise abstrakten Szenarien in Bilder und in eine verständliche Form übersetzt, so daß jeder im Unternehmen dies verstehen und nachvollziehen kann. Bei einer solchen didaktisch-visuellen Umsetzung – Future Visions genannt – werden natürlich nicht nur die Szenarien visualisiert, sondern auch die noch abstraktere und daher oft schwer verständliche Leitlinie. Wenn man versucht, Bilder der Zukunft gedanklich im Kopf zu malen, wie zum Beispiel: Wie und wo werden wir in 20 Jahren leben? Womit werden wir uns beschäftigen? Wie sieht die Arbeit oder die Freizeit in der Zukunft aus? etc., dann wird klar, wie komplex und schwierig dies ist. Kreative Dinge im Kopf generieren, ist eine Sache, diese jedoch in Bilder realer Art zu fassen und sie anderen verständlich zu machen, eine andere. Wie eine Festplatte, die bestimmte Programme und Bildbibliotheken gespeichert hat, besitzt unser Gehirn im wesentlichen Bilder der Vergangenheit und Gegenwart. Mit Ausnahme weniger, sehr visionärer Menschen, fällt es dem „normal kreativen" ausgesprochen schwer, das noch nicht existente zu visualisieren. Hier wird deutlich, wie wichtig das Visualisieren von Zukünften in Zusammenhang mit dem Transparentmachen von Komplexität ist.

Eine solche Visualisierung kann natürlich auf unterschiedliche Art erfolgen, entweder auf einer Video-Kassette, auf CD-Rom, oder CDI. Der Vorteil eines solchen Vorgehens ist, daß es erstens eine gemeinsame Sprache und einen gemeinsamen Transfer der Projektinhalte gibt (es kann sich nicht jeder das herausfiltern, was ohnehin schon seine Meinung war und das andere vernachlässigen). Zweitens sind vor allem jüngere Menschen über visuelle Medien leichter anzusprechen, da diese einen immer größeren Stellenwert gegenüber den konventionellen Medien einnehmen. Visualisierte Zukünfte und Strategien können nicht nur besser informieren, sondern auch motivieren. Drittens: Über die interaktive Möglichkeit des CDI können die Mitarbeiter nicht nur permanent an der Leitlinie weiterarbeiten, sondern sie auch weiterentwickeln, die Szenarien fortschreiben und mit neuen Erkenntnissen anreichern. Jeder ist aufgefordert, während der Umsetzung eigene Ideen einzuspeisen, so daß die Kreativität aller Betroffenen und Beteiligten auf breiter Basis genutzt werden kann.

*Informationsmarkt*

Hier werden alle Betroffenen und Beteiligten zu einer Veranstaltung eingeladen, bei der das Szenario-Projekt und seine wesentlichen Ergebnisse in Form von Projekten nicht nur präsentiert, sondern an sogenannten Informationsständen „zum Anfassen" vorgestellt werden. Jeder kann sich durch „walking-around" informieren, mit den Sze-

nario-Teammitgliedern Kontakt aufnehmen und sich in Teilneh-
merlisten für Projekte eintragen. Dies geschieht freiwillig und ohne
den Druck von Vorgesetzten. Der Vorteil hierbei ist, daß jeder sich
nur bei solchen Projekten einschreibt wo er a) die nötige Fachkom-
petenz hat, und b) vor allem die Motivation, sich hier über den üblichen Arbeitsrahmen hinaus zu engagieren.

## Bausteine der Komplexität

Mögliche Zukünfte mit Hilfe der Szenario-Methode vordenken ist
ein wesentlicher Baustein, um die Komplexität von morgen ansatz-
weise zu erkennen. Um sie aber in den Griff zu bekommen, müssen
wir vom Vordenken zum prospektiven Handeln und zum Komplexitätsmanagement kommen. Dieses sollte allerdings mit der Komplexität der Gegenwart anfangen, hier die Prinzipien des Komplexitätsmanagement lernen und dann erst sollte man zur Komplexität
in ihrer zukünftigen Steigerungsform übergehen.

Eine der wesentlichen Erkenntnisse hier ist, daß nicht nur Komplexität schwierig zu meistern ist, sondern daß man auch mit Informa-
tionslücken leben muß und unter Unsicherheiten in vernetzten Systemen trotzdem zu guten Entscheidungen kommen kann. Dann
kann das Vorgedachte mit Konsequenz und Freude an der Veränderung und an den Herausforderungen der Zukunft und ihrer Komplexität in die Tat umgesetzt werden. Der Szenario-Ansatz zeigt, daß
Organisationen in komplexen Umfeldbedingungen heute und in
noch komplexeren Rahmenbedingungen morgen, die Möglichkeit
haben, Komplexität zu meistern und in Sinne einer lernenden Organisation daran zu wachsen.

# Abbildungen

# Autorenverzeichnis

*Heinrich W. Ahlemeyer*, geboren 1950 in Bielefeld, hat Soziologie, Volkswirtschaft und Politikwissenschaft in Bielefeld, Kiel, Münster und Los Angeles studiert. Von 1977 bis 1988 war er Assistent am Institut für Soziologie in Münster. Nach einer Ausbildung bei der Beratergruppe Neuwaldegg in Wien nahm er im Rahmen der 1989 von ihm begründeten Unternehmensberatung sistema consulting GmbH seine Tätigkeit als Unternehmensberater auf. Zugleich leitete er das ISYS Institut für systemische Sozialforschung in Münster. Heinrich W. Ahlemeyer ist als Gastprofessor für Organisationsentwicklung an der Universität in Wien tätig. Seine Beratungsschwerpunkte liegen in den Bereichen Unternehmenskultur, Vorstands-Coaching, Kooperation und Konflikt sowie Großveranstaltungen zum simultanen Wandel.

*Dirk Baecker*, geboren 1955, studierte Nationalökonomie und Soziologie an den Universitäten Köln und Paris. Danach folgte die Promotion und Habilitation in Soziologie an der Universität Bielefeld. Es folgten Forschungsaufenthalte an der Standford University, Kalifornien, an der Johns Hopkins University, Maryland und an der London School of Economics. Dirk Baecker übernahm eine Gastprofessur an der Universität in Wien. Seit 1996 ist er Reinhard-Mohn Stiftungsprofessor für Unternehmensführung, Wirtschaftsethik und gesellschaftlichen Wandel an der Universität Witten/Herdecke.

*Norbert Bolz* wurde 1953 in Ludwigshafen geboren. Er studierte Philosophie, Germanistik, Anglistik und Religionswissenschaften in Mannheim, Heidelberg und Berlin. Während seiner Dissertation war er als Assistent des Religionsphilisophen Jacob Taubes tätig. Danach folgte die Habilitation. Seit 1992 ist Norbert Bolz Universitätsprofessor für Kommunikationstheorie an der Universität Essen. Seine Arbeitsschwerpunkte sind Medientheorie, Kommunikationstheorie und Designwissenschaft.

*Frank Boos* wurde 1953 in Erlangen geboren. Er studierte Betriebswirtschaftslehre an der Universität in Wien. Danach folgte die Promotion an der Universität und Wirtschaftsuniversität in Wien. Von
1982 bis 1983 übernahm Frank Boos Vertriebstätigkeiten bei Siemens in Madrid, Spanien. Seit 1983 ist er geschäftsführender Gesellschafter der Forschungsgruppe Neuwaldegg. Seine Arbeitsschwerpunkte im Rahmen seiner Beratertätigkeit sind Organisati-
ons- und Managementberatung im In- und Ausland, Gestaltung von
Umsetzungsprozessen von Strategien, Reorganisationen und Projektmanagement.

*Cornelius Buerschaper*, 1964 in Quedlinburg geboren, studierte an
der Humboldt-Universität in Berlin Psychologie. Er führte von 1993
bis 1995 das Forschungsprojekt „Diagnose und Training der Operativen Intelligenz" in Zusammenarbeit mit der Universität Bamberg und
der BoehringerMannheim GmbH durch. Seit 1993 ist er als freier
Trainer und Berater tätig mit den Arbeitsschwerpunkten individuelles
strategisches Denken und Handeln sowie Problemlösen in Teams.

*Dietrich Dörner*, geboren 1938 in Berlin, studierte Psychologie in
Kiel. Dort folgte auch die Promotion und Habilitation. Im Jahr 1986
erhielt er den Leibnitz-Preis der Deutschen Forschungsgemeinschaft. Er war von 1990 bis 1991 Leiter der Projektgruppe Kognitive Anthropologie der Max-Plank-Gesellschaft. Heute ist Dietrich
Dörner Professor an der Universität in Düsseldorf und Gießen.

*Alexander Doujak*, 1965 in Klagenfurt geboren, studierte Handels-
wissenschaften an der Universität Wien. Während seiner Dissertation war er als Mitarbeiter am Projektmanagement Institut der WU
Wien tätig und landjähriges Vorstandsmitglied der International-
Project Management Association. Seit 1995 ist Alexander Doujak
Mitglied der Beratergruppe Neuwaldegg, Wien. Seine Trainings-
und Beratungsschwerpunkte sind Projektmanagement, Projekt-Coa-
chings, Organisationsentwicklung und Management auf Zeit.

*François U. Escher*, geboren 1943, ist Absolvent des Studiums politischer Wissenschaften am Graduate Institute for International Relations (IUHEI), Universität Genf und Diplomand der Fachrichtungen Ethnologie und Geographie der Universität Neuenburg. Zuerst

war er als wissenschaftlicher Mitarbeiter bei der schweizerischen Hochschulkonferenz tätig und danach, von 1978 bis 1984, am Battelle Institut, Forschungszentren Genf, wo er Leiter der Gruppe für Wirtschafts- und Sozialwissenschaften wurde. 1984 wechselte Herr Escher zum Europäischen Hauptsitz von Digital Equipment Corp. Int'l., Europe. Zunächst war er verantwortlich für die Europäische Marketing Managemententwicklung, wirkte danach als Senior Organisation Consultant für die Europäische Geschäftsleitung, und zuletzt als Direktor für Strategie und Allianzen. Seit 1995 ist François Escher bei AT&T International, Genf tätig. Dort ist er Direktor für Organizational Strategy, Learning & Development.

*Herbert Furch*, geboren 1949, studierte Bauingenieurwesen an der TU in Graz. Er hat viele Jahre Praxis in leitender Funktion in der Industrie inne, wo er insbesondere auf dem Gebiet des Netzwerkmanagements von der Pionierphase bis zu deren erfolgreicher Umsetzung tätig war. Heute ist Herr Furch Mitglied des Vorstandes der VA Technologie AG und zuständig für Netzwerk- und Globalmanagement. In zahlreichen Vorträgen über neue Organisationsformen, Lean Management, Unternehmensbeteiligungen und -käufe, Globalisierungs- und Netzwerkmanagement hat er seine praktische Erfahrung für andere anwendbar übermittelt.

*Peter Gross*, geboren 1941 in St. Gallenkappel (Schweiz) studierte Soziologie, Nationalökonomie und Betriebswirtschaftslehre an den Universitäten Zürich und Bern. Habilitation und Lehrtätigkeiten an den Universitäten Konstanz und Freiburg i. Br. 1979 war er Inhaber einer Professur für Soziologie und Sozialstruktur im internationalen Vergleich an der Universität Bamberg. Seit 1989 hat er den Ordinarius für Soziologie an der Universität St. Gallen inne. Schwerpunktmäßig befaßt sich Peter Gross mit Wirtschaftssoziologie, Modernisierungstheorie und Soziologie des Managements.

*Peter Heintel*, 1940 in Wien geboren, studierte an der Universität in Wien Mathematik, Physik, Philosophie, Pädagogik und Germanistik. Nach seiner Promotion zum Doktor der Philosophie übernahm er Lehrtätigkeiten am Österreichischen Ost- und Südosteuropa-Institut. 1973 habilitierte er auf dem Gebiet der Gruppendynamik. Von

1974 bis 1977 war Peter Heintel Rektor der Universität Klagenfurt
und danach Lehrbeauftragter an der Universität Graz und Gastprofessor an der Universität Hamburg. Heute ist er Organisationsbera-
ter in zahlreichen in- und ausländischen Unternehmen.

*Hermann Hill*, 1951 in Dörrebach/Hunsrück geboren, studierte
Rechts- und Verwaltungswissenschaften und promovierte und habilitierte anschließend im öffentlichen Recht. Er übernahm Lehrtätigkeiten an den Universitäten Kiel, Göttingen, Münster und Heidelberg sowie an der Hochschule für Verwaltungswissenschaften in
Speyer. Von 1989 bis 1991 war er Minister für Bundes- und Euro-
paangelegenheiten des Landes Rheinland-Pfalz. Heute ist Hermann
Hill Mitglied verschiedener Kommissionen zur Verwaltungsmodernisierung, unter anderem des Sachverständigenrats „Schlanker
Staat" der Bundesregierung.

*Roswita Königswieser* wurde 1943 in Wien geboren. Dem Studium
der Kunstgeschichte und der Sozialwissenschaften folgte die Ausbildung in Gruppendynamik, Psychoanalyse und systemischer Fa-
milientherapie. Als geschäftsführendes Mitglied der Beratergruppe
Neuwaldegg in Wien beschäftigt sie sich schwerpunktmäßig mit den
Themen der systemischen Unternehmensberatung, mit der Steuerung komplexer Systeme und Veränderungsprozesse und mit Kon-
flikt- und Kooperationsmodellen.

*Ulrich Königswieser*, geboren 1966, studierte Handelswissenschaf-
ten an der Wirtschaftsuniversität in Wien. 1994 arbeitete er im Netzwerk der Beratergruppe Neuwaldegg. Seit 1996 ist er Unternehmensberater. Seine Hauptarbeitsgebiete umfassen Organisations-
und Personalentwicklung, Verbesserung von Geschäftsprozessen
und das Management zur Begleitung von Veränderungsprozessen.
Im Bereich der Forschung beschäftigt sich Ulrich Königswieser
schwerpunktmäßig mit dem Thema Netzwerke und Allianzen beziehungsweise dem Thema Kooperation und Konkurrenz.

*Niklas Luhmann* wurde 1927 in Lüneburg geboren und studierte
von 1946 bis 1949 Rechtswissenschaft in Freiburg. Nach dem
zweiten Staatsexamen war er zunächst für ein Jahr am Oberver-
waltungsgericht Lüneburg tätig. Von 1956 bis 1962 arbeitete er in

der Verwaltung, zuletzt als Oberregierungsrat und Landtagsreferent im niedersächsischen Kultusministerium in Hannover. 1960 und 1961 ließ er sich zum Studium an der nordamerikanischen Harvard-Universität beurlauben. Nach seiner Rückkehr in die Bundesrepublik absolvierte er den Aufbaustudiengang Verwaltungswissenschaft in Speyer. 1965 wurde Niklas Luhmann als Abteilungsleiter an die Sozialforschungsstelle Dortmund berufen. 1966 wurde er an der Rechts- und Staatswissenschaftlichen Fakultät in Münster innerhalb eines Jahres promoviert und habilitiert. Von 1968 bis 1993 war er Inhaber des Lehrstuhls für Soziologie an der Universität Bielefeld.

*Christian Lutz*, geboren 1940 in Winterthur (Schweiz), studierte Wirtschaftswissenschaften und promovierte an der Universität Zürich. Gleichzeitig debütierte er als Journalist. Während sechs Jahren berichtete er anschließend für die Neue Zürcher Zeitung aus Brüssel über EU- und NATO-Angelegenheiten. 1974 wurde er Chefökonom des Schweizerischen Bankvereins. Seit 1980 ist er Direktor des Gottlieb Duttweiler Instituts für Trends und Zukunftsgestaltung in Rüschlikon bei Zürich. Christian Lutz ist Mitglied des Kuratoriums der European Cultural Foundation. Als Präsident und heute Co-Präsident der Schweizerischen Vereinigung für Zukunftsforschung, Verwaltungsrat der französischen Association Futuribles sowie Mitglied oder Vorsitzender mehrerer Schweizerischer Expertenkommissionen – Qualitatives Wachstum, Energieszenarien, Schweiz morgen, Inhalte der EXPO 2001 – war er maßgeblich beteiligt an der Entwicklung von Zukunftskonzepten.

*Rupert Nagler* studierte Informatik und Psychologie in Wien. Eine mehrjährige Forschungs- und Lehrtätigkeit als Universitätsassistent am Institut für Informationssysteme der Technischen Universität Wien schloß er mit einer Dissertation über Dialogsysteme ab. Nach seiner Tätigkeit bei der BML AG in Österreich, wo er als Mitglied der Geschäftsleitung für die Bereiche Logistik und zentrale Dienstleistungen, Informatik und Kommunikation verantwortlich war, gründete er 1990 das Information Design Institute. Neben seiner Lehrtätigkeit als Universitäts-Lektor an der TU-

Wien ist Rupert Nagler häufig Referent am Institute for International Research, beim Future Network, beim Gottlieb Duttweiler Institut in Zürich, bei X/Open und IDC.

*Ute von Reibnitz* wurde 1951 in Trier geboren. Nach Marketingaufgaben bei Horten und Unisys und wissenschaftlichen Tätigkeiten im Battelle-Institut, Frankfurt, gründete sie 1982 ihre Beratungsgesellschaft Scenarios + Vision. Ute von Reibnitz berät, coacht und trainiert große und mittlere Unternehmen in Europa und dem mittleren Osten in Fragen der Zukunftsgestaltung, Anwendung der Szenario-Technik und strategischer Planung. Sie ist aktives Mitglied der World Future Society und hat 1995 die Europen Futurist Group, eine Vereinigung europäischer Zukunftsforscher, gegründet.

*Uwe Schimank* wurde 1955 in Bielefeld geboren. Dem Studium der Soziologie folgte 1981 die Promotion. Von 1981 bis 1983 war er Mitarbeit in einem Forschungsprojekt über entwicklungspolitische Entscheidungsprozesse. Nach der Vertretung einer Professur für Organisations- und Verwaltungssoziologie an der Universität Wuppertal war er wissenschaftlicher Mitarbeiter am Kölner Max-Planck-Institut für Gesellschaftsforschung. 1994 folgte die Habilitation in Bielefeld. Seit 1996 ist Uwe Schimank Professor für Soziologie an der Fernuniversität Hagen. Seine Arbeitsschwerpunkte sind soziologische Theorie, Wissenschafts-, Sport- und Organisationssoziologie.

*Uli Schwämmle*, geboren 1945, studierte Sozialwissenschaften in Nürnberg und Toronto sowie Pädagogik in Braunschweig, wo er anschließend akademisch tätig war. Seit 1980 betreut er als Assoc Beratungs- und Trainingstätigkeiten in Europa und Nordamerika. Er ist weiterhin als Director for Training and Development am Canadian Training Institute in Toronto tätig und als Abteilungsleiter für Interkulturelles Management am Gottlieb Duttweiler Institut in Rüschlikon in der Schweiz. Die Arbeitsschwerpunkte von Uli Schwämm sind Interkulturelles und Transformations-Management, Konzept- und Strategiedesign, Beratung und Training für internationale Führungskräfte und -teams.

*Robert Simons*, geboren 1949, promovierte 1984 an der McGill University in Ottawa, Kanada. Zuvor arbeitete er fünf Jahre lang für

Price Waterhouse als Audit Supervisor in Montreal und Ottawa. Nach seiner Promotion lehrte er zunächst als Assistant Professor an der Graduate School of Business Administration der Haravard University. 1989 erfolgte zunächst seine Berufung als Associate Professor, seit 1993 ist Robert Simons Inhaber des Lehrstuhls für Business Administration in Harvard. Dort lehrt er Rechnungswesen, Controlling und Startegisches Management sowohl in MBA-Kursen als auch in Weiterbildungsseminare für Top-Manager. Er ist Mitglied in einer Anzahl universitärer Ausschüsse sowie Berufsvereinigungen wie der Academy of Management und der American Accounting Association. Neben seiner Lehrtätigkeit in Harvard berät Robert Simons namhafte Unternehmen in den Bereichen Organisationsstruktur, Strategische Planung und Controlling.

*Michael Steinbrecher* wurde 1951 in Düsseldorf geboren. Er studierte Sozialwissenschaften, Geschichte, Philosophie und Pädagogik an der Universität zu Köln und promovierte 1983 an der Technischen Universität Berlin im Fach Alte Geschichte. Von 1984 bis 1986 war er als wissenschaftlicher Mitarbeiter in einem DFG-Projekt zur Geschichte der griechischen Geschichtsschreibung tätig. Danach übernahm er Lehrtätigkeit in den Fächern Geschichte, Politische Weltkunde und Sozialkunde. 1988 folgte eine Zusatzausbildung zum Systemtechnologen Knowledge Engineer im Bereich wissensbasierte Systeme. Seit 1989 ist Michael Steinbrecher wissenschaftlicher Mitarbeiter des Forschungsbereichs „Gesellschaft und Technik" der Daimler-Benz AG in Berlin. Seine Arbeitsschwerpunkte sind Management- und Innovationsforschung, Technikfolgenforschung, Komplexitätsforschung, systemisch-evolutionäre Problemlösungsmethoden.

*Jörg Sydow* wurde 1955 geboren. Er studierte an der Freien Universität Berlin sowie am Imperial College of Science & Technology, University of London, Betriebswirtschaftslehre beziehungsweise Management Science. Als wissenschaftlicher Mitarbeiter hat er an der Freien Universität promoviert und sich habilitiert. Nach einer mehrjährigen Tätigkeit bei der Siemens AG in Berlin und München hat er einen Ruf an die Bergische Universität Wuppertal und später an die Freie Universität Berlin angenommen. Dort lehrt Jörg Sydow

Allgemeine Betriebswirtschaftslehre unter besonderer Berücksichtigung des Managements zwischenbetrieblicher Beziehungen. Seine Forschungsinteressen konzentrieren sich auf Management- und Organisationstheorie, Unternehmungskooperation, Industrielle Beziehungen/Mitbestimmung, Arbeit in und Management von Dienstleistungsunternehmungen und -netzwerken.

*Johannes Weyer*, 1956 in Idar-Oberstein geboren, studierte und promovierte in Marburg. Seit 1984 ist er an der Fakultät für Soziologie der Universität Bielefeld beschäftigt, unterbrochen durch Lehrvertretungen in Bamberg und Dortmund. Von 1993 bis 1997 war Johannes Weyer zudem Heisenberg-Stipendiat der Deutschen Forschungsgemeinschaft. Seine Arbeitsgebiete sind Techniksoziologie, Soziologische Theorie und Raumfahrtpolitik.

*Rudolf Wimmer* wurde 1949 in der Nähe von Salzburg geboren. Nach der Promotion war er 1977 an der Universität Wien und Tübingen im Bereich des Staatsrechts und der Politikwissenschaft tätig. Danach folgte eine zehnjährige freiberufliche Phase, in der sich Rudolf Wimmer sowohl als Praktiker in Fragen der Organisationsberatung als auch als Forscher auf dem Feld der angewandten Sozialwissenschaften einen Namen machen konnte. Seit 1988 arbeitet er als geschäftsführender Gesellschafter der Wiener Beratungsfirma OSB. Zudem ist er an der Universität Klagenfurt habilitiert im Fach Gruppendynamik und Organisationsentwicklung. Er ist inhaltlich auf Fragen der Führung, der Strategieentwicklung und der Lernfähigkeit von Organisationen spezialisiert und hat dazu eine Vielzahl von Veröffentlichungen herausgebracht.

*Arnold Windeler*, geboren 1956, studierte Sozialwissenschaften und Mathematik in Münster und promovierte im Fach Soziologie in Erlangen. Er war als wissenschaftlicher Mitarbeiter in Forschungsprojekten an der Universität in Münster, Oldenburg und Wuppertal tätig. Weiter war Arnold Windeler im Bereich Planung und Organisation im Fachbereich Wirtschaftswissenschaften an der Universität Wuppertal beschäftigt. Heute ist er wissenschaftlicher Mitarbeiter an der Freien Universität in Berlin und dort für den Aufbau und die Koordination der Forschungsgruppe Unternehmungsnetzwerke zuständig.

# Weitere Titel der F.A.Z./Gabler-Edition

# Weitere Titel der F.A.Z./Gabler-Edition

Nicolas Sokianos (Hrsg.)
**Personalpolitik**
Human Resources gestalten statt verwalten
1996, 339 Seiten, Geb. ISBN 3-409-19309-X
Bald nach der Jahrtausendwende droht ein eklatanter
Mangel an Spitzenkräften, prophezeit der Herausgeber.
Deshalb ist Personalpolitik *die* Herausforderung der Zukunft.
Geplagte Praktiker erhalten durch diesen Band wertvolle
Denkanstöße und Handlungsorientierungen für den Alltag.

Meinolf Dierkes/Klaus Zimmermann
**Sozialstaat in der Krise**
Hat die Soziale Marktwirtschaft noch eine Chance?
1996, 295 Seiten, Geb., ISBN 3-409-19315-4
Der deutsche Sozialstaat ist ins Gerede gekommen. Wirtschaft
und Staat stehen vor drängenden Fragen. Elf namhafte
Autoren nehmen zu diesem prekären Thema Stellung und zeigen
aus verschiedenen Perspektiven, was aus dem Ziel-
bild der sozialen Marktwirtschaft in der Realität geworden ist.

Gilbert Probst/Steffen Raub/Kai Romhardt
**Wissen managen**
Wie Unternehmen ihre wertvollste Ressource optimal nutzen
1997, 406 Seiten, Geb., ISBN 3-409-19317-0
Wissensmanagement kann als die pragmatische
Weiterentwicklung von Ideen des Organisationalen Lernens
verstanden werden. Im Zentrum des Interesses steht der
gezieltere Umgang mit der Ressource Wissen. Entdecken
auch Sie diese neue Managementdimension.

MIX
Papier aus verantwortungsvollen Quellen
Paper from responsible sources
FSC® C105338

If you have any concerns about our products,
you can contact us on
**ProductSafety@springernature.com**

In case Publisher is established outside the EU,
the EU authorized representative is:
**Springer Nature Customer Service Center GmbH**
**Europaplatz 3, 69115 Heidelberg, Germany**

Printed by Libri Plureos GmbH
in Hamburg, Germany